김성규 교수
대승기신론 강설

지은이   김성규
펴낸이   심관희
펴낸곳   통섭출판사

1쇄 인쇄   2020년(불기 2564년) 09월 30일
1쇄 발행   2020년(불기 2564년) 10월 03일

등록번호   제2014-4호
등록일자   2014년 3월 18일

대구광역시 남구 대명역1길 11
Tel.(053) 621-2256, Fax.(053) 624-3599
E-mail : tongsub2013@daum.net

ISBN 979-11-969798-0-5
값 35,000원

김성규 교수
대승기신론 강설

大乘起信論 講說

머리말

　대승기신론을 읽으면서 부처님께서 말씀하신 내가 설한 법은 바다에 들어가는 것처럼 들어갈수록 더욱 더 깊어진다는 구절이 떠올랐습니다.

　1970년 대 젊은 시절 원효의 대승기신론소(이기영저 원효사상)를 볼 수 있었던 지중한 불법과의 인연에 다시 한번 고마움을 느낍니다. 이 인연이 쌓여 오늘 대승기신론을 번역하고 강의할 수 있는 행운이 주어지지 않았나 생각합니다.

　대승기신론은 공장에서 일을 하면서 여러 가지 물건을 흩어 놓았다가 일을 마치고 돌아갈 때 말끔히 정리된 공장과 같습니다. 잘 정리된 내용으로 가슴이 떨리고 가벼운 흥분마저 일게 합니다.

　불법을 깊이 이해하는 한 사람만 있어도 세상이 당당한 이유를 알 것 같습니다. 그리고 진리를 걷는 자가 한명 있어도 세상은 행복합니다.

　칼날 위를 편안하게 걸어가는 것도 불법이 있기 때문인 것을. 이 대승기신론을 강의하면서 꽃다운 젊은 나이에 황제가 내린 정승의 벼슬을 거절한 이유로 감옥에서 요절한 승조의 마음을 알 것 같습니다. 감히 이 마음으로 대승기신론을 우리 시대의 우리말로 옮겼으며, 9개월 동안 매주 수요일 2시간씩 강의하였습니다. 이 강의를 접할 수 있는 인연된 사람은 아마 이 생에서 최고 행운을 만났지 않나 생각합니다.

　이 강의와 인연된 모든 분들에게 부처님과 신중님이 보호하고 진리의 길을 가는데 장애가 없기를 기원합니다.

　세상은 그냥 자신이 서 있는 자리에 뿌리내린 나무 일 뿐인데. 어찌 불법의 인연을 마다하랴.

2020년 9월
코로나와 함께 가을을 맞으며
정명 김성규

차 례

대승기신론 원문은 내용에 대한 단락과 제목이 없습니다. [진제1], [진제2]로 구별하여 설명한 것은 진제가 논한 내용에 따라 단락이 나누어져 있는 것입니다. 그리고 제1강~제35 강은 저자가 기신론을 강의한 내용입니다.

본론
(0-3) 논체를 정립하다
(0-3-1) [진제3] 논의 핵심을 세우다
(0-3-2) [진제4] 논을 다섯 단락으로 분류하다

(1) 인연분
(1-1) [진제5, 6] 논을 지은 인연을 설하다
(1-2) [진제7] 논을 지은 구체적 이유를 밝히다

(2) [진제8] 입의분
(2-0) 대승의 법과 의를 함께 표하다
(2-1) 법이라는 것은 중생심이다
(2-1-1) 심진여상은 대승의 본체이다

(2-1-2) 심생멸상은 대승의 체에 대한 상용이다
(2-2) 의라는 것은 삼대이다
(2-2-1) 체, 상, 용 삼대를 설하다
(2-2-2) 모든 불보살은 대승법을 굴리신다

(3) [진제9] 해석분
(3-0) 해석분을 세 가지로 나누다
(3-1) 바른 뜻을 나타내 보이다

결론

(6) 회향게

(6-1) [진제91] 회향게로 총결하다

대승기신론 강설
大乘起信論 講說

제1강

- 개론 -

대승기신론 강설_1

일심을 꿰뚫어 아집과 무지를 떨치고 해탈과 평안으로 최고의 삶으로 이끄는 대승기신론입니다. 세세생생 살아온 내 업에 의해 쌓여있는 이 아집과 무지를 떨치고 우리의 궁극적인 목적인 해탈과 평안으로 이끄는 대승기신론 공부를 오늘부터 시작하겠습니다. 대승기신론에 최고로 기여한 분이 인도의 마명(馬鳴:아슈바고샤), 진제(眞諦:파라마르타)와 우리나라에서는 원효일 것입니다. 마명이 AD 100년 경에 이 대승기신론을 저술했고 이것을 진제가 한문으로 번역했습니다. 그리고 이 대승기신론에 대한 최고의 명강을 원효가 했습니다. 이것을 제가 이제 풀어서 강의해보도록 하겠습니다.

티벳 불교는 이 세상 불교 가운데 가장 특이하면서 활발하게 살아있는 활불사상입니다. 윤회를 직접 보여주고 있습니다. 지금 달라이 라마는 14세입니다. 이는 열네 번째로 윤회를 했다는 것입니다. 생을 이어받고 이어받아 달라이 라마 14세가 된 것입니다. 우리 인류의 삶에 그리고 더불어 같이 사는 만물에게 진실한 삶의 본질을 보여주고 있는 표본으로 수행자이자 승려이자 지도자이자 스승인 이 달라이 라마가 대승기신론 강의의 첫 시간에 어울리는 분이라고 생각합니다. 그 달라이 라마께서 1989년 12월 10일 노벨 평화상을 받을 때 연설문을 한번 봅시다.

"나는 육백만 명의 티베트 국민들, 함께 고통을 겪어왔고 계속 고통을 겪고 있는 용감한 국민을 대신하여 이 상을 받습니다. 티베트인들은 티베트 국가와 문화의 정체성을 파괴하려는 전략과 전술에 맞서고 있습니다. 이 상은 진리와 용기, 결단력이 우리의 무기이며 티베트는 해방될 것이라는 우리의 신념을 재확인 시켜주었습니다. 불교승려로서 나는 모든 인간과 고통 받는 모든 유정물에까지 관심을 가지고 있습니다. 나는 모든 고통이 무지에서 기인한다고 믿습니다. 사람들은 이기적인 행복과 만족을 추구하기 위해 다른 이들에게 고통을 주고 있습니다. 그러나 진정한 행복은 형제와 자매라는 생각에서 얻어집니다. 우리는 서로에 대해 그리고 우리가 공유하고 있는 지구에 대한 공동의 책임감을 느껴야 합니다.

유식이 우리의 아집을 알아보자는 것이었다면 이 대승기신론에서 추구하고 있는 진정한 행복은 형제, 자매라는 생각, 즉 우리는 하나라는 생각입니다. 깨치고 난 다음의 생각이 우리는 전부 하나라는 것입니다. 깨닫지 못하고 아집에 갇혀 있으면 우리는 모두 분리되어 있습니다. 하지만 모두가 하나이면 내 손이 행복하면 내 머리가 행복하고 내 가슴도 행복하고 다 행복합니다. 하나일 때는 내가 행복함으로써 전부 다 행복해지는 것입니다.

긍정적인 마음의 극치가 하나라는 마음입니다. 바로 깨친 마음입니다. 내가 행복함으로써 살아있는 모든 생명이 더불어 행복해지는 것입니다. 깨치고 지선(至善)의 마음이 아니면 달라이 라마처럼 지구가 하나라고 말할 수 없습니다. 지금도 저 아프리카에 많은 아이들이 기아와 병으로 죽어가고 있습니다. 하지만 그것은 그 지역의 문제이지 지구 공동, 전체의 문제가 되지 않습니다. 그 고통을 서로 나눌 수 있어야 합니다. 고통을 나눌 수 있을 때 하나라는 것을 알 수 있습니다. 우리 눈에 보이고 시각에 포착되는 범위 내에서만 우리는 고통스럽고 행복하고 하지만 조금만 더 넓게 생각하면 내가 일으키는 이 지극한 마음이 여기에만 영향을 끼치는 것이 아니라, 벽을 뚫고 지구의 어디든 그 지극한 마음이 미칩니다. 그래서 나의 바른 생각 하나, 내가 일으키는 지극한 마음 하나 이것이 나만을 행복하게 하는 것이 아니라 이 지구 전체를 행복하게 하는 원동력이 됩니다. 깨친 마음은 모든 인류에게 모든 생명이 있는 유정물을 행복하게 하는 최고의 가르침입니다.

원효는 사상사에서 아주 대단한 인물입니다. 부처님 같은 사람이 깨친 후 깨침의 길을 알려주고 나면 깨치는 것은 크게 어렵지 않습니다. 하지만 누군가 나지 않는 길에 처음으로 길을 낸다는 것은 엄청난 일입니다. 이것보다 더 위대한 일은 없습니다. 한국의 불교는 중국에서 배워서 시작합니다. 중국에 간 유학승들에 의해 한국불교가 만들어집니다. 그러한 가운데 스스로 깨침으로 한국의 사상사를 개척한 분이 원효입니다. 원효의 오도송을 봅시다. '수많은 부처님이 깨친 내용을 잘 알려고 법계를,

세상에 존재하는 모든 것을 관찰해보고 알아보니까 모든 것이 다 내 마음에서 일어나고 내 마음에서 만드는 것이다'라는 겁니다. 해골 바가지의 물을 마시고 난 뒤에 읊은 것입니다. 원효는 중국 유학을 두 번이나 시도합니다. 젊었을 때는 이루지 못했고 30대가 넘어서 드디어 의상과 중국 유학을 떠납니다. 의상과 중국 유학길에 산중의 무덤 옆에서 자다가 갈증이 나 바가지에 담겨져있는 물을 정신없이 마셨습니다. 그렇게 맛있게 마셨던 물이 새벽에 일어나보니 해골에 고여 있는 물이었습니다. 밤에 뭔지 모르고 마셨을 때는 꿀맛이었는데 해골 바가지의 물이었다는 것을 알고부터는 피까지 토할 만큼 토해냈습니다. 그 때 원효가 깨우친 것이 '일체유심조(一切有心造)', 모든 것이 내 마음에서 일어나는 것임을 알았습니다. 여기서 견성을 한 원효는 의상을 중국에 보내고 혼자 고국으로 돌아옵니다. 중국에 갈 이유가 없어진 것입니다. 깨우치고 나니 부처님 말씀을 가지고 와서 가르치는 것은 아무 의미가 없고 스스로 깨우친 말을 가르치는 것이 더 낫다고 생각했기 때문입니다.

돌아온 원효는 천성산 화엄벌의 척판암에서 혼자서 수행을 했습니다. 어느 날 원효는 중국 종남산 운제사의 스님들이 경을 논하고 공부를 하고 있는데 대웅전 법당이 무너지려고 하는 것을 알았습니다. 그래서 원효는 널빤지 하나를 뜯어 '해동사문 원효'라 쓰고 운제사로 날려 보냅니다. 그 널빤지가 운제사로 날아가서 비행물체와 같이 하늘에서 빙빙 돌아가니까 그곳의 스님들이 신기해서 모두 다 나옵니다. 그 순간 대웅전이 무너져버립니다. 운제사의 천 명이나 되는 스님들이 모두 목숨을 구할 수 있었습니다. 운제사의 스님들은 널빤지를 보고 신라의 원효가 보낸 것을 알았고 어떤 사람인지 알고 싶어 화엄을 배우러 한국으로 옵니다. 그러나 당시 한국에서는 천 명이나 되는 스님들을 수용하고 가르칠 곳이 없었습니다. 그래서 천성산 들판에서 천 명이 원효에게 화엄학을 배웁니다. 저는 40대가 되기 전에 이 이야기가 생각나 새벽에 천성산에 가본 적이 있었습니다. 그 때 풍경들은 아직도 기억이 납니다.

경주에서 포항으로 가는 길에 오어사라는 절이 있습니다. 오어사 앞에는 못이 있는데 원효와 해공 대사가 내기를 합니다. 정해진 시간 안에 누가 물고기를 더 많이 잡아먹는가 대결을 합니다. 그리고 방변을 하며 확인을 하는데 살아있는 물고기 두 마리가 나와서 한 마리는 물을 거슬러 올라가고 한 마리는 아래로 내려갔습니다. 아홉 번째까지는 두 마리가 나왔는데 열 번 째는 한 마리가 나왔습니다. 그것을 보고 원효와 해공은 그 한 마리가 자신의 물고기라고 주장했다는 설화에서 오어사란 이름이 유래했다고 합니다. 서로의 신통력을 확인하다가 이름이 부쳐진 것입니다. 이처럼 삼국유사를 살펴보면 원효의 신통력에 대한 이야기들이 많이 있습니다.

불교라고 하면 불, 법, 승입니다. 불은 부처님, 깨달음입니다. 불교는 부처님께서 깨우침으로써 시작합니다. 부처님은 본인이 깨친 깨달음을 사람들이 알 수 있다고 여기고 법을 전하게 됩니다. 부처님께서 깨달으신 것을 설하신 것이 법, 가르침입니다.

이 깨친 내용을 따라 우리도 깨쳐보자고 마음을 먹고 수행하는 집단이 승입니다. 공부는 혼자서 하는 것보다 함께 하는 것이 더 쉽습니다. 부처님의 제자인 아난이 하루는 부처님께 묻습니다. "부처님이시여 공부하는 벗, 우정은 공부하는데 있어서 얼마나 영향을 미치겠습니까? 제 생각에는 도의 반이라 생각해도 좋겠습니다." 부처님께서 그 말을 듣고 말씀하십니다. "아난아, 벗, 우정은 도의 전부이니라." 그래서 공부를 같이 하는 이 무리들이 중요한 것입니다. 혼자서 하는 것보다 훨씬 더 공부를 잘 할 수 있습니다. 수행자의 집단은 자신의 이득을 위해 하는 것이 아니라 순수하고 깨끗하게 공부하는 집단입니다. 진리, 올바름에 대해 가르치는 것이 법인데 법을 알고나면 우리는 행복해지고 편안해집니다. 우리가 공부하는 궁극적인 목적은 잘 살기 위해 행복하고 편안하게 살기 위해서입니다. 그 목적을 100% 제대로 실천할 수 있는 것은 법을 알고 바른 것을 아는 것입니다. 그 내용을 깨달으면 부처가 됩니다.

부처님께서 깨친 내용이 바로 연기입니다. 연기는 불교의 전부다 라고 해도 과언이 아닙니다. 모든 경전과 부처님의 가르침은 연기를 우리가 이해하기 쉽게 밝혀놓은 것입니다. 이 연기를 초기 불교에서는 직접적으로 설명했습니다. '이것이 있음으로써 저것이 있고 이것이 없어짐으로써 저것이 없어지고, 이것이 생함으로써 저것이 생하고 이것이 멸함으로써 저것이 멸하는' 연기의 내용은 원인과 결과에 대한 설명입니다. 어떤 사건이 있으면 그 사건의 원인이 필히 있게 마련이고 그 원인을 알면 사건을 해결할 수 있다는 것입니다. 부처님의 화두였던 '사람은 왜 죽어야만 하는가.'에 대한 답이 바로 연기입니다. '왜 죽어야만 하는가?' 태어났기 때문에 죽고, '왜 태어났는가?' 바로 12연기가 원인이 되어 그 집제가 끊임없이 되풀이되며 12연기의 첫 출발점이 무지, 무명인 것입니다.

 부처님께서 수많은 사람에게 연기를 설하셨고, 연기는 그 후약 500년 동안의 부파불교 시대를 겪으면서 체계화됩니다. 이과정에서 불교를 공부하는 집단이 수백만 명으로 어마어마하게 커집니다. 그래서 논리적이고 체계적인 방법만으로는 그 많은사람에게 진리를 설명할 수 없게 되었습니다. 하나의 생각으로단순화해서 그 생각에 집중하게 하는 방법이 등장합니다. 이후대승불교 시대로 넘어가면서 '연기가 공이다.'라는 논리로 체계화됩니다. 반야심경을 보면 '색즉시공 공즉시색'이 나옵니다. '색(色)' 현상적으로 있는 모든 것은 '공(空)'이다는 것입니다. 그리고 아무것도 없다고 생각한 공(空)으로부터 모든 것이 존재한다는 것입니다. 그래서 색과 공은 하나라는 말이 나오게 됩니다. 아집에 의해 모두 남남인 줄 알았는데 깨치고 보니 모든 것이 하나라는 것입니다.
 연기를 연기적으로 설명한 것이 유가행파입니다. 유식 30송의 정식 명칭은 유식삼십론입니다. 이 유식삼십론을 간결하고시적인 문체로 다듬은 것이 유식삼십론송입니다. 그 후 뛰어난논사 10명이 유식삼십론에 해설, 설명을 붙이는데 그것이 성유식론입니다. 우리의 마음체계를 다양하게 자신이 깨달은 관점으로 설명한 것입니다. 그리고 연기가 공이라는 쪽으로 전개되는 학파가 있는데 이것이 유명한 중관파입니다. 현대 불교의 가장 중심 핵을 이루고 있는 것입니다. 마명은 대승기신론을 저술했고 용수(龍樹: 나가르주나)는 중론을 저술했습니다. 우리가 배울 대승기신론은 여기에 속해있습니다. 하지만 문제는 마명이 저술한 원본이 현재까지 발견되지 않았습니다. 현재는 진제가 한문으로 번역한 한문본 밖에 없습니다. 그래서 진제가 한문으로 번역한 것이 원본이 아닐까하는 추측도 있습니다.

이 세상에 존재하는 모든 것이 법인데 이 법을 좀 더 구체적이고 체계적으로 정리한 것이 삼장입니다. 삼장은 경, 율, 논입니다. 부처님께서 설하신 경과 부처님께서 제정한 율, 경과 율을 체계화 논리화한 것이 논입니다. 경에 있는 내용을 체득해나가는 것이 율입니다. 어떻게 살 것인가 삶의 규범을 정하고 있는 것이 율입니다. 이 율에 오계라는 것이 있습니다. 오계의 첫번째 항목이 바로 '살생을 하지 말라', '산 목숨을 죽이지 말라' 입니다. 이것은 인간에 국한되지 않고 세상의 모든 생명에 해당합니다. 다른 종교에는 없고 불교에만 있는 위대한 계율이 바로 이 오계의 첫 번째 항목입니다. 모든 생명에게 자비를 베푸는 것입니다. 함께 모두 잘 살자는 것입니다. 우리 인간만 잘 살자는 것이 아니라 살아있는 모든 생명이 전부 다 잘 살자는 것입니다. 이것은 불교의 목적도 됩니다. 논은 경과 율을 체계화하고 논리화하여 알기 쉽게 하는 것입니다. 이것은 시대가 지나도 사람들에게 제대로 된 가르침을 전할 수 있는 기능도 있습니다. 우리가 경전을 보면 절대 쉽지 않습니다. 예를 들어 아함경은 부처님께서 직접 설한 경전이라 이해하기 비교적 쉽지만 금강경, 능엄경, 법화경 등의 대승경전은 절대 쉽지 않습니다. 우리는 한문으로 된 경전은 배우지만 경전의 사상적 체계는 잘 배우지 않습니다. 진정한 경전 공부는 경전의 구조와 내용을 제대로 배우는 것입니다.

부처님께서 계율을 제정한 이유는 크게 열 가지입니다. 첫 번째는 올바른 법을 오래 유지하기 위해서입니다. 불교를 믿고 공부하는 사람은 크게 사부대중으로 나눌 수 있습니다. 출가한 남자, 출가한 여자, 출가하지 않고 집에서 수행하는 남자, 출가하지 않고 집에서 수행하는 여자가 있습니다. 우리가 잘 살려면 규칙적인 생활을 해야 합니다. 계율대로 규칙적으로 사는 것입니다. 두 번째 이유는 교단의 질서를 잡기 위해서 입니다. 모두 자기 멋대로 한다면 아무것도 할 수 없습니다. 사람들이 공부를 할 수 있게 하기 위해서는 질서를 유지 할 필요가 있습니다. 세 번째 이유는 현재의 실수를 없게 하기 위해서 입니다. 계율을 지키고 규칙적인 생활을 함으로써 현재의 실수를 없게 할 수 있습니다. 네 번째 이유는 미래의 실수를 없애기 위해서 입니다. 이것은 앞과 마찬가지 입니다. 다섯 번째 이유는 다루기 어려운 이를 잘 다루기 위해서 입니다. 질서가 정해져 있으면 말 안 듣는 사람도 계율에 따라 다룰 수 있게 됩니다. 여섯 번째 이유는 이미 믿는 이를 더 굳게 하기 위해서 입니다. 진리를 믿는 이 마음을 더욱 굳게 하기 위해 규칙적인 생활을 합니다. 여덟 번째 이유는 뉘우치는 이를 안락하게 하기 위해서 입니다. 아홉 번째 이유는 대중을 기쁘게 하기 위해서 입니다. 열 번째 이유는 대중을 안락하게 하기 위해서 입니다. 이런 계율을 제정함으로써 집단이 목적하는 바를 더욱 쉽게 성취할 수 있게 됩니다.

논은 다른 것이 아닙니다. 앞서 언급했던 용수의 중론, 마명의 대승기신론, 진제의 대승기신론 한역본을 비롯해 대비바사론, 세친(世親: 바수반두)의 구사론 등이 있습니다. 세친의 구사론을 정리 요약한 것이 유식삼십송 입니다. 부처님부터 시작해서 100년 200년의 시간을 거치면서 대비바사론이 지어지고 이것을 좀 더 알기 쉽고 간략하게 정리한 것이 세친의 구사론입니다. 이것을 좀 더 간결하게 한 것이 유식삼십송입니다.

대승기신론을 한역했다는 진제에 대해 자세히 살펴봅시다. 진제와 비슷한 위대한 불교 번역가로 구마라집(鳩摩羅什: 쿠마라지바)이 있습니다. 그리고 중국인 현장이 있습니다. 불교가 한국에 제대로 영향을 주려면 내용이 한글로 번역되어야 하는데 이것이 제대로 되지 않은 현실입니다. 이런 것은 여러 사람이 해야 하는데 뜻있는 소수나 개인이 겨우 하고 있는 현실입니다. 국문학자, 철학자, 승려, 수많은 신자가 모여 과정을 거쳐야 제대로 된 번역이 될 수 있습니다. 정확하든 부족하든 누군가 번역을 하면 나중에 누군가 더 나은 번역을 하지 않을까 해서 끊임없이 번역을 하는 것입니다. 진제는 브라만 출신으로 서북 인도의 우쟈이니에서 태어났습니다. 그는 양나라 무제의 초청으로 중국에 갔는데 마침 초청했던 무제가 사망하면서 중요한 후원자를 잃고 떠도는 신세가 되었습니다. 번역하기 위해 인도에서 많은 책들을 갖고 왔는데 여러 가지 어려움을 겪습니다. 경제적

어려움뿐만 아니라 자기 몸 하나 의탁할 곳이 없었다고 합니다. 양 왕조가 무너지고 진나라가 세워지는 남조의 혼란 속에서 진제는 소주, 항주로 피난해 그곳에서 불경 번역을 시작했습니다. 그래서 진제가 번역한 책은 많이 남아있지 않습니다.

저는 30대에 원효의 대승기신론소의 귀명삼보의 불에 나오는 첫마디 '이 목숨을 거두어 돌아가나이다.' 이 말에서 불교에 대해 새로운 세계가 열려버렸습니다. 그냥 견성한다고 깨닫겠다고 했던 것이 중요한 것이 아니라 진리를 추구하기 위해서 온 혼신의 힘을 다 할 때 꽃을 피울 수 있는 것임을 철저히 깨달은 것입니다. "목숨을 거두어 돌아가나이다. 어디에서나 어느 때에나 가장 훌륭한 일을 하시며, 두루 모르시는 바 없이 다 아시며, 그 인간성이 자유자재하시고 세상을 구하고자 큰 자비를 베푸는 자이시여." 이것이 대승기신론에 나오는 첫 구절이며 불에 대해 설명한 것입니다. 가장 훌륭한 일이란 이 세상의 모든 유정물에 자비를 베푸는 것을 의미합니다.

귀명삼보 법을 살펴봅시다. "이 목숨을 거두어 돌아가나이다. 그 (지혜롭고 자비로운 자의) 몸이여, 그 몸의 모습이여, 참되고 영원함이 저 바다와 같은 진리여." 지혜롭고 자비로운 자의 몸은 법신을 말합니다. 이 세상의 법을 알게 되면 진리가 아닌 것이 없습니다. 모르면 내 것이 있고 네 것이 있고 내 것이 맞고 남의 것이 틀리지만 법(진리)을 알게되면 이 세상에 버릴 것이 하나도 없습니다. 다 맞게 됩니다. 이것이 대긍정, 무한 긍정입니다. 세상은 내가 아는 만큼 열려있습니다. 내가 느끼는 것만큼

내 세상입니다. 천 년 전이나 만 년 후나 부처님 살아계실 적이
나 지금이나 이 세상은 그냥 세상으로서 존재할 뿐입니다. 우리
가 법을 깨우치면 이 세상 전부가 진리의 바다인데 깨치지 못하
니까 자기의 우물에 빠져 살게 됩니다. 우물 안 개구리를 밖에
나올 수 있게 하는 것이 바로 법입니다.

　귀명삼보 승을 살펴봅시다. "이 목숨을 거두어 돌아가나이다.
헤아릴 수 없이 많은 공덕의 씨여, 있는 그대로 그리고 모든 것
속에서 생활하는 그 숱한 구도자들이여." 우리는 가능하면 잘
살고 싶습니다. 이런 공덕의 씨앗은 모두 수행에서 나옵니다.
능력도 없고 아무 것도 안 하면서 되기를 바라는 것이 도둑놈
심보입니다. 그보다 나은 것이 기도하면서 무언가를 빌고 원하
는 사람이고, 그보다 더 좋은 것은 그 길을 가면서 기도하고 수
행하는 사람입니다. 나의 행위로 인해서 그것이 모여 이 세상에
태어나보니 자비, 돈, 명예, 지위 등이 됩니다. 진리를 공부하는
것도 공덕의 씨앗입니다. 이보다 더 좋은 것은 없습니다. 수행
을 통해 자신의 그릇을 크게 하면 엄청난 사람이 됩니다. 대기
업의 사장들을 예로 들어보면 이런 사람들은 그릇이 커서 큰 돈
이 들어와도 나가지를 않습니다. 이런 사람들은 나중에 사람들
에게 그 많은 돈을 나누어 줍니다. 이것이 자비입니다. 이것도
승이라고 할 수 있습니다. 하지만 우리는 남을 도울 때 100만원
을 쓰라고 하면 아까워하지만 자신의 욕심을 채울 때 100만원
을 쓰라고 하면 잘 씁니다. 자기 자신에게만 자비로운 것입니다.
돈은 마음이 내는 것이지 내가 갖고 있는 돈이 내는 것이 아닙니
다. 마음껏 베풀 수 있는 마음은 하나일 때 가능합니다. 모두가

형제, 자매일 때 가능합니다. 우리의 삶은 출가, 재가를 떠나서 있는 그대로 모든 것 속에서 수행하고 공부합니다. 앉아서 책을 보는 것만 공부가 아닙니다. 숨 쉬고 밥 먹고 잘 때나 일할 때나 앉고 일어나는 것도 공부입니다. 식사를 해도 이 음식이 오기까지 수많은 과정을 거쳤음을 생각하며 이 음식이 베푼 것만큼 나도 이 세상에 베풀어야겠다고 생각해야 하는 것입니다. 이렇게 되면 그냥 먹는 식사와 다르게 됩니다. 구도자의 삶이 다른 것이 아닙니다. 이렇게 사는 것이 바로 구도자의 삶입니다. 공부는 이런 마음을 가지고 멋지게 살고 가는 것입니다. 혼자 잘 살면 뭐합니까. 다 잘 살아야 합니다.

지금까지 말했던 것이 대승기신론 서론의 귀경송입니다. 그 다음 본론을 살펴보면 논을 짓는 이유인 인연분, 논지의 제시 부분인 입의분, 논지의 해명 부분인 해석분, 논지의 실천 부분인 수행신심분, 연구실천의 근고 부분인 근수이익분으로 구성되어 있습니다. 결론 부분은 회향송으로 되어 있습니다. 모든 경전의 결론은 전도, 전법입니다. 세상 최고의 공덕은 법을 전하는 것입니다. 내가 알고 있는 것이 넘치면 전해지기 마련입니다.

이 대승기신론의 내용을 일목요연하게 정리해보겠습니다. 일심(一心), 이문(二門), 삼대(三大), 사신(四信), 오행(五行)입니다. 일심(一心)은 깨달아서 세상은 하나인 것을 아는 것입니다. 일심(一心)을 알기 전에는 문이 두 가지가 있습니다. 진여문과 생사문이 있습니다. 진리 쪽으로 열려있는 문이 진여문이고 진리를 모를 때 헤매고 있는 문이 생사문입니다. 진여문으로 가면 일심

(一心)이 됩니다. 세상의 모든 것은 삼대(三大)로 구성되어 있습니다. 체, 상, 용입니다. 본체와 본체의 모습, 본체의 모습에 대한 작용입니다. 사신(四信)은 무엇을 믿을 것인가에 대한 답입니다. 근본(진여), 불(깨달음), 법(올바름), 승(깨끗함)입니다. 이 것들을 믿으면 어떻게 행동할 것인가가 오행(五行)입니다. 보시, 지계, 인욕, 정진, 지관입니다. 우리의 삶이 진리로 나아가기 위해서 어떻게 살아야 할 것인가를 말한 것입니다. 부처님 초기에는 팔정도를 설했습니다. 이 팔정도가 대승불교로 넘어오면서 육바라밀의 실천이 됩니다. 육바라밀이 이 오행(五行)입니다. 지관은 육바라밀의 선정, 지혜를 합친 것입니다.

대승기신론의 내용을 도표로 만든 것입니다. 이 도표는 제가 예전에 BBS 대구불교방송에서 불교 100강 대특강을 강의했을 때 대승기신론이 한 시간으로 구성되어 있었는데 어떻게 한 시간에 대승기신론을 설명할 수 있을까 고민 끝에 만들게 된 것입니다. 이 구조를 알면 대승기신론을 한 눈에 알 수 있습니다. 여기 생사문의 상태는 깨닫지 못한 상태로 이렇게 많은 마음이 있습니다. 하지만 수행을 해서 깨달으면 시각과 본각의 상태가 됩니다. 시각은 깨달음을 성취해나가는 것으로 잠시 깨달은 것이고 본각은 진짜 깨달은 것입니다. 말로 설명할 수 있는 진리가 있고, 말로 설명할 수 없는 진짜 진리가 있습니다. 유식에서 배운 것은 생사문에 해당하는 것들입니다. 대승기신론에서는 생사문의 내용에서 진여문으로 나아갈 수 있도록 하는 것입니다. 이 대승기신론의 전체 구조를 알면 이해가 아주 쉽습니다. 반면 전체 설명이 안 되면 하나의 내용 설명 밖에 되지 않습니다.

대승기신론을 설명한 것 중 기신론 3소가 있습니다. 기신론 3소는 바로 수나라 혜원의 대승기신론의소와 신라 원효의 대승기신론소와 당나라 법장의 대승기신론의기입니다.

수많은 대승기신론 해설서 중에서 명쾌하게 밝힌 것은 별로 없습니다. 저는 대승기신론을 읽으면서 부처님께서 말씀하신 "내가 설한 법은 바다에 들어가는 것처럼 들어갈수록 더욱 더 깊어진다."는 구절이 떠올랐습니다. 이 불교 공부는 하면 할수록 재미있어집니다. 우리가 잠시 듣는 법문은 공부가 아닙니다. 공부라는 것은 구체적으로 지속적으로 꾸준하게 하나의 체계를 보고 아는 것입니다. 저는 젊은 시절 원효의 대승기신론소(이기영 교수 번역)를 볼 수 있었던 인연에 고마움을 느끼고 행운이라고 생각합니다. 그 때 책을 보며 느낀 환희는 지금도 잊을 수 없습니다. 이 인연으로 대승기신론을 번역하고 강의할 수 있는 행운이 주어진 것 같습니다.

대승기신론은 공장에서 일을 하면서 물건들을 흩어놓았다가 일을 마치고 돌아갈 때 정리하고 가는 것과 같습니다. 깨끗하게 정리된 공장이 대승기신론입니다. 불법을 깊이 이해하는 한 사람만 있어도 세상이 당당한 이유를 알 것 같습니다. 그리고 진리의 길을 걷는 사람이 한 명만 있어도 세상은 행복합니다. 칼날 위를 편안하게 걸어가는 것도 불법이 있기 때문입니다. 이 대승기신론을 번역하면서 꽃다운 젊은 나이에 감옥에서 요절한 승조의 마음을 알 것 같습니다. 황제가 승조를 보고 그의 재능에 반해 정승의 벼슬을 내렸지만 승조는 불법만이 나의 길이라고 하며 단칼에 거절합니다. 그 때문에 감옥에서 젊은 나이에 이슬로 사라지게 됩니다. 감히 이 마음으로 대승기신론을 우리말로 옮기고 설명을 해보았습니다. 세상은 그냥 자신이 서있는 자리에 뿌리내린 나무일뿐인데 어떻게 불법의 인연을 마다하겠습니까.

대승기신론 도표

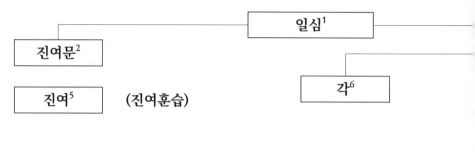

일심[1]

진여문[2]

진여[5]   (진여훈습)

각[6]

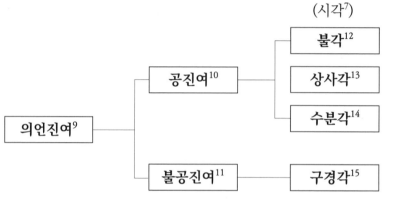

(시각[7])

공진여[10]

불각[12]

상사각[13]

수분각[14]

의언진여[9]

불공진여[11]

구경각[15]

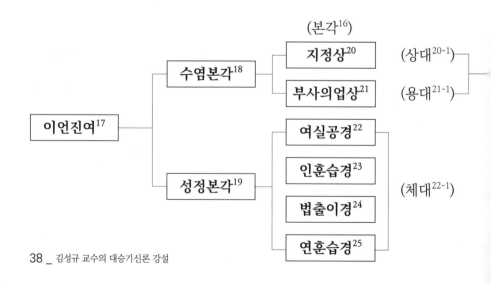

(본각[16])

수염본각[18]

지정상[20]   (상대[20-1])

부사의업상[21]   (용대[21-1])

이언진여[17]

성정본각[19]

여실공경[22]

인훈습경[23]

법출이경[24]   (체대[22-1])

연훈습경[25]

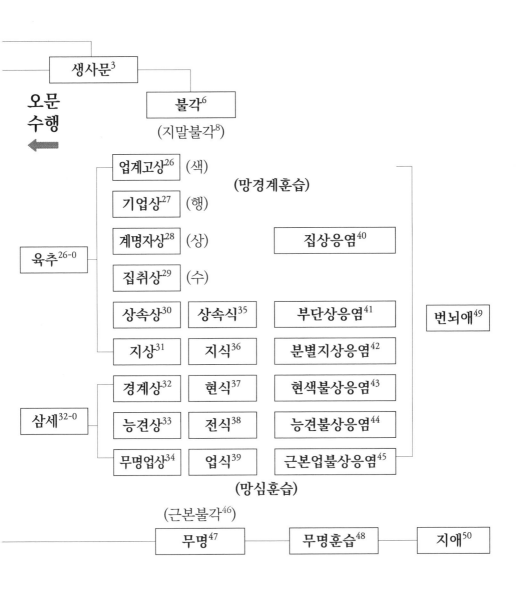

제2강

(0) 귀경게
(0-1) 귀경과 짓는 의도를 서술하다
(0-1-1) 삼보에 귀의하다
(0-1-1-1) 불보를 찬탄하다

[진제1] 시방세계에서 가장 수승한 업으로 두루 아시며 색이 걸림이 없이 자재하신 세상을 구제하는 대자대비 하신 부처님께 귀명합니다.

歸命盡十方, 最勝業遍知, 色無礙自在, 救世大悲者,

(0-1-1-2) 법보를 찬탄하다

그 몸의 형상이 법성인 진여의 바다에 귀명합니다.

及彼身體相, 法性眞如海,

(0-1-1-3) 승보를 찬탄하다

한량없는 공덕을 갖추고 여실히 수행하는 이들께 귀명합니다.

無量功德藏, 如實修行等。

(0-2) 논을 지은 대의를 총괄적으로 표하다
(0-2-1) 중생을 교화하다

[진제2] 중생으로 하여금 의심을 제거하고 잘못된 집착을 버리게 하여

爲欲令衆生, 除疑捨邪執,

(0-2-2) 불도를 계승하다

대승의 바른 믿음을 일으켜 부처의 종자가 끊어지지 않도록 하는 까닭이다.

起大乘正信, 佛種不斷故。

(0-3) 논체를 정립하다

(0-3-1) 논의 핵심을 세우다

[진제3] 논하기를, 일심법이 대승의 신심을 일으키므로, 이러한 까닭으로 마땅히 설한다.

論曰 : 有法能起摩訶衍信根, 是故應說。

[진제4] (0-3-2) 논을 다섯 단락으로 분류하다

설명함에 다섯 가지 구분이 있다. 첫째는 인연분(因緣分)이며, 둘째는 입의분(立義分)이며, 셋째는 해석분(解釋分)이며, 넷째는 수행신심분(修行信心分)이며, 다섯째는 권수이익분(勸修利益分)이다.

云何為五 ? 一者、因緣分, 二者、立義分, 三者、解釋分, 四者、修行信心分, 五者、勸修利益分。

(1) 인연분

(1-1) 논을 지은 인연을 설하다

[진제5] 처음에 인연분을 설한다.

[진제6] 묻기를

"어떤 인연으로 이 논을 지었는가?"

대답하기를

"이 인연에는 여덟 가지가 있다.

첫째 인연의 총상(總相)이니, 이른바 중생으로 하여금 모든 괴로움을 여의고 구경열반의 즐거움을 얻게 함이며, 세속의 명리(名

利)와 공경을 구하는 것이 아니다.

둘째 여래의 근본 뜻을 해석하여 모든 중생으로 하여금 바르게 알게 하여 어긋나지 않게 하는 까닭이다.

셋째 선근(善根)이 성숙한 중생으로 하여금 대승법을 감당하여 믿음에서 물러나지 않게 하는 까닭이다.

넷째 선근이 적은 중생으로 하여금 수행하여 신심을 익히게 하는 까닭이다.

다섯째 방편을 보여서 악한 업장을 녹이고 마음을 잘 지켜 어리석음과 교만함을 철저히 여의어 삿된 그물에서 벗어나도록 하는 까닭이다.

여섯째 지(止)와 관(觀)의 수습함을 나타내어 범부와 이승(二乘)의 마음의 허물을 대치(對治)하는 까닭이다.

일곱째 염불(念佛)에 일념하는 방편을 나타내어 부처님 전에 왕생하여 결정코 신심에서 물러나지 않도록 하는 까닭이다.

여덟째 이익을 보여줌으로써 수행을 권유하는 까닭이다.

이러한 인연이 있기 때문에 논을 짓는다."

初說因緣分。問曰:「有何因緣而造此論?」

答曰:「是因緣有八種。云何為八?

一者、因緣總相,所謂為令眾生離一切苦得究竟樂,非求世間名利恭敬故。二者、為欲解釋如來根本之義,令諸眾生正解不謬故。三者、為令善根成熟眾生於摩訶衍法堪任不退信故。四者、為令善根微少眾生修習信心故。五者、為示方便消惡業障善護其心,遠離癡慢出邪網故。六者、為示修習止觀,對治凡夫二乘心過故。七者、為示專念方便,生於佛前必定不退信心故。八者、為示利益勸修行故。有如是等因緣，所以造論。」

(1-2) 논을 지은 구체적 이유를 밝히다

[진제7] 묻기를

"경속에 이러한 법이 갖추어 있는데, 어찌하여 거듭 설명해야 하는가?"

답하기를

"경속에 비록 이러한 법이 있지만 중생의 근기와 수행이 같지 않으며, 받아 지녀 이해하는 인연(緣)도 다른 까닭이다."

이른바 여래가 세상에 계실 때에는 중생의 근기가 영리하고 법을 설법하는 사람도 색(色)과 심(心)의 업이 수승하여 원음(圓音)으로 한 번 연설하면 다른 종류의 중생들이 평등하게 이해하므로 논을 필요로 하지 않았다.

그러나 여래가 열반한 후에 어떤 중생은 능히 스스로의 힘으로 널리 듣고 이해하였으며, 어떤 중생은 능히 스스로의 힘으로 적게 듣고 많이 알기도 하였으며, 어떤 중생은 스스로의 힘은 없으나 많은 논에 의하여 이해하였으며, 어떤 중생은 광대한 논서의 많은 글을 번거롭게 여겨 마음으로 총지(總持)와 같이 글의 분량은 적지만 많은 뜻을 가진 것을 좋아하고 잘 이해하는 사람도 있었다.

이와같이 이 논은 여래의 광대하고 깊은 법의 한없는 뜻을 총섭하려는 까닭으로 이 논을 설명하는 것이다.

問曰：「修多羅中具有此法，何須重說？」

答曰：「修多羅中雖有此法，以眾生根行不等、受解緣別。

所謂如來在世眾生利根，能說之人色心業勝，圓音一演異類等解，則不須論。

若如來滅後，或有衆生能以自力廣聞而取解者；或有衆生亦以
自力少聞而多解者；或有衆生無自心力因於廣論而得解者；自
有衆生復以廣論文多為煩，心樂總持少文而攝多義能取解者。
如是此論，為欲總攝如來廣大深法無邊義故，應說此論。」

(2) 입의분

[진제8] 이미 인연분을 말하였으니, 다음에는 입의분(立義分)을
설명한다.

次說立義分。

(2-0) 대승의 법과 의를 함께 표하다

대승이란 총괄하여 설명하면 두 가지가 있다. 첫째는 법(法)이
며, 둘째는 의(義)이다.

摩訶衍者，總說有二種。云何為二？一者、法，二者、義。

(2-2-0-0) 법이라는 것은 중생심이다

법은 중생심(衆生心)을 말한다. 이 마음은 일체의 세간법(世間
法)과 출세간법(出世間法)을 포괄하며, 이 마음에 의지하여 대승
의 뜻을 나타내 보인다.

所言法者，謂衆生心，是心則攝一切世間法、出世間法。依於
此心顯示摩訶衍義。

(2-2-1-0) 심진여상은 대승의 본체이다

왜냐하면 이 마음의 진여상(眞如相)은 대승의 체(體)를 나타내
기 때문이다.

何以故？是心真如相，即示摩訶衍體故；

대승기신론 강설_2

대승기신론의 저자가 마명입니다. 마명은 80년경부터 150년경까지 산 인도의 승려이자 불교 사상가입니다. 마명은 대승기신론 이외에도 '붓다차리타'라고 하는 부처님의 일생에 대한 대서사시를 쓰기도 했습니다. 대승기신론은 양이 많지 않습니다. 11,000 글자 정도로 구성되어 있는 얇은 책 한권 분량 밖에 되지 않습니다. 적은 분량이지만 이 우주의 진리가 간단명료하게 들어있습니다. 우리가 불기 몇 년이라고 합니다. 이 불기의 시작은 석가모니 부처님께서 열반에 드셨을 때부터 시작됩니다. 부처님의 열반을 불멸이라고 하기도 합니다. 마명이 살았던 때는 부처님 불멸 후 500년이 지난 후입니다. 한 나라나 왕조가 일어나서 망하기 까지 짧게는 약 300년 길게는 약 500년 정도가 걸립니다.

마명과 부처님 열반 사이에 어떤 일이 있었는지 살펴봅시다. 불멸 후 100년부터 부파불교가 시작됩니다. 부처님 열반 후 부처님의 많은 제자가 인도 전역으로 전도를 떠납니다. 그리고 점점 지역화되고 자기화된 불교를 만들어갑니다. 제자들이 부처님께 많은 것을 배우지만 그 제자들이 다른 사람들을 가르칠 때는 자신의 마음에 드는 부분을 더 많이 가르치게 됩니다. 예를 들어 어떤 지방은 법화경 중심의 불교가 되어 있고 어떤 지방은 금강경 중심의 불교가 되어 있습니다. 부파불교가 될 수밖에 없었던 이유는 전법을 떠난 제자들이 그 지역에 머물면서 자기가 좋아하는 잘 알고 있는 내용을 가르치다 보니까 그렇게 된 것입니다. 그래서 백 년이 지나고 이백 년이 지나면서 지역마다 불교의 특색이 달라지게 됩니다.

그런데 문제가 생깁니다. 화폐 경제가 발달된 상업 지역이 생겨나게 되고 이 지역에서는 부처님 당시와는 다르게 밤늦게까지 일하고 늦은 아침(11시경) 시간에 공양을 하게 되는 특수 상황이 발생하게 됩니다. 이런 지역에 거주하는 승려들은 공양을 제대로 못 받게 됩니다. 승려들은 자기 거주지역 외 다른 지역으로 걸식을 가지 못하게 되어 있습니다. 그래서 그 지역 승려들이 총무원(승단 본부)에 건의를 하게 됩니다. 부처님께서 정하신 공양 시간이 아니어도 공양을 할 수 있게 해달라, 화폐를 공양대신 받을 수 있게 해달라는 건의를 하게 됩니다. 하지만 총무원에서는 부처님의 법에 어긋나는 비법(非法)이라고 해서 통과시켜 주지 않습니다. 건의를 한 승려들은 몇 대를 그곳에서 정착해서 살았으므로 떠날 수가 없었습니다. 그래서 바이살리(Vaishali)의 비구들은 다시 모입니다. 그들은 회의를 한 후 "우리가 주장하는 내용은 비법이 아니라 부처님께서 정한 율에 어긋나지 않는 정법(正法)이다. 총무원에서 뭐라고 해도 우리는 정법이라고 생각하고 시행하겠다."고 선언을 합니다. 이렇게 갈라져 분파가 생기게 됩니다. 이 사건을 계기로 각 지방에서 독자적으로 발전, 변형되었던 불교가 부파불교로 급속히 발전하게 됩니다. 많은 경전이 부파불교를 중심으로 만들어집니다. 경전의 연구와 부파가 활발하게 이루어지는 사이에 불멸 후 300년이 지납니다. 그 때 불교를 지금과 같은 세계 종교로 만드는데 일등공신 중 한 사람인 마우리아 왕조의 아쇼카 왕이 전 인도를 통일합니다. 인도가 불교 국가가 됩니다. 아쇼카 왕에 의해 불교가 폭발적으로 흥기해서 대승불교가 일어날 수 있는 기틀이 만들어집니다. 그 후 불멸 후 500년 정도가 되면 부파불교가 완성됩니다. 이렇게 해서 대승불교가 형성되기 시작하고 대승경전이 생산되기 시작합니다.

부처님은 자신의 장례를 재가 신자들에게 맡깁니다. 만약 부처님의 장례 절차를 승려들에게 맡겼다면 부처님 당시의 승단은 확장되기 어려웠을 것입니다. 부처님을 화장한 후 생긴 사리를 부처님께서 살아 생전 가장 인연이 있었던 8곳에 사리탑을 만들어 보관하게 됩니다. 이 8개의 사리탑이 승려들의 절에 세워진 것이 아니라 신자들 중심의 절 밖에 세워집니다. 이것이 앞으로 전개될 불교의 방향성을 보여준 것입니다. 절 밖에 탑이 있다 보니까 기존의 부처님을 찾던 신자들은 부처님이 계시지 않는 교단의 절을 찾아가는 것이 아니라 부처님의 사리를 모셔놓은 불탑을 찾아갑니다. 그래서 사리탑을 중심으로 재가 신자들이 모여들기 시작한 것입니다. 이렇게 새로운 불탑신앙이 형성됩니다. 승단은 부처님 열반 후 계속 축소되지만 불탑을 중심으로 한 새로운 불교는 어마어마한 속도로 확장됩니다. 이러한 것이 아쇼카 왕 때는 8개의 불탑의 사리를 나누어 전 인도에 불탑을 세우게 됩니다. 아쇼카 왕 때는 전 인도에 새로운 불교가 어느 정도 구축된 상태가 됩니다. 불탑 중심의 새로운 불교 흐름과 승가가 결합되면서 대승불교라는 새로운 불교가 창출되게 됩니다. 대승불교는 기존의 승가라는 틀에서 벗어나 형성된 적극적이고 포용적인 새로운 불교라고 할 수 있습니다. 부처님 당시 목표였던 아라한이 새로운 불교 이상인 보살로 바뀝니다. 여기서 "상구보리 하화중생(上求菩提下化衆生)"이란 말이 등장합니다. 한 세상 멋지게 잘 살아 진리를 터득하고 나와 함께 살아가는 모든 생명도 깨달음의 길에 나아가게 하자는 것입니다. 이것이 불교의 이상이고 인류의 이상이며 모든 생명의 이상입니다.

지금 여기서 설명하는 대승기신론의 내용들은 원효의 대승기신론소를 바탕으로 한 것입니다. 여기에다 명나라 4대 승려 가운데 한 사람 감산 덕청의 대승기신론약소를 더한 것입니다. 대승기신론약소는 현수의 대승기신론의기에 약소를 붙인 것입니다. 방대한 소를 요약해서 알기 쉽게 한 것이 약소입니다. 여기에다 제가 알고 있는 불교 지식과 이 시대의 언어를 더한 것입니다. 저는 대승기신론소 만큼 불교 자체를 명확하게 밝힌 책은 없다고 생각합니다.

선불교가 내걸고 있는 기치가 바로 교외별전, 불립문자, 직지인심, 견성성불입니다. 교외별전이란 부처님의 진정한 가르침은 경전 안에 있는 것이 아니라 경전을 떠나서 있다는 것입니다. 불립문자는 진정한 진리는 글이나 문자로 전할 수 없다는 것입니다. 직지인심이란 바로 사람의 마음을 가리키는 것으로 진리는 내 안에 있다는 말입니다. 견성성불이란 본성을 깨치면 누구나 부처가 될 수 있다는 말입니다. 우리가 배우려는 일심(一心)을 이 사람들은 이렇게 풀어서 불교를 일으킨 것입니다. 앞에서 명나라 4대 승려가 나왔습니다. 이 중 한 사람인 자백 진가의 시한 수를 보도록 하겠습니다. "내가 한번 웃음에 본디 까닭 있나니 / 천지가 이 몸 용납치 않을 줄이야 그 어찌 알았으랴.

이에 어머니 낳아주신 발을 거두나니 / 무쇠나무 꽃이 핌은 봄 아녀도 좋으니라." 이 몸 이렇게 형상을 타고 난 것이 아니라는 것입니다. '무쇠나무 꽃이 핌은 봄 아녀도 좋으니라.'는 진리를 깨닫는 것은 어느 때인들 좋다는 말입니다. 이런 시가 대승기신론의 성격을 잘 드러내주는 것이 아닌가 싶어서 언급해 보았습니다. 그 다음으로 앞서 언급했던 감산 덕청의 말을 한번 살펴봅시다. "나는 젊어서 유불선을 다 보고 물러가서 깊은 산 흐르는 물가에 고요하게 앉아서 마음을 관(觀)하였다. 이로 말미암아 삼계가 오직 이 마음 하나이며 만법이 오로지 이 마음의 표현인줄을 알았다. 이 심식(心識)을 관하여 보니 일체형상이 오직 마음의 그림자이며 일체 소리가 마음의 메아리이다. 이 마음을 깨닫지 못하면 우리는 일체 성인의 그림자를 단정히 쫓아가는 것이며 일체 언교(言敎)는 모두 이 메아리를 순(順)하는 것이다. 만법은 오직 마음으로 짓는 일이다." 고요하게 앉아서 마음을 보는 것이 감산 덕청 공부의 핵심입니다. 이는 최고의 경지에 이르게 되는 밑거름이 됩니다.

먼저 일심(一心)에 들어갑니다. 이 세상에서 제일 힘든 것중의 하나가 정의하는 것입니다. 2 + 3 = 5입니다. '왜 2에다 3를 더하면 5가 되는지 설명해보시오.' 하면 어떻게 설명하겠습니까? 정의를 모르기 때문에 설명하기가 어렵습니다. 돌이 한 개 있는 것을 1이라 정의합니다. 한 개, 한 개 있는 것을 2라고 정의합니다. 한 개, 한 개, 한 개 있는 것을 3이라 정의합니다. 이렇게 10까지 정의합니다. 그러니까 2에다 3을 더하면 5가 되는 것입니다. 정의가 제대로 되면 수월해집니다. 모든 사물은 '제법무아'(존재하는 모든 것은 나라고 주장할만한 독립된 실체가 없다.)라서 모두 연관되어 있습니다. 이것이 바로 일심입니다. 떨어져 있는 것이 하나도 없고 모두 하나 속에 있는 것입니다. 우리는 제법(모든 존재)의 맑음과 흐림을 가립니다. 즉 깨끗함과 더러움을 가린다는 것입니다. 하지만 그 본질은 둘이 아닙니다. 본질은 하나지만 깨닫지 못하면 둘로 보이게 됩니다. 우리는 본래 청정법신이지만 오염된 것을 나라고 생각해서 세세생생을 살아가고 있습니다. 청정법신과 나를 다른 것으로 보게 됩니다. 진리를 모르고 살아가면 오염된 마음이 일으키는 생각이 맞는 줄 알고 살아갑니다. 돈이나 권력을 중요하게 여기면서 살아가지만 정작 중요한 것은 돈을 쓰는 마음, 권력을 부리는 마음입니다. 그래서 이 오염된 것을 제거해야 합니다. 오염된 것을 제거하지 못하면 우리는 평생 아집과 무지 속에서 살아갑니다. 자기밖에 모르고 자기만 평생 사랑하다가 갑니다.

우리가 참됨과 거짓됨의 두 문을 세우지만 그것이 따로 별개의 것이 아닙니다. 참됨은 진여문이고 거짓됨은 생사문을 가리킵니다. 진리와 거짓이라는 두 문을 이해하기 쉽게 세우지만 실은 하나가 우리가 바라보는 방향에 따라 두 개로 보이는 것뿐입니다. 별개의 것이 아니라 다른 것이 아니라는 것이 중요합니다. 우리는 거짓됨을 정화시켜 참됨으로 나아갈 수 있게 해야 합니다. 진여가 따로 있고 생사가 따로 있는 것이 아니라 어느 쪽에서 바라보느냐에 따라 진여가 되기도 하고 생사가 되기도 합니다. 우리 속의 오염만 걷어내면 부처인 것입니다. 부처가 따로 있고 중생이 따로 있는 것이 아닙니다. 그러므로 일심, 하나입니다. "둘이 아닌 이 자리에서 모든 사물은 알찬 것이 되며 그것은 조금도 헛되지 않아 그 스스로 모든 것을 환히 아는 까닭에 이를 불러 마음이라 하는 것이다."고 합니다. 이럴 때 마음은 일심이고 물들기 전의 마음입니다. '견성'은 나의 본래 성품을 본 마음입니다. 내가 일으키는 이 마음을 잘 알기만 하면 진리의 문에 들어갈 수 있습니다. 이것은 별개가 아니라 같이 붙어있는 서로 다른 면일 뿐입니다. 감산 덕청이 끊임없이 생각했듯이 우리도 뭔가 조용히 관조하고 생각을 해보면 진리의 세계, 깨달음의 세계, 일심의 세계로 들어갈 수 있는 길이 열릴 수 있습니다.

"그러나 이미 둘이 없는데 어떻게 하나가 있으랴! 하나란 가짐이 없단 말이니, 어찌 마음을 누구의 것이라고 하랴! 이러한 마음의 도리는 언설과 사려를 절(絶)한 것으로 무엇이라고 지목할 바를 몰라 구태여 일심(一心)이라고 부르는 것이다." 이 일심은 사실 '하나'라고 이름 붙일 수도 없는 것입니다. '둘' 자체가 없으니 '하나'도 없는 것입니다. 이 하나는 가짐이 없어 누구의 것이라고도 할 수 없습니다. 이것은 말로 할 수도 없고 생각으로 갈 수 있는 것도 아닙니다. 생각 자체도 끊어진 곳입니다. 구지 이름을 붙이려니 일심(一心)이란 말이 가장 적합하더라는 말입니다. 이 세상의 진리를 깨달은 마음, 일심에 대해 말한 것입니다.

"일심을 나누니 두 개의 문이 있는데 진여문과 생사문이다. 두 개의 문이 서로 다른 것이 아니라 원래 하나에서 나와서 하나로 돌아가는 것이며, 돌아가 같은 것이다. 수십 명의 도공이 기왓장을 만들었을 때 만들어진 기왓장은 다 다르지만(생멸문) 모두 흙(진여문)을 사용하여 만들었다는 점은 같은 것이다." 일심에는 진여문과 생사문이 있는데 진여문은 진리의 세계이며 생사문은 생사의 세계입니다. 물들지 않은 세계와 물든 세계입니다. 이것은 서로 다른 것이 아니라 하나에서 나와서 돌아가는 것입니다. 그러므로 생사=보리가 되는 것입니다. 진리를 깨치지 못하고 보면 유위의 세계지만 진리를 깨치고 보면 그대로 여여(如如)한 무위의 세계일 뿐입니다. 무위의 세계가 따로 있고 유위의 세계가 따로 있고 유루법이 따로 있고 무루법이 따로 있는 것이 아닙니다. 전부가 하나인데 우리가 깨친 눈으로 보느냐 오염된 눈으로 보느냐에 따라 달라집니다. 원래 물이 있는데 물감을 섞으면 오염된 물이 됩니다. 여기서 물감이 가라앉으면 원래 물과 같게 됩니다. 도공을 예로 들어보면 각 도공들이 만들어낸 기왓장은 각기 다 다릅니다. 모두 흙을 사용해서 만들었다는 점은 같습니다. 생사문에서 바라볼 때 우리는 모두 다 다른 사람입니다. 하지만 오염된 것을 다 걷어내면 우리가 갖고 있는 본성은 모두 똑같은 하나입니다. 오염되어 있으니까 아집밖에 없어서 자기 자신 밖에 모르고 자기 자신이 최고인 줄 알고 평생을 살아갑니다. 다른 사람을 위하는 것 같지만 위하는 척을 할 뿐입니다. 내가 가지고 있는 아집과 무지 때문에 진정으로 위하지는 못합니다. 위해도 자기 생각대로 위하는 것입니다. 온전히 위하는 마음은 깨달은 마음에서 나옵니다.

　진여에 대해 좀 더 살펴봅시다. 진여는 진리입니다. 진은 '참되다'는 의미를 갖고 있고 여는 '한결같다'는 의미를 갖고 있습니다. 이 진여는 인도어로 Tathata라고 합니다. 원효는 진여를 버릴 것이 아무 것도 없기 때문에[無遺] 진이고 세울 것이 아무 것도 없기 때문에[無立] 여라고 했습니다. 참된 것에는 더 이상 버릴 것이 없습니다. 그리고 다 평등하기 때문에 세울 것이 없는 것입니다. 여기에 원효의 말을 더 살펴봅시다. "왜 참되고 한결같다고 하느냐? 아무 것도 버릴 것이 없음이 다 참된 까닭이며 아무 것도 보탤 것이 없음이 이 세상 모든 것이 한결같은 까닭이다. 그러므로 이 세상 모든 것은 설명할 수도 생각할 수도 없는 까닭에 그냥 '참되고 한결같다'고 할 뿐이다." 그래서 이러한 것을 진여라고 하기도 하고 여여라고 하기도 하고 일심이라고 하기도 합니다. 원효는 이 진여의 마음을 매우 깊고[甚深] 매우 넓고[廣大] 무궁무진한 보배를 지니고[百寶無窮] 모든 것을 나타내는 것[萬像影現]이라고 했습니다. 깨달음의 세계란 것은 이 말이 주는 의미를 내가 읽고 느끼는 것만큼 내 속에 스며들고 젖어들게 됩니다. 이 깨달음의 세계는 이 세상 모든 것을 포용할만큼 넓습니다. 그리고 여기서 소중하지 않은 사람이 있습니까. 이 세상에 귀하지 않은 것이 있습니까. 모든 것이 귀한 보배 덩어리입니다. 진여의 마음은 모든 것을 나타냅니다. 원효는 이 세상 모든 것이 진여의 마음속에 있다는 것을 말하고 있습니다. 우리는 한 생각 돌이키면 진여의 세상으로 갈 수 있습니다. 순간순간 진여의 마음을 일으키지만 내가 모르기 때문에 그냥 넘어갑니다.

"그래서 진여의 마음은 참되고 한결같은 마음의 큰 바다도 그와 같음을 알아야 한다. 영원히 모든 오해를 여의었으며 만물이 그 안에 들어있으며 덕이란 덕은 모두 갖추었으며 상이란 상은 나타나지 않는 것이 없는 까닭이다." 이것은 앞에 나온 내용을 다시 한 번 이야기한 것입니다. 깊고 넓고 보배롭고 모든 것을 나타내는 마음을 말한 것입니다.

이 세상에는 불, 법, 승의 진리가 있습니다. 어떤 종교 단체든 불, 법, 승이 있습니다. 깨달음, 깨친 내용, 진리를 추구하는 집단이 있습니다. 승이 무엇이고 어떻게 만들어졌는가 살펴봅시다. 승은 승가로 산스크리트 원어 '상가(Sangha)'와 연관이 있습니다. 상가는 공동체란 뜻입니다. 이 상가란 말이 스님으로 변화한 것으로 봅니다. 그리고 우리가 스님을 '비구'라고 합니다. 이것은 산스크리트어 비쿠(bhikkhu), 비크슈(bhiksu)에서 유래한 것으로 보입니다. 비쿠(bhikkhu)의 뜻은 스스로 밥을 해먹는 것이 아니라 걸식을 하면서 밥을 얻어먹는 자를 말합니다. 이 승은 네 가지 부류 사람들의 공동체로 분류됩니다. 바로 비구, 비구니, 우바새(upasakha), 우바이(upaikha)입니다. 비구, 비구니는 가정을 갖지 않고 공부하는 사람들입니다. 우바새, 우바이는 가정을 갖고 세속에 살면서 수행하는 사람들입니다. 공부하는 조건이 어렵지만 수행을 하는 사람들입니다. 원래는 승가가 이렇게 사부중 중심이었는데 현재는 스님 중심의 이부중 중심입니다. 여기서 사부중의 '중'은 무리 중(衆)으로 현재는 승려를 비하하는 의미로 쓰이지만 원래는 비하하는 뜻은 아닙니다. 이렇게 부처님의 정신에 따라 생활하는 집단이 승이고 승가입니다. 원효는 승에 대해서 이렇게 말합니다. "한 가지 일이 행해짐에 따라 모든 일이 다 이루어지고 그 하나하나의 일이 모두 진리 그대로이다." 승이 지극한 마음으로, 깨달음을 추구하려는 마음으로 행위하는 하나하나가 모두 진리 그 자체라는 말입니다. 이와 같이 오로지 진리를 추구하는 마음에 따라 살아가는 사람들이 바로 승입니다. 이런 사람들이 끝없는 공덕의 본체라고 하여 '무량공덕장'이라고도 합니다.

우리의 중요한 문제는 수행(bhavikata)과 연관이 있습니다. 수행(bhavikata)의 Bha는 Bhu에서 파생한 낱말로 '있다', '이다', '되다'의 뜻입니다. 그러므로 수행(bhavikata)은 '있게끔 하는 것', '이게끔 하는 것', '되게끔 하는 것'을 의미하게 됩니다. 내가 부처를 있게끔 하는 것, 부처이게끔 하는 것, 부처되게끔 하는 것입니다. 내가 진리 속에 있게끔 하는 것, 진리이게끔 하는 것, 진리되게끔 하는 것입니다. 부처님이 수행을 통해 주장한 것은 바로 인간다운 인간이 되는 것입니다. 여기서 대승불교가 부르짖은 것이 보살의 실천이상을 제시한 것입니다. 인간다운 인간을 보살로 제시하고 실천이상으로서 "상구보리 하화중생(上求菩提下化衆生)"을 주장합니다. 그렇기 때문에 우리의 삶은 가벼운 것이 아니라 거룩하고 위대한 삶을 살아가고 있는 것입니다. 원효는 이 수행을 두 가지로 나누었습니다. 첫째는 정적인 내관으로 나의 내부로 파고드는 공부이고 둘째는 동적인 현실참여로 외부로 발산하는 공부입니다. 우리가 정적인 내관이 익으면 누군가를 도와주고 베풀어주고 행위하게 됩니다. 이것은 동적인 현실참여입니다. 알고 가만히 있는 것이 아니라 행으로 옮겨지는 것입니다. 정적인 내관이란 여실수행으로 있는 그대로 되도록 하는 일입니다. 우리의 마음을 열심히 관조해서 모든 것이 있는 그대로 되도록 하는 일입니다. 이렇게 되면 아무 것에도 결박되지 않는 지혜로움인 무장지(無障智: asangata)가 생깁니다. 이 세상 어디를 가도 장애가 되지 않습니다. 동적인 현실참여는 편수행으로 이 세상에 나타내는 것입니다. 이것은 두루 모든 중생과 하나가 되는 일입니다. 우리는 누구를 도와줘도 마음이 하나가 되지 않습니다. 이 동적인 현실참여는 아무 것도 파괴하지 않으며 무엇으로부터도 파괴되지 않는 지혜입니다. 내가 현실참여를 해서 어떤 행동을 해도 아무것도 파괴되지 않는다는 말입니다. 내가 상대방을 돕지만 상대방의 자존심같은 어떤 것도 파괴하지 않는 것입니다. 또한 무엇으로부터도 내가 파괴되지 않는다는 것입니다. 이런 지혜가 생기는 것이 수행입니다. 이 지혜를 무애지(無礙智: apatihata)라고 합니다.

앞서 불법승을 이야기하면서 '이 목숨 거두어 돌아갑니다.'라는 대목이 나왔습니다. 그렇다면 이 목숨 거두어 돌아가야 할 곳은 어디일까요? 원효는 다음과 같이 이야기 합니다. 거들어준 것에 대한 아무런 보답도 바라지 않는 이웃에게 베풀어주는 일, 즉 보시를 말했습니다. 그리고 인간다운 인간이 지켜야 할 모든 일, 지계를 말했고 참고 용서하는 일, 인욕을 말했고 원하는 세상으로 나아가는 일, 정진을 말했고, 나아가는 힘인 지, 나아가는 방향, 관을 말했습니다.

　진정한 보시란 청정심, 주고받는 어떠한 마음도 일으키지 않는 상태에서 하는 것입니다. 그리고 우리가 잘 살기 위해서 지선의 삶을 살기 위해 지켜야할 모든 것이 지계입니다.

　인욕은 참고 용서하는 일입니다. 참고 용서하는 것만큼 위대한 것도 없습니다. 하지만 우리는 나에게 조금만 맞으면 좋아하고 조금만 수가 틀리면 뒤도 안 돌아봅니다. 우리는 모두 가정을 갖고 있습니다. 그리고 직장도 가지고 있습니다. 여기서 여러 사람을 만나고 함께 하면서 참고 용서하는 일만큼 위대한 일은 없습니다. 하지만 조금도 못 참고 화를 내면 그것이 내게 돌아옵니다. 우리가 관계 속에서 일방적으로 잘하는 것은 없습니다. 반면 일방적으로 못하는 것도 없습니다. 대부분 싸움은 다 자기가 맞다고 생각해서 일어납니다. 상대방이 맞다고 생각하면 서로 싸울 것이 없습니다. 몇 분만 참으면 그리고 일주일만 지나면 '내 생각도 맞지만 상대방 생각도 맞다.'는 사실을 알게 됩니다. 그렇게 되면 상대방이 어땠는지도 알게 됩니다. 우리는 지나고 나면 다 알고 있고 알 수 있습니다. 받아들이기 싫을 뿐입니다. 내가 얼마나 잘했고 못했는지는 다 압니다.

　정진은 원하는 세상으로 나아가는 일입니다. 우리가 이 세상에서 좀 더 나은 삶을 살려면 정진을 해야 합니다. 본전치기 하는 삶은 살기 쉽습니다. 전생의 업에 의해 살아가는 것까지는 쉽습니다. 하지만 그것보다 조금 더 잘되는 것은 쉽지 않습니다. 정진이 필요합니다. 이 생에서 이 몸 받아 정진 못하고 가는 사람은 본전치기 삶입니다. 이 정진에 나아가는 힘인 지와 나아가는 방향인 관이 필요합니다. 예를 들어 내가 무언가 하고 싶다면 힘과 방향이 필요합니다. 그것을 내 안에 축적시키는 것이 지와 관입니다. 이것을 삶에서 수행하지 않으면 아무것도 늘어나는 것이 없습니다. 내 속에 힘이 축적되고 내가 나아가는 방향이 진리의 방향으로 가는지 아는 관조하는 힘이 성숙되어야 합니다. 결국 우리가 목숨 거두어 돌아가야 할 것은 바로 육바라밀의 실천입니다. 승의 목적이 바로 이 육바라밀의 실천인 것입니다.

대승의 길은 모든 생명 있는 것[중생]으로 하여금 의혹을 없애고 그릇된 고집을 버리게 하며 대승에 대한 바른 믿음을 일으켜 깨닫는 자가 계속해서 나타나게 하기 위함입니다. 이 세상에 진리를 이해하고 진리 속에서 살아가는 사람이 끝이 없도록 하는 것이 대승의 목표입니다. 의혹과 내가 맞다는 그릇된 고집을 깨트리는 것이 대승기신론을 공부하는 목적입니다.

우리에게는 두 가지 의심이 있는데 의법과 의문입니다. 의법(疑法)이란 무엇이 실재하는 지를 모르는 것입니다. 법에 대해 모르는 것이 의법입니다. 이것은 믿는 마음(수레를 타고 갈 마음)을 일으키는데 지장을 줍니다. 이 세상에 진리가 있다는 마음을 일으키는 것을 방해하는 것입니다. '정말 진리가 있는가?' 생각하며 진리가 있는지 없는지도 모릅니다. 여기서 원효는 의법에 대해서 이렇게 말합니다. "이 세상에 모든 것이 다 진리라고 한다면 진리가 하나가 아니라 물건마다 다 진리요. 그 개체성이 뚜렷한데 어떻게 모든 개체를 하나로 묶는 자비행을 실천하는가?" 내가 누구에게 보시를 일으키면 그 보시하겠다는 마음이 어떻게 존재하는 모든 생명에게 전해지고 공유하게 되는가의 뜻입니다. 법을 모르면 이런 의심이 생기게 됩니다. 의문(疑門)이란 많은 가르침을 어떻게 받아들이면 좋을지 모르는 것입니다. 이것도 맞고 저것도 맞아서 세상에 좋은 것 천지입니다. 이렇게 많은 것 가운데 무엇이 진짜로 좋은지 내가 하고 있는 것이 진짜 좋은것인지 모르는 것입니다. 이것은 실천에 지장을 줍니다. 원효는 이 의문에 대해 다음과 같이 말합니다. "부처님이 내세운 가르침이 매우 많은데 어느 것부터 시작해서 실천해나가야 하는가? 모두를 보면 핵심을 알 수가 없고 한 가지를 택하자니 어느 것을 선택해야 할지 알 수가 없다." 금강경, 화엄경, 묘법연화경 등 많은 경전 가운데 무엇부터 시작할지 모르고 그 상태에서 다양한 모든 경전을 보면 핵심을 알 수 없게 됩니다. 그 가운데서 어느 것을 선택해야할지 알 수 없게 된다는 것입니다. 여기서 의문이 일어납니다.

하지만 여기에 대해 원효는 하나의 마음 [一心]을 말합니다. "하나의 마음 이외에 다른 실재가 있는 것이 아니다. 다만 어리석어[무명] 하나인 마음을 잘 모르고 방황하는 까닭에 적정으로 고요해야 할 바다에 파랑이 일고 기복이 생기며 갖가지 평화롭지 못한 한계상황은 생겨나는 것이다." 진리에 들어가는 보이지 않는 세계 그것이 일심(一心)입니다. 우리는 우리의 눈에 보이는 것을 실재한다고 생각하지만 진정 실재하는 것은 우리 눈에 보이지 않는 그것입니다. 우리는 진리를 알고 깨달으면 끝없는 열반적정, 고요한 마음에 들어갑니다. 이 마음은 요동치지 않습니다. 이 고요해야 할 바다와 같은 마음에 파랑이 일고 기복이 생기는 것은 부딪히는 경계 때문입니다. 이것이 하나의 마음인 것을 알 때는 원래 마음이 적정한 것임을 압니다. 우리는 겉의 파도치는 것을 나인 줄 알고 움직이는 모습을 나라고 생각하고 아래의 고요하고 깊은 바다가 원래 마음임을 모릅니다. 내가 일심(一心)된 마음을 갖고 살아간다면 이 세상에 아무리 풍랑이 일지라도 진리의 길을 걸어갈 수 있습니다.

우리가 일심(一心)임을 모를 때 의혹이 생겨나는데 그런 의혹에 의해서 육도윤회를 하게 됩니다. 본질을 이해하고 해탈을 하고 존재, 본체, 근원을 아는 것이 일심(一心)입니다. 앞서 바다 이야기를 했는데 그 바다의 파랑과 기복이 바로 육도의 세계입니다. 본질, 근원에서 타락한 상태가 육도입니다. 일심(一心)이 오염되어 우리는 육도를 윤회합니다. 본질이 오염되면 끝없는 육도윤회를 하게 됩니다. 일심(一心)은 진여문이고 육도는 생사문이 됩니다. 우리가 진여일 때 본질을 인식하고 이해하면 물들지 않는 마음을 항상 일으킵니다. 하지만 지금 우리가 일으키는 모든 마음은 이기적인 마음입니다. 자기에게 유리하고 자기 업이 갖고 있는 마음을 일으킵니다. 공부, 수행한다는 것은 그 이기적인 마음을 제거한다는 것이고 소멸시키는 것입니다. 우리는 오염된 정도에 따라 지옥으로 윤회하기도 하고 괜찮은 몸을 받기도 합니다. 일심(一心)이 되면 모든 육도가 일심(一心)으로 섭렵되고 회향을 하게 됩니다. 육도윤회를 해도 일심(一心)의 마음으로 윤회를 하는 것입니다.

의혹과 의문의 첫째 의혹에 대한 원효의 답을 살펴봅시다. "가지각색의 물결이 일지만 그것은 영원한 마음의 바다에서의 일이다. 실로 하나인 마음의 빛이 가려짐으로 여섯 갈래의 중생의 모습이 나타나는 것이며 그들을 구제하고자 하는 끝없는 원을 세우는 것이며 여섯 갈래의 중생이 일심을 떠나 나타난 것이 아니므로 세상은 그냥 일심동체의 세계속에 존재하는 것이다." 일심(一心)이 가려져 육도윤회를 하게 되지만, 이 육도도 일심(一心)을 떠난 것은 아니기 때문에 일심동체 속에서 그냥 존재한다는 것입니다.

두 번째 의문에 대한 원효의 답을 살펴봅시다. "집착에서 벗어나는 행을 닦으라. 참되고 한결같은 마음의 문이 열린다. 옳게 판단하여 자비를 실천하라. 그러면 요동치고 산란한 마음의 문을 여의게 된다. 버릴 것을 버리며 동시에 볼 것을 보고 옳게 생각하고 행하면 생활은 깨달음으로 향하게 된다." 그 많은 경전 가운데 무엇을 먼저 해야 하는가에 대한 답입니다.

마땅히 먼저 논을 설하는 인연과 이유를 말씀드리는 것이 순서이지만 논에 대한 인식이 먼저일 것 같아 일심을 먼저 설했습니다. 이제 이 논을 설하는 인연을 말씀드리겠습니다. 이 논을 설하는 인연에는 여덟 가지가 있습니다.

첫째 인연의 총상(總相)입니다. 총괄적인 인연입니다. 중생으로 하여금 모든 괴로움을 여의고 구경열반의 즐거움을 얻게 함입니다. 여기에 설하는 근본 뜻이 다 들어있습니다.

둘째 여래의 근본 뜻을 해석하여 모든 중생으로 하여금 바르게 알게 하여 어긋나지 않게 하고자 함입니다. 내용을 바로 알자는 것입니다.

셋째 선근(善根)이 성숙한 중생으로 하여금 대승법을 감당하여 믿음에서 물러나지 않도록 하는 것입니다. 부처가 되겠다는 세상에 자비를 베풀겠다는 믿음에서 물러나지 않게 함입니다.

넷째 선근이 적은 중생으로 하여금 수행하여 신심을 익히게 하고자 함입니다. 이기심이 많고 모자라는 중생도 진리의 세계에 들어오게 하려고 신심을 내게 함입니다.

다섯째 방편을 보여서 악한 업장을 녹이고 마음을 잘 지켜 어리석음과 교만함을 철저히 여의어 삿된 그물에서 벗어나도록 하고 우리 중생들의 뿌리인 어리석음과 자신의 생각에 머물러 있는 교만함을 쳐부수고자 함입니다.

여섯째 지(止)와 관(觀)의 수승함을 나타내어 범부와 이승(二乘)의 마음의 허물을 대치(對治)하고자 함입니다. 진리는 모르는 범부에게도 성문승과 연각승에게도 보살의 마음을 품어 부처의 길을 열어주고자 함입니다.

일곱째 염불(念佛)에 일념하는 방편을 나타내어 부처님 전에 왕생하여 결정코 신심에서 물러나지 않도록 하고자 함입니다. 염불이 목적은 아니지만 방편으로 중간 목적을 보여 쉽게 마음을 내어 극락을 둘러보고 부처되고자 하는 신심에서 물러나지 않게 함입니다.

여덟째 이익을 보여줌으로써 수행을 권유하고자 함입니다. 보이는 이익을 주어야 해볼까하는 마음을 움직이는 것이 중생입니다. 그렇게 해서라도 중생들에게 마음을 내도록 하자는 것입니다.

　　이러한 인연으로 논을 지었으며, 더욱 구체적으로 이유를 밝혀보도록 하겠습니다.

　　이미 경 속에 여덟 가지의 인연이 있는데 새삼 다시 설명하고 밝히는 이유가 무엇인가 하고 묻습니다. 경에 이러한 뜻이 있지만 중생들의 근기와 수행에 따라 제 각기 받아들이고 이해하는 정도가 다 다릅니다. 이러한 중생들이 혼란스럽지 않고 진리에 잘 나아가게 하기 위하여 다시 설명하는 것입니다. 설명을 해주면 이해하고 부처가 될 수 있는 중생도 모르면 수억 겁을 육도 윤회하면서 헤매게 되는 것입니다.

　　여래가 세상에 계실 때에는 중생의 근기가 영리하고 법을 설법하는 사람도 색(色)과 심(心)의 업이 수승하여 원음(圓音)으로 한 번 연설하면 다른 종류의 중생들이 평등하게 이해하므로 논을 필요로 하지 않았습니다.

　　그러나 여래가 열반한 후에 어떤 중생은 능히 스스로의 힘으로 널리 듣고 이해하였으며, 어떤 중생은 능히 스스로의 힘으로 적게 듣고 많이 알기도 하였으며, 어떤 중생은 스스로의 힘은 없으나 많은 논에 의하여 이해하였으며, 어떤 중생은 광대한 논서의 많은 글을 번거롭게 여겨 마음으로 총지(總持)와 같이 글의 분량은 적지만 많은 뜻을 가진 것을 좋아하고 잘 이해하는 사람도 있었습니다.

　이와같이 이 모든 중생을 모두 포섭하여 진리에 회귀시키려고 이 논을 지은 것입니다. 그러므로 여래의 광대하고 깊은 법의 한없는 뜻을 총섭하려는 까닭으로 이 논을 설명한 것입니다.

제3강

(2-1-2) 심생멸상은 대승의 체에 대한 상용이다

이 마음의 생멸인연상(生滅因緣相)은 대승 자체의 상(相)과 용(用)을 나타내기 때문이다.

是心生滅因緣相 , 能示摩訶衍自體相用故。

(2-2) 의라는 것은 삼대이다

의(義)에는 세 가지 종류가 있다.

所言義者 , 則有三種。云何為三？

(2-2-1) 체, 상, 용 삼대를 설하다

첫째는 체대(體大)이니, 마음의 본체가 커서 일체법이 진여평등하여 증감이 없는 까닭이다. 둘째는 상대(相大)이니, 마음의 모양이 미묘하여 여래장(如來藏)이 한량없는 성품의 공덕을 구족한 까닭이다. 셋째는 용대(用大)이니, 마음의 작용이 무량하여 일체의 세간과 출세간의 선한 인과(善因果)를 내는 까닭이다.

一者、體大 , 謂一切法真如平等不增減故。二者、相大 , 謂如來藏具足無量性功德故。三者、用大 , 能生一切世間、出世間善因果故。

(2-2-2)모든 불보살은 대승법을 굴리신다

모든 부처님이 본래 이법을 굴리는 까닭이며, 모든 보살이 이법에 의지하여 여래의 경지에 이르는 까닭이다.

一切諸佛本所乘故,一切菩薩皆乘此法到如來地故。已說立義分。

(3) 해석분

[진제9] 이미 입의분(立義分)을 설명하였으니 다음에는 해석분(解釋分)을 설명한다.

次說解釋分。

(3-0) 해석분을 세 가지로 나누다

해석분에 세 가지가 있으니 첫째는 현시정의(顯示正義)이며, 둘째는 대치사집(對治邪執)이며, 셋째는 분별발취도상(分別發趣道相)이다.

解釋分有三種。云何為三？一者、顯示正義, 二者、對治邪執, 三者、分別發趣道相。

(3-1) 바른 뜻을 나타내 보이다

(3-1-1) 법과 의를 자세히 해석하다

(3-1-1-1) 입의분에서 세운 법을 해석하다

[진제10] 바른 뜻을 나타내는 것은 일심법을 의지하여 두 가지 문이 있으니, 첫째는 심진여문(心眞如門)이며, 둘째는 심생멸문(心生滅門)이다.

이 두 가지 문이 각각 일체의 법을 총섭하고 있다. 이 뜻이 무엇인가? 이 두 문은 서로 여의지 않는 까닭이다. .

顯示正義者, 依一心法, 有二種門。云何為二？一者、心眞如門, 二者、心生滅門。是二種門, 皆各總攝一切法。此義云何？以是二門不相離故。

대승기신론 강설_3

지난 시간에 이어서 의법과 의문에 대해서 알아보겠습니다. 의법이란 무엇이 실재하는 지를 모르는 것입니다. 의문이란 많은 가르침을 어떻게 받아들이면 좋을지 모르는 것입니다. 어떤 가르침을 택해야 쉽게 진리의 길로 갈 수 있는지 모릅니다.

원효는 의법에 대한 답으로 다음과 같이 말합니다. "가지각색의 물결이 일지만 그것은 영원한 마음의 바다에서의 일이다. 실로 하나인 마음의 빛이 가려짐으로 여섯 갈래의 중생의 모습이 나타나는 것이며 그들을 구제하고자 하는 끝없는 원을 세우는 것이며 여섯 갈래의 중생이 일심을 떠나 나타난 것이 아니므로 세상은 그냥 일심동체의 세계 속에 존재하는 것이다." 연못에 돌을 던지면 여러 파문이 일어납니다. 하지만 연못과 파문이 다른 것이 아닙니다. 그것은 연못에서의 일입니다. 파문이 여러 개 일어날 뿐 연못에서 일어나는 일일 뿐입니다. 이와 같이 육도윤회하는 여섯 갈래의 중생은 일심을 떠나 나타난 것이 아닙니다. 모두 일심을 품고 있으므로 일심동체의 세계 속에서 존재하는 것입니다. 진리를 알면 하나인데 진리를 모르면 각자의 삶입니다. 이 세상의 모든 것이 행복해져야하는 이유가 일심동체이기 때문입니다. 예를 들어 손가락에 가시가 찔리면 온 몸이 아픕니다. 이와 같은 원리입니다. 일심을 알면 그렇게 되지만 일심을 모르면 자기 삶 밖에 모르게 됩니다. 진여가 생사문 속에 포함되어 있기 때문에 우리 삶의 모습이 중생으로서 번뇌망상 속에서 살아도 진여가 있는 것입니다. 번뇌망상을 일으키는 속에도 진여가 있는 것입니다. 긍정적인 마음을 일으키고 상대방을 위하는 마음을 일으키고 세상과 더불어 잘 살겠다는 마음을 일으키면 진여가 빛을 발하게 됩니다.

원효는 의문에 대한 답으로 다음과 같이 말합니다. "집착에서 벗어나는 행을 닦으라. 참되고 한결같은 마음의 문이 열린다. 옳게 판단하여 자비를 실천하라. 그러면 요동치고 산란한 마음의 문을 여의게 된다. 버릴 것을 버리며 동시에 볼 것을 보고 옳게 생각하고 행하면 생활은 깨달음으로 향하게 된다." 우리의 삶을 되돌아보면 얼마나 많은 집착 속에서 살고 있는지 알 수 있습니다. 집착은 눈덩어리와 같습니다. 눈덩어리는 작을 때는 상관없지만 굴러다니다 점점 덩치가 커지면 우리가 감당할 수 없을 정도가 됩니다. 그러니 나중에 무언가를 하겠다고 할 것이 아니라 지금 마음을 일으킬 때부터 해야 하는 것입니다. 보시와 같은 것도 마음을 일으킬 때 하는 것입니다.

지금 이 마음을 일으킬 때 집착에서 벗어나야 하는 것입니다. 그렇게 되면 참되고 한결같은 마음의 문이 열리고, 끝없이 자비를 실천하여 우리의 삶을 진리에 들게 할 수 있습니다. 이렇게 되면 요동치고 산란한 마음에서 나오는 번뇌망상, 아집, 아만을 여의게 됩니다. 버릴 것을 버리고 볼 것을 보고 옳게 알고 행하면 삶은 깨달음으로 향하게 됩니다. 중요한 것은 우리의 삶입니다. 깨달음이 아닙니다. 지금 살고 있는 내 삶의 모습 속에서 스스로 깨달음을 찾아야 합니다. 깨달음은 이 삶을 떠나서 따로 있지 않습니다. 그러므로 생사문 속에 진여가 들어있는 것입니다.

생사문에 대해 자세히 살펴봅시다. 생사문이란 진여가 선, 불선의 근본 원인이 되어 여러 가지 부차적인 조건과 결합하여 제 현상을 빚어내는 것을 말합니다. 내 속에 들어있는 진여가 부차적인 조건들과 결합하여 살아가는 모든 모습을 나타내는 것입니다.

"심생멸이란 여래장에 의하므로 생멸심이 있는 것이니 이른바 불생불멸이 생멸과 더불어 화합하여 같은 것도 아니고 다른 것도 아닌 것을 이름하여 아뢰야식이라고 하는 것이다." 생멸을 일으키는 우리의 마음 속에 본질인 여래장이 들어있습니다. 원래 들어있는 본질인 불생불멸의 여래장이 내가 일으키는 생멸과 화합하여 나타나는 것이 아뢰야식입니다. 원효는 아뢰야식을 좀 더 폭넓게 설명하고 있습니다. 우리가 7식이라고 이해하고 있는 많은 부분을 아뢰야식 안에 포함시켜 설명하고 있습니다. 아뢰야식은 본질이라기보다는 우리가 나타내는 모든 마음의 표현과 관계되어 있습니다. 우리가 알고 있는 6식, 7식, 8식과 관계가 있다고 할 수 있겠습니다.

"심생멸상은 대승의 체에 대한 상용이다." "이 마음의 생멸인연상(生滅因緣相)은 대승자체의 상(相)과 용(用)을 나타내기 때문이다." 생멸인연상이란 끝없이 나고 죽는 많은 형상과 그 형상들을 빚고 번뇌망상을 일으키는 모든 것을 말합니다. 대승의 체는 본질을 말합니다. "대승의 체에 대한 상용이다." 이 말은 진여에서 생사가 나오는 것을 말합니다. 진여에서 모양과 작용이 나타나는 것을 말합니다. 우리가 견성한다고 했을 때 견성한 본질은 체이고 그것을 갖고 나타나는 모양은 상, 그것을 갖고 행위하는 작용은 용입니다. 본체가 어떤 모양을 이루고 그 모양에 따라 어떤 작용을 하는 것이 바로 심생멸상입니다. 진여는 체이고 심생멸은 상과 용입니다. 일심에서 진여와 생사가 갈라지기 때문에 이 상과 용에는 깨끗하게 나타나는 것과 오염되어 나타나는 것이 있습니다. 그래서 정념의 작용을 나타내기도 하고 번뇌망상의 작용을 나타내기도 합니다. 체상용은 깨달음의 세계와 깨닫지 못한 세계를 모두 포함하고 있습니다. 유식의 모든 내용은 깨닫지 못하고 물들어 오염된 상태의 마음을 설명하고 있습니다. 대승기신론에서는 진여문과 생사문을 설명함으로써 오염되지 않은 상태의 마음도 설명하고 있습니다. 그러므로 상용에는 진여의 상용도 있고 생멸의 상용도 있습니다. 이 문장에서는 진여의 상용과 생멸의 상용 모두를 나타내고 있습니다. 일심 속에 전부 포함되어 있습니다.

이 세상은 보이지 않는 세계가 있고 우리 눈에 보이는 세상이 있는데, 중요한 것은 우리 눈에 보이지 않는 세계입니다. 보이지 않는 세계가 진여문이고 보이는 세상은 생사문인 것입니다. 이 보이지 않는 진여문이 생사문을 움직이고 있습니다. 만약 누군가가 견성을 했다면 그 견성한 모습은 상과 용으로 나타납니다. 그리고 견성하지 못한 사람의 살아가는 모습도 상과 용입니다. 하지만 깨달았던 깨닫지 못했던 그 안에 체, 진여가 들어있습니다. 저 진여의 마음이 들어있기 때문에 우리의 삶이나 부처의 삶이나 결국 다를 바가 없습니다. 그래서 우리의 삶의 하루 하루보다 더 소중한 것은 없습니다. 우리는 숨쉬는 순간도 헛되이 보내면 안되는 것입니다. 그 순간도 다시 오지 않습니다. 수백 년 수천 년 지나도 오늘 이 하루는 다시 오지 않습니다. 이 대승기신론에서 하고 있는 이야기는 상당히 긍정적입니다. 우리가 살아가는 이 삶이 물들어 있건 물들어 있지 않건 소중하고 귀하다는 것을 말해주고 있습니다. 알고 모르고는 상관없습니다. 그 안에는 소중한 진여가 들어있기 때문입니다. 그러므로 내가 살아가는 이 삶이 소중한 것임을 알아야 합니다.

"체, 상, 용 삼대를 설하다." "첫째는 체대(體大)이니, 마음의 본체가 크서 일체법이 진여평등하여 증감이 없는 까닭이다. 둘째는 상대(相大)이니, 마음의 모양이 미묘하여 여래장이 한량없는 성품의 공덕을 구족한 까닭이다. 셋째는 용대(用大)이니, 마음의 작용이 무량하여 일체의 세간과 출세간의 선한 인과[善因果]를 내는 까닭이다." 체, 상, 용 삼대의 구조로 세상의 모든 것을 표현할 수 있습니다. 이것은 타종교의 교리도 설명할 수 있습니다. 성부는 체, 성자는 용, 성신은 상과 연결됩니다. 화엄경의 육상도 삼대를 설명한 것입니다. 체대는 진여, 본질을 말합니다. 마음의 본체가 크다고 하는데 그 이유는 일심으로 모두가 하나이기 때문입니다. 세상을 덮고 있는 하나가 바로 체입니다. 일심입니다. 하나이기 때문에 일체의 모든 법은 진여평등합니다. 하나이기 때문에 평등하고 증감이 없습니다.
상대(相大)에 대해 살펴봅시다. 마음의 모양이란 여기서 말한 것처럼 미묘합니다. 자신의 모습을 살펴보면 누구도 흉내내지 못할 신기한 모습을 하고 있습니다. 업이 얼마나 미묘한지 같은 모습이 없는 각자 자기의 모습을 드러내놓고 있습니다. 꽃이나 개도 다 다르지만 사람도 모두 다 다릅니다. 이것이 얼마나 미묘합니까. 우리는 잘생겼다 못생겼다 할 것이 아니라 어떤 마음을 가졌기에 이런 형상을 하고 있을까하고 감탄을 할 처지인 것입니다. 그 상태에서 만물을 보면 끝없이 신기한 마음만 일어날 것입니다. 하지만 우리는 자기 기준으로 맞다 안맞다를 따지기 때문에 세상은 모두 분리되어 있습니다. 만물이 왜 각양각색의 모습을 갖고 사느냐, 이것은 여래장이 한량없는 성품의 공덕을 구족한 까닭입니다. 자신의 업만큼 공덕을 구족했기 때문에 각자 다른 모습을 갖고 살아갑니다. 이것은 모두 원만한데 깨닫지 못한 우리는 맞으면 원만하고 맞지 않으면 원만하지 못합니다. 우리는 각자의 모양대로 다 원만한 것입니다. 그런 마음이 일어나면 세상이 좋아지기 시작할 것입니다. 내가 갈라야할 편이 없어지고 적이 없어집니다. 우리 각자의 모습은 서로 다를 뿐이지 진리 앞에서 맞고 틀리고가 없습니다.

용대(用大)를 살펴봅시다. 마음의 작용은 무량하다고 합니다. 우리는 마음이 무량하기 때문에 못할 것이 없습니다. 그래서 공부해서 부처가 될 수 있고 악한 마음을 일으키면 지옥에도 갑니다. 이 세상에 살고 있는 모든 것은 이렇게 미묘하고 작용이 무량합니다. 그래서 우리는 공부를 하면서 나에게 맞고 틀리고를 따질 것이 아니라 존재하고 있는 모든 것의 무량한 가치를 인정할 줄 알아야 합니다. 다름에서 오는 가치를 인정해주면 세상은 좋아질 것입니다. 부부싸움의 원인도 내가 맞다고 우기니까 평생 동안 싸우는 것입니다. 다름을 인정하면 세상은 훨씬 더 살기 편해질 것입니다. 세상이 적만 있는 것이 아니라 나와 함께 공존하고 있는 것만이 있기 때문입니다. 이 세상의 국가들도 그렇습니다. 적대국이 아니라 다 함께 잘 살기 위한 집단일 뿐입니다. 이데올로기는 다르지만 그 속에서 잘 살려고 하는 집단들입니다. 우리는 못난 사람들을 보고 안타까움을 느껴야지 그것을 비웃으면 안됩니다. 체대, 상대, 용대를 잘 보면 세상이 무량공덕입니다. 그래야 진리의 세계가 펼쳐집니다. 내 것만 생각하면 끝없는 생사문 속에서 아집, 무지만 난무합니다. 하지만 눈이 열리면 이 세상은 열반적정, 극락의 세계가 됩니다.

여래장은 진리, 진여를 나타내는 단어 중 하나입니다. 진리, 진여가 중관사상에서는 공(空)으로 표현되기도 합니다. 재가 수행자가 주인공으로 등장하는 유마경과 승만경이 있습니다. 승만경을 살펴보면 여래장 사상이 나옵니다. 원효는 여래장을 '일심이라고 하며 고요하고 또 고요하며 모든 더러움이 사라진 것이고 하나인 마음, 그(일심)와 같이 될 수 있는 씨앗'이라고 했습니다. 일심을 진여의 입장에서 볼 때 그 마음이 여래장인 것입니다. 모든 더러움에 물들기 전의 더러움이 없는 것입니다. 우리의 본래 성품은 물들기 전의 것이기 때문에 청정이란 표현을 씁니다. 그 본래 성품을 보면 견성입니다. 견성한 마음으로 세상을 볼 때 일심이고 그 성품이 여래장입니다. 내 것이 맞고 너의 것이 틀리고 내가 가져야 하고 축적해야 하는 온갖 자기중심의 것은 생사문에서 일으키는 생각입니다. 무엇이건 일심이 될 수 있는 씨앗인 진여, 여래장이 있지만 그 여래장이 움직이는 마음의 모습이 심생멸문입니다. 그 자체는 진여이지만 움직이면 심생멸문입니다. 움직이는 것은 무명 때문입니다. 모르기 때문에 움직이는 것입니다.

"진여가 선, 불선의 근본 원인이 되어 여러 가지 부차적인 조건과 결합하여 제 현상을 빚어내는 것이다. 제 현상은 나타나지만 그 본성은 파괴되지 않고 있으므로 생멸문에도 진여는 그대로 존재하고 있는 것이다." 우리의 삶의 모습으로 다 나타나지만 본성은 파괴되지 않고 그 안에 있습니다. 생멸문 속에도 진여는 그대로 존재하고 있습니다. 그래서 이 세상 전부가 부처인 것입니다. 어떠한 생멸문 속에도 진여가 파괴되지 않고 있기 때문에 나타내는 모습 전부가 진여입니다. 그래서 이 세상에 부처 아닌 것이 없습니다.

"해석분(解釋分)을 세 가지로 나누어보자. 무엇이 세 가지인가? 첫째는 현시정의(顯示正義)이며, 둘째는 대치사집(對治邪執)이며, 셋째는 분별발취도상(分別發趣道相)이다." 현시정의(顯示正義)는 이것을 나타내어 바른 것을 보인다는 뜻입니다. 대치사집(對治邪執)은 삿되고 잘못된 것을 진리로 바꾸는 것을 말합니다. 분별발취도상(分別發趣道相)은 분별하여 도를 이루겠다는 마음을 내어 나아가는 것을 말합니다. 생사문을 갖고 진여문으로 나아갈 때 바른 것이 무엇인가를 보이고 바른 것을 가지고 삿된 것을 바꾸고 진리의 세계로 나아가게 하는 것이 이 설명의 내용입니다.

"입의분에서 세운 법을 해석하다. 바른 뜻을 나타내는 것은 일심법을 의지하여 두 가지 문이 있으니 첫째는 심진여문(心眞如門)이며, 둘째는 심생멸문(心生滅門)이다. 이 두 가지 문이 각각 일체의 법을 총섭하고 있다. 이 뜻이 무엇인가? 이 두 문은 서로 여의지 않는 까닭이다."

일법계대총상법문체에 대한 설명을 봅시다. "이러한 까닭으로 일체의 법이 본래의 언설(言說)의 모양을 여의었으며, 이름의 모양도 여의었고, 마음에 반연하는 모양을 여의어 필경에는 평등하게 되며, 변하거나 달라지는 것도 없으며 파괴할 수도 없는 것으로 오직 일심(一心)이니, 진여라 이름하는 것이다. 왜냐하면 일체의 언설(言說)은 임시적인 이름일 뿐 실체가 없는 것으로 망념만 따를 뿐 그 실체를 얻을 수 없는 까닭이다." 이것은 나중에 이야기하도록 하겠습니다. 앞서 대승기신론에는 원효의 소와 감산의 소가 있다고 했습니다. 여기서 감산은 일법계대총상법문체를 화엄의 법계연기와 연결시킵니다. 그것을 위해 화엄법계연기를 먼저 설명하고 일법계대총상법문체를 나중에 설명하도록 하겠습니다.

화엄법계연기는 네 가지 사법계(四法界)로 되어 있는데 사(事)법계, 이(理)법계, 이사무애(理事無礙)법계, 사사무애(事事無礙)법계로 되어있습니다. 여기서 사(事)는 색(色)이고 이(理)는 공(空)입니다. 화엄법계는 삼대, 사법계, 육상(六相)으로 설명하고 있습니다. 이 세상에 존재하는 모든 것은 육상의 원리로 되어 있습니다. 이 육상이란 총상(總相), 별상(別相), 동상(同相), 이상(異相), 성상(成相), 괴상(壞相)을 가리킵니다. 이 세상 모든 것은 육상의 원리를 떠나지 않습니다. 이 작용 안에서 이루어집니다. 앞서 말한 일법계대총상이 바로 총상입니다. 이것을 집으로 보면 집 전체를 가리킵니다. 별상은 대승기신론에서 설명되고 있는 하나하나 구체적인 내용들을 말합니다. 일심, 이문, 삼세, 육추, 오식, 육염을 말합니다. 이문은 진여문과 생사문을 말하고 오의는 상속식, 지식, 현식, 전식, 업식을 말하고 육염은 집상응염, 부단상응염, 분별지상응염, 현색불상응염, 능견불상응염, 근본업불상응염을 말합니다. 이렇게 하나하나 나누어서 설명하는 것이 별상입니다. 동상은 염정이 다르지만 동일한 진여임을 말하는 것입니다. 모두 다른 모양을 하고 있지만 진여에서 보면 같은 것입니다. 질그릇을 보면 다 다른 그릇들이지만 그 그릇들을 만든 흙은 같습니다. 이것이 동상입니다. 이상은 염정제법이 각각 차별되어 있음을 말한 것입니다. 염정제법이란 오염된 법과 깨끗한 모든 법을 말합니다. 이 모든 법이 다 차별이 있다는 것을 말합니다. 모양이 다른 질그릇들의 각각의 모양들을 말합니다. 성상은 일념의 연기에 따라 생성되는 모든 것을 말합니다. 끊임없이 생성되는 상입니다. 괴상은 생멸에 의해 소멸하는 모든 것을 말합니다. 파괴되어 없어지는 소멸하는 상입니다. 이와 같이 감산은 화엄법계연기에 나오는 육상의 내용을 대승기신론에 나오는 일법계대총상법문체와 연결시켜 설명하고 있습니다.

원효는 일법계대총상법문을 일심법이라고 말하고 있습니다. 원효는 이 내용을 구체적으로 이해시키기 위해서 질문을 던집니다. 그 질문이란 '진여의 체는 무엇인가?', '진여란 말은 무슨 뜻인가?', '그러면 진여란 무엇이냐?', '어떤 의문이 있을 수 있는가?'입니다. 그 답들을 살펴봅시다. '진여의 체는 무엇인가?'란 질문에 대해서 원효는 '진여는 대총상이다.'라고 했습니다. 진여문과 생사문을 모두 포섭하기 때문에 대총상이라고 말합니다. '진여란 말은 무슨 뜻인가?'란 질문에 대해 법이라고 말합니다. 그 이유는 원리원칙에 따라 참된 이해를 낳게 하기 때문이라고 답합니다. '그러면 진여란 무엇이냐?'란 질문의 답으로 문이라고 말합니다. 그 이유는 중생들이 그 문을 통해 열반에 들어갈 수 있기 때문이라고 했습니다. '어떤 의문이 있을 수 있는가?'란 질문에 대해서는 체를 설명합니다. 진여와 생사 모두 일심을 체로 한다고 말합니다.

제4강

[진제11] 심진여(心眞如)란 일법계(一法界) 중의 대총상(大總相) 법문(法門)의 본체(體)다.

이른바 심성은 생기지도 않고 멸하지도 않지만 일체의 모든 법이 오직 망념(妄念)에 의지하여 차별이 있으니, 만약 심념을 여의면 일체의 경계(境界)의 형상이 없어진다.

이러한 까닭으로 일체의 법이 본래의 언설(言說)의 모양을 여의었으며, 이름의 모양도 여의었고, 마음에 반연하는 모양을 여의어 필경에는 평등하게 되며, 변하거나 달라지는 것도 없으며 파괴할 수도 없는 것으로 오직 일심(一心)이니, 진여라 이름 하는 것이다.

왜냐하면 일체의 언설(言說)은 임시적인 이름일 뿐 실체가 없는 것으로 망념만 따를 뿐 그 실체를 얻을 수 없는 까닭이다.

心眞如者 , 即是一法界大總相法門體。所謂心性不生不滅 , 一切諸法唯依妄念而有差別 , 若離妄念則無一切境界之相。是故一切法從本已來 , 離言說相、離名字相、離心緣相 , 畢竟平等、無有變異、不可破壞。唯是一心故名眞如 , 以一切言說假

名無實 , 但隨妄念不可得故。

(3-1-1-2-1-3) 진여는 말과 생각 밖의 이름이다

[진제12] 진여라는 것도 모양이 없으니 언설(言說)의 궁극은 말에 의하여 말을 보내는 것이다. 진여의 본체는 버릴 만한 것이 없으니 일체의 법이 다 참이기 때문이다.

일체의 법이 모두 똑같기 때문에 주장할 만한 것이 없다. 그래서 일체의 법은 말할 수도 없고 생각할 수도 없기 때문에 진여라고 이름한 것이다.

言真如者 , 亦無有相。 謂言說之極因言遣言 , 此真如體無有可遣 , 以一切法悉皆真故 ; 亦無可立 , 以一切法皆同如故。 當知一切法不可說、不可念故 , 名為真如。

(3-1-1-2-1-3) 집착 없이 수순해야 득입한다

[진제13] 묻기를,

만약 이와 같은 뜻이라면 모든 중생이 어떻게 수순(隨順)하여야 득입할 수 있겠는가?

답하기를,

일체의 법이 설명되기는 하나 설명할 수도, 설명할 만한 것도 없으며, 생각되기는 하나 역시 생각할 수도 생각할 만한 것도 없는 줄 알면 이를 수순이라고 하며, 이 생각을 여의면 득입이라고 말한다.

問曰 :「若如是義者 , 諸眾生等云何隨順而能得入 ?」

答曰 :「若知一切法雖說 , 無有能說可說 , 雖念 , 亦無能念可念 , 是名隨順。 若離於念 , 名為得入。

대승기신론 강설_4

일심을 통해 진여문과 생사문이 둘이 아니라는 것이 이 공부의 본론입니다. 유식 공부할 때는 생사문에 대한 이야기만 공부했습니다. 이 생사문과 우리가 깨쳐 견성해 갈 수 있는 진여문은 같은 것입니다. 같은 일심의 마음으로 살아가자는 것입니다. 오늘 우리가 공부할 것은 진여 가운데 의언진여와 이언진여입니다. 의언진여는 말에 의지한 진여이고 이언진여는 말을 떠난 진여입니다. 원래 진여는 말로 표현할 수 없지만 그래도 우리가 알아듣게끔 말로 표현해놓은 것이 의언진여입니다. 이언진여는 진여의 본질이라고 할 수 있습니다.

앞부분을 다시 한 번 보겠습니다. "해석분을 세 가지로 나누다. 첫째는 현시정의(顯示正義)이며, 둘째는 대치사집(對治邪執)이며, 셋째는 분별발취도상(分別發趣道相)이다." 진여문으로 나아갈 때 바른 것이 무엇인가를 보이고 우리의 잘못된 아집, 무지 등을 바른 것으로 대치하고 우리의 삶을 도의 세계, 진리의 세계로 나아가게 하는 것입니다. 이것이 대승기신론의 목적입니다. 진여가 뭔지 알고 잘못된 마음을 진여로 대치해야하고 대치된 그 마음으로 수행하고 살아감으로써 견성성불하는 것입니다.

"심진여는 일법계 대총상법문체이다. 심진여(心眞如)란 일법계(一法界) 중의 형상이 있는 모든 것에 대한[大總相] 법문(法門)의 본체[體]다. 이른바 심성은 생기지도 않고 멸하지도 않지만 일체의 모든 법이 오직 망념(妄念)에 의지하여 차별이 있으니, 만약 심념을 여의면 일체의 경계(境界)의 형상이 없어진다." 심진여(心眞如)는 마음으로 느끼고 일으키는 본질적인 진여입니다. 우리가 살고 있는 모든 세상이 바로 법계입니다. 이것을 하나라고 보는 것이 바로 일법계(一法界)입니다. 일법계(一法界) 안에 형상을 갖고 있는 모든 것의 본질에 대한 내용이 진여입니다. 진여는 모두 같고 하나입니다. 마음의 성품은 생기지도 않고 멸하지도 않는다는 말은 원래 있는 그대로란 말입니다. 이는 반야심경의 핵심과도 통합니다. 세상에 존재하는 것들은 원래 있는 그대로인데 망념(妄念) 즉 우리가 일으키는 모든 생각 때문에 차별이 생깁니다. 우리가 일으키는 생각을 망념(妄念)이라고 하는 이유는 모든 생각이 내가 갖고 있는 업을 바탕으로 일어나기 때문입니다. 내가 본질, 진여를 보지 못한 상태에서 일어나는 생각은 모두 망념(妄念)입니다. 우리는 망념(妄念) 때문에 똑같은 것을 똑같이 보고도 다르게 인식합니다. 차별은 자신이 가지고 있는 업만큼 있습니다. 여기 있는 사람들도 똑같이 저를 보지만 어떤 사람은 마음에 든다고 생각하고 어떤 사람은 마음에 들지 않는다고 생각합니다. 똑같은 얼굴과 목소리로 있어도 다르게 인식합니다. 보는 사람마다 차별이 있는 것은 업 때문입니다. 자신의 업과 잘 맞으면 좋아 보이고 자신의 업과 맞지 않으면 좋지 않게 보이는 것입니다. 남녀의 만남도 같습니다. 남녀도 세세생생의 업 때문에 강렬히 끌립니다. 그게 서로 맞는 줄 알고 결혼해보면 맞지 않는 경우가 허다합니다. 심념, 망념(妄念)은 같은 말이라 봐도 무방합니다. 모두 업에 의해 일어나는 생각들입니다. 그래서 마음에서 일어나는 심념, 망념(妄念)을 떨치면(우리의 업을 떨치고 넘어서버리면) 일체 경계(境界)의 형상이 없어집니다. 일체 경계(境界)의 형상이 없어진다는 것은 다 같아진다는 말입니다. 우리가 갖고 있는 업에 의해서 각각 다르게 분별합니다. 하지만 이것을 벗어나면 전부 같습니다. 다 있는 그대로 보게 됩니다. 우리는 지금 있는 그대로를 보는 것이 아니라 우리의 망념(妄念)을 보고 있습니다. 유식을 알고 보면 이 말이 더 쉽게 다가올 것입니다.

진여에 대해 자세히 살펴봅시다. 진여는 "이언설상(離言說相), 이명자상(離名字相), 이심연상(離心緣相)"이라고 합니다. 본성은 말로써 설명될 수 있는 것이 아니며 문자나 개념으로서 알 수 있는 것이 아니며 분석적인 사변이 닿지 않는 것이라는 말입니다. 궁극적으로 우리가 공부하려고 하는 것은 우리 눈에 보이지 않는 세계에 대한 인식입니다. 진여는 우리 눈에 보이지 않는 상황입니다. 그래서 진여는 아무리 말로 설명하려고 해도 설명할 수 없습니다. 말로써 설명하기 이전의 것입니다. 진여는 말이나 개념으로서 설명해 이해시킬 수 있는 그런 것이 아닙니다. 그리고 진여는 내가 아무리 논리적으로 분석적으로 설명해도 그 뿌리까지 닿지 않습니다. 논리적이거나 분석적인 것을 넘어서는 것입니다.
그래서 이 생에서 추구하는 것은 우리 눈에 보이지 않는 진여의 세계에 대한 인식입니다. 이것은 우리의 본래 성품이고, 이 세상에 존재하는 모든 것의 본래 성품이나 나의 본래 성품은 다르지 않습니다. 하나입니다. 그것이 일심으로 회통하는 것입니다. 대승기신론의 가장 큰 장점은 바로 대긍정입니다. 이 세상에 존재하는 어떤 것도 버릴 것이 하나 없기 때문입니다. 다 각자 나름의 의미가 있고 바로 보기만 하면 진여입니다. 긍정적으로 마음을 열고 세상을 받아들이면 세상은 진리 그대로 보일 것입니다. 우리가 행하는 모든 행위가 지옥에 가는 것이고 업에 의한 것이 아니라 긍정적으로 보면 진여에 포함되어 있는 하나의 부분이고 표현일 뿐입니다. 세상은 잘 보면 극락이고 부정적으로 보면 지옥이 되는 것입니다. 긍정적으로 보면 끝도 없는 극락이 부정적으로 보면 끝없는 지옥이 이 세상에 열립니다. 내 마음의 문이 닫히면 이 세상은 가도 가도 지옥밖에 없습니다.

부처는 무엇입니까? 깨달음이 무엇입니까? 본질이 무엇입니까? 본성이 무엇입니까? 이것은 다름 아닌 진여입니다. 앞서 진여는 말로 설명할 수 없고 문자나 개념으로 이해를 시킬 수 없고 분석적 사변으로도 이해시킬 수 없는 것임을 확인했습니다. 이것은 말을 떠난 자리입니다. 말로써 설명할 수 없는 자리입니다. 그래서 조주는 부처가 무엇인가라는 물음에 무(無)라고 대답했고 운문 문언은 간시궐(幹屎厥) 그냥 똥막대기일 뿐이라고 말했고 동산은 마삼근(麻三斤)이라고 했습니다. "이 세상의 모든 것이 진여인데 쓸데없이 나에게 까지 와서 물을 필요가 있는가?" "평범한 것이 진리다."라는 말입니다. 깨달은 사람들은 이러한 말들로 우리에게 진여, 부처를 설명하고 있습니다. 보이지 않는 세계에 대한 인식을 어떻게라도 이해할 수 있게 말한 것입니다. 이것을 통해 진여의 자리로 들어가라는 것입니다. 이 말을 잘 이해하면 분명 그 곳으로 들어갈 수 있다는 말입니다. 부처를 이야기할 때는 불교에 국한될 수 있지만 진여를 이야기하면 세상의 모든 것을 포섭할 수 있습니다. 세상의 모든 삶, 학문들도 진여를 벗어날 수 없습니다.

진여는 불생불멸합니다. 생기지도 않고 멸하지도 않습니다. 불생불멸은 반야심경에 나오는 내용입니다. 반야심경은 이 세상에 살아가려고 하는 삶의 핵심을 명쾌하게 집약시켜놓은 것입니다. 반야심경은 262자로 설명했고 대승기신론은 약 11000자에 이 세상의 모든 진리를 체계화시켜 설명하고 있습니다.

망념(妄念)은 우리가 일으키는 모든 념입니다. 망념(妄念)은 smrti, 반성, 기억, 변계소집성입니다. smrti의 뜻이 반성, 기억입니다. 내 속에 들어있는 것을 기억해서 나오는 것입니다. 망념(妄念)은 유식의 변계소집성입니다. 변계소집성은 이 세상에 존재하는 모든 허망된 생각들입니다. 우리가 일으키는 모든 생각도 여기에 해당합니다.

의타기성은 어떤 원인에 의해 만들어졌다가 그 원인이 다하여 소멸하는 것입니다. 형상이 있는 것은 의타기성이 됩니다. 현재 우리가 있는 이 건물은 의타기성이 됩니다. 이런 형상을 갖고 만들어졌다가 인연이 다하면 흩어져버립니다. 이렇게 형상과 모양으로 경계(境界)를 나타내는 것을 일체제법이라고 합니다. 형상을 갖고 우리 눈에 보이는 모든 것이 경계(境界)라고 표현하며 일체제법입니다. 이것은 허망된 변계소집이 빚어낸 대상입니다.

진여는 이러한 망념(妄念)과 경계(境界)가 없어진 것입니다. 지금 우리는 경계(境界) 속에서 살아갑니다. 나무, 집이나 산, 들, 바다, 직장 이런 것들 전부 다입니다. 내가 일으키는 모든 망념(妄念)이 없어져버리면 경계(境界)도 떠나게 됩니다. 우리가 보는 것은 우리의 아집에 의해 만들어진 형상입니다. 하지만 아집을 다 떨쳐버리면 어떤 모양이나 형상에서도 그것들이 갖고 있는 본래 성품을 보게 됩니다. 그것은 모든 경계(境界)를 떠나고 벗어나고 여읜 상태가 된 것입니다. 망념(妄念)이 모든 것을 만들어내는데 우리가 우리의 심념, 마음을 여의면 모든 경계(境界)가 사라집니다. 우리는 지금 모든 경계(境界) 속에서 가치를 부여하고 삶을 이끌어가지만 이것이 무너지면 진리의 세계를 볼 수 있고 그곳으로 들어갈 수 있게 됩니다.

반야심경을 좀 살펴봅시다. 반야심경의 이름은 마하반야바라밀다심경입니다. '관자재보살 행심반야바라밀다시 조견오온개공 도일체고액'은 반야심경의 결론입니다. 내가 견성해서 진리의 세계를 보니까 이 세상에 존재하는 모든 것이 공(空)하니, 그래서 모든 괴로움을 건너 해탈의 세계, 깨달음의 세계, 편안의 세계로 가야한다는 말입니다. 그 다음 공의 원리를 설명하는 부분이 나옵니다. '사리자 색불이공 공불이색 색즉시공 공즉시색 수상행식 역부여시'입니다. 그 다음은 공의 모습, 현상을 말하는 부분이 나옵니다. '사리자 시제법공상 불생불멸 불구부정 부증불감'입니다. 이 세상의 제법을 제대로 보면 불생불멸이고 불구부정이고 부증불감이라는 것입니다. 앞서 부처가 무엇인가에 대한 질문에 조주가 '무(無)'라고 했고 운문이 '똥 막대기'라고 했고 동산은 '마 세 근'이라고 했습니다. 이런 것들이 다름이 아니라 진리를 물었을 때 공의 모습과 현상을 일러준 것입니다. 그 상황을 설명하는 것이 아니라 일러줘야 정답이 되는 것입니다. 진리를 이야기하는 선문답에서 항상 주어진 답은 공의 모습을 한 마디 던지는 것입니다. 그것을 가지고 답을 주고받고 하는 것입니다. 이것을 알면 화두가 수월해집니다.

제법은 모든 존재와 존재의 현상을 말합니다. 이것은 정신적인 법과 물질적인 법이 있고, 육근(보는 법)과 육경(보이는 법)이 있습니다. 수상행식에 의해 일으키는 정신적인 모든 법, 물질적인 법 즉 색(色)이 제법에 속합니다. 내가 주체가 될 때 나는 보는 법입니다. '나'는 주체가 되어 세상을 인식할 수 있는 여섯 가지 감각 기관을 가지고 있습니다. 이것이 육근인데 눈, 코, 귀, 입, 몸, 뜻입니다. 육근의 대상이 되어 보여지는 세계가 육경입니다. 나는 보는 법이고 세상은 보이는 법입니다. 이 두 개가 부딪히면서 존재하는 모든 관계가 법입니다. 이 세상에 존재하는 모든 것은 제법에 속합니다. 제법을 있는 그대로 보면 진여의 성품을 떠난 것이 하나도 없다는 것을 알게 됩니다. 그래서 이 제법은 진여와 같은 것임을 알게 됩니다. 내가 진여면 이 세상에 나타난 모든 것도 진여입니다. 내가 이 세상에 도를 행하고 법을 행하면 이 세상을 있는 그대로 최고의 멋진 삶을 살 수 있습니다. 이 세상이 오염되고 지옥이라서 포기하는 것이 아니라 이 세상이 진여고 불국토가 되도록 해야 하는 것입니다.

우리는 이 세상의 모든 것을 있다고 보지만 본질을 보게 되면 모두 공(空)합니다. 제법공상이란 있는 것을 있는 그대로 잘 보는 것을 말합니다. 나는 '나'가 있다고 생각하고 '나의 것'이 있다고 생각하지만 이것 때문에 모든 아집과 집착이 생깁니다. 제법이 공상인 줄 모르기 때문에 윤회를 일으키는 원인을 만들어냅니다. 그래서 우리는 끝도 없는 소유의 삶을 마감하다 가는 것이 어리석은 중생들의 삶입니다. 부처님은 연기를 깨쳐서 이 세상에 존재하는 모든 것을 관계 속에서 파악했습니다. 진리를 아는 사람들은 관계 속에서 당당하게 살다가 갑니다. 진리를 모르면 모두 소유와 존재의 관계입니다. 그래서 우리는 소유와 존재 속에서 살다가 갑니다. 연기적인 입장에서 세상을 볼 수 있는 눈이 열리고 이 상태에서 세상을 보고 살아간다면 최고의 멋진 삶을 살아갈 수 있습니다. 제법이 공(空)하다는 것만 알면 제법과 진여가 하나가 되고 그것이 일심으로 회통하게 됩니다.

티베트의 승려 밀라레빠(Milarepa, 1040-1123)의 무상이란 시를 보면 제법무상이 더더욱 잘 이해될 것입니다. 한번 살펴봅시다.

이 세상 모든 것 덧없고 무상하여서
나는 불멸의 행복 찾아 수행에 정진하리.

아버지 살아계실 때 내 나이 어렸고
내가 성인되니 그 분 이미 세상에 없네
우리 함께 있었다 해도 영원을 기약하지 못할 것
나는 불멸의 행복 찾아 수행에 정진하리.

어머니 살아계실 때 나는 집을 떠나 없었고
나 이제 돌아오니 그 분 이미 세상에 없네
우리 함께 있었다 해도 영원을 기약하지 못할 것
나는 불멸의 행복 찾아 수행에 정진하리.

경전이 있을 때 공부할 사람 없었고
공부할 사람 돌아오니 경전은 낡고 없네
우리 함께 있었다 해도 영원을 기약하지 못할 것
나는 불멸의 행복 찾아 수행에 정진하리.

기름진 밭 있을 때 농부 떠나 없었고
농부 돌아오니 밭은 잡초만 무성하네
우리 함께 있었다 해도 영원을 기약하지 못할 것
나는 불멸의 행복 찾아 수행에 정진하리.

좋은 집 있을 때 주인은 떠나 없고
주인 돌아오니 집은 이미 폐허됐네
우리 함께 있었다 해도 영원을 기약하지 못할 것
나는 불멸의 행복 찾아 수행에 정진하리.

나는 불굴의 귀의자
이 세상 모든 것 무상함을 알았으니
불멸의 행복 찾아 수행에 정진하리.

이것이 우리의 삶입니다. 이 생에 이렇게 공부할 인연을 만난 것이 얼마나 좋은 것인지 알아야 합니다. 느끼는 순간 알아집니다. 승조(僧肇: 384-414)의 시를 한번 보겠습니다. 승조의 저서로는 조론, 보장론 등이 있습니다.

사대는 원래 주인이 없음이요(四大元無主)
오온은 본래 비었음이라(五蘊本來空)
머리를 흰 칼날 아래 내미니(將頭臨白刃)
마치 봄바람을 베는 것 같도다(恰似斬春風)

이것은 승조가 황제에게 사형을 당할 때 읊은 시입니다. 사대(四大)는 우리 육신을 가리킵니다. 오온은 원래 비었다는 말은 앞의 제법공상이란 말과도 통합니다. 마지막 구절은 봄바람을 베는 것이나 내 머리를 베는 것이나 다를 것이 없다는 것입니다. 여기에서도 진리를 그대로 표현하고 있습니다.

보우(普雨: 1509-1565)에 대한 평가는 다양합니다. 보우는 승가고시를 실시합니다. 제1회 승가고시 때 선과에 장원급제한 사람이 서산 대사이고 교과에 장원급제한 사람이 사명 대사입니다. 서산과 사명을 발굴해낸 사람이 보우입니다. 서산은 승가고시에 장원한 후 출세가도를 달립니다. 나이 사십이 되기도 전에 승려 최고의 직위인 선교양종판사(禪敎兩宗判事)가 됩니다. 그 후 미련 없이 승직을 버리고 지팡이, 바리대, 옷 한 벌을 들고 훌쩍 떠납니다. 어느 날 사명이 서산에게 찾아와서 질문을 합니다. "본래 청정하다고 했는데 어찌하여 산하대지가 만들어졌습니까?" 그러자 서산이 답합니다. "청정본연한데 어디서 산하대지를 보았느냐?" 이 말을 듣고 사명 대사가 두 손을 들었다고 합니다. 본래 청정하다고 하는 것은 진여의 성질입니다. 우리는 이러한 질문에 대해 나름의 답을 찾아야 합니다. 생각을 거쳐 답을 찾아야 합니다. 생각 없이 답을 찾은 사람은 도인입니다. 일반 중생들은 답을 생각해야 합니다. 우리는 제멋대로 분별망상을 일으킵니다. 여기서 한 가지 화두에 몰두해서 체계적인 생각을 하고 답을 찾아야 합니다. 이 세상은 없는 것 같아도 있고 있는 것 같아도 없습니다. 세상은 어느 시대가 더 좋고 어느 시대가 더 나쁜 것도 없습니다. 내가 태어난 시대가 최고의 시대일 뿐입니다. 이 속에서 어떤 삶이든 그 삶 속에 진여가 있습니다. 우리는 그 진여를 찾아야 하는 것입니다.

제법의 원래 모습은 불생불멸입니다. 존재를 이해할 때 현상론적으로 이해하면 생멸이지만, 실상론적으로 존재를 제대로 이해하면 불생불멸입니다. 보이지 않는 세계에 대한 인식이 다른 것이 아니라 불생불멸입니다. 내가 그것을 느껴야 합니다. 내가 생각에 잠겨 있다가, 무언가를 보다가 뭔가 느낌을 순간적으로 인식할 수 있게 됩니다. 그 느낌을 생각을 통해 느낄 수 있어야 하고 인식을 할 수 있어야 합니다. 존재하는 것은 불생불멸이고 그냥 그대로 있을 뿐입니다. 그냥 존재하고 있을 뿐인데 우리가 볼 때는 있다고 하고 안 보일 때는 없다고 합니다. 없는 것이 아니라 상태의 변화가 일어났을 뿐입니다. 세상 모든 존재는 불생불멸하고 그냥 존재할 뿐인데 우리 눈에 보이면 생으로 인식하고 눈에 보이지 않으면 멸로 인식할 뿐입니다.

　제법의 성품은 불구부정입니다. 더럽지도 않고 깨끗하지도 않고 본래 청정할 뿐입니다. 더러운 것도 아니고 깨끗한 것도 아닌데 왜 본래 청정이라고 말할까요? 물들기 전의 모습을 표현하려고 하니까 청정이라고 할 뿐입니다. 그러므로 견성은 내 본래 청정한 성품을 본 것입니다.

　제법의 내용은 부증불감입니다. 내가 죽었다고 해서 무언가가 줄어든 것이 아니라 다른 세상에 간 것일 뿐입니다. 태어났다고 해서 무언가가 더해진 것이 아니라 태어난 곳으로 온 것입니다. 준 것도 는 것도 아닌데 우리가 볼 때는 늘고 준 것으로 보입니다. 지구를 순환하는 물을 보면 바다나 강의 물이 증발해서 구름이 되었다가 다시 떨어집니다. 그것이 나무로 가거나 우리들 입으로 가고 또 돌아서 하늘로 올라갑니다. 단지 상태의 변화가 일어나고 순환할 뿐이지 늘고 줄은 것은 아닙니다. 제법의 모습, 성품, 내용을 알면 진여가 무엇인지 구체적으로 알 수 있습니다.

　일법계대총상법문체를 봅시다. "이러한 까닭으로 일체의 법이 본래의 언설(言說)의 모양을 여의었으며, 이름의 모양도 여의었고, 마음에 반연하는 모양을 여의어 필경에는 평등하게 되며, 변하거나 달라지는 것도 없으며 파괴할 수도 없는 것으로 오직 일심(一心)이니, 진여라 이름하는 것이다. 왜냐하면 일체의 언설(言說)은 임시적인 이름일 뿐 실체가 없는 것으로 망념만 따를 뿐 그 실체를 얻을 수 없는 까닭이다." 말, 이름 등 모든 것을 떠나 하나이기 때문에 평등한 것입니다. 이러한 일심, 진여는 불생불멸, 불구부정, 부증불감합니다. 우리는 오염되어 있는 눈,

마음으로 보니까 너와 나가 있고 차별이 있습니다. 하지만 깨우친 마음으로 보니까 모두가 진여, 일심입니다. 뿌리로 내려가면 다 똑같지만 중생이 자신의 업으로 보니까 구별이 되는 것입니다. 그것(업)을 벗어놓고 보면 뿌리는 다 같은 것입니다. 말이나 이름은 임시적으로 세운 것일 뿐입니다. 우리는 업에 의해 일어난 망념만 볼 뿐이지 그 본질은 보지 못합니다.

"진여는 말과 생각 밖의 이름이다. 진여라는 것도 모양이 없으니 언설(言說)의 궁극은 말에 의하여 말을 보내는 것이다. 진여의 본체는 버릴 만한 것이 없으니 일체의 법이 모두 참이기 때문이다. 일체의 법이 모두 같기 때문에 주장할 만한 것이 없다. 그래서 일체의 법은 말할 수도 없고 생각할 수도 없기 때문에 진여라고 이름한 것이다." 이 세상에 존재하는 모든 것이 진여이고 참이기 때문에 버릴 것이 없습니다. 일심이 되면 모두 평등하기 때문에 너의 것 내 것이 맞다고 주장할 것이 없습니다. 다른 것이 아니라 보이지 않는 세계에 대한 인식, 체계, 견성을 진여라고 할 뿐입니다.

"집착없이 수순(隨順)해야 득입(得入)한다. 일체의 법이 설명되기는 하나 설명할 수도 설명할 만한 것도 없으며, 생각되기는 하나 역시 생각할 수도 생각할 만한 것도 없는 줄 알면 이를 수순이라고 하며, 이 생각을 여의는 것을 득입이라고 한다." 집착없이 수순해야 견성한다는 말입니다. 공부하는 내용이 무엇인지를 이해하고 아는 것이 수순(隨順)입니다. 득입(得入)이란 공(空), 진여를 인식하고 아는 상태에 들어가는 것입니다. 존재하는 것이 무엇인지 어떤 것이 맞는지 인식하고 이해하는 것이 수순이고 그 이해한 것을 수행을 통해 깨닫고 체득한 것이 득입입니다. 수순하려면, 진리를 이해하려면 집착이 없어야 합니다. 내가 갖고 있는 모든 것에 대한 집착은 자기 세계에 빠지게 합니다. 이 집착을 떠나야 보이지 않는 세계가 보이기 시작합니다. 새로운 것을 인식할 수 있게 됩니다. 그 인식을 자기 것으로 만드는 것이 득입입니다. 알고 실천해서 그렇게 되자는 것입니다.

수순은 'anugata'라고도 하는데 이 말은 쫓아가다, 따라가다는 뜻입니다. 이것은 공의 세계를 이해하는 것입니다. 수순에 대해 원효는 이렇게 말합니다. "일체법을 설한다 할지라도 설하는 주체와 설해지는 객체가 따로 구별되지 않음을 아는 것이며, 일체법을 염한다 할지라도 염하는 주체와 염해지는 객체가 따로 구별되지 않음을 아는 것이다." 우리는 분별되고 차별되었는데 분별과 차별을 넘어서야함을 이해하고 인식하는 것이 수순이라는 말입니다.

득입은 공의 세계로 들어가는 것입니다. 수순의 염마저 여의는 것입니다. 견성성불한 상태입니다. 진여를 인식하고 알고 실천을 통해 그 세계에 들어가서 사는 것이 득입입니다. 칼 야스퍼스는 이렇게 말하기도 했습니다. "이 세계에서 살지만, 이 세계에서 사는 것과 같이 살지 말라." 우리는 진리의 세계, 공의 세계를 알고 그렇게 살아야 합니다.

고속도로에서 마주 오는 두 차가 부딪혀서 그 안의 사람들이 죽었습니다. 왜 이런 일이 벌어질까요? 인과 가운데는 설명할 수 있는 인과가 있고 설명할 수 없는 인과가 있습니다. 만약 상상도 하지 못한 곳에서 사고를 당하거나 죽는다면 이것은 아마 살생의 과보일 것입니다. 내가 다른 생명을 해치지 않고 그 생명을 해치지 않겠다는 마음으로 살면 그 어떤 것도 나를 해치지 못합니다. 무언가 나를 해친다면 내가 이번 생이나 전생에 다른 존재가 해칠 수 있는 원인을 제공한 것입니다. 영주 희방사에는 전생과 관련된 전설이 있습니다. 지금은 길이 잘 닦여서 가기 쉽지만 과거에 이 곳은 첩첩산중이었습니다. 그리고 조선 시대는 억불정책을 썼기 때문에 절은 가난했습니다. 양반들의 지원은 없고 가난한 백성들의 도움을 받으며 명맥을 이어나갔습니다. 어느 날 희방사의 대웅전이 낡아서 무너지자 희방사의 스님이 나서서 마을에 불전을 모금하러 갔지만 돈이 거의 모이지 않았습니다. 이 희방사 절 밑 마을에는 어떤 농부가 살고 있었습니다. 그 농부가 어느 날 주지 스님에게 면회를 요청했습니다. 스님이 농부의 집으로 가자 농부는 스님에게 논문서를 주며 이것을 팔아 대웅전을 지으라고 합니다. 그래서 스님은 논문서를 팔고 대웅전을 지었습니다. 낙성식을 하는 날 주지 스님은 그 농부를 초대합니다. 농부가 그 낙성식을 보러 산을 넘고 넘어 가는 도중에 그만 갑자기 눈이 멀어버리고 맙니다. 낙성식도 보지 못하고 집으로 돌아갔습니다. 이 얼마나 땅을 치고 통탄할 일입니까? 몇 년 후 이번에는 종각이 허물어져버립니다. 종각을 다시 짓기 위해 주지 스님은 그 일대에서 시주를 돌아다녀도 돈이 모이지 않았습니다. 이번에도 그 농부가 주지 스님에게 면회를 요청합니다. 스님이 가보니까 그 농부가 지금까지 번 돈을 다 주면서 종각을 다시 지으라고 합니다. 그래서 그 돈을 갖고 종각을 지었습니다. 이번에도 절에서 낙성식에 농부를 초대했지만 절에 오기 직전에 종소리도 듣지 못하고 농부가 그만 귀가 먹어버립니다. 참 기가 막힌 일입니다. 몇 년 후 이번에는 스님이 기거하는 방 요사채에 문제가 생깁니다. 그래서 요사채를 다시 짓기 위해 스님들이 다시 그 근처 마을을 돌아다니며 도움을 요청합니다. 그런데 이번에도 저번의 그 농부가 스님을 불러 밭문서를 주면서 이것으로 지으라고 합니다. 그 돈을 가지고 요사채를 지었습니다. 이번에도 낙성식에 초대되어 농부가 가족들의 도움을 받으며 절에 가는데 가는 도중 앉은뱅이가 되어버리고 맙니다. 그 모습을 본 주지 스님은 이해가 안 되는 것이었습니다. 농부가 지극 정성으로 절에 보시를 했는데 왜 이런 일이 생기는지 이해가 되지 않았습니다. 납득이 되지 않는 주지 스님은 부엌에서 칼을 가지고 와 불상의 배 부분에 칼을 꽂고 이 생에서 다시는 불교를 하지 않겠다고 하고 절을 떠났습니다. 그리고 수많은 세월이 흘렀습니다. 농부는 요사채 불사를 끝내고 얼마 안되어 세상을 떠났습니다. 주지 스님은 절을 떠나 걸인 신세가 되고 희방사는 거의 폐허가 되었습니다. 그런데 서울의 어느 양반댁 도령이 과거에 급제해서 영주 고을 원님으로 부임합니다. 이 원님은 당시 억불 시대임에도 불구하고 불교를 매우 좋아했습니다. 오자마자 영주 부근의 절들을 돌아다닙니다. 그러다 원님이 더 돌아볼 절이 없냐고 묻자 이방들이 원님을 모시고 희방사에 갑니다. 가보니 절은 오랫동안 방치된지라 풀은 우거지고, 건물은 무너지고 형편없었습니다. 그런데 원님이 문을 열고 대웅전에 들어간 순간 자신이 전생에 농부였음을 알게 되고 그 인과를 깨닫게 되었습니다. 알고 보니 농부는 업보로 인해 한 생은 장님으로 살아야 되고 한 생은 귀머거리로 살아야 되고 한 생은 앉은뱅이로 살아야했었는데 세 생의 과보를 한 생에 다 받은 것이었습니다. 이것이 당시 주지 스님의 절실한 기도 덕분이었음을 알게 된 원님은 그 스님을 찾아갑니다. 수소문 끝에 그 스님을 찾으니까 오랫동안 떠돌아다니며 거지가 되어 있었습니다. 원님은 그 스님을 만나 그 동안의 인과를 이야기해줍니다. 원님은 주지 스님을 희방사로 다시 모셔옵니다. 원님이 희방사를 재건합니다. 이 재건한 절이 지금까지 내려오고 있다고 합니다.

나의 전생이 무엇인지 깊이 생각해보는 것도 좋습니다. 전생만 알면 이 생에 달라져야 할 것이 매우 많습니다. 우리의 삶에 결정을 못하는 가장 큰 이유는 확신이 없기 때문입니다. 적금을 넣는 이유는 일정 기간 후에 얼마가 나올지 알기 때문에 넣는 것입니다. 하지만 선한 생각과 선한 행동을 하거나 악한 생각과 악한 행동을 하면 그에 따라 과보가 따르는 것을 사람들은 알지 못하거나 믿지 않습니다. 어리석게도 사람들은 자기중심적으로 생각합니다. 악한 행동을 하면 '이 정도는 아무 일도 없겠지.'라고 생각합니다. 하지만 전생을 알게 되면 내 삶에 대한 확신이 달라집니다. 전생과 인과, 과보를 알게 되면 진여에 가까운 진여로 갈 수 있는 삶을 살게 됩니다. 보고 확신하게 되면 그 만큼 달라지게 됩니다. DNA 유전자 검사를 하면 45억년 전의 전생 이야기까지 밝혀낼 수 있습니다. 어마어마한 돈이 들 뿐입니다. 우리가 그 만한 돈이 없으니 못하는 것뿐입니다. 지금은 인간의 모든 게놈 지도도 다 풀었습니다. 1996년에 단세포 생물 초파리의 유전자 정보를 다 풀어냈습니다. 지금은 인간의 유전자 정보도 다 풀었습니다. 그래서 이 사람의 인과, 과보가 다 나오는 것입니다. 우리가 아무리 부정하려고 해도 과학적으로 증명된 사실은 변하지 않습니다. 이처럼 진리도 변하지 않습니다. 과학적인 진실 하나하나가 모여서 진리를 만들어가는 것입니다. 그런 것들을 바탕으로 우리는 자유롭고 편안하게 삶을 즐기며 살아갈 수 있습니다. 이 좋은 조건을 제대로 잘 살아야 합니다. 전생을 아는 것은 '정말 이 생에서 내가 어떻게 살아야 할 것인가?'를 알고 확신하기 위해 필요한 것입니다. 결론은 이 세상에 공부하는 것보다 더 좋은 것은 없습니다. 진리는 공부 밖에 없습니다.

제5강

(3-1-1-2-2) 의언진여를 설하다

[진제14] 또한 진여란 언설에 의하여 분별하면 두 가지 뜻이 있다. 첫째는 여실공(如實空)이니 구경에는 실체를 나타내는 까닭이며, 둘째는 여실불공(如實不空)이니 그 자체에 번뇌 없는 본성의 공덕을 구족하는 까닭이다.

復次, 真如者, 依言說分別有二種義。云何為二？一者、如實空, 以能究竟顯實故。二者、如實不空, 以有自體, 具足無漏性功德故。

(3-1-1-2-2-1) 여실공은 허무함이 전무하다

[진제15] 여실공(空)이라고 말하는 것은 본래 일체의 염법(染法)과 상응하지 않기 때문이다. 말하자면 일체법의 차별되는 모양을 떠났으며, 허망한 심념(心念)이 없기 때문이다. 그러므로 진여의 자성은 모양이 있는 것도 아니며 모양이 없는 것도 아니며, 모양이 있지 않은 것도 아니며 모양이 없지 않은 것도 아니다. 유(有), 무(無)를 함께 갖추었지만 모양도 아닌 것이며, 같은 모양도 아니며 다른 모양도 아니며, 같은 모양이 아닌 것도 아니며 다른 모양이 아닌 것도 아니며, 같고 다른 모양을 함께 갖춘 것도 아닌 것임을 알아야 한다.

전체적으로 말하자면 일체의 중생은 허망한 마음이 있어서 생각할 때마다 분별하여 진여와 상응하지 않기 때문에 공(空)이라 하지만, 만약 허망한 마음을 여의면 실로 공이라 할 것도 없다.

所言空者 , 從本已來一切染法不相應故 , 謂離一切法差別之
相 , 以無虛妄心念故。當知眞如自性 , 非有相、非無相、非非
有相、非非無相、非有無俱相 , 非一相、非異相、非非一相、
非非異相、非一異俱相。乃至總說 , 依一切眾生以有妄心念念
分別 , 皆不相應故說為空 , 若離妄心實無可空故。

(3-1-1-2-2-2) 불여실공은 청정법이 가득하다

[진제16] 불공(不空)이라는 것은 이미 법체가 공(空)하여 허망함
이 없음을 나타냈기 때문에 이는 진심(眞心)이며, 진심은 항상하
여 변하지 않고 청정한 법이므로 불공(不空)이라 말한다.

또한 모양을 가히 취할 수 없으니 망념을 여읜 경계는 오직 증득
함으로써 상응하는 것이다.

所言不空者 , 已顯法體空無妄故 , 即是眞心常恒不變淨法滿
足 , 故名不空 , 亦無有相可取 , 以離念境界唯證相應故。

(3-1-1-3) 심생멸문

[진제17] 심생멸(心生滅)이란 여래장에 의하므로 생멸심이 있는
것이니, 이른바 불생불멸(不生不滅)이 생멸과 더불어 화합하여,
같은 것도 아니고 다른 것도 아닌 것을 이름하여 아뢰야식(阿梨
耶識)이라고 하는 것이다.

心生滅者 , 依如來藏故有生滅心 , 所謂不生不滅與生滅和合 ,
非一非異 , 名為阿梨耶識。

(3-1-1-3-1) 제법의 포섭과 발생을 널리 해석하다

(3-1-1-3-10) 아뢰야식을 해석하다

[진제18] 아뢰야식(識)은 두 가지 뜻이 있으니 일체법을 포섭하

며, 일체법을 내기도 한다.

此識有二種義 , 能攝一切法、生一切法。

(3-1-1-3-2) 생멸심의 각과 불각을 해석하다

[진제19] 생멸심에는 두 가지가 있으니 첫째는 각(覺)의 뜻이고, 둘째는 불각(不覺)의 뜻이다.

云何爲二 ? 一者、覺義 , 二者、不覺義。

대승기신론 강설_5

"의언진여를 설하다. 진여란 언설에 의하여 분별하면 두 가지 뜻이 있다. 첫째는 여실공(如實空)이니 구경에는 실체를 나타내는 까닭이며 둘째는 여실불공(如實不空)이니 그 자체에 번뇌 없는 본성의 공덕을 구족하는 까닭이다." 지난 시간에 설명한 이언진여란 말을 떠난 진여이며 말로써 설명할 수 없는 진여입니다. 이번에 설명할 의언진여는 말에 의지하는 진여입니다. 부처님의 가르침에는 교(교리)가 있고 선(참선)이 있습니다. 여기서 말로 표현하지 못하는 것은 선이고 말로 표현한 것은 교리, 경전입니다. 선과 교가 있듯이 진여도 이언진여와 의언진여가 있습니다. 공은 진공(眞空)이고 진공묘유(眞空妙有)이고 연기이고 깨달음이고 진여입니다. 이 모든 것을 나타내는 것이 공입니다. 여실공(如實空)은 공의 실체를 여실히 나타내는 것입니다. 여실불공(如實不空)은 실체를 넘어선 것입니다. 여실공(如實空)은 보이지 않는 실상의 세계를 말로 나타내보려고 하는 것이고, 여실불공(如實不空)은 실상을 두루 갖추고 있는 공덕 그 자체, 즉 본성을 말하는 것입니다. 여기서 의언진여를 여실공(如實空)과 여실불공(如實不空)으로 나타낼 수 있다고 말하고 있습니다.

　진여를 사랑에 한번 비유해 봅시다. 이 세상에 태어나서 지금까지 살면서 사랑 한번 안 해본 사람은 없을 것입니다. 사랑을 말로 표현할 수 있습니다. 하지만 사랑의 본질은 말을 떠난 곳에 있다고 할 수 있습니다. 눈만 쳐다봐도, 오는 발자국 소리만 들어도 알 수 있는 것이 이런 것입니다. 이렇게 말을 떠난 사랑이 바로 이언이라고 할 수 있고, 말에 의지하여 사랑을 표현하는 것이 의언입니다. 앞서 여실공(如實空)과 여실불공(如實不空)이 있다고 했습니다. 여실공(如實空)은 사랑에 비유하면 사랑의 실상입니다. 사랑에 대해 묻는다면 모두 각자가 느낀 사랑이 있을 것입니다. 사랑을 하면서 이 보다 더한 기쁨을 느끼지 못했다거나 깊이 빠지는 것 같았다거나 보고 싶었다거나 눈물이 나기도 했을 것입니다. 보고 싶다는 것은 눈은 말그대로 보고 싶다는 것이고 귀는 그 사람의 소리를 듣고 싶은 것이고 코는 그 사람의 향기를 맡고 싶은 것이고 육신은 감촉을 느끼고 싶은 것 등을 나타냅니다. 이것들이 보고싶다는 말에 함축되어 있는 것입니다. 육근 모두가 작용하는 것입니다. 이와 같이 여실공(如實空)은 자기가 느낀 것을 표현해 볼 수 있는 것입니다. 여실불공(如實不空)은 사랑을 느낌으로 생기는 이득입니다. 내가 사랑의 실상을 흠뻑 체득함으로써 나에게 생기는 이득(공덕)입니다.

사랑의 실체를 내 속에 갖고 있는 것입니다. 사랑이란 세상과 관계하고 세상과 공유하는 모든 것입니다. 이것이 여실불공(如實不空)의 원칙이자 원리입니다. 사랑을 여실공(如實空)과 여실불공(如實不空)과 연결하여 설명해보았습니다.

여실공(如實空)에 대해 자세히 살펴봅시다. "여실공(如實空)이란 부정으로서의 진실성입니다." 사실적인 진실성입니다. 여실불공(如實不空)은 내가 체험하고 체득하고 느끼는 진실성입니다. "여실공(如實空)은 진여가 비실재적이며 비본질적인 일체의 사물의 속성으로부터 완전히 떠나 있어 틀림없는 실재라는 의미"입니다. 우리 눈에 보이는 세상이 있고 우리 눈에 보이지 않는 세상이 있습니다. 우리 눈에 보이는 세상은 우리가 보고 느끼면 다 알 수 있습니다. 눈에 보이지 않는 세계, 진여에는 우리의 모든 가치와 삶을 결정지워주는 많은 요소가 있습니다. 여실공(如實空)은 실상이 참으로 있는 그대로 존재하는 것입니다.

여실불공(如實不空)은 "긍정으로서의 진실성"입니다. "진여가 무한한 공덕(무루성 공덕)을 내포하고 있으며 스스로 존재한다는 의미"입니다. 무한한 공덕(무루성 공덕)이란 공덕은 무한하지만 업을 짓지 않는 것입니다. 우리의 행위 속에는 업도 있고 복덕도 있습니다. 내가 선한 행동을 하면 선의 과보가 쌓이고 그에 상응하는 몸을 받습니다. 이것은 유루성 공덕입니다. 하지만 진여가 갖고 있는 무한한 공덕은 무루 공덕입니다. 공덕은 무한하지만 다음 생에 몸을 받고 윤회하게 하는 업을 만들지 않는 것입니다.

"여실공은 허무함이 전무하다. 여실공(如實空)이라고 말하는 것은 본래 일체의 염법(染法)과 상용하지 않기 때문이다. 일체 법의 차별되는 모양을 떠났으며, 허망한 심념(心念)이 없기 때문이다. 그러므로 진여의 자성은 모양이 있는 것도 아니며 모양이 없는 것도 아니며 모양이 있지 않은 것도 아니며 모양이 없지 않은 것도 아니다." '허무함이 전무하다'는 말은 실상 그대로란 말입니다. 여실공(如實空) 즉 진여는 모든 오염된 법(염법: 染法)과 상응하지 않습니다. 지금 우리가 갖고 있는 모든 것은 오염된 것을 씁니다. 내 속에 축적된 업은 전부 오염된 것입니다. 이 오염된 것을 내가 계속 쓰는 것입니다. 오염된 것을 계속 끄집어내 쓰기 때문에 염법(染法)과 상응하게 됩니다. 우리가 일으키는 모든 생각은 전생에 내가 행위했던 업에서 나오는 것입니다. TV에서 어떤 연예인이 나오면 그 연예인을 보고 내 속에 들어있던 업이 '마음에 든다', '잘 생겼다', '마음에 안 든다'등의 생각, 판단을 하게 만듭니다. 전생에 축적된 업을 가지고 이 생의 나는 어떤 행동이나, 판단이나, 분별을 하는 것입니다. 그래서 모두 자기대로의 생각을 갖고 있는 것입니다. 그것은 모두 오염되고 물든 염법(染法)입니다. 하지만 진여는 이 염법(染法)을 떠나 있습니다.

우리는 모두 차별되어 있습니다. 우리는 각자의 눈에 비치는 대로 다르게 봅니다. 다 차별이 되어 있는데 진여는 그 차별을 떠난 자리입니다. 그래서 '일체법의 차별되는 모양을 떠났다'고 한 것입니다. 진여는 모두 평등하고 일심이고 하나인 것입니다. 모두 차별되는 모양을 각자의 업만큼 갖고 있는데 진여는 차별되는 모양을 떠난 것입니다. 진여라는 세계를 알고나면 본질을 알고 살아가지만 모르면 업이 시키는대로 분별하며 살아가게 됩니다.

'진여의 자성은 모양이 있는 것도 아니며 모양이 없는 것도 아니'라는 말은 우리가 생각하는대로 모양이 만들어지는 것입니다. 누가 마음에 든다고 생각하면 그 생각대로 생각이 만들어지는 것입니다. 뭔가 경계가 오면 그에 따라 모양을 만들어내는 것입니다. 그렇다고 모양을 안 만드는 것은 아닙니다. 우리는 진여 속에서 보는 현상에 따라 일으키는 경계에 따라 모든 모양을 만들어냅니다. 우리는 갖고 있는 업에 따라 분별을 하고 판단을 하는데 이것들을 떠난 자리가 여실공(如實空)입니다. 유식에서 공부했던 제8식 아뢰야식부터가 해당된다고 할 수 있겠습니다. 제7식은 염법(染法)이고 심념(心念)입니다. 제8식 아뢰야식은 염법(染法) 되기 전의 것입니다. 물들기 전의 것을 구체적으로 나누어놓은 것입니다. 여실공(如實空)은 물들기 전의 실상을 보는 것이고, 여실불공(如實不空)은 그 실상을 체득해서 내 것으로 써먹는 것으로 무한한 공덕이 있는 것입니다.

그럼 자성에 대해 살펴봅시다. 자성은 진여이고 우리가 원래 가지고 있는 성품입니다. 이 세상 존재하는 모든 것이 원래 가지고 있는 성품은 법성입니다. 존재하는 모든 것을 법이라고 하기 때문에 법성인 것입니다. 이 자성을 제대로 보는 것을 견성이라고 합니다. 견성은 여실공(如實空)이고 그것을 깊이 체득해서 써먹는 것은 여실불공(如實不空)입니다. 자성이란 물들기 이전의 것입니다. 우리같은 중생은 물든 후의 것을 가지고 쓰며 평생을 살아갑니다. 이 자성은 '원하는 대로 생각하는 대로 모양이 만들어지기도 하고 만들 수도 있습니다. 그리고 모양도 되고 모양이 아닌 다른 것도 될 수 있습니다. 같은 모양이기도 하고 다른 모양이기도 합니다.' 우리가 세상이라고 하고 법이라고 하는 것은 눈에 보이는 형상만 존재하는 것이 아니라 육근과 육근이 작용해서 일으키는 모든 것을 포함합니다. 그것의 본질이 법성이 되는 것입니다.

다음은 복사꽃이란 제목의 선시입니다.

30년을 복사꽃을 찾아
전국을 헤매고 돌아다니다가
지쳐 집에 돌아와
낡아 삐거득거리는 문을 여니
앞 뜰에 복사꽃이 만발해 있는 것을.

30년 동안 깨달음을 찾아 전국방방곡곡을 떠돌아다닌 이야기입니다. 평생을 자성을 찾아헤매어도 못 찾았지만 결국 속으로 침잠해서 내 속을 보니까(집으로 와보니까) 자성이란 꽃이 피어있더라는 말입니다. 자성이 외부에 있는 것이 아니라 내 속에 있더라는 것을 말한 것입니다.

과학적으로 한번 봅시다. 에너지, 일, 열 이런 것들은 불교와 별로 연관이 없어 보입니다. 하지만 세상의 모든 것은 진여, 진리와 연관되어 있습니다. 우리는 에너지가 넘친다고 말하는데 이는 내 속에 일을 할 수 있는 능력이 충만되었다는 말입니다. 포트에 물을 넣고 끓이면 열이 발생합니다. 그렇다면 힘과 일의 관계는 어떨까요? 힘이 세다고 해서 일을 많이 하는 것은 아닙니다. 만약 쌀 한 가마니를 들고 한 시간을 서있었다면 이것은 힘은 많이 썼지만 일을 한 것은 아닙니다. 그냥 쌀만 들고 있었을 뿐입니다. 하지만 쌀을 들고 한 발자국이라도 움직였다면 이것은 일입니다. 일은 힘을 쓴 것에다 일정한 움직임이 있어야 합니다. 이처럼 에너지는 일이나 열로 변환시킬 수 있지만 일은 에너지로 환원시킬 수는 없습니다. 그리고 열도 다시 에너지로 되돌릴 수는 없습니다. 이 세상에 존재하는 모든 것에는 이런 비가역 현상이 있습니다. 우리는 태어나서 늙고 죽습니다. 이것도 비가역 현상입니다. 다시 환원할 수 있는 것이 아니라 한번 가버리면 다시 돌아오지 않습니다. 만약 에너지, 일, 열이 각각 통 하나에 들어있다고 한다면 다들 에너지를 들고 갈 것입니다. 에너지를 갖고 있는 만큼 일을 할 수 있고 열을 발생시킬 수 있기 때문입니다. 이 에너지가 여실공(如實空)이고 일과 열은 소모된 것이기 때문에 이미 물들여진 것이라고 할 수 있습니다. 그래서 내가 에너지를 가지고 있으면 무언가 일을 할 수도 있고 무언가를 만들어낼 수도 있습니다. 여실공(如實空)을 모르면 물들어 있는 것만 사용하는데 여실공(如實空)을 알면 근본, 뿌리를 알게 됩니다. 근본, 뿌리(에너지)를 알면 그것을 이용할 수 있습니다.

"여실공은 허무함이 전무하다. 유(有)와 무(無)를 함께 갖추었지만 모양도 아닌 것이며, 같은 모양도 아니며 다른 모양도 아니며, 같은 모양이 아닌 것도 아니며 다른 모양이 아닌 것도 아니며, 같고 다른 모양을 함께 갖춘 것도 아닌 것이다." 여실공 즉, 진여란 있는 것과 없는 것을 함께 갖추고 있습니다. 그래서 모양이 있는 것 같기도 하고 모양이 없는 것 같기도 합니다. 같은 모양이기도 하고 같은 모양이 아니기도 합니다. 그렇다고 해서 다른 모양을 함께 갖춘 것도 아닙니다.

"여실공은 허무함이 전무하다. 전체적으로 말하면 일체의 중생은 허망한 마음이 있어서 생각할 때마다 분별하여 진여와 상응하지 않기 때문에 공(空)이라 하지만, 만약 허망한 마음을 여의면 실로 공이라 할 것도 없다." 우리는 진여를 쓰는 것이 아니라 오염된 마음, 제7식을 씁니다. 그래서 진여와 상응하지 않기 때문에 공(空)이란 표현을 씁니다. 하지만 진여와 상응하게 되면 여실공(如實空)이 됩니다.

"여실불공(如實不空)은 청정법이 가득하다. 불공(不空)이라는 것은 이미 법체가 공(空)하여 허망함이 없음을 나타냈기 때문에 이는 진심(眞心)이며, 진심은 항상하여 변하지 않고 청정한 법이므로 불공(不空)이라 말한다." 여실공(如實空)과 여실불공(如實不空)은 진여의 세계를 나타내는 것입니다. 여실공은 진여의 실상, 진여에 대한 설명을 나타내고 여실불공은 진여의 실상을 체득한 상태에서 나오는 공덕을 말합니다. 이와 같이 의언진여는 크게 여실공과 여실불공으로 볼 수 있습니다.

"여실불공은 청정법이 가득하다. 또한 모양을 가히 취할 수 없으니 망념을 여읜 경계는 오직 증득함으로써 상응하는 것이다." 여실불공은 진여의 마음을 체득한 것입니다. 여실불공은 온 세상 그대로, 물들기 전의 것이라 청정한 것 밖에 없습니다. 진여의 마음을 체득하려면 체득 방법을 통해서 느껴봐야 합니다. 제일 좋은 방법이 내 생각을 집중시키는 것입니다. 지금 우리가 쓰고 있는 모든 마음은 오염되어 있습니다. 우리는 오염된 것을 보고 그것을 깨트려야 합니다. 만약 단단한 돌을 깨려면 돌보다 강한 물건으로 계속 쳐야 합니다. 세세생생 살아오면서 오염된 염법(染法)을 깨려면 한 곳을 계속 때려야 합니다. 생각을 집중시켜야 합니다(사마타). 돌의 성질을 보고 어디를 칠 것인가 파악하는 것은 관조 즉 위빠사나입니다. 그래서 한 곳을 계속 치다보면 돌에 금이 갑니다. 집중해서 단단한 돌을 깨면 에너지가 나옵니다. 돌이 깨지면 그 에너지가 내게 축적이 됩니다. 불여실공은 증득하지 않으면 알 수 없습니다.

대승기신론과 같은 경전에 대한 초기 논을 쓴 사람들은 자신이 증득한 것을 가지고 글을 썼습니다. 본인의 체험에서 나온 것입니다. 지금 가만히 있으면 내가 망념을 일으키는 것인지 아닌지 모릅니다. 생각을 집중시키다보면 내가 일으키는 번뇌를 알게되고 그 번뇌를 다스리는 방법도 생기게 됩니다. 그냥 생각을 집중시키면 그 집중이 10초도 안 갑니다. 계속 딴 생각이 뚫고 일어납니다. 이럴 때 어떤 한 생각으로 집중시켜야 합니다. 그 한 생각에 계속 모으기는 쉽지 않습니다. 내가 생각을 일으키지 않으면 생각이 일어나는지 그렇지 않은지도 모르지만 한 생각에 집중해 생각해보면 번뇌, 잡념이 끝없이 일어남을 알 수 있습니다. 이것은 진여를 증득해야 해결됩니다. 이언진여는 이미 진여가 체득된 상태지만 의언진여는 진여를 보고 증득한 상태를 나타냅니다. 우리의 끝없는 번뇌망상은 그냥은 없어지지 않습니다. 생각을 집중시켜 번뇌를 깨트리고 부수어야 없어집니다.

"심생멸문, 심생멸(心生滅)이란 여래장에 의하므로 생멸심이 있는 것이니, 이른바 불생불멸(不生不滅)이 생멸과 더불어 화합하여 같은 것도 아니고 다른 것도 아닌 것을 이름하여 아뢰야식(阿梨耶識)이라고 하는 것이다." 일심에 진여문과 생멸문이 있었습니다. 이것은 같고 하나이기 때문에 일심으로 돌아갑니다. 그래서 우리의 행위도 진여에서 벗어나지 않습니다. 중생의 마음으로 탐진치를 일으켜 살아가지만 우리 삶에 궁극적인 의미를 부여하는 것이 진여입니다. 이것은 대긍정으로 이어집니다. 이렇게 살아도 진여이기 때문입니다. 살아있는 모든 모습 속에 진여가 다 들어있다는 말입니다. 유식은 심생멸문을 알고 진여의 세계로 가는 것이라면 대승기신론은 진여의 세계를 자세히 설명하고 있습니다.

여래장에도 진여의 성품이 들어있는 것입니다. 원래 진여의 세계는 불생불멸인데 우리가 사는 생멸심에도 불생불멸의 진여가 있어 생멸이 불생불멸이 됩니다. 유식은 제6식과 제7식을 중심으로 제8식을 설명하고 수행을 통해 진여의 세계로 나아가자고 합니다. 대승기신론에서는 심생멸문에서 일어나는 것들이 진여의 세계와 다르지 않다는 것을 말하고 있습니다. 여기서 '불생불멸이 생멸과 더불어 화합한다.'가 그 뜻입니다. 제7식에서는 생멸밖에 안 되지만 제8식에 가면 불생불멸도 되고 생멸도 됩니다.

유식에서 열심히 공부했던 내용들을 복습해봅시다. 이 세상에는 나와 나 이외의 대상이 존재합니다. 나를 표현하는 것은 내용을 인식하는 인식체인 6근입니다. 나는 눈이 있어 대상을 볼 수 있고 귀가 있어 소리를 들을 수 있고 코가 있어 냄새를 맡을 수 있고 혀가 있어 맛을 느낄 수 있고 몸이 있어 감촉을 느낄 수 있고 의지가 있어서 생각을 할 수 있습니다. 인식하는 대상은 6경입니다. 근(根)은 작용을 일으키는 능력체(indriya)입니다. 그래서 부처님께서는 이 세상에 존재하는 모든 것은 12처라고 하셨습니다. 나와 대상의 관계 속에서 모든 것이 일어난다는 것입니다. 그리고 눈과 형상이 부딪히면 안식이 생기고, 귀와 소리가 부딪히면 이식이 생기고, 코와 냄새가 부딪히면 비식이 생기고, 혀와 맛이 부딪히면 설식이 생기고, 몸과 감촉이 부딪히면 신식이 생기고, 뜻과 법(생각의 대상)이 부딪히면 의식이 생깁니다. 나와 대상이 부딪혀 식이 생기고 분별이 일어납니다. 무엇이든지 나와 대상이 부딪히면 식이 발생합니다. 6식과 6근과 6경이 이 세상에 존재하는 전부입니다. 6근, 6경, 6식을 통틀어 18계라고 합니다. 이것들을 바탕으로 (연기법에 준하여) 부처님은 일어나는 모든 것을 경전을 통해 설하셨습니다. 식은 6가지가 있습니다. 안식, 이식, 비식, 설식, 신식, 의식입니다.

여기서 의식을 세분화해보니까 6식, 7식, 8식이 있습니다. 우리가 순간 부딪히며 생기는 의식이 현재의식 6식입니다. 7식은 말라식, 잠재의식, 심층적 자아 집착심입니다. 평생 나라고 고집하는 것입니다. 7식이 일으키는 모든 것이 아집입니다. 우리는 평생 7식을 나라고 착각하고 써먹습니다. 여기서 더 깊이 들어가면 물들기 전의 원래의 것이 있습니다. 7식이 물들기 전의 것 그것을 담고 있는 그릇이 8식입니다. 8식 아뢰야식은 물들기 전의 무의식입니다. 한 생을 살고나면 행위의 모든 정보가 아뢰야식에 저장됩니다. 이것이 윤회의 씨앗이 됩니다. 다시 대승기신론 내용으로 돌아갑시다.

"아뢰야식을 해석하다. 아뢰야식은 두 가지 뜻이 있으니 일체법을 포섭하며 일체법을 내기도 한다." 아뢰야식은 일체의 법을 전부 받아들이고 일체의 법을 나타내기도 한다는 것입니다. 일체법이 내 아뢰야식 속에 있다는 것입니다.

"생멸심의 각과 불각을 해석하다. 생멸심에는 두 가지가 있으니 첫째는 각(覺)의 뜻이고 둘째는 불각(不覺)의 뜻이다." 진여는 각이고 생멸문은(유식에서 설명되어 있는 6식, 7식) 불각에 해당합니다. 대승기신론에서는 각과 불각을 같으면서도 다르고 다르면서도 같다고 말하고 있습니다. 그래서 일심으로 회향하는 것입니다. 생멸심은 불각에 해당하지만 불각의 뿌리는 각과 맞닿아있고 각입니다.

"본각과 시각을 함께 설하다. 각(覺)의 뜻은 심체(心體)가 망념을 여읜 것을 말함이니 망념을 여읜 모양은 허공(虛空)과 같아서 두루 하지 않는 곳이 없어 법계가 한 모양이다. 이것이 여래의 평등한 법신이니 이것을 본각(本覺)이라고 말하는 것이다." 각은 본각과 시각으로 나뉩니다. 본각은 깨달은 그 상태이고 시각은 본각으로 가는 것입니다. 각은 모든 분별경계를 떠난 것을 말합니다. 깨친 상태에서 보면 전부 다(법계)가 하나로 통섭됩니다. 그래서 법계가 한 모양입니다. 하나이기 때문에 전부 평등합니다. 그래서 여래의 평등한 법신이라고 말합니다. 본각은 깨치고 난 본래 성품입니다.

"본각과 시각을 함께 설하다. 본각의 뜻은 시각(始覺)의 뜻에 대하여 말한 것이니 그러므로 시각이라는 것은 바로 본각과 같다. 시각의 뜻은 본각에 의지하기 때문에 불각(不覺)이 있으며 불각에 의지하는 까닭으로 시각이 있다고 말하는 것이다." 본각은 진여 자체를 설명한 것이고 시각은 우리가 행위를 통해서 본각을 체험하고 체득해나가는 것입니다. 결국 깨닫지 못한 우리의 삶이나 수행을 통해 깨달음으로 가는 것이 시각입니다. 이 시각의 상태가 완전하게 되어 깨닫게 되면 본각이 됩니다. 그래서 불각, 시각, 본각은 하나이고 같다는 것입니다. 진여와 생멸이 같다고 했듯이 불각, 시각, 본각은 하나의 궤 속에서 통과해 같이 있습니다.

심생멸문을 좀 자세히 봅시다. 우리가 학교에서 배웠던 '⊇'는 같거나 오른쪽의 것이 왼쪽의 것에 포함된다는 말입니다. '심진여문 ⊇ 심생멸문' 우리의 모든 삶은 심생멸문입니다. 진여문은 깨달음의 세계입니다. 심생멸문은 심진여문에 포함되거나 같습니다. 그래서 우리의 삶은 진여입니다. '각 ⊇ 불각' 불각은 각과 같거나 각에 포함됩니다. '본각 ⊇ 시각', '시각 ⊇ 불각', '진여 ⊇ 본각 ⊇ 시각 ⊇ 불각' 결국 불각, 시각, 본각도 전부 진여의 일심으로 통합니다. 대승기신론의 대긍정은 불각이 본각, 진여와 다르지 않다는데서 나옵니다. 내 삶 자체에서 진여가 포함되어 있고 이것을 떠난 진여는 없습니다. 진여를 깨우치고 체험하고 체득하면 되는 것입니다. 깨닫지 못한 상태라도 진여가 그 속에 들어있고 시각과 본각을 통해 본각이 되는 순간 진여가 됩니다. 그래서 깨닫지 못한 우리의 삶도 긍정적으로 보면 시각과 같거나 포함된 상태이고 시각은 본각과 같거나 포함된 상태여서 결국 모두 진여와 다르지 않고 진여가 그 속에 포함되어 있다고 할 수 있습니다. 여기서 화엄경의 세계가 나옵니다. 있는 그대로가 화엄의 세계입니다. 깨쳐서 되는 것이 아니라 있는 그대로가 깨우침이고 진여가 되는 것입니다. 심생멸문에 대한 대긍정이 바로 심진여문과 같다는 것이고 이것으로 일심과 하나가 됩니다. 대승기신론의 거대구조를 이해하면 세부구조에 대한 이해가 수월해질 것입니다.

*머리 식히면서 한번 보기

이 생에서 한 생을 살고 죽을 때 과보를 받습니다. 그 과보도 받는 순서가 있습니다. 무거운 업을 가장 먼저 받습니다. 무거운 업에는 불선업과 선업이 있습니다. 예를 들어 누군가를 살생을 하거나 누군가를 도와주고 착한 일을 하면 다음 생에 내 삶을 결정하는 것이 됩니다. 그 다음 받는 것은 습관적으로 지은 업입니다. 매일 한 시간씩 공부하는 것 이것은 별 것 아닌 것 같아도 공부하는 습이 붙게 됩니다. 습관적으로 지은 업이 삶을 결정하는데 중요한 역할을 합니다. 아무 것도 아닌 것 같아도 매일매일 수행하는 것이 중요한 요소가 될 수 있습니다. 그 다음 받는 업이 임종 가까울 때 지은 업입니다. 사람이 죽음이 가까워지면 불안해집니다. 죽음 때문에 내가 갖고 있는 모든 마음이 편안한 상태를 유지하지 못합니다. 하지만 공부를 한 사람은 죽음의 문턱 앞에서도 편안한 마음을 유지할 수 있습니다. 공부를 안 했던 사람은 죽음의 문턱 앞에서 불안한 생각 밖에 없습니다. 임종 가까이서 지은 업이 다음 생에 몸을 받을 때 많은 영향을 미칩니다.

이러한 예로 빠세나디 왕의 왕비 말리카 왕비의 이야기가 있습니다. 부처님 당시 코살라국이란 큰 나라가 있었습니다. 당시 코살라국의 왕이 빠세나디 왕이었습니다. 불교 경전 가운데 승만경은 빠세나디 왕의 딸이 시집가서 부처님의 법을 생각하며 적은 것입니다. 코살라국의 사위성에는 최고의 불교 사원 기원정사가 있습니다. 인도에서는 네 가지 계급이 있습니다. 브라만, 크샤트리아, 바이샤, 수드라가 있습니다. 당시 수드라 중에서 꽃 배달을 하는 말리카라는 여인이 있었습니다. 이 여인이 빠세나디 왕의 눈에 띄여 왕비가 됩니다. 말리카는 빠세나디 왕을 불법으로 귀의시키는데 큰 역할을 합니다. 말리카 왕비는 빠세나디 왕에게 부처님을 만나보라고 계속 말합니다. 1년 정도 설득한 후에 빠세나디 왕이 겨우 마음을 내어 부처님을 만나러 갑니다. 그렇게 빠세나디 왕은 불교에 귀의하고 말리카 왕비는 엄청난 금액을 보시합니다. 하지만 말리카 왕비는 다음 생에 또 수드라 (천민)로 태어나면 어떡하나 걱정이 되어 불안해지기 시작했습니다. 결국 말리카 왕비는 그렇게 많은 보시를 했음에도 불구하고 임종 직전의 그 불안 때문에 극락에 가지 못하게 됩니다. 그래서 평생 수행을 해야합니다. 평생 수행을 하지 않으면 누구든 죽음이 임박했을 때 그 불안을 극복하지 못합니다. 그 불안 때문에 내가 받을 수 있는 좋은 업들도 못 받게 됩니다.

그리고 금강산 표훈사 돈도암에서 수행하던 홍도 비구의 이야기가 있습니다. 홍도 비구는 수행을 열심히 하던 사람이었습니다. 당시 사람들은 수행에 있어서는 홍도 비구를 따라갈 사람이 없다고 했고 곧 부처가 될 것이라고 말했습니다. 이런 홍도 비구가 임종이 가까워지자 앓아눕게 되었습니다. 어느 날 앓아 누워 있다가 잠시 바람을 쐬는데 눈에 먼지가 들어가자 화가 폭발하고 맙니다. 그 때 홍도 비구가 다음과 같이 말했습니다. "삼세제불(三世諸佛)도 소용이 없고 팔부신장(八部神將)도 믿을 것이 못되는구나. 나와 같이 열심히 수행하는 사람을 병들게 하는 것도 틀린 일이지만, 바람까지 불어서 나를 괴롭게 하니 이래가지고 무슨 부처님 법이 영험하다고 할 것이냐?" 이렇게 부처님을 비방(誹謗)하고 맙니다. 그렇게 말하고 누워 자는데 꿈속에서 자신의 몸이 뱀의 비늘로 덮히는 것이었습니다. 꿈을 깨고 일어나니 본인이 뱀이 되어있더라는 것이었습니다. 아무리 수행을 열심히 했어도 자신의 화를 못 삼키고 부처님을 비방한 과보로 뱀이 된 것이었습니다. 뱀이 된 홍도 비구는 자신의 꼬리로 글을 써서 젊은 수행자들에게 귀감이 되게 합니다.

금강산 돈도암에서(金剛山頓道庵)
홍도비구의 지나간 자취(弘道比丘往去側)
다행히 불법 만나고 사람 몸 얻어서(幸逢佛法得人身)
오랫동안 수행하여 성불에 가깝더니(多劫修行近成佛)
솔 바람 불어 쳐 눈 가운데 티끌 보고서(松風吹打眼中視)
한 번 성내는 마음 일으켜 뱀의 몸을 받으니(一起嗔心受蛇身)
천당과 극락이 마치 지옥과 같으며(天堂佛刹如地獄)
오직 사람 몸으로만 짓는 인(因)이 있는지라(唯有人身所作因)
내가 전생에 비구로 이 암자에 머물렀으나(我昔比丘住此庵)
금생에 이 몸을 받아 한이 많고 많은지라(今受此身恨萬端)
원하옵건대 스승께서는 염부제에 돌아가셔서(願師還鄉閻浮提)

저의 모습 이야기하여 후인들에게 경계케 하소서(說我形容誡後人)

차라리 저의 몸을 부수어 가루를 만들지라도(寧碎我身作微塵)

요컨대 평생 한번의 성냄도 일으키지 않게 하소서(要不平生一起嗔)

뜻은 품고 있으나 입으로 말을 할 수 없어서(含情口不能語言)

꼬리를 가지고 글을 써서 참 뜻을 들어내니(以尾成書露眞情)

원하옵건대 수행자는 이 일을 글로 써서 벽에 걸고(願師書事懸壁上)

성내는 마음이 일어나려고 하거든 얼굴을 들어 읽어보게 하소서(欲起嗔心擧顔看)

이를 통해 수행이 얼마나 힘든지, 화내는 마음이 얼마나 지독한지 알 수 있습니다. 화내는 마음은 한번으로 그치지 않습니다. 계속 화를 내게 됩니다. 그래서 일상생활에서 수행을 하는 하루하루의 습관이 중요한 것입니다.

제6강

(3-1-1-3-3) 각의 뜻을 네 가지로 풀이하다
(3-1-1-3-3-1) 본각과 시각을 함께 설하다
[진제20] 각(覺)의 뜻은 심체(心體)가 망념을 여읜 것을 말함이니, 망념을 여읜 모양은 허공(虛空)과 같아서 두루 하지 않는 곳이 없어 법계가 한 모양이다. 이것이 여래의 평등한 법신이니, 이것을 본각(本覺)이라고 말하는 것이다.

왜냐하면 본각의 뜻은 시각(始覺)의 뜻에 대하여 말한 것이니 그러므로 시각이라는 것은 바로 본각과 같다.

시각의 뜻은 본각에 의지하기 때문에 불각(不覺)이 있으며 불각에 의지하는 까닭으로 시각이 있다고 말하는 것이다.

所言覺義者 , 謂心體離念。離念相者 , 等虛空界無所不遍 , 法界一相即是如來平等法身 , 依此法身說名本覺。何以故？本覺義者 , 對始覺義說 , 以始覺者即同本覺。始覺義者 , 依本覺故而有不覺 , 依不覺故說有始覺。

(3-1-1-3-3-2) 시각을 사상으로 밝히다
[진제21] 또 마음의 근원을 깨달은 까닭으로 구경각(究竟覺)이라 하고, 마음의 근원을 깨닫지 못한 까닭으로 구경각이 아니라고 한다.

又以覺心源故名究竟覺 , 不覺心源故非究竟覺。此義云何？

(3-1-1-3-3-21) 불각을 밝히다

[진제22] 무릇 사람은 앞 생각에 악이 일어난 것을 알기 때문에 뒤에 일어나는 생각을 그치게 하여 그 악의 생각이 일어나지 않게 한다. 이것을 각(覺)이라고 말은 하지만 곧 불각(不覺)이 된다. 如凡夫人覺知前念起惡故 , 能止後念令其不起 , 雖復名覺 , 即是不覺故。

대승기신론 강설_6

이 세상에는 무엇이 존재하는가? 이 우주에는 무엇이 존재하는가? 이것은 간단하지만 중요한 문제입니다. 우주에는 어마어마한 공간이 펼쳐져 있고 공간 속에 물체가 있습니다. 태초에 공간이 있고 물체가 있는 것입니다. 이 물체는 움직입니다. 물체가 움직이는 것을 우리는 시간으로 인식합니다. 공간이 일정한 방향으로 일정한 간격으로 움직이면 시간이 됩니다. x축, y축, z축을 하나의 공간이라고 할 때 우주는 이러한 공간들 속에 놓여져 있습니다. 이 안의 물체가 있고 그것이 움직이기 때문에 시간이란 요소가 만들어지는 것입니다. 이것들이 가장 기본적인 값이 됩니다. 여기서 물체들은 어떤 일정한 값과 법칙이 있는가를 살펴보면서 인류는 엄청난 발전을 해왔습니다. 이 속에서 의지를 갖고 있는 존재들이 탄생하기 시작합니다. 이 의지가 집속되어 생명이 탄생하게 되고 법칙이 생겨납니다. 이 의지를 가진 생명체들은 집단을 효율적으로 운용하고 유지시키기 위해 조직체를 갖고 연구를 하고 답을 내놓습니다. 그래서 법칙을 다양하게 적용합니다. 철학에서는 존재의 목적과 원리를 연구하고 인문학에서는 인간을 중심으로 연구를 하고 사회학에서는 삶의 효율성을 위해 만들어진 조직과 관계를 연구하고 자연과학에서는 물리학과 생물학이 있는데 무생물의 법칙을 물리학이 연구하고 생물의 법칙을 생물학이 연구합니다. 종교는 원리에 신앙이 더해진 것입니다. 나는 왜 사는가? 무엇을 하며 살아야 하는가? 에 대한 답이 이러한 학문들에서 나옵니다.

좁은 지구 안에서 일어나는 일이나 우주에서 일어나는 일은 일심으로 통하는 내용들입니다. 지난 시간의 내용을 요약하면 진여를 크게 두 가지로 나눌 수 있습니다. 원래 진여는 말로 표현할 수 없지만 어떻게 해서 말로 표현해냅니다. 말로 표현한 진여를 의언진여라고 하는데 이것을 여실공과 여실불공으로 나눌 수 있습니다. 진여 자체는 여실공이고 여실공을 체득하여 나오는 공덕은 여실불공입니다. 여기서 아뢰야식이 나오는데 아뢰야식은 일체법을 포섭하고 냅니다. 즉 우리 안에 일체법, 이 세상 전체가 있다는 말입니다. 아뢰야식은 능장, 소장, 아애집장으로 표현할 수 있습니다. 능장은 종자를 넣을 수 있는 곳간입니다. 그 종자를 간직하고 있는 곳이 소장입니다. 능장과 소장이 모든 것을 포함하고 있습니다. 아애집장은 말라식에 의해 집착되어 나타나는 모든 것을 말합니다. 들어있는 것이 나타나는 것입니다. 일체법을 내는 부분입니다.

생멸심의 각과 불각은 지난 시간에 본 부분이지만 나중에 나올 내용과 연결됩니다. 일심은 심진여문과 심생사문으로 나눌 수 있습니다. 생멸과 진여가 일심으로 하나가 될 수 있는데, 생멸이 진여가 되고 진여가 생멸이 될 수 있는 것입니다. 생멸심에는 깨달은 각과 오염되고 깨닫지 못한 상태인 불각이 있습니다. 본각과 시각, 불각의 관계를 이해하게 되면 존재하는 모든 것의 깨달음에 대한 인식을 알 수 있습니다. 깨친 상태, 진여가 본각입니다. 깨달음으로 나아가는 상태는 시각입니다. 깨닫지 못한 지금 우리와 같은 상태는 불각입니다. 우리가 공부하는 것은 불각의 상태에서 시각을 거쳐 완전해지면 본각이 됩니다. 결국 깨닫지 못한 불각의 세계는 진여, 본각의 한 부분일 뿐입니다. 깨닫지 못한 중생의 마음 안에도 진여심이 있는 것입니다. 불성이 그대로 다 들어있는 것입니다. 우리는 보이는 세계를 전부 다라고 생각하지만 보이지 않는 세계를 포함한 진여의 세계가 있는 것입니다. 대승기신론에서는 있는 상태 그대로가 일심으로 회통하는 것입니다.

시각의 상태는 크게 네 가지로 구분할 수 있습니다. 우선 깨닫지 못한 상태인 불각, 깨달음의 세계를 조금 안 것은 상사각이고 상당히 깊이 깨달음의 세계에 접어든 것은 수분각이고, 구경각은 깨달음을 완전하게 터득한 상태입니다. 구경각이 100%가 되면 본각이 되고 진여가 됩니다. 대승기신론은 아뢰야식을 바탕으로 해서 진여의 세계와 불각의 세계를 설명하고 있습니다.

"본각과 시각을 함께 설하다. 본각은 심체(心體)가 망념을 여원 것을 말함이니, 망념을 여원 모양은 허공(虛空)과 같아서 두루 하지 않는 곳이 없어 법계가 한 모양이다. 이것이 여래의 평등한 법신이니, 본각(本覺)이라고 말하는 것이다.” 각(覺)에는 본각과 시각이 있습니다. 여기서 나오는 망념이란 분별되는 허망한 생각, 말라식에 근거하여 우리가 일으키는 모든 생각을 가리킵니다. 우리 중생들은 망념을 여의지 못하고 망념을 따라 생각을 일으킵니다. 여기서 말하는 허공과 같은 상태는 그냥 그대로 있는 상태 여여(如如)한 상태입니다. 허공과 같아서 이 세상 어디에도 전부 있는 것입니다. 망념을 여의면 허공과 같아서 모든 곳에 나타납니다. 나타나는 법계 그 모양이 하나의 덩어리입니다. 분별되어 나누어진 것이 아니라 하나입니다. 하나인 것을 모르니까 다 자기의 분별 속에서 살아갑니다. 하나로 연결된 일법계가 일심입니다. 우리는 나와 남을 끝없이 분별하니까 나만 잘 되면 되는 줄 압니다. 깨치면 나와 남의 분별이 없어지기 때문에 세상의 모든 것이 잘되게 합니다. 내가 나를 위해 사는 마음과 같이 세상의 모든 존재를 잘되게 하기 위해 살아갑니다. 하나이기 때문에 높고 낮은 분별, 차별 없이 평등합니다. 그래서 평등한 하나의 법신입니다. 진정한 평등은 하나이기 때문에 평등합니다. 본각은 철저하게 사무쳐 아는 것입니다. 우리는 공부를 하다보면 가끔씩 깨우친 것 같기도 하고 기분이 굉장히 좋기도 하며 깨달음의 상태를 드문드문 느낍니다. 그것은 본각의 상태로 가고 있는 시각의 상태입니다.

본각에 대해서 원효 소에서는 “본각의 체를 밝히자면 ‘심체(心體)가 망념을 여읜’이란 것은 불각이 없음을 나타낸 것이다. ‘허공과 같아서’는 어둠이 없을 뿐만 아니라 지혜의 광명이 법계에 두루 비쳐 평등하고 둘이 없는 것이다.”라고 말합니다. 어둠은 무명, 무지를 가리킵니다. 앞에서 말한 내용을 원효는 소에서 이렇게 풀어놓았습니다.

본각을 향해 나아가는 상태가 시각입니다. "본각을 상대하여 불각이 일어나는 뜻을 나타내고 불각에 대하여 시각의 뜻을 나타낸다. 시각이 불각을 기다리고 불각이 본각을 기다리며 본각이 시각을 기다리는 것을 밝히고자 한 것이다. 이미 서로 기다리는 것이라면 자성이 없는 것이다." 우리가 공부를 하다보면 깨달음의 상태를 가끔씩 느끼고 더 깊이 공부하면 빠지기도 합니다. 공부하다보면 끝도 없이 편안하고 집중이 잘 되어 무념의 상태가 되기도 합니다. 잠시 앉아 있었다고 생각했는데 며칠이 지나갑니다. 공부에 대한 깊은 묘미를 알려면 혼자서도 수행을 해봐야 합니다. 절에 가서 참선을 하다보면 처음에는 다리가 아프다가 시간이 지나면 아픈것을 잊어 버립니다. 깨어있지 않으면 화두가 들리지 않습니다. 그래서 화두는 성성적적이란 말과 같이 깨어있는 상태가 지속되어야 합니다. 깨어있는 상태에서 순식간에 시간이 지나가버리는 것입니다. 시각의 상태가 되면 이런 식으로 공부를 하다가 느껴가는 것입니다. 이와 관련된 진묵스님의 일화가 있습니다. 그 때는 먹을 것이 없어서 스님들이 결재하기 전에 양식을 얻으러 탁발하러 갑니다. 어느 날 진묵스님의 제자들이 탁발하러 마을에 갑니다. 곁에서 스님을 모시던 시자도 공양을 차려놓고 마을에 갔습니다. 스님은 시자가 나갈 때 문을 열어놓고 문지방에 손을 얹고 있었습니다. 열흘만에 시자가 탁발을 하고 돌아와 보니 문지방에 얹혀진 스님의 손은 바람에 의해 열렸다 닫혀진 문에 다쳐 피가 흘러 말라 붙어 있었습니다. 차려진 공양도 그대로 있었습니다. 스님은 시자가 돌아왔다고 말하자 왜 이리도 빨리 왔느냐고 합니다. 스님은 시자가 나갈 때 삼매에 들어 시자가 돌아와서 문안 인사를 드리자 깨어난 것이었습니다. 이와 같이 공부해서 시각의 상태가 지속되면 무념, 선정의 상태에 들 수 있습니다.

'본각을 상대하여 불각이 일어나는 뜻을 나타내고 불각에 대하여 시각의 뜻을 나타내다.' 본각을 상대한다는 것은 본각에 대치되는 본각이 아닌 상태를 말합니다. 이것이 시각입니다. 여기서는 본각이 아닌 상태를 시각이라 말하고 있습니다. 완전하게 물든 것은 불각이지만 쥐꼬리만큼이라도 본래 성품을 본 상태는 시각으로 나아가는 상태라고 할 수 있습니다. '시각이 불각을 기다리고 불각이 본각을 기다리며 본각이 시각을 기다리는 것을 밝히고자 한 것이다.' 이 말은 시각, 불각, 본각이 다른 것이 아니라는 말입니다. 불각의 상태에서 기다리고 공부하면 시각의 상태가 되고, 시각의 상태에서 기다리고 공부하면 본각의 상태가 됩니다. 본각이 물들면 불각이 됩니다. 결국 불각, 시각, 본각은 순환되는 바퀴 속에 같이 있는 것입니다. 다른 것이 아니라는 말입니다. '이미 서로 기다리는 것이라면 자성이 없는 것이다.' 기다리면 같게 된다는 것은 나라고 주장할만한 독립된 성품 자성이 없다는 말입니다.

"(시각에) 자성이 없다면 각이 있지 않을 것이요, 각이 있지 않는 것은 서로 상대하기 때문이다. 상대하여서 이루어지면 각이 없지 않을 것이요, 각이 없지 않기 때문에 각이라 말하는 것이지 자성이 있어 각이라 하는 것이 아니다." 본각이나 시각이

나 불각이나 하나 속에 있으면서도 상대되는 관계입니다. 자성은 내가 본래 갖고 있는 성품이고 법성은 존재하는 모든 것이 갖고 있는 본래 성품입니다. 그래서 자성은 법성에 속해 있습니다. 결국 하나의 뿌리입니다. 자성이 없다는 것은 자성이란 독립된 실체가 없다는 것입니다. 깨달은 상태(본각)의 법성은 하나인데 어떻게 분리된 자성이 있을 수 있겠습니까. 결국 불각, 시각은 본각에 상대되는 말이긴 하지만 상태를 설명하기 위해 만들어진 개념이지 본래는 다른 것이 아닙니다.

"본각과 시각을 함께 설하다. 본각의 뜻은 시각(始覺)의 뜻에 대하여 말한 것이니 그러므로 시각이라는 것은 바로 본각과 같다. 시각의 뜻은 본각에 의지하기 때문에 불각(不覺)이 있으며 불각에 의지하는 까닭으로 시각이 있다고 말하는 것이다." 본각과 시각은 말을 분리했지만 결국은 시각은 본각에 포함된 것으로 본각과 같은 것입니다. 깨닫지 못한 상태, 깨달음으로 가는 상태가 분리된 것이 아니라 본각에 있습니다. 일심 속에 진여와 생멸이 있듯이 생멸 속에 본각, 시각, 불각이 있습니다. 본각, 시각, 불각으로 나누어 설명하지만 원래 일심으로 하나입니다. 그 내용에 대한 설명입니다.

"불각의 뜻에는 두 가지가 있다. 첫째는 근본불각이며, 둘째는 지말불각이다. 근본불각이란 아뢰야식 내의 근본 무명을 불각이라 이름하는 것을 말하며, 지말불각은 무명에서 일어난 일체의 염법(染法)을 모두 불각이라 이름하는 것을 말한다." 무명은 무지이며 무아와 무상을 모르는 것입니다. 근본무명을 근본불각이라고 합니다. 지금 우리가 일으키는 모든 염법(染法), 경계, 생각은 지말불각입니다. 우리 속에 내재된 무지, 무명인 근본불각에 의해 일어나는 모든 생각은 지말불각입니다. 우리가 진여로 나아가기 위해서는 근본무명을 타파해야 합니다. 근본무명을 타파하면(여의면) 본각의 세계(깨달음의 세계)가 나타나게 됩니다.

지금까지 본각, 시각, 불각은 다른 것이 아니라 한 축에 속한 같은 것임을 설명했습니다. 지금 우리는 중생으로 존재하는 것이 아니라 깨달음 속에서 살고 있고 깨달음이 내 속에 내재해 있습니다. 우리는 그것을 비추어보고 드러내기만 하면 됩니다. 현재 우리는 무명에 물들어 있어 그것을 못 드러낼 뿐입니다. 드러낼 수 있게 하면 됩니다. 진여의 세계는 따로 있는 것이 아니라 지금 살아가는 내 삶이 깨달음의 삶이고 진여의 삶입니다. 내가 자각을 하지 못할 뿐입니다. 알면 부처고 모르면 중생일 뿐입니다.

"시각을 사상으로 밝히다. 마음의 근원을 깨달은 까닭으로 구경각(究竟覺)이라 하고, 마음의 근원을 깨닫지 못한 까닭으로 구경각이 아니라고 한다." 이제 시각을 네 단계로 구분하여 설명을 합니다. 마음의 근원을 깨치면 구경각이 되고 구경각이 사무치면 본각이 되고 진여가 됩니다.

"불각을 밝히다. 무릇 사람은 앞 생각에 악이 일어난 것을 알기 때문에 뒤에 일어나는 생각을 그치게 하여 그 악의 생각이 일어나지 않게 한다. 이것을 각(覺)이라고 말은 하지만 곧 불각(不覺)이 된다." 불각도 시각의 네 단계 중 하나에 속합니다. 불각이란 전혀 깨닫지 못한 상태입니다. 우리는 무명에 물들어 생각을 일으키기 때문에 생각을 하면 불선을 일으킵니다. 내가 일으키는 생각이 잘못된 것임을 알면 그 생각을 그치게 하여 일어나지 않게 해야 합니다. 내가 일으키는 생각이 잘못된 것임을 알고 불선한 생각을 일어나지 않게 하는 것이 각입니다. 우리는 이런 생각을 순간적으로 일으킬 수 있지만 계속 깨어있으면 각입니다. 즉 불이 계속 켜져 있으면 되는데 불각, 시각의 상태에서는 이 불이 한번 번개치듯이 잠깐 번뜩했다가 꺼집니다. 우리 중생들은 잠깐 번뜩일 때는 각이 되지만 금새 불각이 됩니다. 잘못된 생각인 것을 알지만 생각이 안 멈추고 끊임없이 계속 일어납니다. 일반 중생들은 이런 상태로 평생 불각 속에서 살아갑니다.

"상사각을 밝히다. 이승(二乘)의 관지(觀智)와 처음 마음을 낸 보살은 생각[念]의 다른 모양을 일으키는 바탕을 깨달아서 생각에 다른 모양이 없다는 것을 안다. 이와 같은 추분별집착상, 거칠게 분별하는 집착의 바탕[麤分別執着相]을 버리는 까닭으로 상사각(相似覺)이라 한다." 불각에서 한 단계 더 나아가면 상사각이 됩니다. 공부를 했으면 상사각 정도에는 살아야 합니다. 여기서 이승(二乘)이 나오는데 이와 관련된 부분을 살펴봅시다. 삼승(三乘)을 회통하여 일승(一乘)으로 간다는 말이 있습니다. 승문, 연각, 보살의 단계가 있는데 우리는 궁극적으로 부처를 추구해야 합니다. 이것이 바로 일불승(一佛乘) 사상입니다. 우리의 목표가 부처의 세계에서 살고 부처되는 것입니다. 이것이 묘법연화경의 목적입니다. 이승(二乘)은 무명에서 한 단계 나아간 성문, 연각 정도가 될 것입니다. 이 상태가 되면 원리 정도는 압니다. 사성제법을 알면 성문입니다. 연각은 연기의 도리를 아는 것입니다. 관지(觀智)는 사리를 관견하는 바른 지혜입니다. 즉 관조해서 생긴 바른 지혜입니다. 그래서 이승(二乘)의 관지(觀智)는 성문, 연각 정도의 앎의 상태입니다. 처음 마음을 낸 보살은 초지보살이라고 합니다. 초지보살의 상태를 넘어서면 세세생생 살아가면서 공부의 뜻에서 멀어지지 않고 유지됩니다. 초지보살은 보살십지에서 초지인 환희지를 터득한 사람을 가리킵니다. 지금 이 생은 매우 중요합니다. 이 생에서 내가 어떻게 마음먹느냐에 따라 앞으로의 생이 연결되어 나옵니다. 꼭 부처가 되고 공부를 해야겠다는 생각이 뭉쳐 가슴에 맺힌 상태가 지나면 공부해서 끝없는 환희가 나타납니다. '다른 모양을 일으키는 바탕을 깨달아서' 이 말은 그 뿌리인 아뢰야식을 보게 된다는 말입니다. 우리는 물들어 있기 때문에 물들어 있는 것이 본래의 것인 줄 알고 씁니다. 우리는 지금 제7식 말라식을 본래의 것인 줄 알고 쓰는 것입니다. 이 상사각의 상태에서는 견성의 그림자를 보는 것입니다. 무엇이 견성인지, 무엇이 본래 성품인지, 진여가 무엇인지 맛 본 상태입니다. '거친 분별'은 생각하는 것을 우리가 알고 인식하는 것을 말합니다. 그런데 우리가 알고 인식하는 것 이외에 미세한 분별은 모릅니다. 그래서 우리는 생각을 집중하고 마음을 가라앉힙니다. 끝없이 마음을 가라앉히다 보면 그 미세한 움직임을 보게 됩니다. 평소의 우리들은 이 미세한 움직임을 모릅니다. 거친 분별만 알고 있습니다. 여기서 거친 분별 6추, 미세 분별 3세가 있습니다. 이것들이 우리 마음을 표현해놓은 것들입니다. 진여, 본질, 자성을 맛보고 나면 지금 일어나고 있는 생각(거친 분별)이 아닌 뿌리, 바탕을 알게 됩니다.

제8식을 알게 됩니다. 이런 상태가 바로 상사각이 됩니다. 불각은 일반 중생들이지만 상사각부터는 견성을 한 상태입니다. 초지보살 같은 사람들이 속합니다. 하지만 뿌리깊이 견성을 한 것이 아니라 잠시 맛보고 조금 아는 것입니다.

분별한다고 할 때 무엇을 분별하는가? 우리가 일으키는 모든 분별은 생삼(生三), 주사(住四), 이육(異六), 멸칠(滅七)로 나눌 수 있습니다. 이것들을 알면 우리 마음의 구조와 마음이 일으키는 내용들을 쉽고 구체적으로 알 수 있습니다. 생삼은 업상, 전상, 현상을 일으키는 것을 말하고, 주사는 우리에게 머무는 네 가지 아치, 아집, 아만, 아애를 말합니다. 주사는 바로 말라식을 말합니다. 이육은 다른 것 여섯 개로 탐, 진, 치, 만, 의견을 말합니다. 이것들은 우리가 부처의 세계로 나아가는데 방해하는 것들입니다. 멸칠은 우리가 없애야 할 것들입니다. 몸에는 살생, 투도, 사음을 없애야 하고 입으로는 망어, 기어, 악구, 양설을 없애야 합니다.

*머리 식히면서 한번 보기

이번에는 우바사 비구와 미묘 비구니 이야기를 하겠습니다. 부처님 당시 인도 왕사성에 우애가 좋은 형과 아우가 있었습니다. 형이 약혼을 하고 장사하러 먼 길을 떠났습니다. 하지만 형은 장사를 하러가는 도중에 바다에서 난파를 당해 행방불명이 되었습니다. 그렇게 3년이 지나도 형은 고향에 돌아오지 못했습니다. 약혼한 형수는 늙어가지만 약혼을 한지라 다른 곳에 시집가지 못했고 다른 장사꾼들의 소문으로 형은 강도에게 살해당했다고 합니다. 그래도 8년이 될 때까지 기다렸지만 형은 돌아오지 않았고, 결국 동생은 형과 약혼한 여자와 결혼하게 됩니다. 결혼해서 잘 살고 있었는데 형이 천신만고 끝에 돌아왔습니다. 형은 동생이 자신의 약혼자와 결혼한 사실을 알고 동생을 향한 원망, 복수의 마음이 생깁니다. 한편 동생은 형이 온 것을 알고 출가를 해버립니다. 출가한 동생의 법명이 우바사입니다. 우바사 비구는 형과 아내에게 미안한 마음으로 깊은 산속에서 수행하고 참회를 합니다. 형은 우바사에 대한 원망을 삭힐 수 없어 결국 죽이겠다는 생각을 품습니다. 사냥꾼을 고용하여 산속에서 수행하는 우바사를 죽이려고 합니다. 그런데 사냥꾼의 화살은 돌에 맞아 튕겨 형이 화살에 맞아 죽게 됩니다. 형은 원망하는 마음을 품고 죽어서 뱀의 몸을 받습니다. 뱀이 되어서도 우바사를 죽이겠다는 생각을 못버리고 우바사 주위를 맴돕니다. 어느 날 우바사가 있는 곳에 문이 열려있어 뱀이 우바사를 죽이러 들어갔지만, 갑자기 바람이 불어 문이 닫히는 바람에 문에 끼여 뱀은 죽고 맙니다. 이 뱀은 죽어 독벌레의 몸을 받습니다. 독벌레의 몸을 받고 다시 동생 주위를 맴돕니다. 결국 선정에 든 우바사의 정수리를 공격해 죽이고 맙니다. 환생해서 아무 것도 모르는 상태지만 원망하는 마음은 그대로 남아있었던 것입니다. 원망의 마음만큼 지독한 것은 없습니다. 우리는 주로 가까이 있는 사람을 원망합니다. 평생 원망하다 갑니다. 다음 생에 몸 받아도 똑같습니다. 자기 주변 사람을 원망하다 한 생 살다 갑니다. 우리는 공부를 한 이상 원망하는 마음을 내려놓을 줄도 알아야 합니다.

다음은 미묘 비구니 이야기입니다. 부처님의 제자 가운데 신통 제일은 목건련 존자입니다. 비구니 중에 신통 제일은 미묘 비구니입니다. 미묘 비구니는 상업에 종사하는 가난한 바라문의 아내였습니다. 어느 날 미묘 비구니는 둘째 아이를 출산하러 남편과 함께 친정으로 가는 도중 물가에서 하룻밤을 묵게 됩니다. 물가에서 묵는 도중 갑자기 아기를 낳게 됩니다. 피 냄새를 맡고 뱀이 몰려오게 되고 남편은 뱀에게 물려 죽습니다. 둘째를 낳은 미묘 비구니는 두 아이를 데리고 친정으로 가기 위해 강을 건넙니다. 두 아이를 한꺼번에 데리고 건널 수 없어 갓난 둘째를 먼저 건너편에 갖다 놓고 첫째에게 손을 흔듭니다. 아이는 자기더러 오라고 하는 것인 줄 알고 강으로 들어가다가 물에 빠져 죽고 맙니다. 겨우 첫째 아이의 시신을 건져 건너편으로 가니까 갓난 아이는 이미 들짐승에게 물려 죽어있었습니다. 온갖 슬픔을 겪고 겨우 친정에 가보니까 사람들이 집이 불타 부모님께서 돌아가셨다고 합니다. 가족을 잃고 미쳐버린 미묘 비구니는 마을을 뛰쳐나와 돌아다닙니다. 그러다가 어떤 남자가 그녀를 데리고 삽니다. 그런데 그 마을에는 남편이 죽으면 아내를 순장하는 풍습이 있어 남편이 죽자 같이 묻히고 맙니다. 무덤 속에 생매장 당해 죽을 판이었는데 마침 도굴꾼들이 묘를 파다가 그녀를 발견해냅니다. 그렇게 도굴꾼이 그녀를 데려다 삽니다. 하지만 도굴꾼은 죄가 들통나 감옥에 가게 되고 혼자 남겨진 미묘 비구니는 다시 미쳐 여기저기를 돌아다닙니다. 그러다가 부처님을 만나게 됩니다. 부처님을 만난 순간 미쳐있던 정신이 제대로 돌아옵니다. 그리고 출가를 합니다. 출가하고 수행을 해서 자신의 전생을 보니까 전생의 미묘 비구니는 돈 많은 바라문에게 시집을 간 여인이었습니다. 그런데 아이를 낳지 못했습니다. 그래서 남편은 새로운 부인을 들여 아이를 낳게 됩니다. 전생의 미묘 비구니는 질투심에 사로잡혀 둘째 부인이 외출한 사이에 아이의 정수리에 바늘을 찔러 죽입니다. 둘째 부인이 아이가 죽은 것을 보고 죽일 사람이 첫째 부인 밖에 없다고 남편에게 말합니다. 남편이 다그치자 전생의 미묘 비구니는 이렇게 말합니다. "만약 내가 아이를 죽였다면 부모는 불타 죽을 것이고 남편은 뱀에게 물려 죽고 아이는 물에 빠져 죽을 것이다." 그것을 이 생에 그대로 다 받은 것입니다. 게다가 전생에 아이를 바늘로 찔러 죽인 과보로 미묘 비구니는 선정에 들 때마다 발바닥을 바늘로 찌르는듯한 느낌을 받았습니다.

우바사 비구나 미묘 비구니의 이야기처럼 전생의 인과는 이런 식으로 나타납니다.

제7강

(3-1-1-3-3-22) 상사각을 밝히다

이승(二乘)의 관지(觀智)와 처음 마음을 낸 보살은 생각(念)의 다른 모양을 일으키는 바탕을 깨달아서 생각에 다른 모양이 없다는 것을 안다.

이는 거칠게 분별하는 집착의 바탕[麤分別執著相]을 버리는 까닭으로 상사각(相似覺)이라 한다.

; 如二乘觀智、初發意菩薩等 , 覺於念異 , 念無異相 , 以捨麤分別執著相故 , 名相似覺

(3-1-1-3-3-23) 수분각을 밝히다

법신보살(法身菩薩)은 생각의 머무는 바를 깨달아서 생각에 머무는 모양이 없음을 안다. 분별하는 거친 모양의 생각[分別麤念相]을 여읜 까닭으로 수분각이라 한다.

; 如法身菩薩等 , 覺於念住 , 念無住相 , 以離分別麤念相故 , 名隨分覺

(3-1-1-3-3-24) 구경각을 밝히다

보살지(菩薩地)가 다한 사람은 방편에 만족하여 한 생각이 상응하여 마음이 처음 일어나는 것을 깨달아서 마음에 처음 모양이 없음을 안다.

미세한 생각마저 멀리 여읜 까닭으로 마음의 성품을 볼 수 있게 되어 마음이 항상 머무르기에 구경각(究竟覺)이라 말한다.

그러므로 경에서 '만약 어떤 중생이 무념(無念)을 관할 수 있다면 곧 불지(佛智)에 향함이 된다'고 말하였다.

; 如菩薩地盡 , 滿足方便一念相應 , 覺心初起心無初相 , 以遠離微細念故得見心性 , 心即常住 , 名究竟覺。 是故修多羅說 : 「若有衆生能觀無念者 , 則爲向佛智故。」

대승기신론 강설_7

지난 시간에 상사각을 설명하면서 나왔던 추분별집착상(麤分別執着相)에 대한 원효 소의 내용을 살펴봅시다. 우리의 마음에는 거친 분별과 미세한 분별이 있습니다. 우리가 생각하고 감지할 수 있는 것을 거친 것(麤)이라고 하고 어떤 상태라도 감지 못하는 것을 미세한 것(細)이라고 합니다. 제8식의 움직임은 전부미세한 움직임입니다. 우리가 아무리 알려고 해도 알 수가 없습니다. 우리는 안, 이, 비, 설, 신과 의식의 6식으로 되어 있습니다. 의식에는 세세생생 행위했던 모든 삶의 흔적, 업이 저장되는 저장창고 7식이 있습니다. 현재 일으키는 생각은 7식에 저장된 생각과 맞물려 일어납니다. 서구 사회에서는 '거짓말하는 것이 본성이다.'라는 말이 있습니다. 이것은 다름이 아니라 제7식을 이야기한 것입니다. 서구 사회의 과학, 심리학에서 다루고 있는 한계는 제7식에 그쳐있는 것입니다. 하지만 불교에서는 더 내려가면 제8식 아뢰야식이 있습니다. 이 세상의 진여나 각, 구경각은 제8식의 이야기입니다. 앞에서도 이야기했듯이 제8식은 제7식의 그릇이고 물들기 전의 것입니다. 여기서 거친 것, 추(麤)라고 이야기하는 것은 제7식 이상의 것(6식, 7식)을 말하고 7식보다 더 밑의 것(8식)을 미세한 것, 세(細)라고 말합니다.

우리는 알려고 해도 알 수 없는 미세한 감정을 알기 위해서 끝없이 요동치는 번뇌망상을 가라앉혀야 합니다. 끝없이 가라앉히다 보면 바닥이 나오는데 그제서야 미세한 흐름을 볼 수 있는 것입니다. 그 미세한 흐름이 보이기 시작하는 상태를 각(覺)이라고 합니다. 견성이 되는 것입니다. 도표를 보면 6추 3세가 있는데 6추는 6식과 7식의 이야기이고 3세는 제8식 아뢰야식의 이야기입니다. 제8식은 우리가 죽다 깨어나도 감지 못하고 견성해야 감지하게 됩니다.

원효 소로 돌아가봅시다. "추분별집착상(麤分別執着相)은 역경계와 순경계를 분별하여 탐과 진을 일으키는 것이다. 생각에 이상(異相)이 없다는 것을 아는 것이 상사각이다. 상사각은 이러한 거친 집착상을 버리긴 했지만 아직 무분별의 깨달음을 얻지 못했기 때문에 상사각이라 한다." 역경계는 부정적인 생각, 악한 생각들이 여기에 포함되고 순경계는 긍정적인 생각, 선한 생각들이 여기에 포함됩니다. 뭔가는 모르지만 탐욕을 일으키고 화내는 마음을 일으킵니다. 우리는 일을 하면서 사람들과 만나면서 항상 탐욕과 진심을 일으킵니다. 그것을 일으키는 것이 추분별집착상(麤分別執着相)입니다. 말라식에 들어있는 것을 현상적으로 나타내는 것이 추분별집착상(麤分別執着相)입니다.

'생각에 이상(異相)이 없다는 것을 아는 것'은 바로 다름이 없다는 것을 안다는 말입니다. 탐심과 진심은 '탐진치만의견'에서도 나오고 이것은 5위 100법 번뇌심소의 6개 법입니다. 우리가 일으키는 분별은 모두 여기에서 일어납니다. 이 6개 법이 다르게 보이지만 결국 다른 것이 없음을 알게 된다는 것입니다.

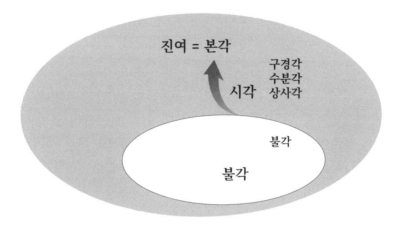

그림1. 본각과 시각과 불각과의 관계

상사각은 진리를 어렴풋이 알게 되는 것입니다. 그림자를 보는 것입니다. 수분각은 흠뻑 젖은 상태이고 구경각은 완전히 흠뻑 젖어 깨달음의 세계에 들어가는 것입니다. 만약 누군가가 견성했다고 한다면 그것은 상사각 이상의 상태인 것입니다. 그래서 견성했다고 해도 철저하게 한 사람도 있고 60% 정도 한 사람도 있습니다. 이는 상사각에서 불각으로 넘어가버린 것입니다. 구경각 정도가 되어야 깨달음이 끝없이 지속됩니다. 상사각이

나 수분각에서는 불각으로 돌아갈 수 있습니다. 다시 소로 돌아 갑시다. 거친 집착상을 버리기는 했지만 확철하게 무분별의 깨달음을 얻지 못했기 때문에 모양만 비슷하다고 해서 상사각이라고 합니다. 그냥 흉내만 내는 정도의 깨달음입니다.

"사상(불각, 상사각, 수분각, 구경각)은 무명의 화합하는 힘에 의하여 심체로 하여금 생주이멸케 하는 것이다. 법신이 모든 번뇌에 의하여 요동하게 되어 생사에 왕래함을 중생이라 이름한다. 자성청정심이 무명풍에 의하여 움직인다." 모든 업의 뿌리는 무명에서 출발합니다. '무명에 화합했다'는 말은 무명에 의해 물들었다는 말입니다. 우리는 무명에 의해 물들어 있기 때문에 생주이멸하게 됩니다. 그래서 중생은 불각의 삶을 살아가게 됩니다. 해탈하고 견성하게 되면 생주이멸에서 벗어납니다.

원래 성성적적한 진여, 진리, 법신이 번뇌망상에 의해 요동하게 됩니다. 요동하게 되어 생주이멸하고 생사를 왕래하게 됩니다. 깨닫지 못한 존재들을 중생이라고 합니다. 자성청정심이 무명의 바람에 의해 움직이는 것을 불각이라고 하고 중생의 삶이라고 합니다.

우리 중생은 분별을 하며 사는데 분별을 제대로 알아야 분별을 극복할 수 있습니다. 분별에는 생삼(生三), 주사(住四), 이육(異六), 멸칠(滅七)이 있습니다. 생삼은 업상, 전상, 현상을 분별하는 것이고 주사는 아치, 아집, 아만, 아애를 분별하는 것입니다. 생삼에서 모든 것이 생기고 주사에서 모든 것이 머무르고 있습니다. 이육은 탐, 진, 치, 만, 의, 견, 여섯 개입니다. 우리가

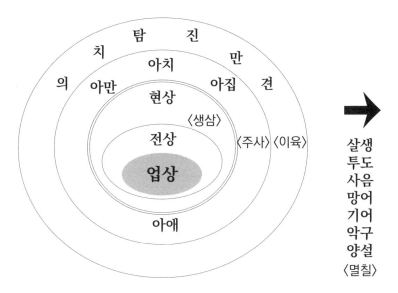

그림2. 생삼, 주사, 이육, 멸칠의 구조

일으키는 모든 분별의 뿌리이고 그것들의 더 깊은 뿌리는 치 즉
무명입니다. 멸칠은 없애야할 일곱 가지를 말합니다. 몸으로 짓
는 업인 살생, 투도, 사음과 입으로 짓는 죄 망어, 기어, 악구, 양
설이 있습니다.

　업상, 전상, 현상은 제8식 아뢰야식으로 무아임을 모르고 내
가 있다고 생각하는 어리석음(아치)이 생겨납니다. 내가 있다고
생각하는 고집이 생겨납니다. 그리고 아만, 아애가 생기게 되고
'나'는 평생 이것을 쓰고 삽니다. 이것이 제7식 말라식의 영역입
니다. 이것에 의해 나타나는 제6식의 영역에는 이육(異六)이 있
습니다. 여기까지는 아직 내 속에 있는 것이라 죄가 되지 않습니

다. 탐하는 마음이 들어도 내 속에 있는 것이지만 이것이 현상으로 나타나면 죄가 됩니다. 탐, 진, 치, 만, 의, 견 이런 생각들이 모여서 현상으로 나타나면 멸칠이 됩니다. 살생을 하고 투도를 하고 사음을 하고 망어를 하고 기어를 하고 악구를 하고 양설을 할 때 죄업이 됩니다. 나와 대상(법)이 부딪혀 나타날 때 죄업이 됩니다. 결국 아뢰야식에서 제7식에서 제6식에서 이 6식이 나타나는 현상인 것입니다. 제일 근본적인 뿌리는 제8식인데 업상에서 전상으로 전상에서 현상으로 전개되고 나아갑니다. 이것들을 알면 우리 마음의 구조를 알 수 있습니다.

생삼에 대해 자세히 살펴봅시다. 생삼이란 일으키는 바탕, 뿌리입니다. "업상(業相)이란 무명에 의하여 불각의 망념이 움직여 비록 생멸이 있지만 견분과 상분이 아직 나누어지지 않은 것이다. 이는 오지 않은 생삼이 장차 곧 작용하려는 때에 이른 것과 같다." 불각의 망념이 움직인다는 것은 깨닫지 못한 무명이 서서히 요동하기 시작하는 것입니다. 견분이란 내가 일으키는 생각이고 상분은 대상에 대한 생각입니다. 나와 대상, 주체와 객체가 아직 분리되기 전의 것입니다. 제일 미분화된 상태의 생각이 업상입니다. 제8식 아뢰야식이 미세하게 움직이는데 그 미세한 움직임의 처음, 시작이 업상입니다. 임신을 할 때 아이가 생기는 순간 머리, 손, 발이 나뉘어지기 전의 상태와 비슷합니다. 처음 형태가 생기는 그 순간입니다. 이 미세한 움직임이 조금 더 움직이면 전상(轉相)이 됩니다.

"전상(轉相)이란 동념에 의하여 다음에 능견을 이루는 것이다. 아직 오지 않은 생삼이 막 작용하는 때에 이른 것과 같다."

똑같은 생각을 일으키는 동념에 의해서 스스로 생각을 일으킬 수 있는 능견을 이루는 것입니다. 처음 움직이기 시작한 미세한 움직임이 조금 더 성숙되어서 형태를 구분할 수 있을만큼 발달된 상태입니다. 그 다음 완벽하게 분리되어 모양을 갖출 정도가 되면 현상입니다.

"현상(現相)이란 능견에 의하여 전상을 나타내는 것이다. 아직 오지 않은 생상이 현재시에 이른 것과 같다." 우리가 하나의 생각을 일으키면 순간 주관이 개입되는데 이것은 제7식에서 나온 것입니다. 이 제7식이 현상에서 나옵니다. 현상이 투영된 것이 제7식 말라식입니다. 완벽한 모양이 만들어져 그대로 투영되는 것이 제7식이고 우리는 그것을 현재 의식으로 나타내는 것입니다. 우리가 분별할 때 그 결정을 내리게 하는 것이 제7식인데, 제7식과 똑같이 투영되게 제8식이 생겨서 그것이 제7식을 유발시키고 제7식에 의해 현상적으로 나타납니다. 최초의 생각이 나오고(업상) 그곳에서 불분명한 생각이 나오고(전상) 그곳에서 분명한 생각이 나옵니다(현상). 이 분명한 생각이 투영된 것이 제7식입니다. 그것을 나라고 생각하고 분별하는 것입니다. 생삼까지는 아뢰야식의 이야기입니다.

나에게 평생 머물고 있는 주사(住四)는 네 가지 상을 일으킵니다. 금강경의 주 내용이 "응무소주 이생기심"입니다. 우리는 소(제7식 말라식)에 머물지 않고 생각을 일으켜야 합니다. "주사가 넷이라 함은 무명이 생삼과 화합함에 의하여 주사를 내는 마음에 아와 아소가 없는 것을 모르기 때문에 네 가지 상을 일으킨다. 아치, 아집(아견), 아만, 아애이고 주사는 제7식 자리에 있다." 탐진치의 뿌리는 무명입니다. 무명에 의해서 탐진이 나타나는 것입니다. 무명에 의해 물질적인 탐욕을 일으키는 것은 탐이고 정신적인 탐욕을 일으키는 것은 진입니다. 아와 아소가 원래 없다는 것을 알면 견성해서 마음의 뿌리, 즉 보이지 않는 세계를 보게 됩니다. 하지만 아와 아소가 원래 없다는 것을 모르면 네 가지 상을 일으킵니다. 그 네 가지 상이 아치, 아집, 아만, 아애입니다. 우리가 평생 '나'라고 생각하고 살아가는 것이 아치, 아집, 아만, 아애입니다. 이것들이 완벽하게 소멸되려면 보살 7지 부동지의 경지까지 가야합니다. 이 주사에 의해 우리들은 내 것을 만들며 살아갑니다. 내 것을 만드는 것이 아치, 아집, 아만, 아애입니다. 모든 것이 같다는 일심을 알기 전에는 여기서 벗어날 수 없습니다. 아무리 대상을 좋아한다고 해도 자기 자신을 사랑하는 것만 못합니다. 자신의 자식 정도라면 자신을 사랑하는 것에 가까울 수 있습니다. 아무튼 자신을 사랑하는 것은 이 세상 어느 것과 바꿀 수 없는 것입니다. 업 가운데 부모 자식의 관계는 가장 큰 업 입니다. 부부 인연은 이에 비하면 아무것도 아닙니다. 만났다가 헤어지기도 합니다. 하지만 부모 자식 관계는 어쩔 수 없는 인연입니다. 우리는 부모에게 잘 해야 하지만 철들어 잘 하려고 하면 돌아가시고 안 계십니다. 우리는 평생 아애에 머무르는데 여기서 벗어나야 뭔가 보입니다. 아애가 있는 한 우리는 존재하는 모든 것을 객관적으로 볼 수 없습니다. 그 속에 갇혀 있으니까 자기만 잘되면 되고 자기 자식만 잘되면 되는 것입니다. 전부 자기 것에 머물러 버립니다. 그것을 깨트려 버리면 이 세상의 모든 것이 하나가 됩니다. 발을 딛고 있는 바닥 밑의 뿌리를 보면 하나인데 바닥 밑으로 못 내려갑니다. 바닥 위의 자기 모습만 보니까 평생 자기 자신만 위하고 자기 자신만 사랑합니다. 우리가 공부하고 수행하는 것은 객관적이고 본질적인 마음을 보기 위해서입니다. 나는 소중합니다. 하지만 내가 소중한 만큼 세상 모든 것이 똑같이 소중하다는 것을 아는 것이 일심입니다. 그것이 끝없는 긍정적인 마음이 됩니다. 자기 자신에게 너그럽고 긍정적이듯이 세상 모든 것에 똑같은 마음을 일으켜야 합니다. 견성하면 주사에서 벗어날 수 있습니다. 견성하면 상대방을 위하는 마음 밖에 없습니다. 때문에 어떤 행위를 하더라도 상대방을 이롭게 하는 행위가 됩니다. 견성하지 못한 사람은 나를 이롭게 하기 위해 어떤 행위든 합니다. 거짓말이 대표적인 것입니다.

아치(我癡)는 생멸의 과정에서 멸하고 새로 생할 때 원래 무아인데 제8식 종자에서 새 생명이 형성될 때 그것을 자신이라고 착각하는 것입니다. 아치는 나에 대한 어리석음입니다. 무아인 것을 무아로 보지 못하고 아로 보는 그 마음입니다. 이것 때문에 아집, 아만, 아애가 생깁니다. 아집(아견)은 없는데 있다고 집착하는 것이고, 아만은 자신만이 최고이며 항상 맞다고 생각하는 것이고, 아애는 자신만을 사랑하는 것입니다. 우리는 왜 화내고 싸웁니까? '내가 맞는데 왜 자꾸 엉뚱한 소리를 하느냐?' 이런 생각 때문입니다. 상대방이 맞다고 인정하면 화 날 이유가 없습니다. 우리는 상대방에게 100% 동조, 동의하는 경우는 거의 없습니다.

"이육(異六), 이상(異相)이 여섯이라 함은 무명이 주상과 화합하여 계탁하는 바의 아와 아소가 공함을 알지 못하기 때문에 이로 말미암아 여섯 가지의 이상을 일으킨다. 탐(탐욕), 진(진에), 치(무명), 만(자만), 의(의심), 견(악견)이다." 이육이란 말 그대로 다른 것 여섯 개입니다. 계탁(計度)이란 의식의 작용으로 여러 사물을 잘 헤아려 분별하는 것을 말합니다. 원래 진리를 바로 보면 존재하는 모든 것은 공(空)합니다. 하지만 아와 아소가 공함을 모르기 때문에 여섯 가지 다른 모양이 생깁니다.

이육의 여섯 가지를 간단하게 봅시다. "탐(貪)은 raga로 생사 윤회하고 있는 자신과 자신이 존재하는데 필요한 도구나 사물에 대하여 탐하고 집착하는 마음이다." 탐은 물질적인 것을 탐하는 것입니다. "진(瞋)은 pratigha로 사람이나 생물에 대해 화내는 마음이다." 정신적인 것을 탐하는 마음에서 일어나는 것이 진입니다. "만(慢)은 mana로 자신의 마음이나 신체를 응시하여 이것은 '자기(아)'이며 이것은 '자기에게 속한 것(아소)'이라고 생각하며, 자신은 타인보다 뛰어나다고 생각하는 오만불손한 마음이다." 이러한 마음 때문에 우리는 상대방을 인정하지 않습니다. 살면서 상대방을 인정하면 평화가 유지됩니다. 끝없이 자기 자신이 맞고 상대방은 틀린다고 생각합니다. "치(癡) 무명(無明)은 진실, 진리를 알지 못하는 마음이다." 12연기의 시작이 무명으로부터 출발합니다. 이 세상이 벌어지는 첫 출발점이 무명입니다. "견(見)은 drsti로 그릇된 견해이다. 유신견, 변집견, 사견이다." 유신견은 내가 있다고 생각하는 것이고 변집견은 내가 있는 것이 영원하다고 생각하는 것이고 사견은 잘못된 생각으로 인과응보가 없다고 생각하는 것입니다. "의(疑)는

vicikitsa로 연기와 사제 등에 의심을 품는 마음이다. 선한 행위를 하면 선한 결과가 오고 악한 행위를 하면 악한 결과가 온다는 인과응보에 의심을 품는 마음이다." 이러한 마음들이 우리의 삶을 물들게 하고 갉아먹는 잘못된 여섯 가지입니다.

멸칠(滅七)로 넘어가봅시다. 거짓말은 이 가운데 망어에 속합니다. 멸칠에서는 나타나는 하나의 현상을 보는 것으로 다른 것도 다 똑같습니다. "멸상이 일곱이라 함은 무명이 이상(異相)과 화합하여 바깥 경계의 위, 순의 성격을 떠난 것임을 알지 못하기 때문에 이로 말미암아 신삼구사(身三口四)의 일곱 가지의 멸상을 일으킨다. 신(身)에는 살생, 투도, 사음이 있고 구(口)에는 망어, 기어, 악구, 양설이 있다." 이것이 나타나는 현상입니다. 여섯 가지 이상(異相)에 의해서 우리의 삶에 나타나는 일곱 가지입니다. 우리는 다른 생명을 해치지 않았다고 해서 살생하지 않았다고 생각합니다. 하지만 깨치지 못한 것은 자기 자신을 해치는 것이기 때문에 이것도 살생에 해당합니다. 이것이 첫째 살생입니다. 진여로 나아가지 않는 것도 살생인 것입니다. 그래서 살생이란 나 자신이나 다른 생명을 죽이는 것입니다. 우리는 살생만 하지 않아도 나머지에서 자유로워질 수 있습니다. 내가 공부, 수행을 해서 잘 살아야겠다고 생각하면 나머지도 쉽게 따라서 해결됩니다. 그것이 안 되기 때문에 전부 해결이 잘 안됩니다.

"수분각을 밝히다. 법신보살(法身菩薩)은 생각의 머무는 바를 깨달아서 생각에 머무는 모양이 없음을 안다. 분별추념상(分別麤念相)은 분별하는 거친 모양의 생각을 여읜 까닭으로 수분각이라 한다." 상사각은 겨우 꼬리 정도라면 수분각은 몸까지 깊이 물들어 있는 것입니다. 60, 70% 견성한 것이 수분각입니다. 100%가 되면 구경각이 됩니다. 나는 자신(自身)이고 나 이외의 대상은 법신(法身)입니다. 나의 본래 성품은 자성(自性)이고 존재하는 모든 것의 성품은 법성(法性)입니다. 이것을 통틀어 불성(佛性)이라고 합니다. 나는 법에 포함되기 때문에 불성이 곧 법성입니다. 분별추념상(分別麤念相)은 거친 생각의 모양을 분별하는 것입니다. 이 내용을 좀 더 자세히 알기 위해 분별추념상(分別麤念相)이 무엇인가 살펴봅시다.

"분별추념상(分別麤念相)이란 인과 아의 집착을 분별하는 것이다. 무분별지와 상응하여 주상의 꿈으로부터 깨닫게 되어 '생각의 주상을 깨달았다'고 말한다. 생각에 주상이 없다는 것은 네 가지 주상이 없어서 일어나지 않는 것이다." 여기서 인이란 나 이외의 대상을 말합니다. 나와 대상에 집착하는 그 마음이 분별추념상(分別麤念相)입니다. 생각의 주상이란 주사(住四)를 말합니다. 생각의 주상을 깨달은 것이 분별추념상(分別麤念相)입니다. 우리가 견성을 하고 보살지에 들어가면 아집, 아만, 아애, 아치도 일어나지 않습니다. '네 가지 주상이 없어서 일어나지 않는 것이다.'는 말은 주사가 깨트려져 없기 때문에 생각이 일어나지 않는 것을 말합니다. 나를 위한 생각이 일어나지 않는 것입니다. 이런 생각이 통째로 물든 것이 구경각입니다.

"구경각을 밝히다. 보살지(菩薩地)가 다한 사람은 방편에 만족하여 한 생각이 상응하여 마음이 처음 일어나는 것을 깨달아서 마음에 처음 모양이 없음을 안다. 미세한 생각마저 멀리 여읜 까닭으로 마음의 성품을 볼 수 있게 되어 마음이 항상 머무르기에 구경각(究竟覺)이라 말한다. 그러므로 경에서 '만약 어떤 중생이 무념(無念)을 관할 수 있다면 곧 불지(佛智)에 향함이 된다.'고 말하였다." 보살은 초지보살부터 십지보살까지 있습니다. 십지보살까지 가면 구경각이 되는 것입니다. 그래서 '보살지가 다한 사람'은 십지보살까지 간 사람을 말합니다. '방편에 만족하여 한 생각이 상응하여 마음이 처음 일어나는 것을 깨달아서 마음에 처음 모양이 없음을 안다.'는 말은 바로 무분별지를 말합니다. 분별지를 넘어선 무분별지가 된 상태가 구경각입니다. 항상 생각이 깨어있는 상태입니다. 여기서 미세한 생각이 처음 나옵니다. 구경각 앞은 추(麤), 거친 생각으로 제7식 말라식에서 깨치는 것까지 해당합니다. 구경각까지 가야 제8식 아뢰야식에서 깨쳐 미세한 생각에 닿을 수 있습니다. 구경각은 미세한 생각마저 여의었기 때문에 무념무상이 될 수 있습니다. 제7식에서 깨우치면 이상(異相)이 없고 제8식에서 깨우치면 생각마저 없게 됩니다. 첫 생각(처음 일어나는 생각), 뿌리를 보게 되면 모양이 없는 것을 알게 됩니다. 이것이 무분별지이고 그 상태가 무념입니다. 초기 불교에 나오는 사마타라는 말은 집중한다는 뜻이고 생각을 모으는 것입니다. 생각을 모으면 거친 생각을 가라앉히고 미세한 생각까지 볼 수 있습니다. 그런 집중이 끝없이 이어지면 선정에 들 수 있는데 그 선정에 든 상태가 무념에 든 것입니다. 선정이 바로 생각이 처음 일어나는 것을 보게 되는 것입니다. 근본 무명을 타파한다는 말이 바로 처음 일어나는 생각의 모양을 아는 것입니다.

우리가 견성했다, 깨달았다고 할 때 무엇을 깨달아야 견성이 되고 견성의 단계가 어떤 단계가 있는지 살펴 보았습니다. 상사각, 수분각, 구경각을 살펴보면 우리 마음의 상태를 통해 어느 단계에 와 있는지 알 수 있습니다. 견성을 했는데 시간이 지나니까 아니더라고 하는 사람은 상사각의 단계입니다. 한결같이 견성한 상태로 있는 것은 구경각의 단계입니다. 우리도 공부하다보면 간혹 깨칩니다. 불각의 상태지만 순간적으로 공부했던 힘이 깊이 들어갈 수 있습니다. 순간적으로 무념 상태가 될 수 있습니다.

견성을 한 뒤에 보림을 한다고 합니다. 한국에서 견성한 수많은 사람들이 단명하는 이유가 구경각을 한 것이 아니라 상사각이나 수분각에서 끝나버렸기 때문입니다. 견성을 한 후에도 더욱 수행을 해서(보림) 구경각까지 가야하는 것입니다. 하지만 견성했다고 소문이 나면 우루루 몰려가서 계속 수행할 기회를 주지 않습니다. 가만두면 구경각까지 갈 수 있을텐데 가만두지를 않으니 공부가 쉽게 끝나버리는 것입니다. 사실 스님들의 법문을 들어보고 1년 후, 10년 후에도 그 말에 그 내용 밖에 없습니다. 부처님의 경전과 깨달음은 무궁무진합니다. 여러 가지로 다양하게 나타낼 수 있습니다.

지금 우리의 삶은 불각인데 공부하여 시각의 상태로 넘어가고 이 시각이 구경각의 단계까지 가면 본각이 됩니다. 이것이 진여입니다. 여기서는 그 때 마음 상태를 설명해놓았기 때문에 어떤 공부를 하든지 간에 공부 단계는 여기에 준합니다. 지금까지는 불각, 시각, 본각의 관계를 구체적으로 설명했습니다.

*머리 식히면서 한번 보기_오대산 노스님의 인과 이야기

이 책의 주인공 묘법스님은 1914년에 태어나셔서 2004년에 돌아가신 중국 사람입니다. 수 년 동안 중국 오대산에서 폐관수행을 해서 숙명통이 열립니다. 숙명통은 견성하면 열리는 부처의 여섯 가지 신통 중 하나입니다. 숙명통이란 수많은 전생을 다 아는 것입니다. 나 뿐만 아니라 다른 사람의 전생도 다 압니다. 그래서 스님이 다른 사람을 보면 그 사람의 전생, 과거 행위들을 다 압니다. 묘법스님의 제자 가운데 과경이란 사람이 있었습니다. 오대산 노스님이란 책은 과경이 묘법스님 옆에서 들었던 이야기를 기록해서 책으로 낸 것입니다. 이 책의 일부를 살펴봅시다. "병의 원인은 무엇인가. 병은 입으로부터 온다. 나는 불경을 보고 난 후 사람들이 병에 걸리는 진정한 원인을 비로소 알게 되었다. 그 후 실생활 속에서 수차례 검증하여 알게 되었다. 탐, 진, 치가 병의 원인이다." 이 내용과 관련된 묘법스님의 일화가 있습니다. 장씨라는 농민이 폐암에 걸려 묘법스님을 찾아왔습니다. 그래서 묘법스님이 장씨의 아내에게 말씀하셨습니다. "병자는 살생의 업이 매우 중합니다. 더욱이 닭을 죽인 업이 매우 많습니다. 맞습니까?" 장씨의 아내가 말했습니다. "제 남편은 요리하는 것을 좋아하여 마을의 경조사 때 요리사로 초빙되어 수십 마리의 닭을 잡아 요리를 했습니다." 묘법스님이 말씀하셨습니다. "당신들은 다른 집의 큰 수탉을 훔쳐 잡아먹은 일이 있지요? 이 수탉은 목 위 털이 황금색이고 몸의 털은 갈홍

색이며, 꼬리는 흑녹색으로 빛이 나는 닭입니다." 이렇게 말하자 장씨 부부가 맞다고 합니다. 이 왕닭을 잡아먹은 업이 다른 닭들을 잡은 것보다 더 큰 업이 된 것이었습니다. 전쟁은 쫄병이 수만 명 있어도 대장만 잡으면 전쟁이 끝나버립니다. 그만큼 대장의 존재는 큽니다. 그래서 폐암에 걸린 것이었습니다. 스님은 장씨에게 지장경을 열심히 독송하라고 말해주었고 장씨는 고통스럽지 않고 편안하게 임종을 맞이할 수 있었다고 합니다.

다른 이야기도 있습니다. 어느 날 50살 쯤 되어 보이는 신사가 스님을 찾아왔습니다. 스님은 그 사람을 보고 "당신 허리가 아파 오셨군요?"라고 말합니다. 그러자 그 남자가 말합니다. "스님은 정말로 신통하십니다. 제가 말씀 드리기 전에 아시는군요." 그 남자는 허리가 아파 특수 제작된 15cm 넓이의 허리 보호대를 차고 있었습니다. 10년 동안 병원을 다녔고 백약을 써봤으나 무효했습니다. 스님은 남자를 보고 이렇게 말합니다. "허리가 아픈 것 외에 무거운 느낌이 들지 않습니까?" "스님 맞습니다. 마치 허리를 무거운 물건이 누르는 것 같습니다." 이 남자는 알고보니 큰 주물공장의 공장장이었습니다. 평사원에서 시작해서 공장장까지 올라간 정말 능력있고 성실한 사람이었습니다. 그런데 이 남자가 어느 날부터 공장에서 자신이 주물한 물건을 집에 가져오기 시작했습니다. 스님은 그 사실을 꿰뚫어보시고 "공장에 있는 것은 당신 집에 다 있구먼!"이라고 말합니다. 스님은 이어서 말씀하십니다. "당신이 한 짓은 도둑질이다. 당신이 생각하고 만들어낸 물건들이지만 결국은 공장, 회사의 것이다. 당신이 허리가 아픈 것은 훔쳐온 물건 때문이다. 당신의 병이 낫고 낫지 않는 것은 당신 자신에게 달려있다." 그 말을 듣고 신사는 말합니다. "스님 오늘부터 저는 담배를 피우고 술을 마시고 고기를 먹는 것을 끊겠습니다. 또한 공장의 조그마한 물건도 탐내지 않겠습니다. 참회합니다. 매일 불경을 보겠습니다." 이 신사는 다른 탐심이 있어서 그런 것이 아니라 물건이 예쁘고 마음이 들어서 가져온 것인데 그것이 수십 년 누적이 되니까 트럭 몇 대의 양이 된 것입니다. 신사는 자신의 죄를 참회하고 불경을 보았는데 결국 병이 점점 나아져서 완쾌되었습니다.

또 다른 이야기를 봅시다. 어느 날 마흔이 넘는 여인이 남편과 함께 스님을 찾아왔습니다. 여인이 스님에게 문제를 말합니다. "저는 어두워지면 무서워 방에서 나가지 못합니다. 어두운 곳을 보면 모골이 송연해지고 무섭기 때문입니다." 스님은 여인에게 전생 이야기를 해주십니다. "당신은 전생에 남자였는데 가난하여 등불을 켤 기름이 없어서 마을에서 행인들을 위해 마을 입구에 켜놓은 등불의 기름을 훔쳐가곤 했다. 그래서 마을 입구의 등불은 꺼지게 되었고 밤에 다니는 사람들은 공포를 느끼게 되었다." 이 과보로 여인은 어둠 공포증을 느끼게 된 것이었습니다. 전생에 기름을 훔친 것 때문에 다른 사람이 공포를 느낀 것에 대한 과보를 받은 것이었습니다. 스님은 여인에게 자비도량 참법을 하라고 말해줍니다. 이 자비도량 참법은 우리나라에서도 합니다. 자비도량 참법은 중국에서 넘어온 것인데 우리나라에서는 분량을 줄여 일부분만 하고 있습니다.

그래서 공부를 하면 숙명통이 열리는 것처럼 불로소득이 생깁니다. 견성성불을 하면 여섯 가지 신통이 생깁니다. 오대산 노스님이 전생을 보면서 현생의 병을 고쳐준 사례들을 보았습니다. 과거를 알면 현재를 수정하기 쉽습니다. 내 병의 원인을 알면 처방전을 낼 수 있고 그 처방전에 따라 약을 복용하면 병은 낫게 됩니다. 전생 자체는 크게 중요하지 않지만 내가 전생을 한번 보면 믿음이 생깁니다. 아무리 설명을 해도 100% 신뢰할 수 없습니다. 정말 대단한 사람들은 경전을 보면 그대로 100% 믿어 버립니다. 알면 믿음이 오듯이 전생을 보면 이 생에서 일어나는 모든 삶을 알게되어 100% 믿음이 생깁니다. 그 순간 내 생각이 180도 바뀔 수 밖에 없습니다. 일심이 되면 세상을 보는 눈과 받아들이는 마음이 달라집니다. "나의 전생은 무엇이었을까?" 생각해보면 어렴풋이 보이기도 하고 알 수도 있습니다. 공부를 하면 여섯 가지 신통과 같은 큰 이득이 많은데 공부를 잘 안 합니다. 열심히 합시다.

제8강

(3-1-1-3-3-3) 시각이 본각과 같음을 설하다

또 마음이 일어난다는 것은 처음 모양을 알 수 있는 것은 없지만 그러나 처음 모양을 안다고 말하는 것은 곧 무념을 말하는 것이다.

이러한 까닭으로 일체 중생을 깨달았다고 말하지 못하는 것은 본래부터 생각 생각마다 상속하여 아직까지 망념을 떠나 본 적이 없기 때문이다. 이를 무시무명(無始無明)이라 한다.

무념을 얻은 자는 망념이 없어 심상(心相)의 생하고, 머무르고, 변하고, 멸함[生住異滅]을 알게 되어 무념(無念)과 같아진다.

실제로 시각(始覺)의 차별이 없어지면 사상(四相)이 동시에 있어서 모두 자립함이 없으며 본래 평등하여 각(覺)인 것이다.

又心起者 , 無有初相可知 , 而言知初相者 , 即謂無念。 是故一切眾生不名為覺 , 以從本來念念相續未曾離念故 , 說無始無明。 若得無念者 , 則知心相生住異滅。 以無念等故 , 而實無有始覺之異 , 以四相俱時而有皆無自立 , 本來平等同一覺故。

(3-1-1-3-3-4) 본각을 자세히 설하다

(3-1-1-3-3-41) 수염본각을 밝히다

또한 본각이 오염된 분별을 따라서 두 가지의 모양을 내지만 본각과 더불어 서로 버리거나 여의지 않는다. 첫째는 지정상이고 둘째는 부사의업상이다.

復次 , 本覺隨染 , 分別生二種相 , 與彼本覺不相捨離。 云何為
二 ? 一者、智淨相 , 二者、不思議業相。

(3-1-1-3-3-411) 지정상을 밝히다

지정상이라는 것은 법력의 훈습에 의지하여 여실히 수행하여,
방편을 만족하는 까닭으로, 화합식의 모양을 깨뜨리고 상속상의
모양을 없애 법신을 나타내어, 지혜가 순정하게 된다.

이 뜻은 어떠한가?

일체 심식의 모양은 모두 무명이다. 무명의 모양은 깨달음의 성
품의 모양을 여의지 않으니 무너지는 것도 아니며 무너지지 않
는 것도 아니다.

마치 큰 바다의 물이 바람으로 인하여 파도가 움직여 물의 모양
과 바람의 모양이 서로 버리지 않고 여의지 않지만, 물은 움직이
는 성질이 아닌 것이다.

만약에 바람이 그치면 움직이는 모양은 바로 없어지지만 습성은
무너지지 않는 까닭이다.

이와 같아서 중생의 자성청정심이 무명풍으로 인하여 움직이지
만 마음과 무명 모두 형상이 없어서 서로 버리지 않고 여의지 않
지만, 마음은 움직이는 성질이 아닌 것이다.

이러한 까닭에 만약 무명이 없어지면 상속함이 없어지지만 지성
은 무너지지 않는다.

智淨相者 , 謂依法力熏習 , 如實修行 , 滿足方便故 , 破和合識
相 , 滅相續心相 , 顯現法身 , 智淳淨故。 此義云何 ? 以一切心
識之相皆是無明 , 無明之相不離覺性 , 非可壞非不可壞。 如大
海水因風波動 , 水相風相不相捨離 , 而水非動性 , 若風止滅

動相則滅 , 濕性不壞故。 如是衆生自性淸淨心 , 因無明風動 ,
心與無明俱無形相、 不相捨離 , 而心非動性。 若無明滅相續則
滅 , 智性不壞故。

대승기신론 강설_8

우리가 살고 있는 불각이 그대로 구경각이고 본각입니다. 깨
달음의 세계와 다를 바가 없습니다. 이렇게 되면 매일 느끼는 우
리의 삶 자체가 얼마나 거룩해지는지 모릅니다. 그러면 임하는
자세도 진지하게 될 것입니다. 내가 밥먹고 자고 일하는 일상이
거룩한 부처님의 깨침의 세계와 다를 바가 없는 것입니다. 불각
이 진여의 세계와 다르지 않다는 생각을 할 수 있으면 내 삶은
의미가 있어질 것입니다. 하루하루 살아가는 내 삶은 뿌듯함으
로 공부를 안 해도 부처가 될 수 있을 것입니다. 우리는 무명의
세계에 살지만 부처의 세계와 다르지 않는 것을 느끼면 머지않
아 깨달음의 세계가 나타날 것입니다.

연기 공부할 때 심, 의, 식에 대해 다룹니다. 심은 제8식 아
뢰야식으로 표현되고 의는 제7식 말라식으로 표현됩니다. 식이
바로 제6식 의식입니다. 지난 시간에 6추와 3세를 설명했습니
다. 우리가 일으키는 거친 생각과 미세한 생각입니다. 아뢰야식

에서 일어나는 생각은 모두 미세한 생각입니다. 움직임이 너무 적어서 있는지 없는지조차 알 수가 없습니다. 처음 요동하는 움직임이 너무 적어서 움직임을 모릅니다. 그러나 초전도 현상에서는 우리가 느끼지 못하는 바람이 불어도 끓어 넘칩니다. 여기서 미세한 움직임도 감지할 수 있음을 알 수 있습니다. 우리가 아뢰야식의 최초의 움직임은 모릅니다. 그것이 제7 말라식, 제6 의식까지 와야 감지하고 판단하고 분별합니다. 생각을 잘했는지 못했는지 알 수 있습니다. 점 하나 콕 찍은 것과 같은 미세한 생각이 말라식을 거쳐 현재식에 오면 겉으로 나타납니다. 움직여도 알 수 없는 미세한 움직임이 우리의 삶을 만들어내고 우리의 생각, 의식을 만들어냅니다. 보이지 않고 감지되지 않는 그 현상, 마음의 첫 움직임을 알아야 무념을 알 수 있는 것입니다.

우리의 삶은 불각의 삶에서 각으로 옮겨가야 하는 것입니다. 불각과 각은 모두 일심 안에 속해 있습니다. 그래서 우리의 삶은 거룩하고 위대합니다. 지난 시간에는 시각의 세 가지 단계에 대해 자세히 살펴보았습니다. 도랑에 물이 흘러가다가 놔두면 물이 말라버리고 맙니다. 이것은 상사각입니다. 도랑보다 조금 크고 물이 비교적 많이 흐르는 것은 수분각입니다. 가물지 않는 한 마르지 않지만 멀리 가보면 물이 말라버립니다. 하지만 바다나 큰 강은 물이 아무리 말라도 지구가 멸망할 때까지 물이 흐릅니다. 이것은 구경각입니다. 불각이나 본각이나 모두 부처이고 똑같은 세계입니다. 하지만 불각의 세계는 무명에 물들어 깜깜한 상태입니다. 여기서 점점 밝게 깨우쳐 본각이 되는 것입니다.

시각

구경각　　　　　본각
(100% 밝은 금빛)

수분각
(70% 밝은 금빛)

상사각
(50% 밝은 금빛)

불각
(어두움)

그림3. 명암으로 나타낸 불각과 시각과 본각의 관계

　"시각이 본각과 같음을 설하다. 마음이 일어난다는 것은 처음
모양은 알 수 없지만 그러나 처음 모양을 안다고 말하는 것은 곧
무념을 말하는 것이다. 이러한 까닭으로 일체 중생이 깨달았다
고 말하지 못하는 것은 본래부터 생각 생각마다 상속하여 아직
까지 망념을 떠나 본 적이 없기 때문이다. 이를 무시무명(無始無
明)이라 한다." 처음 마음을 일으키는 제8아뢰야식에서 처음 일
으키는 것이 무엇인지 모릅니다. 우리는 어머니 뱃속에 있을 때
의 모습을 압니까?　모릅니다. 이것을 안다는 것은 어머니 뱃속

에 있을 때의 우리 모습을 아는 것과 같습니다. 마음이 처음 일어나는 것은 무념이 되면 알게 됩니다. 미세한 움직임은 번뇌망상이 미세한 움직임보다 움직임이 크기 때문에 못 느낍니다. 우리가 가만히 있으면 끝없이 온갖 생각이 일어납니다. 하지만 일에 집중할 때는 생각이 일어나는지 잘 모릅니다. 끝없이 일어나는 온갖 생각을 화두를 통해 계속 하나로 모으다 보면 무념으로 가게 됩니다. 이것이 무념이 되는 방법입니다. 마지막 화두마저 사라진 상태가 무념입니다. 무념이 지속되면 삼매라고 하며, 견성한 상태입니다. 최소한 이런 상태를 한번이라도 경험해본 것이 상사각입니다. 한 번이라도 무념 상태를 인식한 상태입니다. 무념의 상태를 한번 본 것은 처음 일어나는 미세한 마음의 움직임이 무엇인지 아는 것입니다. 무념의 상태가 되어야 미세한 마음의 움직임을 알고 그 상태가 지속되면 견성(내 본래 성품을 보는 것)이 됩니다. 견성을 하기 위한 관문이 무념입니다. 우리의 생각을 끝도 없이 가라앉히다 보면 어느 순간 무념이 됩니다. 우리 속에는 끝도 없이 망념이 일어납니다. 유식에 나오는 중류의 흐름은 끝없이 연결되어 흐르기 때문에 우리는 망념을 떠나본 적이 없습니다. 무념이 되는 순간 망념을 떠나게 됩니다. 우리 중생은 이 몸을 받을 때 시작이 없는 그 때부터 무명(無明)의 움직임이 들어옵니다. 그래서 우리는 이런 삶, 모습들을 만들어 영위해가고 끝없이 중생놀음을 하는 것입니다.

"무념을 얻은 자는 망념이 없어 심상(心相)의 생하고 머무르고 변하고 멸함[生住異滅]을 알게 되어 무념(無念)과 같아진다. 실제로 시각(始覺)의 차별이 없어지면 사상(四相)이 동시에 있어서 모두 자립함이 없으며 본래 평등하여 각(覺)인 것이다." 우리 마음이 일어나고 머무르고 변하고 멸하는 것은 무념일 때 알 수 있습니다. 무념인 사람은 마음의 흐름을 전부 다 압니다. 그러 니 숙명통이 생길 수 밖에 없는 것입니다. 우리는 번뇌망상 속에 있기 때문에 집착 속에 갇혀 있습니다. 그래서 아무 것도 볼 수 없고 자기 밖에 못 봅니다. 이것을 끝도 없이 가라앉혀야 무념의 상태가 됩니다. 그렇게 되면 생주이멸(生住異滅)하는 본래의 모습도 알게 되고 그 본래의 모습 속에서 부처님의 6가지 신통도 생기는 것입니다. 여기서 시각(始覺)은 완벽한 깨달음이 아니라 조금씩 깨쳐진 상태입니다. 사상(四相)은 상사각, 수분각, 구경각, 불각 네 가지를 말합니다. '시각의 차별이 없어진다'는 말은 상사각, 수분각, 구경각, 불각의 차별이 없어져 모두 같이 있게 된다는 것입니다. 무념이 되면 불각과 구경각이 다른 것이 아니라 공존하게 됩니다. 그래서 시각은 본각이 되는 것입니다. '자립함이 없다'는 말은 서로 자기가 나라고 하는 것이 없다는 것입니다. '각(覺)'은 부처가 되는 것을 말합니다. 본각을 이루면 각의 상태로 부처가 됩니다. 무념은 부처로 가는 관문입니다. 반야심경 처음에 '삼매 속에서 살자'라고 합니다. 삼매는 앞에서도 말했듯이 무념이 지속된 상태로 깨달음 속에서 삶을 살아가자는 말입니다.

고봉 원묘(1238~1295)는 선요를 지은 스님입니다. 스님은 여러 번 깨우친 분으로, 깨칠 때 마다 상황을 정확하게 묘사해 놓았습니다. 다름이 아니라 상사각, 수분각으로 깨쳤다가 구경각으로 깨우친 것입니다. 처음부터 석가모니 부처님처럼 구경각을 깨우치면 더 이상 깨우칠 것이 없습니다. 그럴 때는 재차 깨치는 것이 없습니다. 하지만 수분각이나 상사각을 깨우쳤을 때는 좀 더 보림을 하면 완벽한 깨우침이 일어납니다. 깨치고 더 깊이 공부를 해야 구경각까지 깨우칠 수 있습니다. 하지만 많은 사람들이 한 번 깨치면 착각을 해서 다시 물들어 버립니다. 고봉 원묘 스님은 15세에 출가해서 20세에서 23세까지 장자사에서 3년 동안 정진을 합니다. 3년 기한을 세워놓고 견성하지 못하면 죽겠다고 하고 정진을 했습니다. 3년 정도 목숨 걸고 죽어라고 하면 뭐가 되어도 됩니다. 내가 공부하겠다는 생각이 있으면 공부할 수 있는 기회가 옵니다. 아무튼 고봉 원묘 스님은 3년 수행을 통해 상사각을 깨우치게 됩니다. 스님은 다시 24세에서 43세까지 깨달음을 얻고 더욱 정진했습니다. 이 때 두 번을 깨치게 됩니다. 먼저 한 번은 수분각이고 마지막은 구경각을 깨치게 됩니다. 그리고 44세부터 58세까지 사관에 들어가 후학을 제접했습니다. 이것이 고봉 원묘의 일생입니다. 평생을 부처님 공부를 하고 부처님 공부를 가르치다가 가신 것입니다. 여기서 우리는 시각이 본각이 되는 과정을 볼 수 있습니다.

고봉 원묘는 1259년(21세)에 단교 묘륜 선사에게 "태어날 때는 어디에서 와서 죽으면 어디로 가는가?"라는 화두를 받습니다. 이 질문은 우리가 보편적으로 갖는 의문입니다. 이것의 답을 모르면 무명입니다. 그리고 설암 조흠 선사에게 '무' 자 화두를 받았습니다. '무'자 화두는 조주 스님에게서 나온 것입니다. 모든 생물에게는 불성(佛性)이 있다고 했는데 조주 스님은 개에게 불성이 '무(없다)'라고 말했습니다. 이 '무'자 화두로 많은 사람이 깨우쳤다고 합니다. 설암 본인도 '무' 자 화두로 깨달았기 때문에 고봉 원묘에게 '무' 자 화두를 준 것이었습니다. 고봉 본인은 공부하고 수련하다가 본인만의 화두를 만들어내기도 했습니다. "무엇이 너의 송장을 끌고 다니는가?"입니다. 그 후 23살 때인 1261년 3월 16일 단교 화상에게 받은 화두 "만법귀일 일귀하처(萬法歸一 一歸何處)"에 몰입하여 일주일 동안 식음, 잠도 잊은 채 화두에 몰두했습니다. 이것이 바로 무념의 상태에 들어가는 것입니다. 이 때 무념이 지속되어 삼매의 상태가 되며 우리의 본래 성품을 보게 됩니다. 초전도체처럼 모든 것이 0으로 가라앉는 상태입니다. 어떤 미세한 움직임도 보일만큼 투명하게 맑아지는 상태가 됩니다. 여기에 오염이 있으면 무념의 상태에 갈 수 없습니다. 원묘스님이 무념의 상태에 있는데 법당 한 쪽에 오조 법연의 영정이 있었습니다. 그 영정 밑에 글이 있었는데 그 내용이 "백 년 3만 6천 일 반복하는 것이 원래 이놈이다!"이었습니다. 한 평생인 100년 동안 3만 6천 일을 똑같은 일을 반복하는 그것이 이 놈이라는 말입니다. 그것을 본 순간 "무엇이 너의 송장을 끌고 다니는가?"의 화두를 타파하였습니다. 본인이 원래 들고 있었던 화두를 깨치게 됩니다. 자신이 들고 있던 화두로 깨칠 수도 있지만 다른 화두로 깨칠 수도 있습니다. 이 때 수분각이 옵니다. 1274년 36세 때는 견성한 상태에서 계속 공부를 했습니다. 어느 날 함께 잠자던 도반이 몸부림을 쳐서 목침이 떨어졌습니다. 그 목침 떨어지는 소리에 고봉 원묘 스님은 크게 깨닫습니다. 이 때 확철대오하게 됩니다. 공부는 한 살이라도 젊을때 하는 것이 좋습니다. 원묘 스님도 36세에 크게 깨우쳤지만 부처님께서는 35세 때 견성했습니다. 인간의 감정, 지성, 이성이 원만하고 완벽한 때가 삼십대가 아닐까 생각합니다. 고봉 원묘는 36세 때 구경각을 깨치게 됩니다. 깨우친 후에 "사주에서 대성인을 뵌 듯하고 멀리 떠났던 길손이 고향에 돌아온 듯하며, 원래 옛적 그 사람이고 옛날 살던 곳을 바꾼 바 없다."고 말합니다. 사주는 동서남북 온 세계를 말합니다. 이 말의 뜻은 원래 내 것이더라는 말입니다. 오염되어 무엇인지 몰랐는데 깨치고 나니까 다른 것이 아니라 원래 내 것이었다는 말입니다. 견성은 원래 내 성품을 보는 것입니다. 옛적 그 사람이나 옛날 살던 곳이 원래 내 성품인 것입니다. 1279년 41세 때 사관을 걸어 놓고 사람들을 가르칩니다. 그래서 아래 질문들을 통과해야 고봉 스님에게 갈 수 있었습니다.

1. 깨치면 생사를 초월하는데 무엇 때문에 명근을 끊지 못하는가?
2. 모든 공안은 하나의 도리인데 무엇 때문에 밝힘(깨침)과 밝히지 못함(깨치지 못함)이 있는가?
3. 수행인은 마땅히 부처의 행을 따라야 하는데 무엇 때문에 계율(5계)을 지키지 않는가?

이것은 견성을 해야만 내놓을 수 있는 것이 아니라서 공부를 하면 답을 내놓을 수 있는 것들입니다. 고봉 원묘 스님의 열반송을 살펴봅시다.

와도 사관에 들어오지 않았고(來不入死關)
가도 사관을 벗어나지 않았다(去不出死關)
쇠뱀이 바다를 뚫고 들어가(鐵蛇鑽入海)
수미산을 쳐서 무너뜨리도다(撞倒須彌山)

모든 번뇌망상을 다 쳐서 무너뜨리고 본래 성품 자리를 본 것을 이야기한 것입니다. 이와 같은 고봉 원묘의 인생은 상사각, 수분각, 구경각을 알 수 있는 좋은 예가 됩니다.

경허 선사도 다른 화두로 깨우친 예가 있습니다. 경허 선사는 수없이 많은 경전을 보았고 동학사에서 10년 동안 경전을 가르치는 일을 합니다. 경허 선사는 오랫동안 스승을 뵙지 못해 어느 여름에 서울 청계산을 찾아갑니다. 가는 도중 천안 즈음에 갑자기 소나기가 쏟아져 어느 마을로 피했습니다. 그 마을에 전염병 콜레라가 돌아 들어가면 죽어서 나왔습니다. 경허 스님은 집집마다 내놓은 시체들을 본 순간 자신도 죽을 수밖에 없다는 사실을 확인하게 됩니다. 그 동안 자신만만하게 부처님 경전을 잘 안다고 가르쳐왔던 것이 말 뿐인 것임을 알게 되었습니다. 진짜 부처님 공부는 죽음이 내게 닥치더라도 당당하게 내가 무엇을 할 수 있어야 하는데 아무 것도 할 수 있는 것이 없었습니다. 그래서 가던 발길을 돌립니다. 돌아가서 화두집을 찾아 그 가운데 영원 선사의 화두였던 "나귀의 일이 아직 가지 않았는데 말의 일이 찾아온다. 여사미거 마사도래(驢事未去 馬事到來)"에 딱 걸립니다. 골방에 들어가 그 화두를 듭니다. 졸면 송곳에 찔리게 해놓고 수행을 했습니다. 사미승이 하루는 마을에 갔습니다. 마을에는 경허 스님의 소문이 쫙 퍼졌습니다. 그런데 마을의 선비어른이 사미승에게 "코뚜레 뚫은 자국이 없는 소를 아느냐?"하고 묻습니다. 사미승은 그 뜻을 몰라서 절에 돌아가자마자 다른 스님들에게 물었는데 아무도 몰랐습니다. 그래서 사미승은 이것을 노래 가사로 삼아 노래부르기 시작했습니다. "코뚜레 뚫은 흔적이 없는 소"라고 노래부르며 다닙니다. 어느 날 사미승이 경허 스님께서 수행하시던 곳을 지나갔는데 경허 스님이 그 노래를 듣자마자 견성해버렸습니다. 이와 같이 어딘가에 몰두하고 있으면 어떤 상황에 부딪치면 화두가 타파될 수 있는 것입니다.

깨우치고 난 후의 보이지 않는 원래 세계인 '본각'은 어떻게 이루어져 있는지 살펴봅시다. 본각은 수염본각과 성정본각으로 이루어져 있습니다. 수염본각은 물든 것을 따른 본각으로, 상과 용에 해당되고 지정상(상)과 부사의업상(용)으로 이루어져 있습니다. 성정본각은 체에 해당하며 여실공경, 인훈습경, 법출리경, 연훈습경으로 이루어져 있습니다. 이 가운데 본각의 본체는 성정본각입니다. 이 세상에 존재하는 모든 것은 본질이 있고 본질의 모양이 있고 본질의 작용이 있습니다. 이것이 원리입니다. 부사의업상은 이 세상 어떠한 작용도 미치지 않는 곳이 없고 모든 작용을 나타내는 것을 말합니다. 지정상은 맑고 깨끗하고 투명해서 어떤 모양이라도 이룰 수 있음을 말합니다. 이것이 수염본각이고 수염본각의 뿌리가 성정본각입니다.

진리는 본체와 모양과 작용이 있습니다. 청정법신 비로자나불이 체에 해당하고 원만보신 노사나불이 모양(상)에 해당하고 천백억화신 석가모니불이 작용(용)에 해당합니다. 이것이 우주법계의 체제, 진리의 체제를 나타냅니다. 본체는 원래 물들지 않은 청정한 모든 것의 모양이고 본체가 나타내는 모습은 어떠한 모양이든지 나타내고 만들 수 있는 원만한 모양입니다. 본체의 작용, 용도는 이 세상 어디에도 두루 미치고 화현해서 중생을 제도하는 천백억화신입니다.

"수염본각을 밝히다. 본각이 오염된 분별을 따라서 두 가지의 모양을 내지만 본각과 더불어 서로 버리거나 여의지 않는다. 첫째는 지정상이고 둘째는 부사의업상이다." 대승기신론에서 중요한 것은 모두 일심(一心)으로 회통해있다는 것입니다. 불각이나 시각이나 본각이나 모두가 그렇습니다.

"지정상을 밝히다. 지정상은 법력의 훈습에 의지하여 여실히 수행하여, 방편을 만족하는 까닭으로, 화합식의 모양을 깨뜨리고 상속상의 모양을 없애 법신을 나타내어 지혜가 순정하게 된다." 법력의 훈습에 의지한다는 말은 법이 물들었다는 것입니다. 묘법연화경과 같이 이 세상에 모양을 나타내는 것은 전부 방편입니다. 그 방편의 모양에 따라 작용을 하는 것입니다. 화합식의 모양을 깨뜨린다는 것은 진여의 모양을 깨뜨린다는 것입니다. 상속상의 모양을 없앤다는 것은 물들어있는 모양을 없앤다는 것입니다. 지정상이 이 세상의 모양을 나타내지만 상속상의 모양(중류)을 없애 법신(원만보신 노사나불)의 모양을 그대로 나타나게 합니다.

"이 뜻은 어떠한가? 일체 심식의 모양은 모두 무명이다. 무명의 모양은 깨달음의 성품의 모양을 여의지 않으니 무너지는 것도 아니며 무너지지 않는 것도 아니다. 마치 큰 바다의 물이 바람으로 인하여 파도가 움직여 물의 모양과 바람의 모양이 서로 버리지 않고 여의지 않지만, 물은 움직이는 성질이 아닌 것이다." 이것이 지정상을 나타내는 내용입니다. 바닷물에 바람이 불면 파도가 됩니다. 물은 본체이자 자성청정심이고 파도는 지성, 바람은 무명을 의미합니다. 지성은 지정상을 말하는데, 무명의 바람에 의하여 모양을 나타내지만 무명이 사라져도 모양은 그대로 있습니다. 물에 바람이 불면 파도가 일어나는데, 바람이 없어져도 물은 그대로 있습니다. 물과 파도가 같은 것이 됩니다. 물과 파도는 원래 같은 것입니다. 본체와 지성은 원래 같은 것입니다. 본체가 무명에 의해서 각자의 모양을 이루고 있는데 이것이 원만 보신임을 알면 바로 시각이 되는 것입니다. 우리가 깨달음(진리, 진여)에 뿌리를 내리고 있는 하나의 모습임을 인식하게 됩니다.

*머리 식히면서 한번 보기

이번 이야기는 부처님의 10대 제자 가운데 신통 제일 목련 존자의 이야기입니다. 백중의 유래와 목련의 전생과 관련된 이야기입니다. 목련 존자는 이교도의 돌에 맞아 죽습니다. 원래 목련 존자는 마가다 국 수도 왕사성 근처 코올리타 마을의 부유한 바라문의 외동아들로 태어났습니다. 아버지가 일찍 죽고 홀어머니와 살게 되었는데 1년 동안 여행을 떠납니다. 목련의 어머니는 아들 몰래 방탕한 생활을 하다가 목련이 여행에서 돌아온 얼마 후에 죽습니다. 그리고 목련은 산자야 밑으로 출가합니다. 목련은 사리불과 함께 산자야의 제자였으나 부처님께 귀의합니다. 인도에서는 승려들이 우기 때 3개월 안거를 합니다. 불교에 포살과 자자라는 행사가 있습니다. 포살이란 1달에 한 번 보름 때 행해지는데 자신의 잘못된 생각, 행동을 고백하고 의논하는 것입니다. 자자란 3개월 안거 중 마지막 날에 하는데 이것도 자신의 잘못을 고백하고 검증받는 행사입니다. 목련은 자자를 하던 어느 날 돌아가신 어머니가 어떻게 되었는지 궁금해서 선정에 들게 됩니다. 어머니가 아비 지옥에서 온갖 고통을 받고 있었습니다. 목련이 보다 못해 부처님을 찾아가서 어머니를 지옥에서 구할 방법을 묻습니다. 부처님께서는 날을 잡아 천도재를 행하자고 합니다. 수행자들이 수행을 마무리하는 회향날은 아주 맑고 좋은 기운이 흐르는 날입니다. 그래서 그 날 목련 존자의 어머니의 천도재를 지내기로 합니다. 부처님의 말씀에 따라 목련 존자는 걸식을 하여 얻어온 음식들을 모든 수행자에게 나누어 줍니다. 그리고 부처님께서는 지옥에서 벗어날 수 있는 법문을 하십니다. 지옥에 있던 목련의 어머니를 천도하게 됩니다. 이것이 백중의 유래입니다.

목련 존자와 관련된 이야기가 하나 더 있습니다. 이것은 목련 존자 사후의 이야기입니다. 목련 존자는 이교도의 돌에 맞아 죽습니다. 목련 같이 훌륭한 사람이 비참한 죽음을 맞자 제자들이 부처님께 목련 존자의 전생을 묻습니다. 전생의 목련 존자는 어여쁜 여인과 결혼을 했는데 부인에게 빠져 어머니를 무시하게 되었습니다. 어머니는 너무 원통하여 힘센 장사가 아들을 쳐 죽였으면 좋겠다고 생각했습니다. 어머니는 평생 아들만 바라보고 키웠는데 여우같은 며느리가 온 후로 아들이 어머니를 거들 떠보지도 않은 것이었습니다. 어머니가 얼마나 악에 받혔으면 이런 생각을 했겠습니까. 바로 목련이 전생에 어머니에게 잘못한 인과에 의해 어머니와의 관계가 나쁘고 비참한 죽음을 맞이했던 것입니다. 이것은 지금 우리 삶에서도 중요한 문제입니다. 고부 문제를 잘 푼 사람은 인생의 반은 성공한 사람이라고 할 수 있습니다. 잘 풀면 매일 천당이고 못 풀면 매일 지옥입니다. 부모 자식 가운데 어머니와 아들의 관계는 이 세상을 살아가면서 맺는 인연 가운데 가장 지중한 인연입니다. 그 지중한 인연에 돌이 굴러들어오니까 서로 원망하는 일이 발생하는 것입니다. 목련을 통해 우리는 가족 문제를 되짚어볼 수 있고 업보, 인과에 대해서도 알 수 있습니다.

제9강

(3-1-1-3-3-412) 부사의업상을 밝히다

부사의업상(不思議業相)이라는 것은 지정상(智淨相)인 지혜가 깨끗한 모양에 의지하여 일체의 수승하고 미묘한 경계를 짓는 것이다.

그래서 한량없는 공덕의 모양이 항상 끊어짐이 없어서 중생의 근기에 따라 자연히 상응하여 갖가지로 나타나서 이익을 얻게 하는 것이다.

不思議業相者 , 以依智淨能作一切勝妙境界 , 所謂無量功德之相常無斷絶 , 隨眾生根自然相應 , 種種而見 , 得利益故。

[진제25] (3-1-1-3-3-42) 성정본각을 밝히다

다음의 각체상(覺體相: 성정본각의 체가 지니는 상)에는 네 가지의 큰 뜻이 있어서 허공과 같으며, 마치 깨끗한 거울과도 같다.

復次 , 覺體相者 , 有四種大義 , 與虛空等 , 猶如淨鏡。云何為四 ? 一

(3-1-1-3-3-421) 여실공경을 밝히다

첫째 여실공경(如實空鏡)은 여실히 공한 거울이니 모든 마음의 경계상을 멀리 여의어 나타낼 만한 법이 없기에 깨닫고 비추는 뜻이 아니다.

一者、如實空鏡。遠離一切心境界相 , 無法可現 , 非覺照義故。

(3-1-1-3-3-422) 인훈습경을 밝히다

둘째 인훈습경(因熏習鏡)은 인을 훈습하는 거울이니 여실히 공하지 않다[如實不空]. 일체 세간의 경계가 모두 그 가운데 나타나되 나가지도 않고 들어가지도 않으며, 잃지도 않고 무너지지도 않아서 항상 일심에 머무니, 일체법이 곧 진실성이기 때문이다.

또 일체의 염법으로 오염시킬 수 없는 것이기 때문에 지혜의 자체는 움직이지 아니하여 무루(無漏)를 구족하여서 중생을 훈습하는 까닭이다.

二者、因熏習鏡。謂如實不空，一切世間境界悉於中現，不出不入、不失不壞，常住一心，以一切法即真實性故；又一切染法所不能染，智體不動，具足無漏熏眾生故。

(3-1-1-3-3-423) 법출리경을 밝히다

셋째 법출리경(法出離鏡)은 법에서 멀리 떠나는 거울이니 공하지 않는 법이다. 불공법(不空法)이 번뇌애(煩惱礙)와 지애(智礙)를 벗어나고 화합상을 여의어 순박하고 깨끗하고 밝은 까닭이다.

三者、法出離鏡。謂不空法，出煩惱礙、智礙，離和合相，淳淨明故。

(3-1-1-3-3-424) 연훈습경을 밝히다

넷째 연훈습경(緣熏習鏡)은 연을 훈습하는 거울이니 법을 멀리 떠나 의지하기 때문에 중생의 마음을 두루 비추어서 선근을 닦게 하여 생각에 따라 나타나는 까닭이다.

四者、緣熏習鏡。謂依法出離故，遍照眾生之心，令修善根，隨念示現故。

대승기신론 강설_9

우리는 돈으로 기술로 세상에 보시하는 것이 아니라 마음과 뜻으로 보시하는 것입니다. 마음과 뜻이 있으면 뭐든지 할 수 있습니다. 돈이나 기술이 없어서 보시를 못하는 것이 아니라 마음이 없어서 못하는 것입니다. 우리는 모두 부처이지만 마음 속의 부처를 내지 않습니다. 우리가 공부를 하는 이유는 내 속에 부처가 들어있는 것을 알고 부처와 같이 살기 위해서입니다. 우리는 부처와 중생의 마음을 가지고 있어서 가능하면 부처의 마음을 쓴다면 우리의 삶은 아름답게 되고 이 세상은 더욱 빛나게 될 것입니다. 이것은 특별한 사람들에게만 있는 것은 아닙니다. 본질적인 마음을 개발하고 잘 활용함으로서 이 세상은 불국토가 됩니다. 부처되는 것이 어렵다고 생각하고 수많은 생을 거쳐야 한다고 생각하지만 그냥 이 자리에 있는 그대로가 부처입니다. 이것이 대승기신론이 가르쳐주는 큰 가르침입니다. 일심 속에 부처의 마음도 있고 지옥의 마음도 있습니다. 하지만 부처의 입장에서 보면 그냥 그대로 다 부처입니다. 내가 부처라고 하는 생각을 함으로써 우리는 더욱 당당해질 수 있습니다. 일심 속에는 부처와 중생과 중생이 부처되는 과정이 다 들어있습니다.

불교는 체상용의 구조입니다. 세상의 어떤 가르침도 가르침을 쉽게 표현하기 위해서 체상용의 구조를 따릅니다. 본질, 일심이 있고 이 일심은 누구에게나 다 똑같습니다. 일심을 모를 때는 나도 있고 너도 있지만 일심을 알면 모든 것이 다 하나입니다. 이것이 체입니다. 이것이 나에게 들어오면 상으로 모양입니다. 사람에게 들어오면 사람 모양이 되고 강아지에게 들어가면 강아지 모양이 됩니다. 그래서 사람은 이렇게 생겼고 강아지는 이렇게 생겼고 나무는 저렇게 생겼고가 되는 것입니다. 우리는 각자 자신의 모양을 가지고 있는데 이것이 상입니다. 본체가 작용을 하기 전에는 각자 작용에 걸맞는 모양을 가지고 있습니다. 그래서 이 모양을 가지고 여러 가지 활동, 작용을 합니다. 나의 일을 하면서 내 속의 능력을 표현하며 세상을 살아갑니다. 어떤 때는 부처 마음도 있을 것이고 지옥 마음도 있을 것입니다. 어떤 때는 이기심이 작용할 것이고 어떤 때는 끝없는 자비심이 작용할 것입니다. 이것이 용, 작용입니다. 체상용입니다. 기독교의 성부는 체고 성자는 상이고 성신은 용입니다. 어떤 가르침이든지 본질이 있고 본질을 나타낼 수 있는 그릇이 있고 그 그릇의 작용이 있습니다. 이것은 진리의 세계나 지옥이나 다 똑같습니다.

오늘은 체에 해당하는 성정본각에 대해서 공부하는데 내용이 어려울 것입니다. 왜냐하면 우리가 모르는 것을 다루기 때문입니다. 지금 우리가 일으키는 마음은 알기 쉽지만 견성하고 깨쳐야 볼 수 있는 본질, 진여는 알기 어렵습니다. 보이지 않는 세계에 대한 성질, 성품에 대한 설명으로 이해하기 어려운 부분이될 것입니다. 선불교는 깨침을 화두로 주고받을 뿐이지 깨달음의 구체적인 내용을 설명하지는 않았습니다. 하지만 여기 대승기신론에서는 구체적으로 설명을 합니다.

"부사의업상(不思議業相)을 밝히다. 부사의업상이라는 것은 지정상(智淨相)인 지혜가 깨끗한 모양에 의지하여 일체의 수승하고 미묘한 경계를 짓는 것이다. 그래서 한량없는 공덕의 모양이 항상 끊어짐이 없어서 중생의 근기에 따라 자연히 상응하여 갖가지로 나타나서 이익을 얻게 하는 것이다." 우리가 작용하는 모든 것이 부사의업상으로 표현됩니다. 살아가면서 일으키는 모든 작용이 부사의업상입니다.

"성정본각을 밝히다. 각체상(覺體相: 성정본각의 체가 지니는 상)에는 네 가지의 큰 뜻이 허공과 같으며, 마치 깨끗한 거울과도 같다." 이제는 작용이 아니라 본질을 이야기합니다. 진여의 모양은 우리들이 생전 듣도보도 못한 이야기입니다. 깨달음의 모양은 우리가 알 수 없습니다. 열심히 참선해서 깨쳐야 각체상의 감이 잡힐 것입니다. 여기서 누가 깨달아 부처님같은 마음으로 진여의 세계를 좀 더 구체적으로 세분화해놓았습니다. 대부분 경전에서 본질을 표현할 때 허공이란 표현을 많이 씁니다. 우리가 상상할 때 허공이란 어떻게 조작을 해도 그냥 허공입니다. 아무리 변화시켜도 허공은 그대로입니다. 무슨 짓을 해도 여여(如如)한 것이 허공입니다. 그리고 깨끗한 거울이라고 합니다. 깨끗한 거울은 뭔가 보이면 있는 그대로 비춥니다. 다르지만 똑같은 성격입니다. 아무리 무엇을 해도 바뀌지 않는 것이 허공이라면 조작과 속임이 없는 것이 깨끗한 거울입니다. 진여의 세계를 잘 표현한 것입니다. 불교가 갖고 있는 가장 근본적인 구조는 원인과 결과입니다. 세상의 모든 것에는 원인이 있고 원인에 따라 결과가 나타납니다. 이것은 변하지 않는 진리로 진여의 세계와 같습니다. 깨달음 속에서 보는 진여의 세계도 원인과 결과가 작용합니다. 성정본각은 구체적으로 네 가지로 나눌 수 있는데 여실공경, 인훈습경, 법출리경, 연훈습경으로 나눌 수 있습니다. 여기서 여실공경, 인훈습경은 원인에 해당하고 법출리경, 연훈습경은 결과에 해당합니다. 금으로 금목걸이를 만듭니다. 금목걸이를 만들면 가격이 매겨집니다. 금은 체이고 금목걸이는 상이고 가격이 매겨지는 것은 용입니다. 이것은 내가 어떤 행위를 하든지 적용되는 것입니다. 그러므로 무엇인가 잘하려면 체상용의 관계를 잘 생각해보면 됩니다. 공부를 잘 못하는 학생들은 밤을 새가며 공부했지만 성적은 좋지 않습니다. 체상용을 못해서 그런 것입니다. 내가 잘되기 위해서는 본질의 구조와 작용을 잘 알아야 합니다. 머리로 생각해봐야 알지 무턱대고 움직여서는 잘 할 수 없습니다. 기도나 참선도 그렇습니다. 지금 필요한 것이 무엇인가를 생각하고 행동해야 하는 것입니다. 기도나 참선을 통해 뭔가 잘될 수 있는 방편들을 찾아내는 것입니다. 작용을 일으키려면 모양을 제대로 알아야겠고 모양은 본질에서, 보이지 않는 것에서 나오는 것입니다.

원효와 사복의 일화를 봅시다. 어떤 과부가 남편도 없이 임신하여 아이를 낳았습니다. 이 아이가 바로 사복입니다. 아이는 12살이 넘도록 말을 못했습니다. 어머니가 돌아가시고 나서 말을 하게 됩니다. 사복은 고선사에 있는 원효를 찾아갑니다. 사복이 원효에게 말했습니다. "옛날 그대와 내가 함께 불경을 싣고 다니던 암소가 죽었는데 장사를 지내주자."고 하니 원효가 좋다고 합니다. 사복이 말한 암소가 바로 환생한 사복의 어머니였던 것입니다. 사복이 원효더러 천도법문을 하라고 하니 원효는 법문을 해줍니다. "태어나지 말지니 죽는 것이 괴롭구나. 죽지 말지니 태어나는 것이 괴롭구나." 이렇게 법문하니까 사복이 말합니다. "무슨 법문이 그렇게 긴가." 그러자 원효가 다시 법문을 해줍니다. "죽고 사는 것이 괴롭구나." 재가 끝나고 사복은 "석가 부처님처럼 나도 이제 연화장 세계로 돌아가고자 하네."라고 하였습니다. 말이 끝나자마자 연화장 세계의 문이 열리더니 사복은 그 안으로 들어가버리고 말았습니다. 지구에서 팔지보살의 경지까지 이른 사람은 거의 없습니다. 원효 대사가 팔지보살의 경지인데 사복은 공덕이 그와 비슷했던 것입니다. 사복은 원효에게 계급장을 다 떼고 말합니다. 본질, 진리, 깨달음에 대한 세계를 대화로서 풀어내고 보여준 것입니다. 진여의 세계가 사복이 들어간 연화장의 세계일지도 모릅니다.

"여실공경(如實空鏡)을 밝히다. 여실공경은 여실히 공한 거울이니 모든 마음의 경계상을 멀리 여의어 나타낼 만한 법이 없기에 깨닫고 비추는 뜻이 아니다." 공부를 하다보면 가장 중요한 것은 먼저 나오거나 뒤에 나옵니다. 여기서는 가장 먼저 나옵니다. 인과를 말할 때 인은 뿌리고 과는 나무 열매입니다. 과는 눈에 보이는 세상이고 인은 눈에 보이지 않는 세상입니다. 인과와 체상용을 알면 안보이던 것들이 보입니다. 이것만 보이면 공부는 쉽습니다. 내가 어디로 가고 있는지 어느 정도 했는지 모를 때는 공부 하기가 싫어지지만 그것을 알면 성취에 의해 공부가 신나게 됩니다.

인은 본질에 더욱 가깝습니다. 앞의 두 개는 진여에 더 가까운 모양을 나타내고 뒤의 두 개는 진여의 작용에 가깝습니다. 여실공경은 허공과 같은 깨끗한 거울입니다. 여실공경은 허공과 깨끗한 거울이 같이 들어있어 가장 본질에 가까운 내용들을 나타내고 있습니다. 오염되어 일으키는 마음의 경계상을 멀리 떠나 나타날만한 것이 아무 것도 없기 때문에 거울에 비치고 할 것이 없습니다. 본질을 알고 공을 체득하면 비칠 것이 아무것도 없게 됩니다. 오염이 되면 비칩니다.

"인훈습경(因熏習鏡)을 밝히다. 인훈습경은 인을 훈습하는 거울이니 여실히 공하지 않다.[如實不空] 일체 세간의 경계가 모두 그 가운데 나타나 도로 나가지도 않고 들어가지도 않으며, 잃지도 않고 무너지지도 않아서 항상 일심에 머무니 일체법이 곧 진실성이기 때문이다. 일체의 염법으로 오염시킬 수 없는 것이기 때문에 지혜 자체는 움직이지 않지만, 무루(無漏)를 구족하여 중생을 훈습하는 까닭이다." 오염되면 무엇인가 점점 나타나기 시작합니다. 나타날 수 있게 하는 뿌리가 바로 인훈습경입니다. 인(因)을 자꾸 만들어내는 것입니다. 원래 진여는 여실공경인데 인을 훈습하여 물이 들었기 때문에 여실히 공하지 않게 됩니다. 점점 물들며 나타나는 것입니다. 뿌리에서 가지로 올라갑니다. 우리가 이 세상에 이런 모습을 나타내는 것은 진여가 투영된 것입니다. 마치 투명인간에 색을 칠한 것과 같습니다. 나는 이 모양으로 세상에 작용합니다. 하지만 모양을 만들기 전에 모양을 만들어낼 수 있는 구조(3D 프린트처럼)가 있고 투명인간에 색을 칠하면 이 모양처럼 됩니다. 투명인간을 만들기까지가 진여의 4가지 단계인 것입니다. 지금 세상에 이런 모양을 나타내는 것은 진여의 세계에서 보이지 않는 투명인간으로 만들어 놓았던 것을 오염 시켜서 나타나게 한 것입니다. 제7식 말라식부터는 형상을 갖고 나타나는 세계입니다. 아뢰야식 이전까지는 진여의 세계로 모두 보이지 않는 세계입니다. 인훈습경이란 이 세상에 뭔가 모양을 만들어낼 수 있는 인(因)을 덧붙여가는 것입니다. 모두 투명인간이 되어 모양이 없지만 나타나면 똑같습니다. 인훈습경을 오염시키면 형상을 갖고 이 세상에 작용을 하게 됩니다. 진여의 세계는 나타나지 않는 세계인데 중생의 세계로 넘어오면 진리의 세계에서 있던 그대로 나타나게 됩니다. 신이 어떻게 생긴지 모르지만 우리와 비슷하게 생겼기 때문에 우리같은 모양을 만들었을 것이라고 추측합니다. 우리는 오염된 중생심을 일으키지만 진여심도 똑같은 형상을 갖고있지 않을까 추측할 수 있습니다. 형상을 만들어내는 원천이 성정본각 안에 있는 것입니다. 인훈습경은 원인까지 만들어냅니다.

"법출리경(法出離鏡)은 법에서 멀리 떠나는 거울이니 공하지 않는 법이다. 불공법(不空法)이 번뇌애(煩惱礙)와 지애(智礙)를 벗어나고 화합상을 여의어 순박하고 깨끗하고 밝은 까닭이다." 인(因)에 의해 뭔가 나타나는 것입니다. 인훈습경에 의해서 인이 많이 훈습되었습니다. 그래서 법에서 멀리 벗어납니다. 법에서 멀리 떠났으니까 이 세상에 이런 모양을 갖고 나타날 수 있는 조건을 갖춘 것입니다. 법에서 멀리 떠났기 때문에 진여 자체의 모양이 아닙니다. 즉 금이 아니라 금목걸이의 모양을 갖추어가는 것입니다. 물들고 멀리 떠나 공하지 않지만 체 자체는 깨끗하고 순박하고 밝습니다. 중생 속에 있지만 중생의 삶에서 자유로운 것입니다. 원효나 유마와 같은 사람들이 법출리경에 해당된다고 할 수 있습니다. 진리가 형상화되는 과정이 법출리경입니다.

"연훈습경(緣熏習鏡)을 밝히다. 연훈습경은 연을 훈습하는 거울이니 법을 멀리 떠나 의지하기 때문에 중생의 마음을 두루 비추어서 선근을 닦게하여 생각에 따라 나타나는 까닭이다." 연훈습경은 이 세상에 나타나는 모양을 훈습하는 거울입니다. 각각 중생의 모양대로 나타나게 하는 것이 연훈습경입니다. 우리가 이런 모양으로 나타나는 것은 진여 세계의 것이 물들고 물들어서 나타나는 것입니다. 성정본각의 네 가지 단계는 진여가 물들고 물들어 지금 이 모양으로 나타나는 과정을 보여줍니다. 지금 이 모양이 투명해지면 바로 진여의 모습입니다. 결국 진여가 중생들의 삶과 같은 것입니다.

빛에 계속 충격을 주면 전자 두 개로 나누어집니다. 전자를 살펴보면 마이너스 전자가 있고 플러스 전자가 있습니다. 이 두 전자를 붙여버리면 아무것도 없습니다. 원래 없던 것에서 힘(충격)을 주어 두 개로 나누어진 것입니다. 형상이란 오염을 벗겨버리면 진여의 세계의 그 모양이 됩니다. 일심이란 것도 뭉뚱그려 하나로 된 것이 아니라 우리의 이 모양을 갖고 있는 것이 일심입니다. 이 모양을 나타내는 그대로가 진여의 세계가 되는 것입니다. 물들어 오염된 것에서 벗어나면 진여의 문으로 들어갈 수 있습니다. 호수에 큰 산이 비칩니다. 이것과 같습니다. 실제 그 안에 산이 없더라도 산에 있는 것입니다. 물 속에 산이 없어도 산이 있는 것입니다. 진여의 세계도 똑같습니다.

"불각의입니다. 첫 번째 근본불각은 무명이고 두 번째 지말불각은 삼세와 육추이고 세 번째 마지막 근본불각과 지말불각의 총결은 무명의 오염입니다." 불각의부터는 우리가 사는 세계의 이야기입니다. 근본불각은 모든 것의 출발점입니다. 무명입니다. 지말불각에는 삼세와 육추가 있는데 이것은 아뢰야식, 말라식, 육식, 의식, 색수상행식 등을 가리킵니다. 이 근본불각과 지말불각은 모두 다 무명의 오염으로부터 옵니다.

*머리 식히면서 한번 보기

부처님 십대 제자 가운데 두타 제일 가섭 존자의 이야기를 해보겠습니다. 가섭은 바라문 출신으로 왕사성에서 가장 부유한 집의 외동아들이었습니다. 가섭은 수행자로 사는 것이 소원이었으나 부모들은 장가를 보내는 것이 목적이었습니다. 그래서 그는 세상에서 가장 예쁜 여자를 그려 이 여자가 아니면 결혼하지 않겠다고 합니다. 이것은 불가능한 상대를 찾는 것이나 다름없었습니다. 그러나 놀랍게도 그의 부모는 그림과 똑같이 생긴 여자를 찾아옵니다. 그래서 어쩔 수 없이 결혼하게 됩니다. 하지만 결혼해서 아내에게 결혼은 했지만 수행자처럼 살자고 했습니다. 아내도 동의했습니다. 그 후 결혼해서 12년 동안 낮에는 평범한 부부와 같이 지내고 밤에는 수행을 하면서 살게 되었습니다. 그리고 석가모니 부처님 출현의 소식을 듣고 출가하게 됩니다. 가섭의 부인은 다른 곳으로 출가합니다.

어느 날 제자들이 부처님께 왜 저렇게 가섭이 공부를 잘하느냐고 묻습니다. 그러자 부처님께서는 가섭의 전생 이야기를 해주십니다. 가섭은 전생에 파라나성에 살았던 가난한 사람이었습니다. 어느 날 흉년이 든 파라나성에 벽지불 수행자가 걸식을 하는데 빈 그릇을 들고 돌아가게 되었습니다. 벽지불은 연기의 이치를 혼자서 터득하여 스스로 깨달은 사람입니다. 성문, 연각, 보살의 단계 가운데 연각과 같습니다. 그 마을의 가장 가난한 사람이 벽지불이 빈 그릇을 들고 돌아가는 모습이 안타까워 자신이 먹으려고 한 피밥을 나누어 주었습니다. 그 벽지불이 발우에 피밥을 받아 돌아가는 뒷모습이 너무나 성스러워서 가난한 사람은 합장을 하며 원을 세우게 되었습니다. "원하옵건대 앞으로 뛰어난 벽지불을 만나 진리의 말씀을 듣고 받들어 나도 벽지불과 같이 깨달음을 얻기를 원하옵니다. 또한 세세생생 지옥이나 악도에 떨어지지 않기를 원하옵니다." 그 가난한 사람이 바로 가섭으로 다시 태어난 것이었습니다. 그 벽지불은 석가모니 부처님의 전생이었습니다. 가섭은 전생에 순수한 마음으로 원을 세웠기 때문에 공부를 잘 할 수 있었던 것이고 전생의 인연 덕분에 그 생에서도 부처님을 만날 수 있었습니다.

내가 공부를 해야겠다고 마음을 먹으면 어떤 인과도 피해갑니다. 그 지극한 마음, 거룩한 마음을 내면 세상은 그에 따라 바뀌어 갑니다. 가섭의 두타행을 보면 가섭이 평생 어떻게 수행했는지 알 수 있습니다. 가섭은 평생 세 벌 이상의 옷을 갖지 않았고 다른 사람이 버린 옷을 주워다 기어서 만든 분소의를 평생 입었습니다. 부처님께서 그것을 보시고 가섭에게 분소의를 입지 않아도 되지 않겠느냐고 말씀하십니다. 그러자 가섭은 "부처님이시여. 저는 이 생에서 어떻게 살아야하는가 소신이 있습니다.

분소의를 입는 것은 수행자의 바른 모습이라 생각합니다. 누가 버린 옷이지만 집어서 이렇게 입을 수 있습니다."라고 말합니다. 그 말을 듣고 부처님은 그것을 허락해주시고 더 이상 말하지 않았습니다. 그리고 가섭은 수행자가 된 이후로 한번도 등을 바닥에 대지 않았다고 합니다. 이와 같은 가섭과 같은 위대한 제자들을 보면 부처님에 버금가는 위대함이 있습니다. 부처님의 교단이 끊어지지 않고 이어질 수 있었던 것은 부처님을 따라 수행했던 수행자들의 삶들이 부처님 못지않은 버금가는 삶이었기 때문이라 생각됩니다.

제10강

(3-1-1-3-3-5) 불각의를 세 가지로 설하다
(3-1-1-3-3-51) 근본불각을 설하다

[진제26] 불각(不覺)의 뜻은 진여법이 하나임을 여실히 알지 못하는 것으로 불각의 마음이 일어나서 그 망념이 있게 된 것이다. 그러나 망념은 자상(自相)이 없어서 본각을 여의지 않지만, 방향을 잃은 사람은 혼미하게 된다. 만약 방향을 여읜다면 혼미함이 없어지는 것과 같다.

중생도 그와 같아서 각(覺)에 의지하기 때문에 혼미하게 되지만, 만약 각의 성질을 여의면 불각은 없어지게 된다.

불각의 망상심이 있기 때문에 명칭과 의의[名義]를 알아서 진각(眞覺)이라고 말하는 것이니, 만약 불각의 마음을 여읜다면 진각의 자상(自相)도 없게 된다.

所言不覺義者 , 謂不如實知真如法一故 , 不覺心起而有其念 , 念無自相不離本覺 , 猶如迷人依方故迷 , 若離於方則無有迷。 眾生亦爾 , 依覺故迷 , 若離覺性則無不覺 , 以有不覺妄想心 故 , 能知名義為說真覺。 若離不覺之心 , 則無真覺自相可說。

(3-1-1-3-3-52) 지말불각을 설하다
(3-1-1-3-3-521) 삼세를 밝히다

[진제27] 다시 불각(不覺)에 의지하기 때문에 세 가지의 모양이 생겨서 불각과 더불어 상응하여 여의지 않는다.

復次 , 依不覺故生三種相 , 與彼不覺相應不離。 云何為三？

(3-1-1-3-3-5211) 무명업상을 밝히다

첫째는 무명업상(無明業相)이니, 불각에 의지하기 때문에 마음이 움직이므로 업상이라고 한다.

깨달으면 움직이지 않고 움직이면 괴로움이 있게 되니, 결과가 원인을 여의지 않는 까닭이다.

一者、無明業相。 以依不覺故心動 , 說名為業 ; 覺則不動。 動則有苦 , 果不離因故。

(3-1-1-3-3-5212) 능견상을 밝히다

둘째는 능견상(能見相)이니, 움직임에 의지하기 때문에 능히 볼 수 있게 되며, 움직이지 않으면 보이는 것이 없다.

二者、能見相。 以依動故能見 ; 不動則無見。

(3-1-1-3-3-5213) 경계상을 밝히다

셋째는 경계상(境界相)이니, 능견상(能見相))에 의지하기 때문에 경계가 허망하게 나타나므로 능견(能見)을 여의면 경계가 없어지게 된다.

三者、境界相。 以依能見故境界妄現 ; 離見則無境界。

(3-1-1-3-3-522) 육추를 밝히다

[진제28] 경계의 연(緣)이 있기 때문에 다시 여섯 가지의 모양을 낸다.

以有境界緣故 , 復生六種相。 云何為六？

(3-1-1-3-3-5221) 지상를 밝히다

첫째는 지상(智相)이니, 경계상에 의지하여 마음이 좋아하고 좋아하지 않음을 분별하기 때문이다.

一者、智相。依於境界 , 心起分別愛與不愛故。

(3-1-1-3-3-5222) 상속상를 밝히다

둘째는 상속상(相續相)이니, 지상(智相)에 의지하기 때문에 고락(苦樂)을 느끼는 마음을 내어 생각을 일으켜 상응하여 끊어지지 않기 때문이다.

二者相續相。依於智故生其苦樂 , 覺心起念相應不斷故。

(3-1-1-3-3-5223) 집취상를 밝히다

셋째는 집취상(執取相)이니, 상속상에 의지하여 경계를 반연하여 생각하고 고락에 머물러서 마음에 집착을 일으키기 때문이다.

三者、執取相。依於相續緣念境界 , 住持苦樂 , 心起著故。

(3-1-1-3-3-5224) 계명자상을 밝히다

넷째는 계명자상(計名字相)이니, 허망한 집착에 의지하여 가짜 명칭과 언설의 모양을 분별하기 때문이다.

四者、計名字相。依於妄執 , 分別假名言相故。

(3-1-1-3-3-5225) 기업상을 밝히다

다섯째는 기업상(起業相)이니 계명자상에 의지하여 이름을 따라가면서 집착하여 여러 가지의 업을 짓기 때문이다.

五者、起業相。依於名字 , 尋名取著 , 造種種業故。

(3-1-1-3-3-5226) 업계고상를 밝히다

여섯째는 업계고상(業繫苦相)으로 업에 의한 괴로움에 얽매이는 상이니, 기업상에 의지하여 과보를 받아 자재하지 못하기 때문이다.

六者、業繫苦相。以依業受果不自在故。

(3-1-1-3-3-53) 근본불각과 지말불각을 총결하다
[진제29] 무명이 모든 염법을 내는 것을 마땅히 알아야 한다. 왜냐하면 모든 염법은 불각(不覺)의 모양이기 때문이다.

當知無明能生一切染法,以一切染法皆是不覺相故。

대승기신론 강설_10

일심 속에는 깨달음의 진여의 세계와 깨닫지 못한 생멸의 세계가 있습니다. 그래서 이 세상은 버릴 것이 하나도 없고 있는 그대로가 부처입니다. 대승기신론에서는 우리가 추구하는 부처가 따로 있는 것이 아니라 존재하는 형태 그대로가 부처임을 보여주고 있습니다. 만약 선한 마음 70 악한 마음 30을 내면 70만큼의 부처가 됩니다.

깨달음의 세계도 있지만 깨닫지 못한 세계도 있습니다. 깨닫지 못한 이 세계(불각의)는 어떻게 이루어져 있을까요. 근본불각이 있습니다. 모든 것의 첫 출발점은 바로 무명입니다. 무명이 중생들의 삶에 스며들어 모든 중생은 지말불각의 삼세와 육추의 형태를 가지고 살아갑니다. 근본불각과 지말불각을 총결해서 말하면 진여가 무명에 오염되면 생멸심이라는 것입니다.

학문을 하면서 기본적으로 주어진 내용을 명확하게 이해하고 있으면 공부하기 수월합니다. 세상은 나와 나 이외의 대상으로 이루어져 있습니다. 그래서 내가 주관이면 대상은 객관이 되고, 내가 주체면 대상은 객체가 되고, 내가 견분이면 대상은 상분이 되고, 내가 능견이면 대상은 소견이 되고, 내가 능변이 되면 대상은 소변이 되고, 내가 능의가 되면 대상은 소의가 되고, 내가 능취가 되면 대상은 소취가 되고, 내가 능연이 되면 대상은 소연이 됩니다. 나를 주체로 할 때는 주, 견, 능이고 대상을 주체로 할 때는 객, 상, 소가 됩니다. 어느 학문을 하건 주체와 객체의 개념은 다 같습니다.

앞서 불각에는 근본불각과 지말불각이 있다고 했습니다. 지말불각에는 3세(細) 6추(麤)가 있으며 3세에는 업상(業相, 主客未分), 능견상(能見相, 주관), 경계상(境界相, 객관)이 있고 6추에는 지상(智相), 상속상(相續相), 집취상(執取相), 계명자상(計名字相), 기업상(起業相), 업계고상(業繫苦相)이 있습니다. 3세 부분은 제8식 아뢰야식의 내용입니다. 6추, 거친 것에는 지상(智相)이 있는데, 이 지상은 아뢰야식을 바탕으로 내 생각, 분별심의 뿌리인 제7식 말라식에 해당합니다. 나머지 5개의 거친 것은 전오식, 생기식(生起識), 제6식 의식에 해당합니다. 상속상은 현재 의식을 가리킵니다. 집취상은 수, 계명자상은 상, 기업상은 행, 업계고상은 색에 해당합니다. 이것이 오온(五蘊)입니다. 유식에서는 색수상행식이었는데 여기서는 순서가 약간 다릅니다. 이것은 닭이 먼저냐, 달걀이 먼저냐와 같은 문제입니다.

불교에서 시간적인 관점에서 존재에 대한 속성은 무상이었고, 공간에 대한 존재에 대한 속성은 무아였습니다. 공간에서 모양이 생기는 것들은 전부 다 오온을 근거로 해서 만들어집니다.

그래서 불각에 대한 내용이 다른 것이 아니라 유식의 오온, 제6식, 제7식, 제8식에 대한 설명들입니다.

유식에서는 안혜 논사, 난타 논사, 진나 논사, 호법 논사의 견해를 통해 아뢰야식을 어떻게 분석했는지 알 수 있습니다. 안혜 논사는 아뢰야식을 일분(견분) 하나 밖에 없다고 주장했습니다. 난타 논사는 아뢰야식을 견분, 상분이라고 주장했고, 진나 논사는 아뢰야식을 견분, 상분, 자증분이라고 설명했고, 호법 논사는 견분, 상분, 자증분, 증자증분이라고 설명했습니다. 이 가운데 안혜 논사와 호법 논사의 견해가 많이 받아들여지고 있습니다. 3세 가운데 능견상, 경계상은 업상으로부터 나왔기 때문에 안혜 논사는 일분 즉, 하나라고 주장했습니다. 빅뱅 이후 우주가 생겨났다고 이야기하듯이 처음 분리되기 이전의 점을 업상이라고 합니다. 여기서는 주관과 객관이 나누어지기 전입니다. 난타 논사는 객관과 주관이 분리되기 시작하는 상태에 주목했기 때문에 견분, 상분으로 나누었습니다. 진나 논사는 여기서 더 나아가 견분과 상분 사이에서 둘을 조정, 관리하는 자증분이 있다고 주장했습니다.

어떤 병에 걸렸을 때 무언가를 먹어도 낫지 않는 경우가 있습니다. 여기서 먹는 것을 중지하면 스스로 치유되기 시작합니다. 이런 작용을 하는 것이 자증분입니다. 호법 논사는 이 세 가지를 총괄적으로 관리하는 시스템적인 무언가가 있을 것이라 생각해서 증자증분의 개념을 추가합니다. 자증분의 자가 치유 능력이 한 부분에 해당한다면 증자증분은 전체 시스템에서 모든 것을 조정할 수 있는 능력을 가진 것입니다. 낙동강의 원천을 알아 보니 태백시 매동산 너덜샘에서 발원하여 황지연못에서 솟아오르는 샘물이었습니다. 이와 같이 아뢰야식이 흘러 흘러 제7식을 만들고 우리의 삶을 만들어냅니다. 우리에게는 큰 강과 같이 수많은 업들이 흐르고 있는 것입니다. 이 업들의 출발점이 아뢰야식입니다.

"근본불각을 설하다. 불각(不覺)의 뜻은 진여법(일심)이 하나임을 여실히 알지 못해 불각의 마음이 일어나서 망념이 있게 된 것이다. 그러나 망념은 자상(自相)이 없어서 본각을 여의지 않지만, 방향을 잃은 사람은 혼미하게 된다. 만약 방향을 여읜다면 혼미함이 없어지는 것과 같다. 중생도 그와 같아서 각(覺)에 의지하기 때문에 혼미하게 되지만, 만약 각의 성질을 여의면 불각은 없어지게 된다." 무명에 물들면 불각의 마음이 일어납니다. 망념이란 이 무명에 의해 일어나는 생각들입니다. 이것들이 진여의 세계에서 불각의 세계로 넘어오게 만듭니다. 망념은 자상(自相)이 없다는 뜻으로 주체적인 모양이 없다는 말입니다. 망념은 기생해서 사는 그런 형태입니다. 본각(일심)이 물들면 불각이 되지만 본각 자체는 없어지지 않습니다. 그래서 본각을 여의지 않는다고 말합니다. 망념 자체는 주체적인 모양이 없기 때문에 본각과 같은 주체적인 하나의 모양이 없습니다. 원래 본각 하나밖에 없습니다. 무명이 무엇인지 알고 깨우쳐버리면 본각이고 이것을 모르고 무명에 물들어 있으면 불각인 것입니다. 대승기신론에서는 알든 모르든 중생도 부처의 세계에 있는 것을 말하고 있습니다. 비록 내가 물들어 있지만 본각을 여의지 않았다는 부분에서도 확인할 수 있습니다. 내 안에 그냥 본각이 있는 것입니다. 우리가 중생마음을 일으키지만 그것의 원래 모양은 본각이며 진여가 바탕에 깔려 있는 것입니다. '방향을 잃은 사람은 혼미하게 된다. 만약 방향을 여읜다면 혼미함이 없어지는 것과 같다.' 이 말을 비유해서 설명하면 여러 가지 음식들이 있어 이 음식도 먹고 싶고 저 음식도 먹고 싶어 방향을 잃고 혼미해질 수 있습니다. 하지만 음식 자체가 없어지면 혼미함도 없어집니다. 방향이 있으면 방향을 잃을 수 있지만 방향이 없으면 방향을 잃을 것도 없습니다. 우리의 망념이 이러한 것들입니다. 우리가 각을 생각할 때 그 대상이 되는 불각이 있습니다. 하지만 각과 불각 자체를 생각하지 않으면 불각도 없어집니다. 우리는 견성이나 진여와 같은 각을 생각하지만 사실은 있는 자체가 각이며 불각인 것입니다. 각과 불각은 원래 일심으로 하나다라는 생각을 하면 불각에 의해 혼미해지는 일이 없어지게 되는 것입니다.

"불각의 망상심이 있기 때문에 명칭과 의의[名義]를 알아서 진각(眞覺)이라고 말하는 것이니, 만약 불각의 마음을 여읜다면 진각의 자상(自相)도 없게 된다." 우리는 불각이라는 망상심이 있기 때문에 명칭과 의의에 의해 진각이라고 말합니다. 불각이 있기 때문에 불각에 대응하는 진각이 있다고 하는 것입니다. 만약 불각이 없어지면 우리가 진각이라고 설정하는 형태도 같이 없어지게 됩니다. 그래서 이분법의 논리가 아니라 똑같이 하나라는 말입니다. 만약 내가 견성한다는 다른 하나를 설정하면 견성과 불각이 두 개로 나누어집니다. 하지만 원래 존재하는 것은 일심 하나 밖에 없는 것입니다. 분리된 이원의 세계가 아니라 오직 하나로써 모든 것이 회통하고 있음을 설명하고 있습니다.

"지말불각을 설하다. 삼세를 밝히다. 아뢰야식은 다시 불각(不覺)에 의지하기 때문에 무명업상, 능견상, 경계상의 세 가지의 모양이 생겨서 불각과 더불어 상응하여 여의지 않는다. 육추를 밝히다. 말라식과 의식은 경계의 연(緣)이 있기 때문에 다시 여섯 가지의 모양을 낸다. 지상, 상속상, 집취상, 계명자상, 기업상, 업계고상이다."

처음 일으키는 그 마음, 그 상태를 아뢰야식으로 말할 수 있습니다. 아뢰야식이 처음 생기는 것이 무명업상, 능견상, 경계상입니다. 근본불각에 어떤 불순한 오염된 망념이 일어나면 불각과 상응하여 무명업상, 능견상, 경계상 이런 것들이 생겨납니다. 이것들을 바탕으로 또 육추가 생겨나게 됩니다. 그것이 지상, 상속상, 집취상, 계명자상, 기업상, 업계고상입니다. 이것들이 제8식 아뢰야식, 말라식, 의식, 오온에 대한 설명이 됩니다.

"무명업상(無明業相)을 밝히다. 불각에 의지하기 때문에 마음이 움직이므로 업상이라고 한다. 깨달으면 움직이지 않고 움직이면 괴로움이 있게 되니, 결과가 원인을 여의지 않는 까닭이다." 제8식 아뢰야식의 첫째 단계이며 유식에서 무부무기로 설명하고 있습니다.

끝없는 허공에 한 생각이 일어납니다. 이것이 제8식 아뢰야식의 첫 출발점입니다. 끝없는 허공 속에 하나의 망념이 일어나는 것이 바로 무명업상입니다. 깨닫고 알면 성성적적하지만 모르면 움직이고 요동합니다. 마음이 끝없이 요동하는 것은 무명, 무지 때문입니다. 모르기 때문에 끝없는 번뇌망상을 일으킵니다. 움직임으로부터 생노병사가 일어납니다. 깨닫고 움직이지 않으면 생노병사를 아는 것이고 모르고 움직이면 끝없는 생노병사 속에서 고통받으며 헤매는 것입니다. 이것이 불각으로부터 출발해서 벌어지는 일들입니다. 무명이라는 점을 찍었기 때문에 괴롭고 생노병사를 끝없이 되풀이하게 되는 것입니다.

허공에 첫 망념이 일어나는 것이 무명업상입니다. 처음에 무엇인가 움직임이 있기 시작하는 그 무명이며 제8식 아뢰야식의 첫째 단계로 일어나는 것입니다. 유식에서 제8식을 무부무기라고도 합니다. 제8식 아뢰야식을 감지하는 것이 견성입니다. 마음의 미세한 움직임을 아는 것입니다. 그래서 견성은 공부의 끝이 아니라 시작입니다.

"능견상(能見相)을 밝히다. 움직임에 의지하기 때문에 능히 볼 수 있게 되며, 움직이지 않으면 보이는 것이 없다." 제8식 아뢰야식의 두 번째 단계입니다. 무명업상은 나와 대상, 주관과 객관이 나누어지기 전의 상태입니다. 그 다음 주체적으로 생각을 일으키게끔 주체적인 형상을 만들게 하는 것이 능견상입니다. 움직이지 않고 적적하면 눈에 안띄이는데 움직이면 보입니다. 이 능견상은 움직임에 의지하기 때문에 보입니다. 모든 것은 움직여야 보이는데 성성적적한 삼매에 들면 그 무엇이라도 볼 수 없습니다. 내 마음이 조금이라도 움직인다면 귀신이나 저승사자같은 초자연적 존재들이 그것을 감지할 지도 모릅니다. 삼매에 들면 마음이 움직이지 않기 때문에 보이지 않게 되고 이러한 상태가 견성입니다.

"경계상(境界相)을 밝히다. 능견상(能見相)에 의지하기 때문에 경계가 허망하게 나타나므로 능견(能見)을 여의면 경계가 없어지게 된다." 제8식 아뢰야식의 세 번째 단계입니다. 여기서는 주관에 의해 대상이 나타나기 시작합니다. 하지만 주체가 삼매에 들면 대상은 없어지게 됩니다. 나의 마음이 움직이면 세상도 따라 존재하지만 내가 삼매에 들어 능견을 여의게 되면 보이는 모든 대상, 경계가 없어지게 됩니다. 이것들은 근본의 마음에서 일어나는 현상입니다. 근본의 마음에서도 이 세상에 보이는 세계와 똑같은 상황이 벌어지고 있음을 알 수 있습니다.

"지상(智相)을 밝히다. 첫째는 지상이니 경계상에 의지하여 마음이 좋아하고 좋아하지 않음을 분별하기 때문이다." 제7식 말라식이며 유부무기 입니다. 하나의 점이 점점 진해져서 형상을 이루고 완벽한 형상을 이루게 됩니다. 이런 완벽한 형상을 이루게 된 상태가 경계상입니다. 그것이 투영되는 것이 제7식입니다. 여기서 좋아하고 좋아하지 않는 분별하는 마음이 생깁니다. 물들어 있는 상태가 됩니다. 우리가 내는 분별심은 모두 물든 유부의 상태에서 나오는 것들입니다. 내가 세세생생 살아오면서 쌓았던 업이 좋아하면 좋아한대로 물들어 저장되고, 싫어하면 싫어한대로 물들어 저장됩니다. 그래서 이 생에 좋아하는 쪽으로 부딪히면 좋아하는 마음을 일으키고 싫어하는 쪽으로 부딪히면 싫어하는 마음을 일으킵니다. 우리가 똑같은 사람을 보고 다른 마음을 일으키는 것도 이러한 것입니다. 이것은 상대방 때문이 아니라 자기 속의 업 때문에 일어납니다. 자신의 업의 작용에 의해 다른 사람을 보고 마음에 들거나 이야기를 해보고 마음에 들기도 합니다. 부처님 공부를 하고 수행을 하자는 이야기를 듣고 마음을 내는 것은 그에 대한 요소가 있는 것입니다. 전생에 공부했던 흔적이 있기 때문에 그런 마음이 일어나는 것입니다.

말라식을 넘으면 색수상행식 오온이 나옵니다. 오온은 불교에서 중요한 내용입니다. 색(色)은 루파이며, 변할 가능성이 있는 것을 보고 변하지 못하도록 집착하는 것입니다. 무지, 아집입니다. 근본적인 집착입니다. 세상의 모든 것은 끊임없이 변하지만 변하지 않는다고 착각합니다. 여기서 변하지 못하도록 집착하게 하는 것이 아집이며 색입니다. 수(受)는 뒤바뀌려는 느낌, 감수작용입니다. 세상은 변하고 있는데 변하지 않는다고 착각해서 변하면 불안해하는 것입니다. 이것은 아집에서 일어나는 생각입니다. 우리는 자신의 변화를 못 보기 때문에 죽지 않는다고, 늙지 않는다고 착각합니다. 그래서 많은 사람이 죽을 날이 멀었다고 생각하고 공부를 하지 않습니다. 내가 내일 죽는다고 가정해보십시오. 그러면 생각이 달라질 것입니다. 오온에서 불안과 공포는 근본적으로 생기는 것입니다. 이것은 견성해서 진여를 본 순간 없어집니다. 진여를 보면 우리는 변화 속에 있음을 압니다. 하지만 아집에 휘둘리면 자기 자신은 변하지 않는다고 착각하게 됩니다. 그런데 대상을 보면 변하고 있기 때문에 근본적으로 불안한 마음이 생기는 것입니다.

그 불안을 극복하기 위해서 주변에 있는 것들을 갖다 붙힙니다. 변하지 않는다고 착각하는 자신과 주변을 하나로 만들어버려 대상도 변하지 않는다고 착각하게 됩니다.

불안을 극복하는 방법이 자기화입니다. 모든 세포가 자기복제이듯이 우리 생각도 자기복제를 끝없이 합니다. 생각하고 분별하고 판단하면서 정신적으로 복제를 합니다. 자기화 하는 과정에서 내가 갖고 있는 업만큼 육신을 만들어 냅니다. 나의 형상이 바로 내 업의 형상입니다. 만약 다음 생애에 잘 생겨지려면 선업을 쌓아야 하고 악업을 줄여야 합니다.

상(想)은 뒤 바뀌어서는 안된다고 하는 것으로 표상작용입니다. B는 B, A는 A인데 '하나'다고 생각하는 것입니다. 상은 samjna(상즌냐)로 이 말은 합쳐서 판단하다, 하나로 판단하다는 뜻입니다. sam이 '하나로' jna가 '판단하다'는 뜻입니다. 나와 대상이 분리되어 있던 것을 하나로 합쳐서 판단하려고 하는 것입니다. 상, 행, 식 이런 것들의 끝없는 작용이 우리의 분별, 생각을 만들어냅니다.

행(行)은 상스카라로 이것은 '하나로 만들어진'이란 뜻입니다. 상은 '하나로', 스카라는 '만들다'는 뜻입니다. 행은 하나로 만들어야겠다고 생각을 일으킨 뒤에 실제로 행동을 일으켜 하나로 만드는 것입니다. 행위작용입니다. 결합생성작용을 하는 것입니다. 그래서 부처님께서는 존재를 유위법(有爲法)이라고 하셨습니다. 위(爲)는 서로 다른 B와 A를 하나로 만들려고 하는 것입니다. 상(想)은 하나로 만들려고 생각하는 것이고 행(行)은 움직여 하나로 만들어버리는 것입니다. 하나로 만들어진 것이 우리의 의식으로 나타납니다.

식(識)은 뷔즌야나(Vijnana)로 Vi는 '다르게'라는 뜻이고 jnana는 '알다'는 뜻입니다. 식은 변화의 전후법을 다르게 인식하는 것으로 분별작용입니다. A법과 B법이 한몸이 됨으로써 이전의 구조와 차이를 보이게 되는데 B를 중심으로 A를 끌어붙입니다. 이것이 '떠올라버림'이 되고 '나'가 됩니다. '나'를 중심으로 끌어모으는 것을 오취온이라고 합니다. 취는 끌어모으려는 힘입니다. 그래서 이 몸이 업만큼 만들어지는 것입니다. 색수상행식의 덩어리를 오취온이라고 합니다. 식이 분화되어 6식, 7식, 8식으로 나눈 것입니다.

"상속상(相續相)을 밝히다. 둘째는 상속상이니 지상(智相)에 의지하기 때문에 고락(苦樂)을 느끼는 마음을 내어 생각을 일으켜 상응하여 끊어지지 않기 때문이다.(제6식, 의식)" 우리는 분별, 생각을 끝없이 일으킵니다. 상속하지 않는 순간 우리의 육체는 죽은 것입니다. 끝없이 일어나는 이것을 의식이라고 합니다.
"집취상(執取相)을 밝히다. 상속상에 의지하여 경계를 반연하여 생각하고 고락에 머물러서 마음에 집착을 일으키기 때문이다.(수)" 이것은 느낌에 대한 설명입니다. 집취상은 느낌(수)을 모으는 것입니다. 애욕을 일으키는 첫 출발이 느낌(수)입니다. 색수상행식은 마음 작용의 근본 바탕을 설명한 것입니다. 우리는 느낌이 좋은 것은 계속 하려고 하고 느낌이 안 좋은 것은 밀어내려고 합니다. 이것이 애욕입니다. 애욕은 느낌(수)로부터 출발하여 모으려고 합니다. 수 다음에 취가 옵니다. 취는 좋으니까 모아서 내 곁에 두려고 하는 것입니다.

"계명자상(計名字相)을 밝히다. 허망한 집착에 의지하여 가짜 명칭과 언설의 모양을 분별하기 때문이다.(상)" 수에 의해 모양을 만듭니다. 이름과 모양을 만드는 것이 계명자상입니다. 어떤 느낌이 생기면 느낌에 의해서 이름도 만들고 모양도 만드는데 이것이 상입니다.

"기업상(起業相)을 밝히다. 계명자상에 의지하여 이름을 따라가면서 집착하여 여러 가지의 업을 짓기 때문이다.(행)" 업을 일으키는 것입니다. 내 속에 있는 것들이 움직이고 활동하기 시작하는 것입니다.

"업계고상(業繫苦相)을 밝히다. 업에 의한 괴로움에 얽매이는 상이니, 기업상에 의지하여 과보를 받아 자재하지 못하기 때문이다.(색)" 각자의 모양이 만들어지는 것이 색입니다. 자기의 모양을 끝도 없이 만들어냅니다.

이와 같은 3세와 6추의 설명은 아뢰야식과 말라식, 의식, 오온에 대한 것입니다. 유식의 내용을 통해 자세하게 다룬 내용을 여기서는 비교적 간단하게 살펴보았습니다.

"근본불각과 지말불각을 총결하다. 무명이 모든 염법을 내는 것을 마땅히 알아야 한다. 왜냐하면 모든 염법은 불각(不覺)의 모양이기 때문이다." 12연기에서 무명이 일어나는 첫 움직임입니다. 허공에 한 생각 일어나는 무명이 모든 것을 내는데 이것이 12연기의 첫 회전입니다. 근본불각과 지말불각을 나누어서 설명했지만 근본적으로 무명으로 총결됩니다. 무지, 아집에 대해 알면 부처고 이것을 모르면 중생입니다. 우리는 무지하기 때문에 끝없는 아집 속에서 살아갑니다. 이것이 나(중생)입니다. 중생이나 부처가 다른 것이 아니라는 것이 바로 일심(一心)입니다. 그래서 이 세상은 존재하는 그대로 부처 세상입니다. 어두운 곳에 불을 켜면 밝아집니다. 밝음과 어두움이 따로 있는 것이 아니라 그냥 같은 것입니다. 불이 있으면 밝았다가 불이 없으면 어두운 것뿐입니다. 그래서 관점에 따라 이 세상은 부처세계이기도 하고 지옥이기도 합니다. 있는 것은 그냥 그대로 존재합니다. 이왕이면 부처세계에서 사는 것이 낫지 않겠습니까. 진리를 알면 우리가 걷는 한 발자국이 그 의미가 달라집니다. 그 자체가 거룩해지고 어마어마해집니다. 무명을 깨트리고 거룩한 생각을 하는 순간 이 세상은 바뀌어집니다.

제11강

(3-1-1-3-3-6) 각과 불각은 동이를 설하다

[진제30] 각(覺)과 불각(不覺)에는 두 가지의 모양(相)이 있다. 첫째는 같은 모양(同相)이고, 둘째는 다른 모양(異相)이다.

復次 , 覺與不覺有二種相。云何為二？一者、同相 , 二者、異相。

(3-1-1-3-3-61) 동상을 밝히다

같은 모양(同相)이라는 것은 비유하자면 여러 가지의 질그릇이 모두 같은 미진(微塵)의 성상(性相)인 것처럼 무루(無漏)와 무명(無明)과 여러 가지 업환(業幻)이 같은 진여의 성상인 것이다.

[같은 모양이라는 것은 여러 가지 형상의 질그릇이 같은 흙으로 빚어졌듯이, 각과 불각의 무루와 무명과 여러 가지 업환도 진여의 성품인 것이다.]

그러므로 경 가운데 이 진여의 뜻에 의지하는 까닭은 '일체의 중생이 본래 항상 머물러서 열반에 들어 있으며, 보리의 법도 닦을 수 있는 모양이 아니며 지을 수 있는 모양도 아니고 끝내 얻을 수 없는 것이다. 또한 색상(色相)을 볼 수 없다고 하였다.

그러나 색상을 보는 것은 오직 오염된 업환(業幻)에 따라 지은 것이며 지색의 불공(智色不空)의 성질이 아니므로 지상(智相)을 볼 수 없는 까닭이다.'라고 하였다.

同相者 , 譬如種種瓦器皆同微塵性相 , 如是無漏無明種種業幻皆同真如性相。是故修多羅中依於此真如義故，說一切眾生本來常住入於涅槃，菩提之法非可修相、非可作相，畢竟無得，亦無色相可見；而有見色相者，唯是隨染業幻所作，非是智色不空之性，以智相無可見故。

(3-1-1-3-3-62) 이상을 밝히다

다른 모양(異相)이라고 말한 것은 여러 가지 질그릇이 같지 않은 것처럼 무루와 무명이 오염된 환을 따르는 차별이며, 자성이 오염된 환의 차별인 까닭이다.

[다른 모양이라는 것은 여러 가지 형상의 질그릇이 모두 흙으로 빚어졌지만 각각 다른 인연에 따라 다른 형상으로 만들어진 것이다.]

異相者，如種種瓦器各各不同，如是無漏無明隨染幻差別，性染幻差別故。

(3-1-1-3-3) 심생멸의 인연을 해석하다

(3-1-1-3-3-1) 생멸인연의 뜻을 설하다

[진제31] 또한 생멸인연(生滅因緣)이라는 것은 이른바 중생은 마음(心)에 의지하여 의(意)와 의식(意識)이 전변하기 때문이다.

復次，生滅因緣者，所謂眾生依心．意．意識轉故。

(3-1-1-3-3-11) 심에 의지함을 밝히다

[진제32] 심에 의지함이란 아뢰야식에 의지하여 무명이 있다고 설한다.

此義云何？以依阿梨耶識說有無明

(3-1-1-3-3-12) 의에 유전함을 밝히다

[진제33] 불각(不覺)이 일어나서 능히 보고 나타나며 경계를 취

하며 망념을 일으켜 상속하기에 '의(意)'라고 말한다. 이 의(意)에는 다섯 가지의 이름이 있다.

不覺而起, 能見、能現、能取境界, 起念相續, 故說為意。此意復有五種名。云何為五？

(3-1-1-3-3-121) 업식을 밝히다

첫째는 업식(業識)이라고 이름하니, 무명의 힘으로 불각의 마음이 움직인 까닭이다.

一者、名為業識, 謂無明力不覺心動故。

(3-1-1-3-3-122) 전식을 밝히다

둘째는 전식(轉識)이라고 이름하니, 움직인 마음에 의지하여 능히 보는 모양인 까닭이다.

二者、名為轉識, 依於動心能見相故。

(3-1-1-3-3-123) 현식을 밝히다

셋째는 현식(現識)이라고 이름하니, 일체의 경계를 나타내는 것이 마치 밝은 거울이 물체의 형상을 나타내는 것과 같다. 현식도 또한 그러하여 다섯 가지 경계를 따라서 대상이 부딪히면 곧 나타난다. 앞뒤가 없다. 왜냐하면 언제든지 임의로 일어나서 항상 앞에 있기 때문이다.

三者、名為現識, 所謂能現一切境界, 猶如明鏡現於色像；現識亦爾, 隨其五塵對至, 即現無有前後, 以一切時任運而起常在前故。

(3-1-1-3-3-124) 지식을 밝히다

넷째는 지식(智識)이라고 이름하니, 염법(染法)과 정법(淨法)을 분별하기 때문이다.

四者、名爲智識，謂分別染淨法故。

(3-1-1-3-3-125) 상속식을 밝히다

다섯째는 상속식(相續識)이라고 이름하니, 망념이 상응하여 끊어지지 않기 때문이다. 과거 한량없는 세상에서 선악의 업을 간직하여 잃어버리지 않는 까닭이며,

또 현재와 미래의 고락 등의 과보를 성숙시켜 어긋남이 없는 까닭으로 현재에 이미 지나간 일을 문득 생각하게 하고 미래의 일을 알지도 못하면서 망령되이 염려하게 한다.

그래서 삼계(三界)는 허망한 것이며, 오직 마음이 지은 것이니, 마음을 여의면 육진의 경계도 사라지게 된다.

그러므로 일체법이 모두 마음으로부터 일어나 망령으로 생겨난 것이니 일체의 분별은 곧 스스로의 마음을 분별한 것이며,

마음은 마음을 볼 수 없기에 모양을 가히 얻을 수 없다.

세간의 모든 경계는 중생의 무명의 허망한 마음에 의지하여 머무름을 얻는다.

그러므로 일체법은 거울 속의 형상과 같아서 본체를 가히 얻을 수 없고 오직 마음일 뿐 허망한 것이다. 왜냐하면 마음이 생기면 갖가지의 법이 생기고 마음이 없어지면 갖가지의 법이 없어지기 때문이다.

五者、名爲相續識，以念相應不斷故，住持過去無量世等善惡之業令不失故，復能成熟現在未來苦樂等報無差違故，能令現在已經之事忽然而念，未來之事不覺妄慮。是故三界虛僞唯心所作，離心則無六塵境界。此義云何？以一切法皆從心起妄念而生，一切分別即分別自心，心不見心無相可得。當知世間一切境界，皆依眾生無明妄心而得住持，是故一切法，如鏡中像無體可得，唯心虛妄。以心生則種種法生，心滅則種種法滅故。

(3-1-1-3-3-13) 의식의 유전함을 밝히다

[진제34] 또한 의식(意識)이라는 것은 곧 상속식이니 범부의 취착함이 점점 깊어져서 나(我)와 나의 것(我所)을 따지고 여러 가지 허망된 집착으로 일을 따라 반연하여 육진(六塵) 경계를 분별하므로 의식이라고 말한다.

또한 분리식(分離識)이라고도 이름하고 다시 분별사식(分別事識: 사물을 분별하는 식)이라고도 이름하니, 이 식이 견애번뇌(見愛煩惱)를 의지하여 증장한다는 뜻이다.

復次，言意識者，即此相續識，依諸凡夫取著轉深計我我所，種種妄執隨事攀緣，分別六塵名為意識，亦名分離識。又復說名分別事識，此識依見愛煩惱增長義故。

(3-1-1-3-3-2) 인연의 체상을 설하다

(3-1-1-3-3-21) 인연의 깊은 도리를 밝히다

[진제35] 무명의 훈습에 의지하여 일어나는 식(識)은 범부가 능히 알 수 있는 것이 아니며, 또한 이승(二乘)의 지혜로 깨닫는 것도 아니다. 이는 보살이 처음 바른 믿음을 발심하여 관찰함을 의지하여 법신(法身)을 증득해도 조금 알게 되며 나아가 보살의 구경지(究竟地)에 이른다 하더라도 다 알 수 없으며 오직 부처만이 다 알 수가 있다.

왜냐하면 본래부터 자성(自性)은 청정하지만 무명이 있어서 이 무명에 의하여 물들게 되어 염심(染心)이 있는 것이다.

비록 오염된 마음이 있지만 항상 변하지 않는 까닭으로 이 뜻은 오직 부처만이 알 수 있는 것이다.

依無明熏習所起識者, 非凡夫能知, 亦非二乘智慧所覺。謂依菩薩, 從初正信發心觀察, 若證法身得少分知, 乃至菩薩究竟地不能知盡, 唯佛窮了。何以故？是心從本已來自性淸淨而有無明, 為無明所染, 有其染心。雖有染心而常恒不變, 是故此義唯佛能知。

(3-1-1-3-3-22) 인연의 차별된 상태를 밝히다

(3-1-1-3-3-221) 심성인의 체상을 밝히다

[진제36] 이른바 심성(心性)이 항상 무념인 까닭으로 불변(不變)이라 이름하며,

所謂心性常無念故名為不變,

(3-1-1-3-3-222) 무명연의 체상을 밝히다

[진제37] 하나의 법계(法界)임을 알지 못하기 때문에 마음이 상응하지 못하여 홀연히 망념이 일어나는 것을 무명이라 하는 것이다.

以不達一法界故心不相應, 忽然念起名為無明。

"차별없는 참사람. 펼치면 우주 만물을 덮고, 접으면 터럭 하나도 그 위에 서지 못한다. 홀로 밝히는 빛이지만 온 우주를 비추고도 부족함이 없다. 눈에도 안 보이고 귀에도 안 들리니, 이를 무엇이라 이름하겠는가? 〈설사 한 물건이라 해도 맞지 않는다(육조 혜능)〉는 옛 스승의 말 그대로다. 그러니 어찌하겠느냐. 스스로 들여다보는 수밖에."

"설사 한 물건이라 해도 맞지 않는다."는 육조 혜능과 남악 회양의 선문답입니다. 남악 회양이 혜능을 찾아가 '부처가 무엇인가' 하고 물을려고 했는데 혜능이 먼저 묻습니다. "어떤 한 물건이 왔는가?" 남악은 여기서 말문이 막혀버리고 말았습니다. 그리고 8년 동안 도대체 한 물건이 무엇인가 생각하며 화두에 집중하게 되었습니다. 나중에 깨우치고 보니 한 물건이라도 해도 맞는 답이 아니었던 것입니다. 그래서 부리나케 혜능을 찾아가서 "설사 한 물건이라 해도 맞지 않습니다."고 말하자 혜능이 "알았으면 됐지. 뭣하러 찾아왔는고." 라고 했습니다.

왜 공부해야 하는가. 스스로 들여다보지 않으면 알 수 없습니다. 세상의 묘한 진리는 내가 아는 것만큼 내 세상입니다. 진리를 깨우치고 여유작작하게 걸어가는 그 모습이 바로 화엄입니다. 공부를 해야 압니다.

이번에 다룰 것은 망경계훈습에 의해서 오염된 식들입니다.

"각과 불각의 동이(同異)를 설하다. 각(覺)과 불각(不覺)에는

두 가지 모양의 상(相)이 있다. 첫째는 같은 모양[同相]이고 둘째
는 다른 모양[異相]이다." 각과 불각은 같기도 하고 다르기도 합
니다. 일심 속에 모든 것이 있습니다. 불각에서부터 진여의 세
계까지 모두 있는 것이 대승기신론입니다. 깨닫지 못한 우리도
일심 속에 있으며 진여가 같이 들어있습니다. 단지 오염되어 있
으면 불각이고 오염되어 있지 않은 진실은 각일 뿐입니다. 나
의 삶도 각과 공존하는 것입니다. 그래서 내 하루의 삶은 부처
의 삶인 것입니다.

　"동상을 밝히다. 같은 모양이라는 것은 여러 가지 형상의 질
그릇이 같은 흙으로 빚어졌듯이 각과 불각과 무루와 무명과 여
러 가지 업환도 진여의 성품인 것이다." 모양은 다르고 종류가
다양한 질그릇이지만 같은 흙으로 빚어진 것입니다. 그런데 빚
고 나니 둥근 것도 있고 각진 것도 있고 큰 것도 있고 작은 것도
있는 것입니다. 그래서 각, 불각이나 번뇌가 없는 무루나 번뇌
의 근원인 무명도 모두 진여의 성품 안에 있는 같은 것입니다.
동상은 우리의 근본 성품, 오염되기 전의 하나[一心]를 말합니
다. 다른 모양을 하고 있지만 소재는 같듯이, 물들어 있는 것을
없애고 근본으로 가면 같은 진여입니다. 바로 그것이 동상을 밝
히는 것입니다. 우리는 똑같은 진여 속에 있는 것입니다. 우리
가 깨우치면 일심(一心)이 되고 그렇게 되면 자기 자신을 위하는
마음이 없어집니다. 하나인 상황에서는 어떤 행동을 하건 모든
생명을 이롭게 합니다. 그에게는 어떠한 사심도 없습니다. 우리
는 남에게 너를 위해서 했다고 자주 말하지만 자기 자신을 위한
마음과 계산이 깔려있습니다. 가장 일심에 가까운 것이 어머니

가 자식을 위한 마음일 것입니다.

"그러므로 경 가운데 이 진여의 뜻에 의지하는 까닭은 '일체의 중생이 본래 항상 머물러서 열반에 들어 있으며, 보리의 법을 닦을 수 있는 모양이 아니며 지을 수 있는 모양도 아니고 끝내 얻을 수 없는 것이다. 또한 색상(色相)을 볼 수 없다.'고 하였다." 무명 때문에 원래 열반적정인지 모르고 끝없이 번뇌망상을 일으킵니다. 번뇌망상 속에 열반적정이 들어앉아 있는 것입니다. 보리의 법은 깨달음, 본래 성품을 말합니다. '끝내 얻을 수 없다.'는 말은 원래 갖고 있기 때문에 얻을 수 없는 것입니다. 내가 부처가 되려고 노력하는 것이 아니라 내가 부처임을 인식해야 하는 것입니다. 절박함을 더하기 위해 부처가 되자고 말하지만 우리는 원래 부처입니다. 오염이 되어 부처임을 모르는 것 뿐입니다. 공부하는 것이 본래의 모습으로 돌아가는 것입니다. 지금 모양이나 형태는 오염된 상태에는 있지만 깨달은 상태, 진여의 상태에서는 없습니다. 그래서 '색상을 볼 수 없다.'고 말한 것입니다. 이것은 진여가 무엇인지 표현한 말입니다.

"그러나 색상을 보는 것은 오직 오염된 업환(業幻)에 따라 지은 것이며 지색의 불공[智色不空]의 성질이 아니므로 '지상(智相)을 볼 수 없는 까닭이다.'고 하였다." 지는 지식으로 제7식 말라식에 해당합니다. 색은 우리의 형상을 이루고 있는 계명자상에 해당합니다. 여기서 나오는 불공(不空)이란 공(空)보다 더 본질적인 것입니다. 불공은 공이 아닌 것이 아니라 공을 넘어선 것으로 '공 조차도 아니다'는 뜻에 가까울 것입니다. 그러므로 '불공의 성질이 아니다'는 것은 진여의 성질이 아니라는 말입니다. 지상(智相)은 제7식에서 만들어내는 모든 것입니다. 진여가 아니므로 업을 전부 볼 수 없다는 말입니다.

"이상(異相)을 밝히다. 다른 모양이라는 것은 여러 가지 형상의 질그릇이 모두 흙으로 빚어졌지만 각각 다른 인연에 따라 다른 형상으로 만들어진 것이다." 각기 그릇의 모양은 다 다릅니다. 물든 것을 넘어서 본래 성품을 보니까 하나였던 것입니다. 우리는 업에 물들어 다른 모양을 하고 있지만 업에 물들기 전의 성품은 같습니다. 동상은 진여의 입장에서 세상을 보니까 전부 다 같다는 것입니다. 하지만 이상은 뿌리는 같은데 나뭇가지는 다 다른 것입니다. 뿌리인 일심은 다 같은데 열린 업들은 다 다릅니다.

같기도 하고 다르기도 하다는 말(보리즉번뇌, 번뇌즉보리)에서 같기도 하다는 것은 진여에 뿌리를 두고 말한 것입니다. 다르기도 하다는 것은 업을 받아서 나타나는 각기 다른 모양을 말한 것입니다. 업에 의해 각자 다른 모양을 가지는 것입니다. '보리즉번뇌, 번뇌즉보리'에서 번뇌즉보리는 동상의 관점에서 말한 것이고 보리즉번뇌는 이상의 관점에서 말한 것입니다. 우리는 같기도 하고 다르기도 하지만 같은 것은 본래 성품입니다. 혜능이 말했던 질문 '어떤 한 물건이 왔는가?'는 진여의 상태에서 답을 하면 맞는 것이 되고 분별심으로 답을 하게 되면 다른 것입니다. 모르는 사람 입장에서 보면 다 맞는 것 같은데 아는 사람 입장에서 보면 맞고 틀리고가 명확하게 분간됩니다. 알면 눈빛만 보아도 알 듯이 던지는 말도 본래 어떤 마음에서 던진 것인지 알 수 있습니다. 물들기 전의 진여는 하나입니다. 하나의 그 마음에서 일으키는 모든 것은 세상을 이롭게 하는 것 밖에 없습니다. 위하고 원하는 마음 밖에 없기 때문입니다. 지혜, 광명, 깨달음은 세상의 모든 생명에게 끝없는 자비를 베풉니다. 그래서 깨달음의 성품은 자비일 수밖에 없습니다. 그 마음밖에 없는 것이 본래 성품입니다.

"생멸인연(生滅因緣)의 뜻을 설하다. 생멸인연이라는 것은 이른바 중생은 마음[心]에 의지하여 의(意)와 의식(意識)이 전변하기 때문이다." 지금 우리가 몸받아 살아가는 모든 것은 생멸인연입니다. 의식은 경계에 부딪혀 일으키는 생각 제6식이고, 의(意)는 의지대로 하려는 마음 제7식입니다. 심(마음)은 일으키는 식의 총집합체로 아뢰야식 제8식입니다. 마음, 의, 식이 전변하는 것이 중생입니다. 심(마음), 의, 식을 알면 부처고 모르면 중생입니다. 우리의 삶은 의(意)에 의해 살아갑니다. 내가 갖는 업이 삶을 결정합니다. 이 의를 바탕으로 생각하고 분별하고 판단하는데 이것이 우리의 삶의 연속이 됩니다.

"심에 의지함을 밝히다. 마음에 의지함이란 아뢰야식에 의지하여 무명이 있다고 설한다."

마음의 통이 아뢰야식인데, 불이 켜져 밝을 수도 있고(견성, 성품을 본다), 어두운 상태로 있을 수도 있습니다. 밝을 때는 아뢰야식을 본 것이고, 어두울 때는 아뢰야식을 보지 못한 상태인 무명이 있다라고 말합니다. 아뢰야식이 밝아 훤하게 보이면 각이고, 아뢰야식이 어두워 보이지 않으면 불각입니다. 원래 아뢰야식뿐인데, 아뢰야식이 밝아 각을 이룬 상태를 제 9식 아말라식이라고도 합니다. 식은 원래 8식까지 뿐입니다.

"의에 유전함을 밝히다. 불각(不覺)이 일어나서 능히 보고 나타나며 경계를 취하며 망념을 일으켜 상속하기에 '의(意)'라고 말한다. 이 의(意)에는 다섯 가지의 이름이 있다."

"업식을 밝히다. 첫째는 업식(業識)이라 하며, 무명의 힘으로 불각의 마음이 움직인 까닭이다." 의는 제7식인 말라식을 말합니다. 말라식이 형성되어 나타나는 과정에는 업식, 전식, 현식, 지식, 상속식이 있습니다. 말라식의 핵심은 지식입니다. 끝없는 우주에 티끌 하나 떨어지는 것이 업식입니다.

"둘째는 전식(轉識)이라 하며, 움직인 마음에 의지하여 능히 보는 모양인 까닭이다." 티끌 하나가 어렴풋한 모양을 갖추는 단계가 전식입니다. 원망하는 요소들을 모아서 어렴풋한 모양이 형성되는 단계입니다.

"현식을 밝히다. 셋째는 현식(現識)이라 하며, 일체의 경계를 나타내는 것이 마치 밝은 거울이 물체의 형상을 나타내는 것과 같다. 현식도 그러하여 다섯 가지 경계를 따라서 대상이 부딪히면 곧 나타난다. 앞뒤가 없다. 왜냐하면 언제든지 임의로 일어나서 항상 앞에 있기 때문이다." 원망하는 조각들이 모여 원망하는 분명한 모양을 갖추는 단계가 현식입니다. 여기까지는 불각의 상태이기 때문에 우리가 감지하지 못하는 단계입니다.

"지식을 밝히다. 넷째는 지식(智識)이라 하며, 염법(染法)과 정법(淨法)을 분별하기 때문이다." 이 현식이 거울에 투영되듯 나타나는 것이 지식이며 투영된 모양에 대해 구체적인 분별을 일으키는 단계가 지식의 단계입니다. 제7식 말라식이 대표적인 단계입니다.

"상속식을 밝히다. 다섯째는 상속식(相續識)이라 하며, 망념이 상응하여 끊어지지 않기 때문이다.

과거 한량없는 세상에서 선악의 업을 간직하여 잃어버리지 않는 까닭이며, 또 현재와 미래의 고락 등의 과보를 성숙시켜 어긋남이 없는 까닭으로 현재에 이미 지나간 일을 문득 생각하게 하고 미래의 일을 알지도 못하면서 망령되이 염려하게 한다.

그래서 삼계(三界)는 허망한 것이며, 오직 마음이 지은 것이니, 마음을 여의면 육진의 경계도 사라지게 된다. 일체법이 모두 마음으로부터 일어나 망령으로 생겨난 것이니 일체의 분별은 곧 스스로의 마음을 분별한 것이며, 마음은 마음을 볼 수 없기에 모양을 가히 얻을 수 없다. 세간의 모든 경계는 중생의 무명의 허망한 마음에 의지하여 머무름을 얻는다. 그러므로 일체법은 거울 속의 형상과 같아서 본체를 가히 얻을 수 없고 오직 마음일 뿐 허망한 것이다. 왜냐하면 마음이 생기면 갖가지의 법이 생기고 마음이 없어지면 갖가지의 법이 없어지기 때문이다."

지식이 실제로 나타나는 것은 의식을 통하여 제 육식으로 표현됩니다. 그래서 상속식은 의식이며, 제 육식을 나타냅니다. 그러므로 상속식을 제 육식이라고도 합니다.

"의식의 유전함을 밝히다. 또한 의식(意識)이라는 것은 곧 상속식이니 범부의 취착함이 점점 깊어져서 나[我]와 나의 것[我所]을 따지고 여러 가지 허망된 집착으로 일을 따라 반연하여 육진(六塵) 경계를 분별하므로 의식이라고 말한다. 또한 분리식(分離識)이라고도 이름하고 다시 분별사식(分別事識: 사물을 분별하는 식)이라고도 하며, 이 식이 견애번뇌(見愛煩惱)를 의지하여 증장한다는 뜻이다." 이 상속식이 구체적으로 TV에서 김태희를 보는 순간 내 속에 내재되어 있는 티끌 하나가 움직이기 시작하여(업식) 어렴풋한 형체를 이루고(전식) 더욱 뚜렷한 형체로 완성되며(현식), 이것이 거울에 투영되어 분별을 하게 되고(지식), 분별한 것이 연속적으로 의식화되며(상속식), 이것이 구체적으로 원망하고 미워하는 마음을 일으킨다(의식). 이러한 마음으로 상대방과 감정을 교감하면서 원망하는 마음이나 미워하는 마음이 증장되어 다른 형태의 원망하는 마음이 지식에 저장 되며, 이 마음이 거울에 투영되듯 현식화 되며, 어렴풋한 전식을 거쳐 무명 업식으로 아뢰야식에 저장되게 됩니다.

"인연의 체상을 설하다. 인연의 깊은 도리, 인연의 차별된 상태이다." 인연의 체상은 깊은 도리와 차별된 상태입니다. 인과의 뿌리는 얼마나 깊은지 모릅니다. 인연의 차별된 상태는 다 다른 것입니다. 이렇게 몸받아 살아가는 모든 인연은 각각 뿌리에 깊은 도리가 있습니다.

"인연의 깊은 도리를 밝히다. 무명의 훈습에 의지하여 일어나는 식(識)은 범부가 능히 알 수 있는 것이 아니며, 또한 이승(二乘)의 지혜로 깨닫는 것도 아니다. 이는 보살이 처음 바른 믿음을 발심하여 관찰함을 의지하여 법신(法身)을 증득해도 조금알게 되며 나아가 보살의 구경지(究竟地)에 이른다 하더라도 다알 수 없으며 오직 부처만이 다 알 수가 있다." 우리는 근본적으로 진여가 무명에 오염된 상태입니다. 식(識)은 우리가 일으키는 모든 생각을 말합니다. 이 속에 든 것은 아무도 모릅니다. 모르는데 생각을 자꾸 일으켜 경계에 부딪히면 알게 됩니다. 이것은 이승(二乘) 정도라도 모릅니다. 성문, 연각, 보살, 부처 중 성문, 연각 단계에서는 모른다는 말입니다. 연기를 깨친 연각승도 깊은 인연의 도리를 깨달을 수 없습니다. 부처님 제자 가운데 신통 제일인 목건련도 모든 것을 다 알 수 없습니다. 신통력으로도 돌아가신 어머니가 어느 지옥에 있는지 찾을 수 없었습니다.

우리가 왜 이렇게 태어난지 본질적으로는 모릅니다. 하지만 우리에게 사소하게 일어나는 것들을 보면 알 수 있습니다. 어떤 문제가 생겼을 경우 원인을 알면 해결할 수 있습니다. 암에 대해 살펴봅시다. 이것은 주로 스트레스가 원인입니다. 이 세상의 모든 것은 끝도 없는 조화입니다. 정신이든 육체든 조화가 깨지면 문제가 발생합니다. 세포가 일정한 속도로 분열해야 하는데 스트레스에 의해 혼자서 매우 빠른 속도로 분열합니다. 그렇게 되면 어떤 덩어리 같은 것이 생기게 됩니다. 이런 것이 암이 되는 것입니다.

법신을 증득했다는 말은 견성의 세계에 들어갔다는 말입니다. 보살 초지도 여기에 해당함으로 견성입니다. 부처가 된 상태가 시작된 것입니다. 인연의 깊은 도리는 보살의 구경지에 이르러도 다 알 수 없고 오로지 부처가 되어야만 다 알 수 있습니다. 그 전에는 부분적으로 알 수 있을 뿐입니다. 우리가 살아가는 이 인연의 깊고 깊은 도리가 부처가 되어야만 다 알 수 있는 것입니다.

"이유를 설명하면 본래부터 자성(自性)은 청정하지만 무명이 있어서 이 무명에 의하여 물들게 되어 염심(染心)이 있는 것이다. 비록 오염된 마음이 있지만 항상 변하지 않는 까닭으로 이 뜻은 오직 부처만이 알 수 있는 것이다.(우리는 오염된 것만 본다)" 청정이란 물들기 전의 상태입니다. 우리는 오염되었기 때문에 오염된 마음을 일으켜 끝없는 중생의 삶이 만들어지는 것입니다. 나타난 각자 형상은 오염된 업만큼 만들어져 살고 있는 것입니다. 그래서 각자는 끝없는 자기애밖에 없는 것입니다. 이것을 깨트려야 뿌리에 있는 자성(自性)을 보고 자기만을 위하는 마음을 깨트릴 수 있습니다. 우리가 끝도 없이 일으키는 마음이란 아집, 아만, 아치, 아애입니다. 오염되어 있지만 오염된 것의 본질인 진여는 항상 변하지 않습니다. 변하지 않으니까 일심이 되면 다 압니다. 변하면 우리가 알 수 없을 것입니다. 오염된 업은 변하지만 오염되지 않는 본질은 변하지 않습니다. 중생은 본질을 못보고 오염된 것만 봅니다. 평생 오염된 것만 가지고 살아갑니다. 불교를 배우는 것 보다 더 어마어마한 인연은 없습니다. 수십 생을 살면서 불법, 불도, 깨달음의 세계를 감지하고 그에 따라 살아간다면 그보다 더 복된 것은 없을 것입니다. 수많은 생을 살아가더라도 어느 생에 진리를 만나볼 수 있겠습니까. 진리 만나는 것을 너무 가볍게 생각하고 있습니다. 기회가 쉽게 오지 않습니다. 불교는 본질, 진리에 대한 공부입니다. 세상에 어떤 것도 본질에 대한 것은 다 같습니다. 다르게 표현했다고 해서 다를 수 없습니다. 다르게 표현하지만 본질은 다르지 않습니다. 우리는 평생 오염된 것만 가지고 살기 때문에 이기적으로 살아갑니다. 이것의 뿌리를 보아야 합니다.

"심성인의 체상을 밝히다. 이른바 심성(心性)이 항상 무념인 까닭으로 불변(不變)이라 이름한다." 해산스님의 선시를 한편 보도록 합시다. '남담북촌에 노을이 지면 석양의 목동은 어디로 돌아가는가? 마음이 마음을 보고 마음이라 하는 그 마음을 알기는 어렵지만 본래면목은 생긴 그대로 변함이 없네.(해산)' 끊임없이 변하는 경계를 보면 다 다릅니다. 하지만 부처는 불변하는 본질을 봅니다. 본질, 진여를 보기 위해서는 무념의 상태가 되어야 합니다. 그래서 공부, 수행을 통해 마음을 가라앉혀야 하는 것입니다. 파도가 잔잔해지면 물 아래가 보입니다. 하지만 물을 흔들어 흐리게 하면 물 아래가 보이지 않지만 시간이 지나 가라앉으면 바닥이 보입니다. 무념은 이런 상태를 만드는 것입니다. 우리는 끝없는 분별심과 번뇌망상 때문에 아뢰야식, 본래 성품이 보이지 않습니다. 그를 보기 위해 나를 무념의 상태로 만들어야 합니다. 공부를 하다보면 어딘가에 몰두하게 되는데 이것이 바로 무념의 상태를 체험하는 것입니다. 그러면 나름대로 보이기 시작합니다. 불교는 이 무념의 상태가 되는 방법을 몇 천 년 동안 체계화시켜놓았습니다. 다른 방법도 있습니다. 모든 것들로도 가능합니다. 가능하지만 도달하기는 불교보다 어려울 것입니다. 과거 사람들은 수많은 경험, 시행착오를 통해 도달하였지만 우리들은 과거의 정보를 토대로 따라만 가면 쉽게 도달합니다. 예를 들어 학창시절 배웠던 함수는 요령을 배우지 않아도 어떻게 하면 원리를 알 수 있습니다. 원리를 배우면 대입하여 쉽게 문제를 풀 수 있습니다. 우리가 불교를 공부하는 것은 함수의 원리를 배우는 것과 같은 것입니다. 불교는 무념으로 갈 수 있는 법칙을 체계화시켜 놓은 것입니다. 세상 어떤 공부라도 다 가능하지만 불교를 통해 비교적 체계적으로 쉽게 갈 수 있습니다.

팔정도의 마지막 두 개는 무념에 가는 방법 중 하나입니다. 마지막 두 개란 정념과 정정입니다. 정념은 바르게 생각해서 지혜를 얻는 것입니다. 정정은 바른 지혜를 통해 하나의 생각에 깊이 빠져드는 것입니다. 정정은 가라앉히는 작업과 같은 것입니다. 정념은 잘 가라앉히기 위한 작업이라고 봐도 될 것입니다. 이 정념과 정정도 불교 이외에도 세상 어디에서나 깔려있는 것들입니다. 이것과 관련된 적절한 게송이 바로 앞에서 소개한 해산 스님의 게송일 것입니다. '마음이 마음을 보고 마음이라 하는 그 마음'이 바로 일심입니다. 이것이 바로 진여인 마음, 일심인 마음, 본래의 마음입니다. '본래면목은 생긴 그대로 변함이 없네,'란 말은 말 그대로 그대로란 말입니다. 부처님께서 깨우친 것이나 약 2500년 지난 우리들이 깨우친 것이나 같습니다. 조주의 화두나 임제의 '할!'이나 다 같은 것입니다. 본래 성품은 불변하기 때문에, 이 세상을 둘러싸고 있는 하나의 일심이기 때문입니다.

"무명연의 체상을 밝히다. 하나의 법계(法界)임을 알지 못하기 때문에 마음이 상응하지 못하여 홀연히 망념이 일어나는 것을 무명이라 하는 것이다." 중생들은 각자의 세계를 갖고 있고 자기 세계 속에서 자기만을 위해 살아갑니다. 무명에 물들면 하나의 법계임을 알지 못합니다. 물들기 전의 종이는 다 같은 종이지만 각자 자기만의 색깔로 물들이면 다르게 됩니다. 이것이 바로 우리입니다. 우리는 끝도 없이 일어나는 무명 속에서 나의 몸을 만들어서 업을 지어가고 있습니다. 하지만 변하지 않는 본래 성품을 보면 다 해결됩니다. 자기의 업대로 빚어놓았지만 알고 보면 다 하나입니다. 이것을 모르기 때문에 우리들은 끝없이 헤매고 있습니다.

"염심의 여섯 가지를 밝히다. 집상응염(執相應染), 부단상응염(不斷相應染), 분별지상응염(分別智相應染), 현색불상응염(現色不相應染), 능견심불상응염(能見心不相應染), 근본업불상응염(根本業不相應染)이다." 진여가 무명에 물들면 여섯 가지 마음이 나옵니다. 앞의 세 개는 상응염이고 뒤의 3개는 불상응염입니다. 앞에 나온 6추 3세에서 3세는 무명업상, 능견상, 경계상이었습니다. 이 가운데 무명업상은 근본업불상응염과 연결되고, 능견상은 능견심불상응염과 연결되고, 경계상(현식)이 현색불상응염과 연결됩니다. 그 다음 6추로 넘어가서 지상이 분별지상응염과 연결되고 상속상이 부단상응염과 연결되고 나머지는 집상응염과 연결됩니다. 불상응염 3가지는 3세와 연결되어 제8식 아뢰야식과 상응하고, 상응염 3가지는 6추와 연결되어 제7식 말라식과 제6식과 상응합니다. 그 가운데 분별지상응염은 제7식 말라식과 상응하고 부단상응염은 제6식과 상응합니다. 제6식, 제7식이 생기려면 근거 뿌리가 모여야 하는데 그것이 집 상응염입니다. 우리는 수(受), 느낌을 안이비설신으로 받아 들이고 그 느낌이 모입니다. 안이비설신이 집의 입구 역할을 합니다. 이것들이 식이 작용하는 근본재료들을 제공합니다. 이 생에서 짓는 업의 대부분은 눈을 통해 짓습니다. 눈을 통해 형상을 보는데 이것이 마음을 일으키는데 많은 작용을 합니다. 보는 것은 냄새를 맡고 소리를 듣고 맛을 보고 몸으로 느끼는 것보다 접하기 쉽습니다. 이렇게 모으는 것이 집상응염입니다.

부단상응염이란 끝도 없이 오염된 것을 일으키는 것이며, 분별지상응염은 분별된 생각을 일으키는 것입니다. 이 분별은 업에 따라 분별합니다. 우리가 쓰고 아는 일반적인 단계는 상응염의 단계입니다. 상응염은 오염된 것에 상응한다는 말입니다. 나의 업과 내가 일으키는 생각은 같습니다. 나의 의식과 나의 업은 같은 것입니다. 내 업만큼 생각을 일으킵니다. 상응합니다. 내 안에 없는 엉뚱한 것을 일으키지는 않습니다. 이것은 중생들의 생각입니다. 그러나 부처는 자기중심적으로 분별, 판단하지 않고 모든 사람에게 도움이 되느냐 마느냐에 따라 생각합니다.

불상응이란 상응하지 않는다는 말입니다. 진여는 오염된 것으로 볼 때 모두 상응하지 않습니다. 물든 중생이 일으키는 생각은 본질과 상응하지 않습니다.

*머리 식히면서 한번 보기

늙음과 죽음에서 벗어나려면 갈애가 일어나지 않도록 해야 합니다. 수(受) 느낌 다음 애가 옵니다. 수에서 애로 넘어가면 윤회하는 몸을 받게 됩니다. 부처님의 어느 전생에 왕자로 태어나 왕으로 있을 때였습니다. 자비희사를 열심히 닦을 때였습니다. 왕비의 마음에 왕의 죽음에 대한 징조가 떠올랐습니다. 보통 사람이면 죽을 때 불길한 징조가 보이는데, 왕비가 왕을 보니 편안한 모습이었습니다. 왕비가 왕에게 말합니다.

"당신의 나라와 백성과 나를 측은히 여겨 절대 돌아가셔서는 안 됩니다." 그러자 왕이 말합니다. "나에게 더 이상 갈애를 일으킬 말을 하지 마시오. 내가 당신과 백성과 이 나라를 측은히 여겨 갈애의 마음을 일으켜 갈애를 품고 죽는다면 갈애를 원인으로 마음에 집착이 생기고 집착을 원인으로 불선의 업을 짓게 됩니다. 왕비시여, 부디 나에게 갈애를 일으키는 말을 하지 마시고 갈애를 제거하는 말을 해주시오." 그 말을 듣고 왕비는 말합니다. "왕이시여, 이 나라와 저를 생각하는 마음을 갖지 마십시오. 수행을 하면서 죽음을 맞아 부디 좋은 곳으로 가십시오." 누구를 위해서 사는 삶 속에서 갈애가 나옵니다. 내 자신을 위한 것도 되고 남을 위한 것도 됩니다.

축생은 우리 가까이 있는 동물들입니다. 축생은 어리석고 탐욕이 많은 과보로 태어나며 태생과 난생이 있습니다. 탐욕스럽다고 다 부자는 아닙니다. 진정한 부자는 많이 베푸는 사람입니다. 베푼 만큼 돌아옵니다. 이 세상에 공짜는 없습니다. 이것이 인과입니다. 전생에 베푼 만큼 내게 돌아옵니다. 유명하고 위대한 사람들은 세세생생 많은 생명들에게 자비를 베푼 사람들입니다. 그래서 유명해지고 위대해지고 부귀해지는 것입니다. 축생은 두려움과 고통의 세계입니다. 축생들은 끝도 없는 두려움과 고통의 세계 속에서 살아갑니다. 수명도 정해져 있지 않고 과보만큼 살다가 죽습니다. 인간이 동물이 될 수 있고 동물이 인간이 될 수 있습니다. 만약 어떤 동물에 마음이 매여 그 동물을 애지중지 하다보면 키우던 동물은 인간으로 환생할지 몰라도 본인은 그 동물로 태어날 수도 있습니다. 이런 사람들은 자기 삶은 돌아보지 않고 자기가 키우다가 죽은 개가 좋은 세상에 태어날 것을 기대합니다. 축생을 좋아하는 사람들은 이러한 점을 돌아봐야 합니다.

아귀에 대해 살펴봅시다. 인간이 살아서 아귀로 살면 죽어서도 아귀가 됩니다. 아귀는 인색하여 먹지를 못합니다. 다른 것은 불로 변해 먹지를 못하는데 발우 공양 받으며 받은 청정수만은 먹을 수 있습니다. 인간이 인색하여 남에게 베풀지 못하면 살아서도 아귀의 마음으로 살고 이렇게 살면 죽어서도 아귀가 됩니다. 탐욕스러우면 축생 과보를 받지만 인색하면 아귀 과보를 받습니다. 내가 가지고 있는 것을 나의 것이라고 집착하지 말아야 합니다. 이 집착이 우리를 아귀로 만듭니다. 우리가 가지고 있는 것이 과연 나의 것일까요?

아수라에 대해 살펴봅시다. 아수라는 흔히 나쁜 신, 악신으로 이야기합니다. 아수라는 성냄의 과보로 태어나며 화생으로 태어납니다. 수명은 정해지지 않고 과보만큼 살다가 다른 생명으로 태어납니다. 불길하고 검습니다. 바다나 강변, 숲 속의 으스스한 그런 곳에 삽니다. 아수라는 항상 굶주린 상태로 살며 목마른 상태로 삽니다. 수다원이 되면 지옥, 아귀, 축생, 아수라의 사악도에 떨어지지 않습니다. 이 생에서 공부해서 진리를 인식하고 믿음을 가지면 수다원의 단계에 들어갈 수 있습니다. 믿음을 통해 우리의 삶은 바뀌기 시작합니다. 믿음이 없으면 시작도 못합니다. 믿음이 없으면 우리의 삶은 긴가민가해집니다.

법의 인연에 대해 살펴봅시다. 부처님께서 도를 이루신 후 첫

고민이 '이 법을 설할 것인가 말 것인가?', '과연 이 법을 누구에게 설할 것인가?'였습니다. 부처님은 본인이 도를 이룬 것처럼 다른 사람들도 모두 도를 이룰 수 있다고 판단하여 설할 것이라 결론 내리셨습니다. 그리고 누구에게 설하실 것인가를 고민한 후 사람들을 찾아갑니다. 처음으로 무색계의 3선정에 들게 한 스승을 생각합니다. 그는 알라라 칼라마로 찾아보니 부처님께서 도를 이루기 일주일 전에 돌아가셨다고 합니다. 그 다음 무색계의 4선정을 알게 해준 스승을 생각합니다. 그는 웃다카 라마 풋다로 부처님께서 도를 이루기 그 전날에 돌아가셨습니다. 그 후 자신과 함께 수행한 다섯 비구를 찾아갔습니다. 그들을 찾아가 이 법을 전합니다. 이와 같이 법의 인연이란 쉽지도 않으며 또한 오묘한 것입니다. 우리는 누가 어떻게 여기 와서 공부할지 모릅니다. 얼마나 오묘한 인연입니까. 알고 보면 이렇게 저렇게 인연이 얽혀 있는데 모르니까 다 남남인 것입니다.

제12강

(3-1-1-3-3-223) 염심의 여섯 가지를 밝히다

[진제38] 염심(染心)에는 여섯 가지가 있다.

染心者有六種。云何為六?

(3-1-1-3-3-2231) 집상응염을 밝히다

첫째 집상응염(執相應染)은 집착으로 상응하는 오염이니, 성문 연각의 이승(二乘)의 해탈과 믿음에 상응하는 경지[信相應地]에 의지하여 멀리 여의게 된다.

一者、執相應染, 依二乘解脫及信相應地遠離故。

(3-1-1-3-3-2232) 부단상응염을 밝히다

둘째 부단상응염(不斷相應染)은 끊어지지 않고 상응하는 오염이니, 신상응지에 의지하여 방편을 수학(修學)하여 점차로 버릴 수 있으며 정심지(淨心地)에 이르러서 완전히 여읠 수 있다.

二者、不斷相應染, 依信相應地修學方便漸漸能捨, 得淨心地 究竟離故。

(3-1-1-3-3-2233) 분별지상응염을 밝히다

셋째 분별지상응염(分別智相應染)은 분별하여 알아 상응하는 오염이니, 구계지(具戒地)에 의지하여 점차로 여의며 이에 무상 방편지(無相方便地)에 이르러야 완전히 여읠 수 있다.

三者、分別智相應染, 依具戒地漸離, 乃至無相方便地究竟離 故。

(3-1-1-3-3-2234) 현색불상응염을 밝히다

넷째 현색불상응염(現色不相應染)은 현색에 상응하지 않는 오염이니, 색자재지(色自在地)에 의지하여야 여읠 수 있다.

四者、現色不相應染, 依色自在地能離故。

(3-1-1-3-3-2235) 능견심불상응염을 밝히다

다섯째 능견심불상응염(能見心不相應染)은 능견의 마음에 상응하지 않는 오염이니, 심자재지(心自在地)에 의지하여야 여읠 수 있다.

五者、能見心不相應染, 依心自在地能離故。

(3-1-1-3-3-2236) 근본업불상응염을 밝히다

여섯째 근본업불상응염(根本業不相應染)은 근본업에 상응하지 않는 오염이니, 보살지(菩薩地)의 다함에 의지하여 부처의 경지에 들어 여래지(如來地)에서만 여읠 수 있다.

六者、根本業不相應染, 依菩薩盡地得入如來地能離故。

(3-1-1-3-3-23) 무명을 끊는 지위를 밝히다

[진제39] 일법계(一法界)의 뜻을 분명히 알지 못한다는 것은 신상응지(信相應地)로부터 관찰하여 배우고 끊으며 정심지(淨心地)에 들어가 분수에 따라 여의게 되며 여래지(如來地)에 이르러서야 완전히 여의게 된다.

不了一法界義者, 從信相應地觀察學斷, 入淨心地隨分得離, 乃至如來地能究竟離故。

(3-1-1-3-3-24) 상응과 불상응을 밝히다

(3-1-1-3-3-241) 상응을 밝히다

[진제40] 상응의(相應義)라 한 것은 심(心)과 염법(念法)이 달라

서 염정(染淨)의 차별을 의지하여 지상(知相)과 연상(緣相)이 같음을 말하기 때문이다.

言相應義者 , 謂心念法異 , 依染淨差別 , 而知相緣相同故。

(3-1-1-3-3-242) 불상응을 밝히다

불상응의(不相應義)란 곧 마음이 불각(不覺)이라 항상 다름이 없어서 지상(知相)과 연상(緣相)이 같지 않음을 말하기 때문이다.

不相應義者 , 謂即心不覺常無別異 , 不同知相緣相故。

(3-1-1-3-3-24) 지애와 번뇌애를 밝히다

(3-1-1-3-3-241) 염심은 번뇌애다

[진제41] 또 염심(染心)의 뜻을 번뇌애(煩惱礙)라고 하니 능히 진여의 근본지(根本智)를 막는 까닭이다.

又染心義者 , 名為煩惱礙 , 能障真如根本智故。

(3-1-1-3-3-242) 무명은 지애다

무명의 뜻을 지애(智礙)라고 하니 세간의 자연업지(自然業智)를 막는 까닭이다.

염심(染心)에 의지하여 보고 나타내며 경계를 망령되이 취착하여 평등성을 어기는 까닭이다.

일체법(一切法)이 항상 고요하여 일어나는 모양은 없으나 무명으로 깨닫지 못하여 망령되이 법성과 어긋나기 때문이다. 그래서 세간의 모든 경계에 수순하는 여러 가지 지혜를 얻을 수 없다.

無明義者 , 名為智礙 , 能障世間自然業智故。此義云何？以依染心能見、能現、妄取境界 , 違平等性故。以一切法常靜無有起相 , 無明不覺妄與法違故；不能得隨順世間一切境界種種智故。

대승기신론 강설_12

상응염과 불상응염에 대해 지난 시간에 이어 보겠습니다. 이 상응염과 불상응염의 상응이란 업과 부합하거나 심소와 심왕이 같은 것을 가리킵니다. 내 속에 축적된 것과 나타내는 것이 같은 경우입니다. 그래서 중생들은 자기가 가지고 있는 업만큼 능력을 갖게 되어 알고 인식하게 되는 것입니다. 제8식 아뢰야식보다 근본적인 것들은 물들기 전의 것인데 이것은 우리가 써먹는 물든 후의 것들과 다릅니다. 그래서 근본 뿌리의 마음과 우리가 써먹는 오염된 업은 다릅니다. 이것이 불상응입니다. 제8 아뢰야식은 불상응염이고 제7 말라식과 제6식, 전5식은 상응염이 됩니다.

여기 파도가 치는 그림이 있습니다. 파도가 치면 우리는 파도가 치는 것을 인식하게 됩니다. 그래서 나중에 눈앞에 파도가 없어도 파도에 대해 이야기를 하면 그 장면을 기억해냅니다. 그 생각의 뿌리는 제8 아뢰야식입니다. 우리는 보통 제7식까지는 알지만 제8식에 대해서는 잘 모릅니다. 실제 우리가 일으키는 모든 생각은 나와 대상이 있습니다.

여기서 불상응염 세 가지를 살펴봅시다. 불상응염 세 가지는 근본업불상응염, 능견심불상응염, 현색불상응염이 있습니다. 근본업불상응염이란 나와 대상이 나누어지기 전입니다. 예를 들어 파도가 치는 생각을 했을 때 바늘구멍, 점과 같은 어떤 한 생각이 일어나는데 그 현상이 근본업불상응염입니다. 능견

그림4. 육식과 말라식과 아뢰야식과의 관계

심불상응염이란 그 일어난 바늘구멍, 점과 같은 생각이 조금 구체화된 것입니다. 이 때는 아직 어렴풋한 상태라고 보면 될 것입니다. 현색불상응염이란 그것이 완벽하게 구체화된 상태입니다. 그것이 투영된 것이 제7식인 말라식입니다. 그것을 가지고 '나'라고 생각하고 분별합니다. 제7식의 형상은 근본적으로 제8식에서 만들어진 것으로 그 시작은 작은 점과 같은 것에 있습니다. 우리가 만약 무언가를 생각한다면 이러한 과정들을 거친 것입니다.

다시 파도로 돌아와 봅시다. 파도가 치기 전 잠잠한 바다, 물은 제8식에 해당할 것입니다. 근본업불상응염, 능견심불상응염, 현색불상응염이 해당합니다. 무언가에 부딪히거나 작용으로 파도가 일어나는데 파도를 일으키는 그것은 제7식에 해당할 것입니다. 분별지상응염이 여기에 해당합니다. 끝없이 일어나는 파도의 경계, 작용은 제6식에 해당할 것입니다. 부단상응염이 여기에 해당합니다. 파도가 일어나는 것을 모으는 것이 전오식인 집상응염입니다.

우리가 무언가를 본다면 눈을 통해 모읍니다. 눈 이외에도 다른 감각들을 통해 받아들이기도 합니다. 아무튼 그것이 제8식 아뢰야식에 자극이 되어 활성화되면 그것이 점에서 구체화되어 생각이 됩니다. 그 생각이 투영되어 나에게 저장된 업과 작용하여 개별적으로 구체화됩니다. 생각을 하고 행위를 일으키기 전에 감각을 통해 모으는 곳이 집(상응염)이며 전5식입니다.

우리는 물든 것만 빼면 부처의 삶을 살아갈 수 있습니다. 자기의 고집, 집착을 빼면 우리가 걸어가는 삶은 바로 부처의 삶입니다. 앞서 진여나 진각, 시각, 불각이 다른 것이 아닌 하나임을 보았습니다. 이와 같이 중생들의 삶도 오염만 되어 있을 뿐이지 원래 부처의 삶과 같은 것입니다. 우리 속에 중생과 부처가 공존하기 때문에 삶 속에서 부처되는 연습을 할 수 있습니다. 연습을 하다보면 무언가를 객관화시킬 수 있고 긍정적으로 볼 수 있게 됩니다. 일어나는 것들 가운데 내가 받아들일 수 있는 것은 긍정이지만 나머지는 모두 부정입니다. 나 혼자 올바르고 똑똑하고 다른 사람은 바르지 않고 어리석게 보입니다. 이것이 100% 긍정이 되면 세상에 바르지 않고 옳지 않은 것이 없습니다. 내가 부처라고 생각하면 삶 속에 물든 것이 무엇인지 끊임없이 되돌아볼 수 있습니다. 끝없는 이기적인 마음이 생기지만 노력을 통해 해결할 수 있습니다. 공부, 수행의 노력이 있어야 아집과 무지가 광명으로 바뀌는 것입니다. 이러한 공부, 수행은 수행자도 할 수 있고 세속의 일반인도 가능합니다. 하지만 우리들은 여러 가지 일을 하면서 공부, 수행을 해야하기에 여러 가지 절제가 필요합니다.

여기서 '신'이란 책의 내용을 봅시다. "필자는 기독교인으로 자라났으나 하느님이 누구인가를 오래 추구한 끝에, 스피노자가 그랬듯이, 대우주(大宇宙)가 자신임을 깨달았다. 과학과 종교의 통일이요, 대통합이요, 분열된 모든 것으로부터의 해방이었다. 나의 기독교는 정점에 이르러 여기에 도달한 것으로, 이것을 남에게 전달하기는 힘들다. 각자가 깨닫지 않으면 안 되는 것이고, 깨닫기 위해서는 배우고 공부를 해야 하고 생각을 많이 해야 한다. 노력 없이 되는 일은 아무 것도 없다. 종교지도자에게서 무엇을 들어도 비판적으로 생각하여 소화하는 능력이 있어야 노예가 되지 않는다. 그 수준에까지 가는 일은 자기 몫이다." 여기서 대우주가 자신임을 깨달은 것이 바로 일심입니다. '비판적으로 생각하여 소화하는 능력이 있어야 노예가 되지 않는다.' 그래서 임제가 '부처님을 만나면 부처님을 죽이고 조상을 만나면 조상을 죽이라.'고 했습니다. 공부해서 부처되는 것은 우리의 몫입니다. 누가 해주는 것이 아닙니다. 불교만 부처되어 깨닫는 것이 아니라 이 세상 어느 누구도 진지하게 공부하면 깨달음, 부처의 길이 열립니다.

다시 6염심으로 돌아가 봅시다. "집상응염(執相應染)을 밝히
다. 집상응염은 집착으로 상응하는 오염이니, 성문 연각의 이승
(二乘)의 해탈과 믿음에 상응하는 경지[信相應地]에 의지하여 집
착을 멀리 여의게 된다." 집상응염부터 시작합니다. 전5식에 해
당합니다. 우리는 눈으로 보고 귀로 듣고 코로 냄새 맡고 몸으로
느끼는 모든 것에 집착합니다. 집착하기 때문에 내 속에 고여 있
습니다. 집착하지 않으면 아무 상관없습니다. 우리는 근본적인
불안 때문에 집착을 하게 됩니다. 내 속에 집어넣어 자기화 시킵
니다. 그렇게 우리는 자신의 업을 만듭니다. 만약 집착하지 않게
되면 우리는 눈으로 보는 것을 그냥 보고, 귀로 듣는 것을 그냥
듣고, 냄새 맡는 것을 그냥 맡고, 몸으로 느끼는 것을 그냥 느낍
니다. 집착을 하기 때문에 문제가 되는 것입니다. 집착만 하지
않는다면 내 속에 무언가를 넣어놓는 것이 이 삶은 사는데 유리
할 수 있습니다. 돈도 많을 수록 좋습니다. 다만 집착을 하지 말
아야 합니다. 집착을 여의면 없어질 것 같지만 오히려 그 반대입
니다. 여기서 믿음도 중요합니다. 믿음이 없으면 공부하는 힘이
생기지 않습니다. 그리고 내 속에서 믿음이 있어야 다른 사람에
게도 믿음이 생깁니다. 내가 헷갈리면 믿음이 생길 수 없습니다.
　"부단상응염(不斷相應染)을 밝히다. 부단상응염은 끊어지지
않고 상응하는 오염이니, 신상응지에 의지하여 방편을 수학(修
學)하여 점차로 버릴 수 있으며 정심지(淨心地)에 이르러 완전
히 여의게 된다." 우리는 무엇을 하건 계속 생각합니다. 가만히
있어도 끝없이 생각을 일으키는 것이 우리 중생입니다. 신상응
지란 철저한 믿음과 연결할 수 있습니다. 철저한 믿음이 있으면

부단상응염을 여읠 수 있습니다. 정심지란 마음이 깨끗한 경지로, 보살 10지 가운데 첫 번째 단계(환희지)에 해당하는 것입니다. 시험에 합격하는 커트라인 점수라고 할 수 있습니다. 물들기 전 본성, 맑은 마음을 본 것입니다. 견성입니다. 정심지에 이르면 부단상응염이 해결됩니다.

"분별지상응염(分別智相應染)을 밝히다. 분별지상응염은 분별하여 알아 상응하는 오염이니, 구계지(具戒地)에 의지하여 점차로 여의며 무상방편지(無相方便地)에 이르러야 완전히 여의게 된다." 이것은 제7식 말라식입니다. 평생 나라고 생각하는 내 속의 내용물입니다. 자기 속에서 능력껏 분별해서 아는 것입니다. 제7 말라식을 깨트리려면 적어도 구계지에 들어가야 점차 없앨 수 있고 무상방편지에 이르면 모두 깨트려집니다. 구계지는 보살 10지 가운데 제2지 이구지, 제3지 발광지, 제4지 염혜지, 제5지 현전지(現前地)까지 해당합니다. 무상방편지란 모든 방면에 능숙한 경지로 보살 10지 가운데 제7지 원행지(遠行地)에 해당합니다. 제7식 말라식은 원행지에 이르러야 구생혹이 다 깨어지고 모든 행이 부처에 이르게 됩니다. 아집, 아만, 아애, 아치가 완벽하게 없어집니다. 우리가 공부를 한다면 최소한 제7식 말라식은 깨트려야겠다고 목표를 잡아야 합니다. 그렇게 되면 '나'가 없어져서 이 세상 모든 생명에게 끝없는 자비를 베풀 수 있습니다. 어떤 행위를 하건 베풀어집니다. 제7식이 안깨트려진 중생들은 모두 자기가 갖고 있는 생각만큼 보고 느끼고 베풀면서 살다 갑니다. 우리는 무언가 조금 모아놓고 잘 살았다고 생각하고 가는 것입니다. 대부분 사람들이 진리를 모르고 그냥 갑니다. 진리를 알고나면 이면에 소중한 것이 끝도 없이 펼쳐져 있습니다. 진리를 알면 더욱 편해집니다. 왜냐하면 불편한 이유가 집착에 있기 때문입니다.

"현색불상응염(現色不相應染)을 밝히다. 현색불상응염은 현색에 상응하지 않는 오염이니 색자재지(色自在地)에 의지하여야 여의게 된다." 여기서부터는 불상응염입니다. 색자재지는 보살 10지 가운데 제8지인 부동지에 해당합니다. 부동지의 경지에 가야 아뢰야식의 현색불상응염이 소멸된다는 것입니다.

"능견심불상응염(能見心不相應染)을 밝히다. 능견심불상응염은 능견의 마음에 상응하지 않는 오염이니, 심자재지(心自在地)에 의지하여야 여의게 된다." 심자재지는 보살 10지 가운데 제9지인 선혜지에 해당합니다.

"근본업불상응염(根本業不相應染)을 밝히다. 근본업불상응염은 근본업에 상응하지 않는 오염이니, 보살지(菩薩地)의 다함에 의지하여 부처의 경지에 들어 여래지(如來地)에서만 여읠 수 있다." 보살 10지의 제10지인 법운지가 되어야 근본업불상응염이 소멸됩니다. 보살 10지의 1지부터 견성이라고 말하고 부처의 시작입니다. 한번 견성했다고 공부를 그치면 완성을 할 수 없습니다. 우리의 문제는 일단 무상방편지를 깨트리고 말라식을 깨트려야 해결됩니다. 만약 1지의 단계에서 그친다면 6식만 깨트려지고 업은 그대로 남아있게 됩니다. 견성했다는 사람들을 보면 어떤 사람들은 일반 중생들보다 못하기도 합니다. 이것은 말라식, 업이 그대로 남아있는 견성이기 때문입니다. 사실 우리는 수시로 견성을 하지만 그것이 계속 이어져야 흔히 말해 견성이라고 합니다.

"무명을 끊는 지위를 밝히다. 일법계(一法界)의 뜻을 분명히 알지 못한다는 것은 신상응지(信相應地)로부터 관찰하여 배우고 끊으며 정심지(淨心地)에 들어가 분수에 따라 여의게 되며 여래지(如來地)에 이르러서야 완전히 여의게 된다." 일법계는 일심을 말합니다. 신상응지는 성문과 연각입니다. 이런 단계를 거치면 사성제, 12연기를 통해 진리에 대한 믿음이 생깁니다. 믿음이 생기면 세세생생 진리와 멀어지지 않게 됩니다. 앞에서도 설명했듯이 정심지는 보살 10지 가운데 1지에 해당하고 여래지는 마지막 10지에 해당합니다. 여래지가 되면 우리가 무명을 완전하게 끊고 부처가 됩니다.

"상응을 밝히다. 상응의(相應義)라 한 것은 심(心)과 염법(念法)이 달라서 물듦과 깨끗함[染淨]의 차별을 의지하여 지상(知相)과 연상(緣相)이 같음을 말하기 때문이다." 지상과 연상이 같다는 말은 내 속에 든 것과 나타나는 것이 같음을 말한 것입니다.

"불상응을 밝히다. 불상응의(不相應義)란 곧 마음의 불각(不覺)이라 항상 차별의 다름이 없어서 지상(知相)과 연상(緣相)이 같지 않음을 말하기 때문이다." 진여나 제8식은 우리의 업에서 나오는 것이 아니기 때문에 지상과 연상이 같지 않습니다. 즉 내 속에 든 것과 나타나는 것이 같지 않습니다.

죽을 때 통장에 돈 한 푼 더 있다고 훌륭한 인생이 되는 것은 아닙니다. 이것은 자식들 다툼의 씨앗만 됩니다. 이 세상에 보이는 것도 중요하지만 더욱 더 중요한 것은 보이지 않는 세계에 대한 인식입니다.

　"지애와 번뇌애를 밝히다. 염심은 번뇌애다. 또 염심(染心)의 뜻을 번뇌애(煩惱礙)라고 하니 능히 진여의 근본지(根本智)를 막는 까닭이다." 흙탕물에 의해 바닥이 보이지 않는 것과 같이, 원래 무명의 흰색에 오염되어 물들어 버리면 흰색은 없어지고 물든 여러 가지 색깔만 보이는 것과 같습니다. 물들면 근본지혜가 드러나지 않습니다. 그래서 견성을 하면 오염된 것을 걷어내면 근본지혜가 드러나는 것입니다.

　"무명은 지애다. 무명의 뜻을 지애(智礙)라고 하니 세간의 자연업지(自然業智)를 막는 까닭이다. 염심(染心)에 의지하여 보고 나타내며 경계를 망령되이 취착하여 평등성을 어기는 까닭이다. 일체법(一切法)이 항상 고요하여 일어나는 모양은 없으나 무명으로 깨닫지 못하여 망령되이 법성과 어긋나기 때문이다. 그래서 세간의 모든 경계에 수순하는 여러 가지 지혜를 얻을 수 없다." 지애는 지를 막아 드러나지 않게 하는 것입니다. 그러므로 무영을 지애라고 합니다. 화두를 들어 무명을 타파 할 때 이 무명이 바로 여기서 말하는 근본무명을 말합니다. 오염되고 나면 있는 것을 그대로 보지 못하고 형성된 업대로 보기 때문에 평등성을 잃게 됩니다. 무명을 깨뜨리면 존재의 본래성품인 법성이 드러나게 되는 것입니다. 못 둑이 툭 터져 물이 콸콸 흘러야 되는데, 업에 의해 쌓인 지혜는 바늘구멍 뚫어놓고 흐르는 물을 받는 것과 같은 것입니다.

*머리 식히면서 한번 보기

오늘은 장수왕 이야기를 봅시다. 장수왕 이야기는 부처님께서 제자들에게 인과를 설명해줄 때 하셨던 것입니다. 장수왕은 코살라국의 왕이었습니다. 당시 코살라국 남동쪽에 카시국이 있었는데 그곳의 왕은 범예왕이었습니다. 장수왕은 어질고 착했던 반면 범예왕은 악하고 악착같았습니다. 카시국은 코살라국에 비해 약소국이었으나 범예왕이 장수왕의 빈틈을 타 전쟁에서 승리합니다. 그래서 장수왕은 나라를 버리고 아들 장생태자를 데리고 산에 숨어 살게 됩니다. 장생태자는 복수를 하고 나라를 되찾고 싶었으나 장수왕은 원한을 만들지 말라고 말합니다. 자신이 마음을 잘 먹으면 전쟁이 일어나지 않는다고 말합니다. 어느 날 마을 축제 때 씨름대회를 했는데 뛰어난 장생태자를 보고 백성 중 누군가가 장수왕이 살아있다는 것을 알아챕니다. 범예왕은 승리한 후에도 안심하지 못하고 전국에 장수왕과 장생태자를 찾기 위해 사람을 보냅니다. 그 백성을 통해 밀정에게 장수왕의 장소가 알려지고 장수왕은 사로잡혀 처형을 당합니다. 그 후 장생태자는 복수를 위해 범예왕의 측근이 되어 뛰어난 무예를 뽐내며 동시에 이야기로 왕을 즐겁게 합니다. 범예왕의 최측근이 된 장생태자는 어느 날 범예왕이 혼자 낮잠을 자는 것을 봅니다. 그 때 그는 복수를 하려다 아버지의 말이 떠올라 갈등합니다. 그러는 사이 범예왕이 깼고 그는 그 사이 꾼 꿈 이야기를 장생태자에게 해줍니다. 꿈에 장생태자가 자신을 죽이려고 했다는 것이었습니다. 장생태자는 범예왕에게 자신이 장생태자이며 왕을 죽이려고 했다고 밝힙니다. 하지만 아버지 장수왕의 '원한은 원한을 낳으니까 어떠한 일이 있어도 너의 선에서 끝내도록 하라.'라는 말 때문에 그러지 못했다고 말합니다. 범예왕은 장생태자의 그 진실된 마음과 장수왕의 말에 감동하여 자신의 지난 과오를 반성하게 됩니다. 그 후 장생태자를 자기의 양아들로 입적시켜 나라를 물려줍니다. 결국 원한을 원한으로 안 갚고도 장생태자는 원래 나라를 되찾은 것이었습니다.

그리고 아쇼카 왕의 전생 이야기도 살펴봅시다. 부처님이 어느 날 아난과 함께 마을에 탁발을 하러 나갔습니다. 마을 어귀에서 모래를 가지고 소꿉장난을 하던 키 작은 아이가 모래로 밥을 지어 정성껏 부처님께 올립니다. 그것을 보고 부처님께서는 아난에게 모래 밥을 받게 하여 정사로 돌아와 허물어진 벽에 바르라고 합니다. 그리고 말씀하십니다. "이 아이가 다음 생에 국왕으로 태어날 것이다. 환희심으로 이 모래를 공양 올렸으니 그 공덕으로 삼보를 공경하여 팔만 보탑을 세울 것이다." 이 아이가 아쇼카 왕의 전생이었습니다. 팔만 보탑은 부처님께서 열반에 드신 후 그 사리를 8등분해서 여덟 개의 탑이 세워집니다. 불교가 인도 전역으로 퍼지게 되자 아쇼카 왕은 탑이 인도 전역에 있어야겠다고 생각하여 사리를 나누어 팔만 개의 탑을 세웁니다. 그래서 인도 전역에서 공양을 올리고 예불을 올릴 수 있도록 한 것이었습니다. 아쇼카 왕은 출가를 하지 않았지만 불법이 지금까지 전해지게 하는데 1등 공신이 됩니다. 임금이 되어 좋은 환경에 만족하지 않고 불교를 나라 차원에서 전법합니다. 이렇게 한 생을 살 수 있습니다.

내 속에 진리에 대한 공부가 쌓이거나 진실된 마음이 있으면 세상이 대응합니다. 내 속에 쌓이는 것만큼 세상은 물질적인 것을 내게 줍니다. 내 마음이 깨끗하지 못하면 주어진 것을 악한 것으로 잘못 쓰게 되고, 내 마음이 청정하면 주어진 것으로 모든 중생을 이롭게 할 수 있습니다. 세상이 제대로 되기 위해서 내가 진리에 대한 공부를 하는 것이 중요합니다. 돈이든 권력이든 명예든 세상을 통해 잘 전파되려면 덕성이 필요합니다. 이것은 집착을 없애는 것에서 부터 시작합니다. 하지만 우리는 끝없는 집착의 연속 속에서 삽니다. 아집, 아만, 아애, 아치에 휘둘려 살게 됩니다. 공부하지 않는 한 이것들은 깨트릴 수 없습니다. 아집이 깨지면 정견이 생깁니다.

제13강

(3-1-1-3-4) 심생멸의 모양을 해석하다
(3-1-1-3-4-1) 추세생멸의 모양을 설하다
[진제2] 또한 생멸상(生滅相)을 분별하여 두 가지가 있다.

첫째 추(麤)는 거친 번뇌이니 마음과 더불어 상응하며, 둘째는 세(細)로서 미세한 번뇌이니 마음과 더불어 상응하지 않는다.

또 거친 중에 거친 번뇌는 범부의 경계이며, 거친 가운데 미세한 번뇌와 미세한 가운데 거친 번뇌는 보살의 경계이며, 미세한 가운데 미세한 번뇌는 부처의 경계이다.

復次，分別生滅相者，有二種。云何為二？一者、麤，與心相應故。二者、細，與心不相應故。又麤中之麤，凡夫境界；麤中之細及細中之麤，菩薩境界；細中之細，是佛境界。

(3-1-1-3-4-2) 추세생멸의 뜻을 설하다
[진제43] 이 두 가지 생멸(生滅)이 무명의 훈습에 의지하니, 이른바 인(因)에 의지하고 연(緣)에 의지한다. 인에 의지한다는 것은 불각의 뜻이고, 연에 의지한다는 것은 망령되이 경계를 짓는 뜻이다.

만약 인이 멸하면 연도 멸하는 것이며, 인이 멸하기 때문에 불상응심(不相應心)이 멸하고 연이 멸하기 때문에 상응심(相應心)이 멸하는 것이다.

묻기를, "만약 마음이 멸한다면 어떻게 상속하며, 상속한다면 어떻게 멸하는지 말할 수 있겠는가?"

답하기를, "멸한다는 것은 오직 심상(心相)만 멸하는 것이며 심체(心體)가 멸하는 것이 아니다.

이는 바람이 바닷물에 의지하여 움직이는 모양인 파도를 만드는 것처럼, 만약 바닷물이 없어지면 바람의 모양이 끊어져서 의지할 바가 없어서 그치겠지만(파도는 없어지지만) 바닷물이 없어지지 않으므로 바람의 모양은 상속하는 것이다.

오직 바람이 멸하기 때문에 물의 움직임인 파도도 따라서 멸하지만 바닷물이 멸하는 것이 아닌 것과 같다.

무명도 또한 그러하여 심체에 의지하여 움직이지만, 만약 심체가 멸하면 중생이 끊어져서 의지할 바가 없지만 심체가 멸하지 않으므로 마음이 상속하는 것이며, 오직 무명만 멸하기 때문에 심상이 따라서 멸하지만 심지(心智)가 멸하는 것은 아니다."

此二種生滅，依於無明熏習而有，所謂依因、依緣。依因者，不覺義故；依緣者，妄作境界義故。若因滅則緣滅，因滅故不相應心滅，緣滅故相應心滅。

問曰：「若心滅者，云何相續？若相續者，云何說究竟滅？」

答曰：「所言滅者，唯心相滅，非心體滅。如風依水而有動相。若水滅者，則風相斷絕無所依止。以水不滅，風相相續，唯風滅故動相隨滅，非是水滅。無明亦爾，依心體而動，若心體滅，則眾生斷絕無所依止。以體不滅，心得相續，唯癡滅故心相隨滅，非心智滅。」

(3-1-1-3-5) 제법의 발생을 재차 해석하다
(3-1-1-3-5-1) 염정훈습을 함께 설하다

[진제44] 네 가지 법의 훈습하는 뜻이 있기 때문에 염법(染法)과 정법(淨法)이 일어나 끊어지지 않는 것이다.

復次 , 有四種法熏習義故 , 染法、淨法起不斷絕。云何為四 ?

(3-1-1-3-5-11) 진여훈습을 밝히다

첫째 청정한 법이니 진여훈습이라 말한다.

一者、淨法 , 名為真如。

(3-1-1-3-5-12) 무명훈습을 밝히다

둘째 일체 오염의 원인이니 무명훈습이라 말한다.

二者、一切染因 , 名為無明。

(3-1-1-3-5-13) 업식훈습을 밝히다

셋째 허망한 마음이니 업식훈습이라 말한다.

三者、妄心 , 名為業識。

(3-1-1-3-5-14) 육진훈습을 밝히다

넷째 망경계(妄境界)니 육진(六塵)훈습이라 말한다.

四者、妄境界、所謂六塵。

(3-1-1-3-5-2) 훈습의 뜻을 설하다

[진제45] 훈습의 뜻이란 마치 세간의 의복이 실제는 향기가 없지만 만약 사람이 향기로 훈습하면 그로 인해 향기가 있는 것과 같다.

이와 같아서 진여의 청정한 법은 실제로 오염(染)이 없지만 다만 무명으로 훈습하기 때문에 곧 오염된 모양이 있고, 무명염법(無明染法)은 실제로 청정한 업이 없지만 다만 진여로 훈습하기 때문에 청정한 작용이 있다.

熏習義者 , 如世間衣服實無於香 , 若人以香而熏習故則有香氣。此亦如是，真如淨法實無於染，但以無明而熏習故則有染相。無明染法實無淨業，但以真如而熏習故則有淨用。

대승기신론 강설_13

훈습에 대해서 공부해보겠습니다. "심생멸의 모양을 해석하다. 추생멸, 심생멸이 있다." 추는 거칠고 드러나는 것입니다. 심은 깊은 것입니다. 이것을 구체적으로 봅시다.

"추세생멸상이다. 추(麤)는 거친 번뇌이니 마음과 더불어 상응하며, 세(細)는 미세한 번뇌이니 마음과 더불어 상응하지 않는다. 또 거친 중에 거친 번뇌는 범부의 경계이며, 거친 가운데 미세한 번뇌와 미세한 가운데 거친 번뇌는 보살의 경계이며, 미세한 가운데 미세한 번뇌는 부처의 경계이다." 여기서 거친 번뇌라는 것은 우리가 느끼고 인식할 수 있는 것을 말합니다. 쉽게 이야기하면 제7식까지는 알 수 있습니다. 우리의 삶, 우리가 일으키는 모든 생각과 직접 관계되어 있는 것입니다. 내가 일으키는 생각의 뿌리는 제7식입니다. 내가 세세생생 살아오면서 내 유전자, 저장창고에 저장된 흔적들이 '나'라고 생각하게 만들고 판단에 영향을 미칩니다. 이러한 것들이 거친 것 추(麤)입니다. 마음과 더불어 상응한다는 말은 지금 내가 일으키는 생각과 같은 것을 만들어낸다는 것입니다. 내가 지금 일으키는 생각은 본성이 오염되어 일으키는 것입니다. 예를 들어 본성에 오염된 색깔이 입혀진다면 그 색깔이 입혀진 본성을 내 것이라고 생각하는 것입니다. 만약 깨우치고 견성하면 본성 그대로를 내놓을 것입니다. 우리 중생은 평생 제7식과 똑같은 생각을 내놓듯이 자식도 내 자신의 업에 의해 비슷한 자식을 낳습니다. 인연에 의해 가장 가까운 사람에게 찾아옵니다. 부모 자식 인연은 뗄 수가 없습니다.

세(細)는 제8식 아뢰야식의 영역으로 오염된 업과 상응하지 않습니다. 여기서 말하는 '거친 중에 거친 번뇌'는 일반적으로 일으키는 모든 생각입니다. '거친 가운데 미세한 번뇌', '미세한 가운데 거친 번뇌'는 보살의 경계로 제8식 아뢰야식을 본 사람, 견성한 사람입니다. 처음 시작하는 본질은 미세한 가운데 미세한 것입니다. 그 거대한 황하강의 근원을 살펴보면 히말라야산 중턱에서 솟는 작은 샘에서 흘러나온 물로 시작됩니다. 무명을 일으키는 그 하나의 점 그것이 미세하고 미세한 것입니다. 그것을 알려면 부처의 경계에 가야 합니다.

"추세생멸의 뜻을 설하다. 두 가지 생멸(生滅)이 무명의 훈습에 의지하니, 이른바 인(因)에 의지하고 연(緣)에 의지한다. 인에 의지한다는 것은 불각의 뜻이고, 연에 의지한다는 것은 망령되이 경계를 짓는 뜻이다." 세상에 존재하는 모든 것은 생멸합니다. 내 생각도 생했다가 멸하고 이 우주도 생했다가 멸합니다. 이것은 무명의 훈습에 의해 생멸합니다. 존재하는 모든 것은 인연과 연기가 있습니다. 바로 부처님이 깨우치신 내용이 연기입니다. 연기를 거시적으로 표현하면 다른 것이 아니라 인과법칙입니다. 이것을 풀어쓰면 인연과법칙입니다. 인은 주체적인 원인이라면 연은 비교적 부수적인 것입니다. 이 인연이 합해져서 과(果)를 일으킵니다. 만약 땅에 수박씨를 심는다고 했을때 수박씨는 인이고 땅은 연에 해당합니다. 수박이 열리는데 이것이 과입니다. 하지만 땅이 비옥하면 수박이 잘 열릴 것이고 척박하면 잘 열리지 않을 것입니다. 씨앗이 상태가 안 좋으면 아무리 땅이 비옥해도 잘 열리지 않을 것입니다. 인이 직접적으로 크게 작용하고 연은 부수적으로 적게 작용합니다. 중생은 어리석게도 남 탓을 많이 합니다. 문제의 본질은 자신에게 있습니다. 자신이 바뀌면 문제해결은 쉽습니다. 하지만 중생들은 본인은 맞다고 생각하여 죽어도 자신을 바꾸지 않습니다. 자꾸 상대방을 바꾸려고 합니다. 내가 바뀌면 세상은 그냥 바뀌어 버립니다. 여기서 본인은 인이고 남은 연인 것입니다. 우리는 상대방이 마음에 들지 않으면 상대방을 바꾸려고 합니다. 하지만 자신의 관점을 바꾸어서 상대방을 있는 그대로 받아들이면 문제는 해결됩니다. 불편한 점이 사라집니다. 이렇게 되면 상대방이 바뀌기 시작합니다. 묘한 이치입니다. 집착, 탐욕, 무지를 멈추면 상대방의 진가가 나름 드러날 것입니다. 그래서 내가 부처가 되면 이 세상은 전부 다 부처인 것입니다. 이 세상에 마음에 안 드는 것이 하나도 없습니다. 그렇게 되면 모든 생명에게 끝없는 자비를 베풀 수 있습니다. 이것은 7지보살 이상의 단계입니다. 내가 인이라면 내 주변의 모든 것은 연입니다. 우리는 남에게 책임을 미루고 핑계를 대지만 결국 그것은 본인의 의지가 없는 것입니다.

중요한 것은 본인입니다. 죽지 않는 한 의지가 있으면 할 수 있습니다. 하지만 우리는 인은 가만히 놔두고 연만 핑계대고 있는 것입니다. 무명에 물들어 불각의 상태에 있습니다. 불각의 상태에 있으면 끝없이 경계를 일으킵니다. 무명 때문에 불각의 상태에 있는 것은 인이고 불각의 상태에서 끝없이 경계를 일으키는 것은 연입니다. 인이 주체, 나, 뿌리라면 연은 주체에 의해 일어나는 작용들, 대상, 가지 줄기입니다.

"만약 인이 멸하면 연도 멸하는 것이며, 인이 멸하기 때문에 불상응심(不相應心)이 멸하고 연이 멸하기 때문에 상응심(相應心)이 멸하는 것이다. 묻기를, '만약 마음이 멸한다면 어떻게 상속하며, 상속한다면 어떻게 멸하는지 말할 수 있겠는가?'" 인이 멸하면 연도 멸하기 때문에 중요한 것은 나이지 대상이 아닙니다. 하지만 중생들은 생각이 평생 연에 머물러 있습니다. 그래서 나는 괜찮은데 대상이 잘못되었다고 생각합니다. 결국 원인은 본인에게 있는 것입니다. 주어진 것 중에서 잘못된 것이 있으면 불평합니다. 잘된 것이 있으면 불평하지 않습니다. 끝없는 긍정이란 원인을 자신에게 찾는 것에서 시작합니다. 그렇게 되면 상대방을 있는 그대로 인정하고 존중해줍니다. 다시 인이 멸하면 연도 멸한다는 말로 돌아가서 뿌리가 죽으면 다 죽습니다. 주체가 소멸하면 주위의 대상은 없습니다. 인이 멸하면 제8식 불상응심이 없어집니다. 무명의 뿌리가 없어지면 나의 본성을 볼 수 있습니다. 연이 멸하면, 일어나는 경계, 작용들을 세세히 알면 상응심 제7식, 제6식 이것들이 없어집니다. 멸한다는것은 결국 아는것과 같은 말입니다. 만약 누가 부처가 무엇인가 묻는다면

"누군가 내 앞에 있네."도 되고 "이 스크린 화면이 누구 앞에 있네."도 될 것입니다. 7 곱하기 7은 49도 맞고 6 곱하기 6은 36도 맞는 것입니다. 우리가 뿌리를 보면 즉 견성을 하면 뿌리를 알게 됩니다. 알면 다 맞지만 모르면 다 틀린 답입니다. 그래서 불상응심이 멸한다고 하는 것은 제8식 아뢰야식을 알아서 견성하는 것이 됩니다. 그리고 우리가 일으키는 모든 번뇌와 망상, 집착을 멸하면 깨달음의 세계로 나아갈 수도 있습니다. '마음이 멸한다면 어떻게 상속하며, 상속한다면 어떻게 멸하는지 말할 수 있겠는가?'에서 마음이 멸해도 마음의 뿌리까지 멸한 상태는 아님을 알 수 있습니다.

　"답하기를 '멸한다는 것은 오직 심상(心相)만 멸하는 것이며 심체(心體)가 멸하는 것이 아니다. 이는 바람이 바닷물에 의지하여 움직이는 모양인 파도를 만드는 것처럼, 만약 바닷물이 없어지면 바람의 모양이 끊어져서 의지할 바가 없어서 그치겠지만(파도는 없어지지만) 바닷물이 없어지지 않으므로 바람의 모양은 상속하는 것이다. 오직 바람이 멸하기 때문에 물의 움직임인 파도도 따라서 멸하지만 바닷물이 멸하는 것이 아닌 것과 같다.'" 심상은 마음이 갖고 있는 모양입니다. 심체는 마음의 체로 뿌리에 해당합니다. 멸한다고 했을 때 내가 일으키는 모든 생각들의 모양들만 없어지는 것이지 뿌리가 멸하는 것은 아니라는 말입니다. 바람은 일반적으로 고기압과 저기압 때문에 일어나는 공기의 움직임을 말합니다. 물이 높은 곳에서 낮은 곳으로 흘러가듯이 공기도 기압이 높은 곳에서 낮은 곳으로 움직이게 되고 이것이 바람입니다. 만약 어떤 곳에 바람이 분다고 한다면 고

기압과 저기압이 형성되어서 부는 것입니다. 이 바람 때문에 바닷물이 파도를 일으켜 철썩철썩 바위를 칩니다. 바람이 없다면 물결이 일렁여 파도를 일으켜 물결을 치는 일도 없을 것입니다. 바람이 안 불면 바닷물만 있고 파도가 없는 것처럼 느껴질 것입니다. 하지만 그렇다고 해서 바닷물이 없어지는 것은 아닙니다. 이것은 바로 심상만 없어지는 것이지 심체가 없어지지 않는다는 것을 비유해서 나타낸 것입니다. 이 우주에 충만해있는 일심은 그대로 있는 것입니다.

"무명도 또한 그러하여 심체에 의지하여 움직이지만, 만약 심체가 멸하면 중생이 끊어져서 의지할 바가 없지만 심체가 멸하지 않으므로 마음이 상속하는 것이며, 오직 무명만 멸하기 때문에 심상이 따라서 멸하지만 심지(心智)가 멸하는 것은 아니다." 마음이 멸한다는 것은 심상만 없어지는 것이지 심체가 멸하는 것이 아닙니다. 바람이 없으니 파도만 없는 것처럼 보이지 바다가 없어진 것은 아닙니다. 바람이 비유하는 무명이 없어지면 심상은 멸하지만 심체, 일심은 그대로 있다는 말입니다. 일심은 없어지고 생기는 것도 아니고 그냥 있을 뿐입니다.

결국 바닷물은 본체, 자성청정심을 의미하고 파도는 지성을 의미하고 바람은 무명을 의미합니다. 바람이 불면 파도가 칩니다. 그러나 바람이 불지 않으면 파도가 치지 않습니다만 바닷물이 있는 한 바람이 불면 또 파도가 칩니다. 무명풍에 의해 우리 몸이 생기고 여러 가지가 생겨나지만 본체, 청정한 본래 마음은 그냥 그대로 있을 뿐입니다. 우리 각자는 물들어 있는 모습입니다. 무명에 의해 물들어 있지만 본체, 일심은 없어지지 않고 우주에 충만해 있을 뿐입니다.

"제법의 발생을 재차 해석하다. 정법(淨法)은 깨끗한 법으로 진여훈습이 있다. 염법(染法)은 물든 법으로 무명훈습, 업식훈습, 육진훈습이 있다." 제법은 이 세상에 존재하는 모든 법입니다. 부처님께서 깨우친 것은 연기입니다. 연기를 이루고 있는 내용은 무상과 무아입니다. 부처님 뿐만 아니라 이 세상 그 누구도 깨우치면 무상과 무아입니다. 그래서 진리는 누가 깨우쳐도 똑같은 것입니다. 부처님은 이 진리를 불교라는 종교로 만들어냅니다. 불교의 첫 출발점은 연기입니다. 바로 무상과 무아입니다. 무상은 불교가 되면서 제행무상이 됩니다. 이 세상에 형상을 이루고 있는 모든 것은 무상합니다. 일정한 모양을 이루고 있는 것은 아무 것도 없습니다. 모두 언젠가는 변하고 허물어집니다. 생멸을 합니다. 부처님께서 존재하는 모든 것은 고(苦)라고 하셨습니다. 깨달음의 목적은 고(苦)에서 벗어나서 락(樂)으로 가는 것입니다. 이것이 우리가 진리를 추구하는 목적입니다. 무아는 불교가 되면 제법무아가 됩니다. 이 세상의 모든 것에는 '나'라고 하는 독립적인 성품은 없습니다. 전부 다 일심이라 분리된 것이 아니라 하나인 것입니다. 진리를 깨치고 나니 모두 일심인 것입니다. 모를 때는 다 각자입니다. 깨우치고 나니 모두의 본래 성품은 하나라는 것입니다.

정법이란 물들기 전의 청정한 본래 성품과 같은 깨끗한 법입니다. 이것은 깨달음의 세계인 진여입니다. 깨우친 상태에서는 그 어떤 행위도 진여를 따르기 때문에 진여가 훈습되지 무명은 훈습되지 않습니다. 염법은 물든 법입니다. 여기에는 근본 무지인 무명이 훈습되는 무명훈습과 제8식 아뢰야식에 물드는 업식훈습과 안이비설신의 육근의 대상인 육진[색성향미촉법]이 훈습되는 육진훈습이 있습니다. 육진훈습은 대상에 의해 물드는 것입니다. 내 눈을 통해 무언가를 보면 물들고, 귀를 통해 무언가를 들으면 물듭니다. 제6식, 제7식 훈습이 육진훈습이 되고 제8식 훈습이 업식훈습이 되어 그 뿌리가 무명훈습입니다.

"훈습의 뜻을 설하다. 훈습의 뜻이란 마치 세간의 의복이 실제는 향기가 없지만 만약 사람이 향기로 훈습하면 그로 인해 향기가 있는 것과 같다. 이와 같아서 진여의 청정한 법은 실제로 오염[染]이 없지만 다만 무명으로 훈습하기 때문에 곧 오염된 모양이 있고, 무명염법(無明染法)은 실제로 청정한 업이 없지만 다만 진여로 훈습하기 때문에 청정한 작용이 있다." 원래 옷은 아무런 향기가 없는데 입는 사람에 따라 향기가 달라집니다. 이것이 훈습입니다. 이와 연관된 부처님의 일화가 있습니다. 부처님께서 길을 가시다가 길에 떨어진 종이를 보시고 제자들에게 그것을 주워보라고 했습니다. 주워보니 비린내가 나는 고기를 쌌던 종이였습니다. 좀 더 걸어가다 보니 다른 종이가 떨어져 있어 그것도 주워보라고 합니다. 주워보니 향기가 나는 향을 싼 종이였습니다. 우리의 삶도 그렇게 훈습되는 것입니다. 내가 공부하고 수행하면 그것이 훈습되어 맑고 향기로운 냄새가 나고 악한 행동을 하고 남에게 피해를 주면 그것이 훈습되어 탁하고 비린내가 나는 것입니다. 내가 살아가는대로 향기가 날 뿐입니다. 원래 우리는 청정법신인데 무명에 의해 훈습되기 때문에 오염된 모양이 있습니다. 우리는 진여로 훈습하기도 하고 무명으로 훈습하기도 합니다.

훈습에 관련된 이야기를 살펴봅시다. 잡아함경 제5권 처마경을 보면 케마 비구의 이야기가 나옵니다. 부처님께서 코삼비의 고시타 정사에 있을 때 케마 비구는 큰 병으로 엄청난 고통을 겪고 있었습니다. 케마 비구가 자신의 통증에 대해 비유하기를 '힘 센 역사가 잔약한 사람을 붙잡아 노끈으로 머리를 동여매어 두 손으로 세게 조이면 그 고통이 심하지마는 내가 지금 겪은 고통은 그보다 더하다.'고 했습니다. 케마 비구가 이렇게 고통 속에 있으니까 장로들이 병문안을 옵니다. 장로들이 말합니다. "부처님께서 무아라고 했는데 왜 이렇게 아프십니까?" 케마 비구는 "아니다. 나는 그렇게 생각하지 않는다."고 했습니다. 케마 비구는 다음과 같이 말합니다. "나도 또한 그와 같습니다. 물질이 곧 나가 아니요, 그렇다고 나는 물질을 떠난 것도 아니며 느낌, 생각, 행, 의식이 곧 나가 아니요 그렇다고 나는 그것들을 떠난 것도 아닙니다. 그런데 나는 다섯 가지 쌓임(오온)에서 그것은 나도 아니요 내 것도 아니라고 보지마는 아직 나라는 교만과 나라는 욕심과 나라는 번뇌를 끊지도 못하고 알지도 못하며 떠나지도 못하고 뱉어버리지도 못합니다. 여러 장로님은 내 말을 들으십시오. 무릇 지혜로운 사람은 비유로 말미암아 이해하게 되는 것입니다. 그것은 마치 유모(乳母)의 옷을 빨래 방에 주면 여러 가지 재물로 때를 빼지만 남은 냄새가 있을 때에는 여러 가지 향기를 써서 그 냄새를 없애는 것과 같습니다. 이와 같이 많이 아는 거룩한 제자들은 다섯 가지 쌓임(오온)을 떠나 그것은 나가 아니요 내 것도 아니라고 바르게 관찰하지만 그 다섯 가지 쌓임에서 아직 나라는 교만과 나라는 욕심과 나라는 번뇌를 끊지도 못하고 알지도 못하며 떠나지도 못하고 뱉어버리지도 못하는 것입니다. 그러나 다시 다섯 가지 쌓임(오온)에 대해서 생각을 더욱 더해서 그것들의 나고 멸하는 것을 관찰해 보는 것입니다. 즉 '이것은 물질이요 이것은 물질의 모임이며 이것은 물질의 멸함이다. 이것은 느낌, 생각, 지어감, 의식이요, 이것은 그것들의 모임이며 이것은 그것들의 멸함이다.'라고. 그래서 그 다섯 가지 쌓임(오온)에 대해서 나고 멸하는 것을 관찰한 뒤에는 나라는 교만과 나라는 욕심과 나라는 번뇌가 모두 없어집니다. 이것을 진실한 바른 관찰이라 합니다." 이 말을 듣고 장로들이 납득을 하게 됩니다.

여기서 나오는 나, 느낌, 생각, 지어감, 의식이 색수상행식입니다. 유모의 옷은 빨아도 냄새가 남아 있듯이 우리가 열심히 수행해서 어느 정도 단계에 이르러도 때를 완전히 벗어버리지 못합니다. 완전히 때를 벗어버리지 못하면 내가 고통을 느낄 수 있다는 것을 말한 것입니다.

훈습의 모양은 크게 염훈습과 정훈습이 있습니다. 염훈습은 오염된 훈습이고 정훈습은 깨끗한 훈습입니다. 염훈습에는 망경계훈습, 망심훈습, 무명훈습이 있습니다. 망경계훈습에는 증장념훈습, 증장취훈습이 있습니다. 증장념훈습은 생각을 자꾸 증장시키는 훈습이고 증장취훈습은 집착을 자꾸 증장시키는 훈습입니다. 망심훈습에는 업식근본훈습, 증장분별사식훈습이 있습니다. 업식근본훈습은 제8식 아뢰야식에 훈습하는 것이고, 증장분별사식훈습은 제7식 말라식을 증장시키는 훈습입니다. 무명훈습에는 근본훈습, 소기견애훈습이 있습니다. 근본훈습은 뿌리가 되는 훈습이고, 소기견애훈습은 생각, 애욕을 증장시키는 훈습입니다. 정훈습은 망심훈습과 진여훈습이 있습니다. 망심훈습에는 분별사식훈습과 의훈습이 있습니다. 진여훈습은 자체상훈습과 용훈습이 있습니다. 여기도 체상용이 있습니다. 존재하는 모든 것은 체상용의 구조입니다. 뿌리(본체), 모양, 작용이 있습니다. 본체, 본질(체)과 모양(상), 살아가는 방법, 생각(용)입니다. 여기에 망심훈습이 두 개가 나옵니다. 오염된 망심훈습은 점점 더 우리를 집착하게 하고 아집에 빠지게 합니다. 하지만 깨끗한 망심훈습은 오염된 것으로부터 우리를 떠나게 하는 것입니다.

*머리 식히면서 한번 보기

이번에는 천도재에 대해 알아봅시다. 천도재의 재(齋)는 깨끗하게 한다는 뜻이지 제사의 제(祭)를 쓰지 않습니다. 천도재는 크게 두 가지로 나눌 수 있습니다. 사십구재는 죽음 직후 좋은 곳으로 인도하기 위하여 지내는 재이고 천도재는 백중이나 수시로 죽은 자를 위하여 지내는 재입니다. 사십구재는 일생에 단 한 번을 지내고 나머지는 천도재라 보시면 됩니다. 사십구재는 도통한 도인이 지내주면 제일 좋습니다. 하지만 그것이 안된다면 지극한 정성으로 지내주면 됩니다. 깨달은 마음이 아니면 지극하고 순수한 마음으로 지내주면 좋습니다. 재를 지내주는 승려의 역할도 중요하지만 당사자들이 간절히 비는 것도 중요한 것입니다. 천도재는 조상이나 가까이는 부모, 조부모를 위해 좋은 곳에 좋은 인연으로 태어나라고 지내는 재입니다. 이것은 보통 백중 때 지냅니다. 그 이유는 수행하는 사람들의 마음이 가장 집결될 때이기 때문입니다. 백중의 천도재는 우주의 기운이 가장 맑게 열릴 때 합니다. 재를 잘 지내면 안되던 일도 잘 풀릴 때가 있습니다. 조상을 위해 지내는 것인데 본인에게 그 효과가 오는 것이 이상할 수도 있습니다. 하지만 본인을 기준으로 업의 상관관계 속에서 나는 아버지를 닮아 나옵니다. 그리고 아버지는 할아버지를 닮아 나옵니다. 이렇게 위로 죽 올라갑니다. 그래서 조상 중에 나와 같은 조상이 있을 수 있고 내 후손 중에서 내 조상과 같은 사람들이 나옵니다. 천도재는 결국 자기 자신에게 기도를 올리는 것입니다. 나와 조상은 결국 하나입니다. 사람은 환생을 해도 마음이나 기운 등은 남아있는 경우가 있습니다. 그래서 재를 올리면 그런 기운들이 해소가 됩니다. 이런 재를 올리면 조상신 뿐만이 아니라 세상에 떠도는 영가들도 구제할 수 있는데 그렇게 되면 예상치도 못한 좋은 결과가 나올 때도 있습니다.

운칠기삼이란 말도 있습니다. 일이 성취될 때 본인 능력은 3이고 운이 7이란 말입니다. 큰 사업은 보통 운칠기삼입니다. 기도란 이 7이 차지하는 운을 좋게 하는 매개체가 됩니다. 조선시대 농산 스님은 나라를 위한 기도를 맡은 것이 원인이 되어 기도를 마친 후 영조 대왕으로 환생하여 52년간 임금으로 재위하였습니다. 고구려의 추남이 장군이 될 것을 서원하고 일심 기도한 후에 신라 서원공의 아들인 김유신으로 환생하여 신라 대장군이 되었습니다. 우리는 생업이 있기 때문에 매주 나와서 기도하기 어려울 수도 있습니다. 하지만 백중과 같은 특별한 날에 시간을 내서 기도를 올리면 좋은 결과가 나올 수 있습니다.

제14강

(3-1-1-3-5-3) 훈습의 모양을 자세히 설하다
(3-1-1-3-5-31) 염훈습을 밝히다

[진제46] 어떻게 훈습하여 염법(染法)을 일으켜 끊어지질 않는가? 이른바 진여법에 의지하기 때문에 무명이 있고, 무명염법(無明染法)의 원인(因)이 있는 까닭으로 곧 진여를 훈습하며, 훈습하기 때문에 곧 망심이 있게 된다. 망심이 있어서 곧 무명을 훈습하고 진여법을 요달하지 못하기 때문에 불각의 생각이 일어나서 망경계를 나타낸다.

망경계의 염법의 연(緣)이 있기 때문에 곧 망심을 훈습하여 집착하게 되고 여러 가지 업을 지어 일체 몸과 마음의 괴로움을 받게 된다.

云何熏習起染法不斷？所謂以依眞如法故有於無明，以有無明染法因故即熏習眞如；以熏習故則有妄心，以有妄心即熏習無明。不了眞如法故，不覺念起現妄境界。以有妄境界染法緣故，即熏習妄心，令其念著造種種業，受於一切身心等苦。

(3-1-1-3-5-32) 망경계훈습을 밝히다

이 망경계 훈습의 뜻에 두 가지가 있다. 첫째는 증장념훈습(增長念熏習)이니, 망녕된 생각을 조장하는 훈습이며, 둘째는 증장취훈습(增長取熏習)이니 집착심을 조장하는 훈습이다.

此妄境界熏習義則有二種。云何為二？一者、增長念熏習，二者、增長取熏習。

(3-1-1-3-5-33) 망심훈습을 밝히다

망심훈습의 뜻에 두 가지가 있으니, 첫째 업식근본훈습(業識根本熏習)이니, 능히 아라한과 벽지불과 일체보살이 생멸의 괴로움을 받는 까닭이며, 둘째는 증장분별사식훈습(增長分別事識熏習)이니, 능히 범부가 업에 매여 괴로움을 받는 까닭이다.

妄心熏習義則有二種。云何為二？一者業識根本熏習，能受阿羅漢、辟支佛、一切菩薩生滅苦故。二者、增長分別事識熏習，能受凡夫業繫苦故。

(3-1-1-3-5-34) 무명훈습을 밝히다

무명훈습의 뜻에 두 가지가 있으니, 첫째는 근본훈습이니, 능히 업식을 성취하는 뜻이며, 둘째는 소기견애훈습(所起見愛熏習)이니, 능히 분별사식을 성취하는 뜻이다.

無明熏習義有二種。云何為二？一者、根本熏習，以能成就業識義故。二者、所起見愛熏習，以能成就分別事識義故。

대승기신론 강설_14

지난 시간에 했던 훈습의 모양들을 다시 한 번 보겠습니다. 염훈습은 오염된 쪽으로 훈습되는 것으로 무명과 관련이 있습니다. 정훈습은 오염되지 않는 맑은 훈습입니다. 이것은 진여로 나아가는 것입니다. 염훈습의 망경계훈습은 전5식과 6식에서 일어나는 훈습이고 망심훈습과 무명훈습은 제7식과 제8식에 관계되는 훈습입니다. 망심훈습 가운데 업식근본훈습은 제8식과 관계된 것이고 증장분별사식훈습은 제7식과 관계된 것입니다. 무명훈습의 근본훈습은 업식근본훈습과 관계되고 소기견애훈습은 증장분별사식훈습과 관계됩니다. 우리가 견성하고 깨우친 후 진여만 있을 때는 진여에만 물이 드는데 이것이 진여훈습입니다. 이 가운데 자체상훈습은 체와 상을 훈습하는 것이고, 용훈습은 작용, 용에 훈습하는 것입니다. 정훈습에는 진여훈습 이외에 망심훈습이 있는데 이 안에는 분별사식훈습과 의훈습이 있습니다. 망심훈습은 무명에서 진여로 오는 과정에서 일어납니다.

"염훈습을 밝히다. 어떻게 훈습하여 염법(染法)을 일으켜 끊어지질 않는가? 진여법에 의지하기 때문에 무명이 있고, 무명염법(無明染法)의 원인(因)이 있는 까닭으로 곧 진여를 훈습하며, 훈습하기 때문에 곧 망심이 있게 된다." 평생 우리는 중생의 모습으로 살아가기 때문에 오염된 제7식이 끊임 없이 일어납니다.

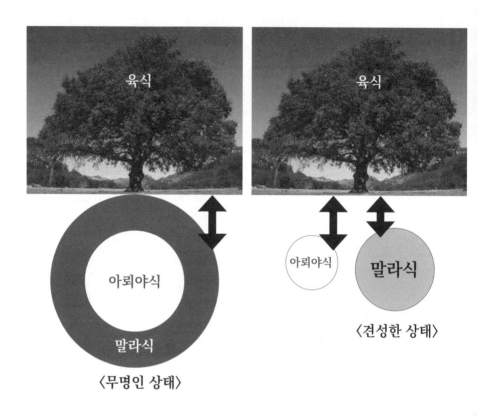

견성한다. 본래 성품(야뢰야식)을 본다.

보니 안다. 알면 그 길로 다니면 길이 난다.

도인들은 그 길로만 다닌다.

무명의 상태는 말라식을 통하여 보지만, 견성한 상태는 아뢰야식과 직접 통하여 본다.

그림5. 무명과 견성일때 생각을 일으키는 구조

원래 진여였던 것이 무명에 의해 오염이 일어나고 그 무명에 의해서 제7식이 끊임없이 일어납니다. 이 무명은 방향이 없는 것인데 우리는 위빠사나를 통해 방향이 있는 정사유로 돌릴 수 있습니다. 그를 통해 무명을 소멸시킬 수 있습니다.

"'진여법에 의지하기 때문에 무명이 있고' '무명염법(無明染法)의 원인(因)이 있는 까닭으로 곧 진여를 훈습하며' '훈습하기 때문에 곧 망심이 있게 된다.'"

'진여법에 의지하기 때문에 무명이 있고' 라는 것은 능훈과 소훈의 체를 나타낸 것입니다. '무명염법(無明染法)의 원인(因)이 있는 까닭으로 곧 진여를 훈습하며' 는 근본무명의 훈습입니다. '훈습하기 때문에 곧 망심이 있게 된다.'는 말은 무명의 훈습에 의하여 업식심이 있는 것이며, 망심으로 무명을 훈습하여 요달하지 못함을 증가시키기 때문에 전식과 현식 등을 이루며, 불각하여 망념이 일어나 망경계를 나타낸 것입니다. 이것은 앞의 구절을 구체적으로 설명한 것입니다. 제8 아뢰야식이 업식, 전식, 현식으로 나누어집니다. 유식에서는 능훈과 소훈으로 나누고 있습니다. 능은 주체이고 소는 객체, 대상입니다. 제8 아뢰야식의 능훈인 뿌리가 소훈으로 나아가면서 제7 말라식이 일어나게 됩니다. 이것이 능훈과 소훈의 체를 나타냅니다.

'근본무명의 훈습이다.' 근본적으로 방향성이 없이 툭 일어나는 부정사유가 무명의 출발입니다. 이런 생각이 무명의 숲을 만들고 우리 의식의 중요한 부분을 차지하고 있습니다. 이러한 누적된 삶의 흔적이 제7 말라식으로 저장된 채로 한 평생 살아갑니다. 그 다음 '훈습하기 때문에 곧 망심이 있게 된다.' 요달하지 못한다는 말은 곧 견성하고 깨닫지 못한다는 말입니다. 근본 업식이 전식과 현식으로 나아갑니다. 불각하면 망령된 생각이 일어나는데 우리가 일으키는 모든 생각이 망경계를 나타냅니다. 깨닫지 못한 상태에서 일어나는 모든 분별, 생각은 모두 망경계입니다. 그러므로 우리가 일으키는 모든 생각은 망경계에 속합니다. 이런 상태에서 살아간다면 무명만 축적되어 번뇌망상만 커지게 됩니다. 이것이 망경계, 망심이고 깊이 들어가면 전식과 현식이고 그것들의 뿌리는 업식입니다. 무명에 의해 망경계를 일으킨다면 망심에 저장됩니다. 이것이 바로 무명의 상태입니다. 무명과 망경계, 망심은 순환하는 것입니다.

"염훈습. 망심이 있어서 곧 무명을 훈습하고 진여법을 요달하지 못하기 때문에 불각의 생각이 일어나서 망경계를 나타낸다. 망경계의 염법의 연(緣)이 있기 때문에 곧 망심을 훈습하여 집착하게 되고 여러 가지 업을 지어 일체 몸과 마음의 괴로움을 받게 된다."

결국 중생이 살아가는 삶이 근본적으로 고(苦)인 이유는 무명, 망경계, 망심이 누적되어 몸을 만들고 나의 삶을 살아가게 만들기 때문입니다. 이것을 알고 타파하면 락(樂)이 되는 것입니다. 극락은 낙(樂)이 극에 달한 것입니다. 열반적정에 다다라 제7식이 깨지면 극락이 됩니다. 무지와 아집을 타파하고 해탈과 편안함을 얻는 것이 열반적정이고 자유의 길인 것입니다. 대승기신론에서는 이런 깨달음의 세계가 멀리 있는 것이 아니라 우리 삶 속에 있으며 우리 삶에서 피어난 꽃임을 말하고 있습니다. 일심이라는 하나의 그림 속에 들어있는 모두가 진여를 피워

낼 수 있습니다. 그래서 우리의 삶 속에서 가장 소중한 것은 지금 이 순간입니다.

"사념처. 신이란 움직이는 발 끝에 생각을 모으는 것이고 수는 일어나는 느낌에 생각을 모으는 것이고 심이란 분별심을 일으키는 생각에 생각을 모으는 것이고 법이란 대상을 보고 객관적으로 보는데 생각을 모으는 것이다." 신은 내 몸이고 수는 느낌, 감정이고 심은 일으키는 모든 분별이 있는 마음입니다. 법이란 대상, 존재하는 모든 것입니다. 부처님께서는 이 신수심법을 제대로 관찰하라고 하셨습니다. 신이란 걸으면서 마음 알아차리기 운동입니다. 우리 몸에 대해서 어떻게 하느냐를 말한 것입니다. 그 후에 일어나는 느낌에 생각을 모읍니다. 예를 들어 어떤 괴로운 생각이 있다고 합시다. 그 괴로운 생각을 따라가 보면 그 끝이 무엇인지 알 수 있습니다. 그러면 괴로움이 없어집니다. 그 다음 분별심을 일으키는 생각에 생각을 모아 무엇 때문에 분별을 일으키는가를 생각합니다. 그 끝에 도달하게 되면 편안한 상태가 됩니다. 그 후 대상을 주관이 아닌 객관으로 볼 수 있는 힘을 기르면 대상을 탓하지 않고 자신에게서 원인을 찾을 수 있게 됩니다. 그렇게 되면 존재하는 모든 것을 있는 그대로 볼 수 있는 힘이 생깁니다. 이것을 하게 되면 일체의 몸과 마음의 괴로움을 받게 되는 망심훈습을 느끼게 됩니다. 느끼고 알아차리면 차단됩니다. 그렇게 되면 염훈습에서 정훈습으로 넘어가게 됩니다.

"망경계훈습을 밝히다. 망경계훈습에는 두 가지 뜻이 있다.

첫째는 증장념훈습(增長念熏習)이니 망년된 생각을 조장하는 훈습이며, 둘째는 증장취훈습(增長取熏習)이니 집착심을 조장하는 훈습이다." 뿌리가 오염되어 생각이 일어나기 때문에 계속 망년된 생각이 조장됩니다. 우리는 어떤 대상과 부딪혀 경계를 일으켜 끊임없는 망년된 생각과 집착을 일으킵니다. 우리가 물들어 있는 오염된 것에서 생각을 끄집어내어 쓰기 때문입니다. 만약 뿌리가 진여라면 그렇지 않을 것입니다. 하지만 뿌리가 제7 말라식이면 오염된 것이기 때문에 물들어 있는 것에서 일어나 망년된 생각이나 집착심이 더 조장됩니다. 그래서 내가 알아차리지 못하면 끝도 없는 번뇌망상과 집착 속에서 한 생을 살다 갑니다. 망경계훈습을 통해서 이러한 것이 더 증장됩니다.

증장념이란 망경계에 의하여 분별사식 중 법집분별념을 증장하는 것입니다. 증장취는 사취의 번뇌장을 증장하는 것입니다. 사취는 삼계의 번뇌를 네 가지로 나눈 것입니다. 욕취, 견취, 계금취, 아어취입니다. 욕취란 욕계에서 오욕의 경계에 대하여 일으키는 탐집입니다. 견취는 잘못된 견해를 진실이라고 집취하는 것입니다. 계금취는 바른 계행이 아닌 것을 바른 계행이라고 집취하는 것입니다. 아어취는 색계, 무색계의 각각 16개의 견혹과 3개의 수혹입니다. 염(念)이란 생각하는 것이고 취(取)는 내가 취하려고 하는 것입니다. 애욕 다음 취가 옵니다. 법집분별념이란 끝도 없이 일어나는 분별념입니다. 취에는 네 가지가 있습니다. 여기서 욕취, 견취, 계금취는 욕계에서 일어나는 것이고 아어취는 색계, 무색계에서 일어나는 것입니다. 아어취는 색계, 무색계에서 일어나는 잘못된 생각입니다.

"망심훈습을 밝히다. 망심훈습의 뜻에 두 가지가 있으니 첫째는 업식근본훈습(業識根本熏習)으로 능히 아라한과 벽지불과 일체 보살이 생멸의 괴로움을 받는 까닭이며, 둘째 증장분별사식훈습(增長分別事識熏習)으로 능히 범부가 업에 매여 괴로움을 받는 까닭이다." 그래서 우리 범부, 중생이 받는 것은 증장분별사식훈습입니다. 분별사식은 바로 제7 말라식입니다. 제7 말라식에 끝없이 훈습되는 것이 우리 범부들입니다. 업식근본훈습의 업식은 제8 아뢰야식 안에 있는 그 업식입니다. 그러므로 업식근본훈습은 제8 아뢰야식의 작용입니다. 우리보다 한 단계 뛰어난 아라한, 벽지불, 일체보살이 받습니다. 나름 견성한 사람들이 받는 것입니다. 업식근본훈습은 제8식에 훈습하는 것이고 증장분별사식훈습은 제7식에 훈습하는 것입니다. 그래도 아직 여기에는 생멸의 괴로움은 받습니다. 견성은 했지만 생멸의 괴로움은 아직 있는 것입니다. 완벽한 부처의 경지에 다다르지 못했다는 것입니다.

"업식근본훈습은 업식으로 무명을 훈습하여 상이 없는 것을 모르고 전상과 현상을 일으켜 상속하는 것이니, 삼승인이 삼계를 벗어날 때 사식의 분단추고(분단 생사에서 받는 거친 고통)는 여의었으나 번역생사(삼계의 상사는 여의었으나 성불하기 까지 받는 삼계 밖의 생사)의 아뢰야 행고는 받기 때문에 삼승의 생멸고를 받는다고 한다. 증장분별사식훈습은 범부의 지위에서 받는 분단고를 말한다." 분단추고의 추는 거친 것으로 제7식 이전의 것 전5식, 6식, 제7식에 작용합니다. 번역생사는 적어도 추를 넘어선 세의 영역입니다. 삼승인은 보살, 성문, 연각입니다. 나름 공부에서 어느 단계 이상 간 수행자들입니다. 이 수행자들이 삼계를 벗어날 때 거친 고통은 여읩니다. 하지만 변역생사, 미세한 고통은 받습니다. 때문에 삼승의 생멸고를 받는다고 합니다. 완전한 부처가 못되기 때문에 삼승도 생멸의 괴로움을 받습니다. 증장분별사식훈습은 우리 범부들이 받는, 제7 말라식에 끝도 없이 훈습되는 것입니다. 우리가 공부해서 부처의 단계까지 못가면 업식근본훈습을 하게 됩니다. 미세한 고통까지 소멸되어야 비로소 부처의 단계까지 갈 수 있습니다. 처음에 아뢰야식을 볼 때 보일까말까 합니다. 하지만 제7 말라식이 소멸되고 제8식이 덩그렇게 남겨져 소멸되어야 부처가 됩니다. 미세한 길이 남겨지면 초지보살의 단계입니다. 그 미세한 길이 점점 커져 부처의 단계까지 이르게 되는 것입니다.

"무명훈습을 밝히다. 무명훈습의 뜻에 두 가지가 있으니, 첫째는 근본훈습이니, 능히 업식을 성취하는 뜻이며, 둘째는 소기견애훈습(所起見愛熏習)이니, 능히 분별사식을 성취하는 뜻이다." 업식은 제8 아뢰야식입니다. 분별사식은 제7 말라식을 말합니다. 말라식에 작용하는 것이 소기견애훈습인 것입니다. 근본무명훈습이 안으로 들어오면 근본 업식을 훈습하고 밖으로 나가면 제7 말라식을 훈습한다는 것입니다. 일반적으로 망심훈습, 망경계훈습으로 다 설명할 수 있습니다. 아니면 망경계훈습과 무명훈습으로 설명할 수 있습니다. 무명훈습과 망심훈습은 중복되는데, 망심훈습을 근본무명에서 파생되는 것으로 이해하면 됩니다. 근본무명을 둘로 나눈 것입니다.

"근본훈습은 근본불각이다. 소기견애훈습은 무명에서 일어난 의식의 견해이며, 지말불각이다." 근본불각이 깨트려져야 부처가 됩니다. 그래서 '이뭣꼬' 즉 이 몸 받기 전에는 무엇이었는가라는 화두를 들고 본질을 추구하는 것입니다. 무명을 깨트리면 본래 성품이 보이는 것입니다. 소기견애훈습은 근본훈습에서 파생된 지말불각입니다. 여기까지가 염훈습의 내용입니다.

*머리 식히면서 한번 보기

오늘은 108번뇌에 대해 알아보겠습니다. 절을 할 때도 108배를 하기도 합니다. 우리는 108번뇌를 정확하게는 모릅니다. 불교사전에는 이렇게 나와있습니다. "첫번째 경우는 6근(안이비설신의)이 6경(색성향미촉법)을 대상으로 각각 호(好), 오(惡), 평(平-좋지도 않고 나쁘지도 않고)에다 과거, 현재, 미래가 더해진 것이다.(12x3x3=108) 두 번째 경우는 6근에 고(苦), 락(樂), 사(舍)를 더한 것(18개)과 6근에 호, 오, 평(18개)을 더한 것에 과거, 현재, 미래를 덧붙인 것이다.(18+18=36, 36x3(과거, 현재, 미래)=108)"

색수상행식을 봅시다. 수는 느낌입니다. 식은 분별하는 인식입니다. 상은 느낌, 분별에 대한 형상입니다. 어떤 느낌이든지 간에 모양으로 다 저장됩니다. 우리가 느끼는 감정(수)들을 6근으로 봅시다. 눈으로 보면 아름답고 추하고, 귀로 들으면 듣기 좋거나 듣기 싫고, 코로 냄새를 맡으면 향기롭거나 역하고, 입으로 맛을 보면 맛있거나 맛없고, 몸으로 느끼면 쾌감이 느껴지거나 불쾌감이 느껴지고, 의식으로 분별하면 좋고 나쁩니다. 식은 분별에서 느끼는 인식으로 고(苦), 락(樂), 사(捨)가 있습니다. 그래서 수에서 보면 6근이 전부 호오(好惡)가 있습니다. 그래서 호오 두 개에 고, 락, 사를 곱하고 여기에다 6근(안이비설신의)를 곱하고 과거, 현재, 미래를 곱하는 것입니다.(2x3x6x3) 이렇게 108번뇌가 됩니다.

수는 상당히 중요합니다. 수는 알아차림이 되기도 합니다. 눈이 형상과 접촉하여 아는 마음이 일어날 때 눈에 의지한 느낌이 일어납니다. 귀가 소리와 접촉하여 아는 마음이 일어날 때 귀에 의지한 느낌이 일어납니다. 코가 냄새와 접촉하여 아는 마음이 일어날 때 코에 의지한 느낌이 일어납니다. 혀가 맛과 접촉하여 아는 마음이 일어날 때 혀에 의지한 느낌이 일어납니다. 몸이 감촉과 접촉하여 아는 마음이 일어날 때 몸에 의지한 느낌이 일어납니다. 마음이 마음의 대상과 접촉하여 아는 마음이 일어날 때 마음에 의지한 느낌이 일어납니다. 이렇게 수(느낌)가 일어납니다. 수에는 경계가 없습니다. 좋고 나쁜 것만 있습니다. 그래서 108번뇌를 계산할 때 호오평에서 평을 뺀 것입니다.

108배를 하는 이유는 내가 일으킬 수 있는 모든 번뇌를 소멸시켜 청정법신, 열반적정을 이루기 위해서입니다. 그렇기 때문에 절은 많이 할 수록 좋습니다. 절을 하면서 내 업이 닦이고 식이 맑아지면 불가능할 것 같은 일들이 보이거나 일어납니다.

제15강

(3-1-1-3-5-41) 정훈습을 밝히다

[진제47] 어떻게 훈습하여 청정한 법을 일으켜 끊어지지 않게 하는가? 이것은 진여법이 있기 때문에 진여가 무명을 훈습하는 것이며 훈습하는 인연의 힘에 의지하여 곧 허망한 마음으로 하여금 생사의 괴로움을 싫어하고 열반을 구하기를 좋아하게 한다. 허망한 마음에는 생사를 싫어하고 열반 구하기를 좋아하는 인연이 있기 때문에 곧 진여를 훈습하여 스스로 본성을 믿고 마음이 망령되이 움직이는 것으로 앞의 경계가 없음을 알아 멀리 여의는 법을 수행한다.

눈앞에 나타나는 경계가 없음을 분명하게 알기 때문에 여러 가지 방편으로 수순행(隨順行)을 일으켜 취착하지도 않으며 잘못 생각하지도 않으므로 오랫동안 훈습한 힘에 의해 무명이 곧 멸하게 된다. 무명이 멸하기 때문에 마음에 일어나는 것이 없고 일어남이 없기 때문에 경계가 따라서 멸한다. 인과 연이 다 멸하기 때문에 마음의 모양이 다 없어지니, 열반을 얻게 되어 자연업(自然業)을 이루게 되는 것이다.

云何熏習起淨法不斷？所謂以有真如法故能熏習無明，以熏習因緣力故，則令妄心厭生死苦、樂求涅槃。以此妄心有厭求因緣故，即熏習真如。自信己性，知心妄動無前境界，修遠離法，以如實知無前境界故，種種方便起隨順行，不取不念，乃

至久遠熏習力故 , 無明則滅。 以無明滅故心無有起 , 以無起故
境界隨滅 , 以因緣俱滅故心相皆盡 , 名得涅槃成自然業。

(3-1-1-3-5-42) 망심훈습을 밝히다

[진제48] 망심훈습의 뜻에는 두 가지가 있다.

妄心熏習義有二種。 云何為二 ?

(3-1-1-3-5-421) 분별사식훈습을 밝히다

첫째는 분별사식훈습(分別事識熏習)이니, 모든 범부와 이승인(
二乘人)이 생사의 괴로움을 싫어하고 힘이 닿는 대로 조금씩 무
상도(無上道)에 나아가기 때문이다.

一者、 分別事識熏習 , 依諸凡夫二乘人等 , 厭生死苦 , 隨力所
能 , 以漸趣向無上道故。

(3-1-1-3-5-422) 의훈습을 밝히다

둘째는 의훈습(意熏習)이니, 모든 보살이 발심하고 용맹하여 속
히 열반에 나아가는 까닭이다.

二者、 意熏習 , 謂諸菩薩發心勇猛速趣涅槃故。

(3-1-1-3-5-43) 진여훈습을 밝히다

[진제49] 진여훈습의 뜻에 두 가지가 있으니, 첫째는 자체상훈습
(自體相熏習)이며, 둘째는 용훈습(用熏習)이다.

真如熏習義有二種。 云何為二 ? 一者、 自體相熏習 , 二者、 用
熏習。

(3-1-1-3-5-431) 자체상훈습을 밝히다

자체상훈습이란 비롯함이 없는 세상으로부터 무루법(無漏法)을
갖추고 부사의한 업[不思議業]을 갖추고 있어서 경계의 성품(境
界性)을 짓는다.

이 두 가지의 뜻에 의지하여 항상 훈습하는 힘이 있기 때문에 중생은 생사의 고통을 싫어하고 열반을 좋아하며 스스로 자기의 몸에 진여법이 있는 줄 믿고 발심하여 수행하게 한다.

묻기를, "만일 이러한 뜻이라면 모든 중생에게 진여가 있어서 똑같이 훈습해야 할 것인데, 어찌하여 믿음이 있기도 하고 없기도 하여 한량없는 앞뒤의 차별이 있는 것인가?

모두 동시에 스스로 진여법이 있음을 알고 부지런히 방편을 닦아 열반에 평등하게 들어야 할 것이다."

답하기를, "진여는 본래 하나이지만 한량없고 가이없는 무명이 있어서, 본래부터 자성(自性)이 차별되어 두텁고 얇음이 같지 않다. 그러므로 항하의 모래보다 많은 번뇌(煩惱)가 무명에 의지하여 차별을 일으키며, 아견과 아애의 오염된 번뇌[我見愛染煩惱]가 무명에 의지하여 차별을 일으킨다. 이와 같은 일체의 번뇌가 무명에 의하여 일어난 것이어서 전후의 한량없는 차별이 있는 것이며, 오직 여래만이 이것을 알 수 있다.

또 모든 불법에 인(因)이 있고 연(緣)이 있으니, 인연이 구족하여야 법이 성취됨을 얻을 수 있는 것이다.

이것은 나무 가운데 불의 성질은 불의 정인(正因)이지만 만약 사람이 알지 못하여 방편을 빌리지 못하면 스스로 나무를 태울 수 없는 것과 같다.

중생도 그러하여 정인(正因)의 훈습하는 힘이 있지만 부처나 보살이나 선지식 등을 만나서 그들로 연(緣)을 삼지 못한다면 능히 스스로 번뇌를 끊고 열반에 들어갈 수 없는 것이다. 만약 외연(外緣)의 힘은 있으나 안으로 청정한 법이 아직 훈습하는 힘이 없는 자는 구경에 생사의 고통을 싫어하고 열반을 구하기를 좋아할 수가 없다.

만약 인연이 구족한 사람이라면 스스로 훈습하는 힘이 있고 또 부처와 보살의 자비와 원력으로 보호하기 때문에 생사의 고통을 싫어하는 마음을 일으키고 열반이 있음을 믿어 선근을 닦아 익힌다. 수행으로 선근이 성숙하기 때문에 모든 부처와 보살의 가르침과 이익됨과 기뻐함을 만나서 열반의 도를 향한다."

自體相熏習者, 從無始世來, 具無漏法備, 有不思議業, 作境界之性。依此二義恒常熏習, 以有力故, 能令衆生厭生死苦、樂求涅槃, 自信己身有眞如法, 發心修行。

問曰 :「若如是義者, 一切衆生悉有眞如, 等皆熏習, 云何有信、無信, 無量前後差別? 皆應一時自知有眞如法, 勤修方便等入涅槃。」

答曰 :「眞如本一, 而有無量無邊無明, 從本已來自性差別厚薄不同故。過恒沙等上煩惱依無明起差別, 我見愛染煩惱依無明起差別。如是一切煩惱, 依於無明所起, 前後無量差別, 唯如來能知故。又諸佛法有因有緣, 因緣具足乃得成辦。如木中火性是火正因, 若無人知, 不假方便能自燒木, 無有是處。衆生亦爾, 雖有正因熏習之力, 若不值遇諸佛菩薩善知識等以之爲緣, 能自斷煩惱入涅槃者, 則無是處。若雖有外緣之力, 而內淨法未有熏習力者, 亦不能究竟厭生死苦、樂求涅槃。若因緣具足者, 所謂自有熏習之力又爲諸佛菩薩等慈悲願護故, 能起厭苦之心, 信有涅槃, 修習善根。以修善根成熟故, 則值諸佛菩薩示教利喜, 乃能進趣, 向涅槃道。」

대승기신론 강설_15

끝없이 유사성을 되풀이하는 프랙탈 이론은 훈습과 유사합니다. 오염된 것을 끝도 없이 훈습하는 것이 염훈습인데 이것은 지난번에 설명했습니다. 이번에는 정훈습인데 깨달은 사람이 나아가는 방법입니다. 염훈습은 일반 중생들의 삶이라면 정훈습은 깨달은 사람들의 삶인 것입니다.

"정훈습을 밝히다. 어떻게 훈습하여 청정한 법을 일으켜 끊어지지 않게 하는가? 이것은 진여법이 있기 때문에 진여가 무명을 훈습하는 것이며, 훈습하는 인연의 힘에 의지하여 곧 허망한 마음으로 하여금 생사의 괴로움을 싫어하고 열반을 구하기를 좋아하게 한다." 깨닫지 못한 상태에서 끊임없이 일으키는 행위와 생각은 염훈습을 증장시켜 나갑니다. 하지만 깨닫고 일으키는 행위와 생각은 정훈습을 증장시켜 나갑니다. 진여를 증장시켜 가는 것입니다. 염훈습은 무명이 진여를 훈습한다면 정훈습은 진여가 무명을 훈습합니다. 진여가 무명을 훈습하니까 진여밖에 없습니다. 원래 다 진여입니다. 본래 성품이 무명에 오염되는 것이 염훈습입니다. 그래서 오염된 것을 내 것이라고 씁니다. 그런데 본래 성품을 보고 제8 아뢰야식을 보면 오염되기 전의 깨끗한 것이 훈습됩니다. 제7식을 거치지 않고 제8식으로부터 오염되기 전의 것이 올라오면 항상 진여의 생각을 일으키게 됩니다. 하지만 이것은 견성만 한다고 되는 것은 아니고 견성 후 보림을 해야 됩니다.

우리는 무명에 의해 본성이 오염된 상태가 '나'인 것으로 착각합니다. 하지만 정훈습에서는 진여법이 무명을 훈습하여 무명이 점점 없어집니다. 진여에 훈습된 사람들은 공부하기를 좋아하고 수행하기를 좋아하고 절제된 삶을 좋아하게 됩니다. 하지만 진여에 훈습되지 않으면 자극, 느낌(수)에 쉽게 따라가 버립니다. 이것이 무명에 오염된 상태입니다.

"정훈습을 밝히다. 허망한 마음에는 생사를 싫어하고 열반 구하기를 좋아하는 인연이 있기 때문에 곧 진여를 훈습하여 스스로 본성을 믿고 마음이 망령되이 움직이는 것으로 앞의 경계가 없음을 알아 멀리 여의는 법을 수행한다." 눈 앞에 생기는 망경계가 없음을 알고 물질로 우리 눈에 보이는 이 모든 것이 헛것임을 알아 멀리 여의는 법을 수행한다는 말입니다. 이것이 바로 정훈습입니다. 점점 내 몸을 진리로 만들어가는 것입니다. 내가 진리, 진여를 알고나면 끊임없이 정훈습을 합니다. 공부하고 수행하기 좋아하는 인연이 생기면 어떤 상황에도 흔들리지 않고 공부할 수 있는 힘이 생깁니다. 내 속에 정훈습을 하는 마음이 자리잡고 있으면 진여는 항상 빛나게 될 것입니다. 그래서 다른 번뇌망상을 안하게 됩니다. 항상 여여한 삶을 살아갈 수 있게 해줍니다. 공부에 커트라인이 있듯이 일정 수준 이상이 되면 끊임없이 공부하며 정훈습을 하며 살아갈 수 있습니다. 그렇지 않으면 중생의 삶을 끝없이 되풀이 합니다. 커트라인을 넘어 진여의 훈습이 되면 진리에 대한 믿음이 생겨 세세생생 공부와 멀어지지 않게 됩니다. 하지만 커트라인을 넘기기는 쉽지 않습니다. 왜냐하면 우리 중생은 염훈습에 오염되어 있어 느낌 따라 탐진치가 맞다고 생각하기 때문입니다. 이것을 넘어서기 위해서는 엄청난 노력이 필요합니다. 어떤 분야든지 죽어라고 노력하면 지금의 단계를 넘어설 수 있습니다. 그렇게 해야 내가 갖고 있는 업에서 한 단계 올라갈 수 있습니다. 노력하지 않으면 지금의 그릇 밖에 되지 않습니다. 나의 단계에서 한 단계 올라가면 세상을 인식하는 눈이 달라집니다. 그래서 어떤 생이든 공부를 하지 않고는 잘 살 수 없게 됩니다. 무언가 성취하려면 목숨 걸고 공부를 하는 단계를 거쳐야 합니다.

"정훈습을 밝히다. 눈 앞에 나타나는 경계가 없음을 분명하게 알기 때문에 여러 가지 방편으로 수순행(隨順行)을 일으켜 취착하지도 않으며 잘못 생각하지도 않으므로 오랫동안 훈습한 힘에 의해 무명이 곧 멸하게 된다. 무명이 멸하기 때문에 마음에 일어나는 것이 없기 때문에 경계가 멸한다. 인과 연이 다 멸하기 때문에 마음의 모양이 없어지니 열반을 얻게 되어 자연업(自然業)을 이루게 되는 것이다." 우리는 좋은 것, 예쁜 것, 맛있는 것에 이끌립니다. 하지만 진리를 깨달으면 이런 것에 물들지 않게 됩니다. 오랫동안 진여 쪽으로 훈습하면 무명이 결국 멸하게 됩니다. 화두, 참선의 최종 목표가 무명을 타파하는 것입니다. 진여에 훈습한다는 것이 다름이 아니라 무명 타파입니다. 참선, 수행, 경전을 보는 것이 결국 무명 타파의 방법입니다. 앞에 설명이 바로 정훈습이 되어가는 과정입니다. 처음 정훈습이 이루어져 최고 목적지 열반에까지 이르는 과정인 것입니다.
　허망한 마음에는 생사를 싫어하고 열반 구하기를 좋아하는 인연이 있기 때문에 진여를 훈습하여 스스로 본성을 믿고(십신위 중의 신을 밝힘- 신, 해, 행, 증, 과) 마음이 망령되이 움직이는 것으로 앞의 경계가 없음을 알아 멀리 여의는 법을 수행합니다.(삼현위 중에서 수행을 나타냄- 삼현, 사선근, 견도, 수도, 무학도) 눈 앞에 나타나는 경계가 없음을 분명하게 알기 때문에(초지의 견도에서 유식관이 이루어짐) 여러 가지 방편으로 수순행(隨順行)을 일으켜 취착하지도 않으며 잘못 생각하지도 않으므로 오랫동안 훈습한 힘에 의해(십지의 수도위에서 만행을 닦음) 무명이 멸하기 때문에 마음에 일어나는 것이 없고 일어남이 없기 때문에 경계가 따라서 멸합니다.(과지에서 열반의 증득) 정훈습의 단계를 이렇게 나타낸 것입니다. 십신위 중의 신이란 믿음입니다. 우리가 공부함에 있어서 가장 먼저 필요한 것은 믿음입니다. 어떤 공부든 시작은 믿음입니다. 믿음이 없으면 공부를 아무리 해도 잘 할 수 없습니다. 학교 공부는 정해진 수업을 듣거나 학점을 채우면 됩니다. 하지만 마음 공부는 먼저 믿음이 서 있어야 합니다. 믿음이 있어야 그 다음 단계로 갈 수 있습니다. 절에 가면 간혹 삼천배를 시킵니다. 이것이 별 것 아닌 것 같지만 하기 전과 한 후가 전혀 다릅니다. 저도 고등학교 때 절에 가서 처음으로 천 배를 한 적이 있었는데 그 후로 인생을 어떻게 살아야겠다는 믿음이 생겼습니다. 이런 믿음을 근본으로부터 느끼면 흔들리지 않습니다. 이런 효과도 나이가 적을 수록 절실하게 와닿습니다. 지금 5,60대에는 오염이 많이 되어서 만 배를 해도 10대 때의 천 배만 못합니다. 스님들이 어렸을 때 출가하는 것도 이런 이유와 같습니다. 부처님과 같은 큰 깨달음을 위해서는 어렸을 때 동진출가가 좋은 것입니다.

　민음이 생기면 수행을 합니다. 삼현, 사선근, 견도, 수도, 무학도는 구사론의 수행단계입니다. 수행하는 과정은 삼현, 사선근, 견도까지가 해당합니다. 그 다음 눈 앞에 나타나는 경계가 없음을 분명하게 알게 되는데 이것이 초지 견도입니다. 그렇게 수행한 후 십지에 도달하게 되면 방편을 통해 깨달은 마음을 세상에 베풀 수 있는 힘이 생깁니다. 무명이 멸하면 열반을 증득한 상태가 됩니다.

　여기에 십바라밀이 있는데 육바라밀(보시, 지계, 인욕, 정진, 선정, 지혜)에 네 가지를 더한 것입니다. 방편, 원, 력, 지바라밀입니다. 대승에서 수행의 완성은 육바라밀을 통해 완성됩니다. 초기 불교에서는 팔정도 수행입니다. 팔정도가 육바라밀로 바뀌고 선종에서는 계정혜 삼학으로 바뀐 것입니다. 말만 다를뿐 같은 것입니다. 육바라밀의 지혜에 이르면 지혜를 베푸는 방편에 이르게 됩니다. 이것은 보시, 지계, 인욕을 위하여 좋은 방편을 쓰는 일입니다. 원은 원바라밀로 부지런히 정진할 것을 원으로 발하는 것입니다. 역은 선정을 닦는 힘을 기르는 일입니다. 지는 지바라밀로 지혜를 증득하기 위한 모든 지적인 노력을 말합니다. 수행은 십바라밀을 통해 이루어지는 것입니다.

　"망심훈습을 밝히다. 분별사식훈습을 밝히다. 첫째는 분별사식훈습(分別事識熏習)이니, 모든 범부와 이승인(二乘人)이 생사의 괴로움을 싫어하고 힘이 닿는 대로 조금씩 무상도(無上道)에 나아가기 때문이다." 분별이란 제7식 말라식을 가리킵니다. 이승은 성문과 연각입니다. 성문과 연각을 알면 이승인이고 모르면 범부입니다. 사성제와 연기를 알면 나름 진리를 알기 때문에 조금씩 진여를 좋아하는 기운이 생깁니다. 그렇게 되면 힘닿는 대로 진리의 세계로 나아갑니다. 만약 제7식에 훈습되는 우리가 공부할 마음이 생기면 분별사식훈습이 되는 것입니다. 여기서 공부, 수행을 열심히 하면 제8식으로 점점 훈습되어 결과가 쌓이면 어떤 계기로 깨달음을 얻습니다.

"의훈습(意熏習)을 밝히다. 둘째는 의훈습이니, 모든 보살이 발심하고 용맹하여 속히 열반에 나아가는 까닭이다." 의훈습은 제8 아뢰야식을 훈습하는 것입니다. 그냥 공부하면 분별사식훈습이 되고 집중해서 깊이 들어가서 선정에 들면 이것은 의훈습에 든 것입니다. 용맹하다는 것은 용맹정진하는 것입니다. 그냥 하는 것은 용맹이 아닙니다. 용맹정진 하다보면 열반으로 나아갈 수 있습니다. 지금 이렇게 수업을 들으며 훈습을 하고 있지만 가끔은 밤잠을 설쳐가며 식사도 잊으며 용맹정진 해봐야 합니다. 깨달음의 순간은 언제 올지 모릅니다. 이런 깨달음을 얻으면 신통력이 생깁니다. 신통력이 생기면 전생의 기억도 납니다. 예를 들어 한 번도 가보지 않았던 곳도 전생에 가본 곳이라면 생각이 난 그대로의 모습입니다. 어려서부터 공부, 수행을 해야하는 이유는 순수하기 때문입니다. 학습력, 흡수력이 성인이 된 뒤와는 매우 다릅니다. 성인이 되면 오염된 틀이 좀처럼 깨지지 않습니다. 자기가 맞다고 고정되어 있기 때문입니다. 어렸을 때, 젊었을 때와는 다릅니다. 어떤 공부건 금방 익히고 알 수 있습니다. 그리고 한 점 의심도 없이 몰입하고 집중할 수 있는 것이 어린 시절, 젊은 시절입니다. 성인이 된 뒤에는 의심과 자기 확신이 생겨서 수행을 해도 '지금 이렇게 해봤자 부처가 안 될텐데...'하고 생각하고 맙니다. 의훈습은 용맹정진해야 될 수 있는데 어린 시절, 젊은 시절에 하는 것이 더 용이한 것입니다. 용맹정진을 하지 않으면 아무리 수행을 해도 전생과 비슷한 정도가 될 것입니다. 용맹을 해야 전생을 뛰어넘을 수 있습니다.

"진여훈습을 밝히다. 자체상훈습을 밝히다. 자체상훈습이란 비롯함이 없는 세상으로부터 무루법(無漏法)을 갖추고 부사의한 업[不思議業]을 갖추고 있어서 경계의 성품[境界性]을 짓는다." 자체상훈습에서 '체상용'의 '체상'이 나옵니다. 본체와 본체의 모양입니다. 중생이 평생 일으키는 생각, 행동은 모두 유루법입니다. 다음 생에 업 따라 태어나게 합니다. 무루는 번뇌 망상, 업이 되지 않는 것입니다. 진여에 훈습하는 것이 무루법인 것입니다. 무명이 훈습되면 끝없는 유루법 속에서 살게 됩니다. 무명의 상을 짓지 않고 경계가 없는 것입니다.

"자체상훈습. 이 두 가지 뜻에 의지하여 항상 훈습하는 힘이 있기 때문에 중생은 생사의 고통을 싫어하고 열반을 좋아하며 스스로 자기의 몸에 진여법이 있는 줄 믿고 발심하여 수행하게 한다." 내 속에서 진여가 증장하고 진여에 훈습되면 중생도 생사의 고통을 싫어하고 열반을 좋아하게 됩니다. 그렇게 되면 자기에게 진여법이 있다고 믿고 수행을 하게 됩니다. 목적만 잘 설정해 놓으면 한 생 끝없이 수행할 수 있습니다.

"묻기를 '만일 이러한 뜻이라면 모든 중생에게 진여가 있어서 똑같이 훈습해야 할 것인데, 어찌하여 믿음이 있기도 하고 없기도 하여 한량없는 앞뒤의 차별이 있는 것인가? 그렇지 않으면 모두 동시에 스스로 진여법이 있음을 알고 부지런히 방편을 닦아 열반에 평등하게 들어야 할 것이다.'" 다 같이 일심에 진여가 있지만 왜 믿음에 차별이 생길까요? 이것이 질문의 내용입니다.

"답하기를 '진여는 본래 하나이지만 한량없고 끝이 없는 무명이 있어서, 본래부터 자성(自性)이 차별되어 두텁고 얇음이 같지 않다. 그러므로 항하사보다 많은 번뇌(煩惱)가 무명에 의지하여 차별을 일으키며, 아견과 아애의 오염된 번뇌[我見愛染煩惱]가 무명에 의지하여 차별을 일으킨다. 이와 같은 일체의 번뇌가 무명에 의하여 일어난 것이어서 전후의 한량없는 차별이 있는 것이며, 오직 여래만이 이것을 알고 있다.'" 모두 일심이며 똑같이 진여를 갖고 있습니다. 우리는 똑같이 진여를 갖고 있지만 무명에 물든 정도는 다릅니다. 각기 모양도 다르고 능력, 성격도 다 다릅니다. 이것은 무명에 훈습된 모습들입니다. 무명에 물든 것만큼 생긴 것입니다. 그래서 누구는 믿음을 갖고 공부하기 좋고, 누구는 믿음이 적어 공부하기 어려운 것입니다. 무명과 업 때문에 이런 차별이 생기는 것입니다. 우리는 제7식에 오염되어 아견, 아애, 아집, 아만으로 평생을 살아갑니다. 우리는 무명에 의지하여 차별을 일으키며 평생을 살아갑니다. 부처(여래)가 되면 일심이 되어 숙명통이 열리는데, 이 세상에 존재하는 모든 존재의 전생 인과를 알게 됩니다.

"모든 불법에 인(因)이 있고 연(緣)이 있으니, 인연이 구족하여야 법이 성취됨을 얻을 수 있는 것이다. 이것은 나무 가운데 불의 성질은 불의 정인(正因)이지만 만약 사람을 알지 못하여 방편을 빌리지 못하면 스스로 나무를 태울 수 없는 것과 같다." 조건 지어진 모든 것은 인연과 인과 법칙이 있습니다. 인만 있으면 연이 없어 촉발되지 않습니다. 만약 명당이 있다고 합시다.(인) 여기서 살며 누군가 발복을 해야 진정한 명당이 됩니다.(연) 인에 연이 없으면 그냥 존재할 뿐입니다. 인연이 화합해야 과가 생깁니다. 내 자신도 중요하지만 자신을 둘러싼 환경도 중요한 것입니다. 인만큼 연도 중요한 것입니다. 나무도 가만히 놔두면 불이 붙지 않습니다. 불을 붙여야 불이 붙습니다. 나무는 인이고 불을 붙여 태우는 것은 연입니다.

"중생도 그러하여 정인(正因)의 훈습하는 힘이 있지만 부처나 보살이나 선지식 등을 만나서 그들로 연(緣)을 삼지 못한다면 능히 스스로 번뇌를 끊고 열반에 들어갈 수 없는 것이다. 만약 외연(外緣)의 힘은 있으나 안으로는 청정한 법이 아직 훈습하는 힘이 없는 자는 구경에 생사의 고통을 싫어하고 열반을 구하기를 좋아할 수가 없다." 모두가 부처고 보살인데 가만히 놔두면 부처, 보살이 못 된다는 말입니다. 부처나 보살을 만나 공부하는 방법을 배워야 부처와 보살이 될 수 있다는 말입니다. 공부할 수 있는 연을 만나야한다는 것입니다. 나는 부처지만 진정으로 부처가 될 수 있으려면 연을 만나서 방법을 알아야하는 것입니다. 그리고 청정한 법을 훈습하는 힘도 있어야 한다고 말하고 있습니다. 청정한 법을 훈습하는 힘이 있으면 모든 유혹을 뿌리치고 수행의 길로 갑니다. 이 힘은 청정한 법을 훈습하는 믿음입니다. 이것을 키워야 합니다. 여기서 시작합니다. 삶의 가치, 성취가 엄청나게 달라지기 시작합니다.

"만약 인연이 구족한 사람이라면 스스로 훈습하는 힘이 있고 또 부처와 보살의 자비와 원력으로 보호하기 때문에 생사의 고통을 싫어하는 마음을 일으키고 열반이 있음을 믿어 선근을 닦아 익힌다. 수행으로 선근이 성숙하기 때문에 모든 부처와 보살의 가르침과 이익됨과 기쁨을 만나서 열반의 도를 향한다." 내 속의 진여의 힘이 성숙되어 있고 훈습하는 힘이 있으면 진리 쪽으로 끝없이 나아간다는 말입니다.

*머리 식히면서 한번 보기

오늘은 부처님 전생 이야기를 하겠습니다. 기록에 남아있는 부처님의 전생을 보면 먼저 선혜보살이 있습니다. 선혜의 집안은 무마성의 최고 장자였습니다. 하지만 선혜는 어려서 부모님을 잃었습니다. 어머니가 돌아가신 후 아버지가 돌아가셨습니다. 막대한 재산을 물려받은 선혜는 아버지가 돌아가시면서 그 많은 재산을 가져갈 줄 알았는데 그대로 남기고 돌아가신 것입니다. 생전에 아버지가 애착을 가지고 관리했던 재산들을 죽어서는 가져가지 못하는 것을 보고 선혜는 허무해졌습니다. 그리고 '나는 죽은 후에도 갖고 갈 수 있는 것을 가져야겠다.'고 생각합니다. 선혜는 다음 날 국왕에게 알리고 북을 치며 전 재산을 가난한 사람들에게 나누어주고 수행자의 길을 떠났습니다. 그는 히말라야 산에서 수행을 했는데 당시 연등 부처님의 출현 소식을 듣고 마을로 내려옵니다. 그런데 내려오기 전날 비가 와서 곳곳에 웅덩이가 패여 있고 물이 고여 있었습니다. 연등 부처님이 지나가시는 길에도 큰 웅덩이가 있었습니다. 선혜는 부처님이 그것을 밟을까봐 몸으로 웅덩이를 메웁니다. 웅덩이가 커서 머리를 풀어 나머지 부분을 메웁니다. 그것을 본 연등 부처님이 "젊은이여 왜 그러고 있느냐? 난 너를 밟고 가지 않을 것이다." 라고 하자 선혜는 "부처님이시여 이렇게 밟고 지나가는 것도 인연이니 밟고 지나가시옵소서."라고 합니다. 그 말을 듣고 지극 정성에 감동한 부처님은 "너는 다음 생에 석가모니 부처로 태어날 것이다."라고 말해줍니다.

그 다음은 설산동자 이야기입니다. 이 이야기는 열반경에 나옵니다. 히말라야 산 속에서 수행하고 있는 어떤 젊은 수행자가 있었습니다. 매우 열심히 수행하기에 제석천왕도 그의 정성을 알게 되었습니다. 언젠가 부처가 될 수 있다고 보고 나찰로 변신하여 그를 시험합니다. 나찰이 된 제석천왕은 수행자의 반대편 나무 위에 앉아 게송 한 구절을 읊습니다. "형상이 있는 모든 것은 변하지 않는 것이 없으며 끊임없이 생겼다가 없어지나니.[諸行無常 是生滅法]" 이 게송을 듣자마자 수행자는 마음에서 환희심이 일어났습니다. 그래서 그 게송을 읊은 사람이 누구인지 알고싶어 주변을 둘러보니 나찰 밖에 없었습니다. 그래서 나찰에게 말합니다. "당신이 읊었소?" 나찰이 그렇다고 말합니다. 수행자가 말합니다. "나머지 구절도 들려주시오." 그러자 나찰이 "그렇다면 네가 가진 무언가를 내놓아라."라고 말합니다. 수행자는 "나는 지금 가진 것이 하나도 없소."라고 하니 나찰은 "그렇다면 너의 몸이라도 내놓거라."라고 말합니다. 그 말을 듣자 수행자는 나머지 구절을 들려주면 내 몸 던져 너의 밥이 되겠다고 말합니다. 그러자 나찰이 뒷 구절을 말해줍니다. "생겨나고 없어지는 법 깨닫고 나면 진리의 바다 끝없이 고요하여 즐거우리라.[生滅滅已 寂滅爲樂]" 이 말을 들은 수행자는 환희로움에 겨워 자신의 몸을 던집니다. 그러자 제석천왕은 수행자를 살려주고 너를 시험한 것이라고 말하고 떠납니다.

그 다음은 인욕선인 시절입니다. 이것은 금강경에 나옵니다. 먼 과거에 가리왕이라는 왕이 나라를 다스리고 있었습니다. 하루는 대신들을 거느리고 깊은 산으로 사냥을 갔습니다. 왕의 시중을 드는 궁녀들도 따라갔습니다. 사냥을 하고 점심을 먹은 후 나른해지자 왕과 대신들은 낮잠을 잤습니다. 왕이 잠들자 궁녀들은 숲 속을 돌아다니며 자유를 즐겼습니다. 그런데 궁녀들이 깊은 산 속에서 어떤 수행자 한 명이 깊은 선정에 들어있는 것을 보고 호기심에 수행자에게 다가갔습니다. 수행자의 모습에 감탄한 궁녀들은 저절로 절을 하고 곁에서 설법을 해달라고 했고 수행자는 설법을 해줍니다. 왕이 잠깨어 일어나보니 궁녀들이 보이지 않아 그들을 찾아 나섭니다. 한참을 찾으니 수행자 주위에 궁녀들이 모여있는 것을 보고 왕이 노발대발하여 수행자를 잡아들여 사지를 잘라버립니다.

그 다음은 석가모니 부처님의 부인인 야수다라의 전생인 구리선녀 이야기입니다. 데바디 왕의 태자 보광이 출가수행하여 부처가 되었을 때 선혜 선인은 깊은 산 속에서 수행하고 있었습니다. 선혜는 부처님의 출현 소식을 듣고 마을로 내려오는데 바라문이 500명의 사람들에게 설교를 하는 것을 봅니다. 선혜는 바라문에게 몇 가지 질문을 했는데 바라문이 대답하지 못하자 그 답을 알려줍니다. 설교를 듣던 500명은 기뻐서 은자 한 냥씩 선혜에게 줍니다. 선혜는 부처님께 꽃을 올리고 싶었지만 다른 사람들이 모두 부처님께 올리려고 꽃을 모두 사갔기 때문에 꽃이 없었습니다. 꽃을 들고 가는 구리 선녀를 만나게 됩니다. 선혜는 구리 선녀에게 꽃을 팔라고 사정을 했고 구리 선녀는 꽃 한 송이에 은자 100냥을 요구했습니다. 선혜는 500냥을 주고 꽃을 사려고 합니다. 그러자 호기심이 생긴 구리 선녀는 꽃을 사려는 이유를 묻습니다. 그러자 선혜는 부처님께서 오셔서 꽃을 공양으로 올리려고 한다고 말합니다. 그 말을 듣고 구리 선녀는 자신과 결혼하면 꽃을 주겠다고 합니다. 처음에 그 제안을 거절했지만 절충해서 선혜는 부처를 이룰 때까지 부부 인연을 맺기로 합니다. 이 구리 선녀가 다음 생의 야수다라입니다.

제16강

(3-1-1-3-5-432) 용훈습을 밝히다

[진제50] 용훈습(用熏習)은 중생의 외연(外緣)의 힘으로 한량없는 뜻이 있으나 대략 말하자면 두 가지가 있다. 첫째는 차별연(差別緣)이고, 둘째는 평등연(平等緣)이다.

用熏習者, 即是眾生外緣之力。 如是外緣有無量義, 略說二種。 云何為二? 一者、差別緣, 二者、平等緣。

(3-1-1-3-5-4321) 차별연을 밝히다

차별연이란 어떤 사람이 부처와 보살에 의지하여 처음 발심하여 도를 구하는 때이다. 부처를 증득하기에 이르기까지 그 가운데에서 부처를 보기도 하고 혹은 생각하기도 한다.

어떤 경우는 권속(眷屬)과 부모와 여러 친척이 되기도 하며, 어떤 경우는 일을 도와주는 급사(給使)가 되며, 어떤 경우는 벗이 되며, 어떤 경우는 원수가 되며, 어떤 경우는 사섭(四攝)을 일으키며, 이것은 일체의 작용의 한량없는 행위의 연(緣)에 이르기까지 대비(大悲)심으로 훈습하는 힘을 일으켜서 능히 중생의 선근을 증장시켜 보거나 혹은 들어서 이익을 얻게 한다.

이 연에 두 가지가 있으니 첫째는 가까운 인연(近緣)이니 빨리 제도를 얻는 까닭이며 둘째는 먼 인연(遠緣)이니 오랜 시간이 지나야 제도를 얻는 까닭이다.

이 근원(近遠)과 원연을 분별하면 다시 두 가지가 있으니, 첫째는 증장행연(增長行緣)으로 수행을 증장시키는 연이고, 둘째는 수도연(受道緣)으로 도를 수지하는 연이다.

差別緣者 , 此人依於諸佛菩薩等 , 從初發意始求道時乃至得佛 , 於中若見若念 , 或為眷屬父母諸親 , 或為給使 , 或為知友 , 或為怨家 , 或起四攝 , 乃至一切所作無量行緣 , 以起大悲熏習之力 , 能令眾生增長善根 , 若見若聞得利益故。此緣有二種。云何為二？一者、近緣 , 速得度故。二者、遠緣 , 久遠得度故。是近遠二緣 , 分別復有二種。云何為二？一者、增長行緣 , 二者、受道緣。

(3-1-1-3-5-4322) 평등연을 밝히다

평등연(平等緣)이란 일체의 모든 부처와 보살이 중생을 제도하기를 원하여 자연히 이들을 훈습하여 항상 버리지 않는 것이다. 이는 동체의 지혜력[同體智力]으로써 중생의 보고 들음(見聞)에 따라 응하여 업을 짓고 나타내는 것이다. 중생은 삼매에 의하여 평등을 얻어야 모든 부처를 볼 수 있게 된다.

平等緣者 , 一切諸佛菩薩 , 皆願度脫一切眾生 , 自然熏習恒常不捨。以同體智力故 , 隨應見聞而現作業。所謂眾生依於三昧 , 乃得平等見諸佛故。

(3-1-1-3-5-433) 체용훈습을 합하여 밝히다

[진제51] 이 자체와 작용[體用]의 훈습을 분별하면 다시 두 가지가 있다.

此體用熏習 , 分別復有二種。云何為二？

(3-1-1-3-5-4331) 미상응을 밝히다

첫째 미상응(未相應)은 아직 상응하지 못한 것이니, 범부와 이승과 초발심보살 등이 의(意)와 의식(意識)의 훈습으로 믿는 힘(信力)에 의지하기 때문에 수행은 하지만 아직 무분별심(無分別心)으로 자체와 함께 상응하지 못하기 때문이다. 아직 자재한 업(自在業)의 수행이 작용(用)과 더불어 상응하지 못하기 때문이다.

一者、未相應，謂凡夫、二乘、初發意菩薩等，以意．意識熏習，依信力故而能修行；未得無分別心與體相應故，未得自在業修行與用相應故。

(3-1-1-3-5-4332) 기상응을 밝히다

둘째 기상응(已相應)은 이미 상응한 것이니, 법신보살이 무분별심을 얻어 모든 부처의 지혜와 작용(智用)에 상응하여 오직 법력에 의지하여 저절로 수행하게 되며 진여를 훈습하여 무명을 멸하는 까닭이다.

二者、已相應，謂法身菩薩得無分別心，與諸佛智用相應，唯依法力自然修行，熏習真如，滅無明故。

(3-1-1-3-5-4) 염훈의 단절과 정훈의 상속을 설하다

[진제52] 또한 염법(染法)은 무시이래로 훈습하여 끊어지지 않다가 부처가 된 후에는 곧 끊어지며, 청정한 법의 훈습(淨法熏習)은 곧 끊어짐이 없어서 미래까지 다하는 것이니, 이 뜻이 무엇인가?

진여법이 항상 훈습하기 때문에 망심이 곧 멸하고 법신이 밝게 나타나 용(用)의 훈습을 일으키므로 끊어짐이 없다.

復次，染法從無始已來熏習不斷，乃至得佛後則有斷。淨法熏習則無有斷，盡於未來。此義云何？以真如法常熏習故，妄心則滅、法身顯現，起用熏習，故無有斷。

대승기신론 강설_16

우리의 삶이 바로 훈습의 연속입니다. 공부를 계속 훈습하면 진리로 나아가는 것이고, 번뇌망상을 훈습하면 무명으로 나아가는 것입니다. 자각을 하면 진여의 세계로 훈습해가는 것이고 자각을 못하면 무명의 세계로 훈습해가는 것입니다. 오늘 공부의 시작은 진여훈습 가운데 용훈습으로 할 것입니다. 용은 체상용의 용으로 우리 삶의 작용입니다. 견성을 한 뒤에 하는 훈습은 정훈습이 됩니다. 그렇게 삶을 살아가는 모습은 모두 용의 작용들입니다. 한국에서도 많은 선승들이 살다 갔습니다. 근래의 선승들 가운데 진여의 용훈습을 하며 살았던 선사가 보문입니다.

보문 선사는 정말 신화처럼 사라진 선승이라고 할 수 있습니다. 보문 스님은 한암 스님 밑에서 한 철만에 견성을 하고 평생 견성의 삶을 살았습니다. 한암 스님은 "내 상좌 가운데 선에 대한 지견이 투철한 이는 보문뿐이다."고 하셨습니다. 스님은 무소유의 삶을 사셨습니다. 보문 스님은 탁발을 해서 거처할 수행처를 직접 일구고, 필요한 물품을 살 돈 이외에는 모두 거리의 거지에게 나누어 주었습니다. 탁발도 시장터와 길거리에서만 했는데, 보문 스님이 반야심경을 외우며 발우를 들고 시장통을 걸어가면 시장터의 모든 사람이 보시를 하고 길가에 엎드렸다고 합니다. 발우에 담긴 지폐들이 바람에 날려 떨어져도 절대 줍지 않았다고 합니다. 그러면 거지들이 스님의 주위를 따라다니며 떨어진 지폐를 주워갔다고 합니다. 본인 공양할 양만 받거나 먹고 나머지는 다른 사람들에게 다 나누어 주었습니다. 이렇듯 보문 스님은 철저하게 수행자의 삶을 살았습니다. 수행에 관한 일화도 있는데 서암 스님께서 하루는 작은 토굴에 어떤 수좌가 정진을 잘하고 있다는 소문을 듣고 근처를 지나가다 들렸습니다. 가보니 보문 스님이 꼼짝 않고 정진에 열중하고 있었습니다. 그래서 옆에 앉아서 같이 정진을 하며 보니 몇 시간이 지나도 그대로고 저녁에도 그대로고 그 다음 날 새벽에도 같은 모습이었습니다. 이틀을 같이 있어보니 내내 선정에 든 그 모습이었습니다. 이런 보문 스님의 수행은 그의 정신력에서도 나타났습니다. 스님께서 보현사에 계실 때 갈빗대 수술을 했습니다. 스님은 마취도 하지 않고 갈빗대 부위를 자르는 수술을 했습니다. 그것은 강한 정신력 때문이었다고 합니다.

"용훈습(用熏習)을 밝히다. 용훈습은 중생의 외연(外緣)의 힘으로 한량없는 뜻이 있으나 대략 말하자면 두 가지가 있다. 첫째는 차별연(差別緣)이고 둘째는 평등연(平等緣)이다." 각자의 모습을 보면 전부 다릅니다. 누구는 잘 생겼고 누구는 못생겼고 누구는 머리가 좋고 누구는 머리가 나쁩니다. 이러한 것들이 차별연입니다. 갖고 있는 것이 모두 다른 이것이 차별연입니다. 이렇게 다 모양은 다르지만 실제 본래 성품은 다 같습니다. 다 같은 본래 성품을 자신의 업으로 물들였기 때문에 모양이 다 다른 것입니다. 물들기 전의 본래 성품은 다 같은 것입니다. 이것이 바로 평등연입니다. 우리를 둘러싸고 있는 업의 껍질을 벗겨내면 다 같아집니다. 하나이기 때문에 섞으면 하나입니다. 물에 아무리 물을 부어넣어도 물입니다. 본질로 가면 하나, 일심입니다. 내 것 다르고 남 것 다른 것이 없습니다. 우리 속에는 차별연, 평등연 둘 다 있습니다.

"차별연을 밝히다. 차별연이란 어떤 사람이 부처와 보살에 의지하여 처음 발심하여 도를 구하는 때이다. 부처를 증득하기에 이르기까지 그 가운데에서 부처를 보기도 하고 혹은 생각하기도 한다. 어떤 경우는 권속(眷屬)과 부모와 여러 친척이 되기도 하며, 어떤 경우는 일을 도와주는 동료[給使]가 되며, 어떤 경우는 벗이 되며, 어떤 경우는 원수가 되며, 어떤 경우는 사섭(四攝)을 일으킨다." 평등연은 나름 경지에 들어간 것이라면 차별연은 일반 중생의 경우에 해당합니다. 우리는 물들지 않는 깨끗한 본성, 진리의 세상을 부처라는 말로 표현할 수 있습니다. 우리가 추구하는 것은 물든 것에서 벗어나서 물들기 전의 것을 보는 것입니다. '익은 것을 설게하고 설은 것을 익게하라.'는 화두가 있습니다. 우리는 현재 오염된 것에 익어 있습니다. 이것이 차별연에 물든 우리의 삶입니다. 오염된 것을 없애는 것이 설게한다는 것입니다. 여기서 설은 것은 물들기 전의 진리, 진여입니다. 이 것들은 우리 안에 덜 익어 있는 것입니다. 이것을 공부하고 수행을 하여 진리 쪽으로 나아가면 익게 되는 것입니다.

내가 진리를 향한 공부를 하겠다는 마음을 먹으면 부모, 친척, 동료, 벗 심지어 원수도 깨달음을 주는 도반이 되지만 그렇지 않으면 모두 악이 될 수 있습니다.

여기서 나오는 사섭이란 보시(布施), 애어(愛語), 이행(利行), 동사(同事)입니다. 보시는 베푸는 것입니다. 항상 베풀 수 있는 자세를 하고 있어야 합니다. 주변을 살펴보면 누구는 100만원을 벌지만 누구는 천만원, 1억을 법니다. 이것은 전생에 베푼 것이 돌아온 것일 뿐입니다. 전생에 베풀지 않았다면 이 생에 절대로 오지 않습니다. 긍정적인 마음을 가지지 않고서는 베풀어지지 않습니다. 순수한 마음으로 해야 진심으로 베풀 수 있습니다. 억지로 베푸는 것은 베푸는 것이 아닙니다. 애어는 좋은 말로 법(法)입니다. 진리를 이야기하는 것입니다. 이행은 타인을 이롭게 하는 행동입니다. 나만 잘 사는 것이 아니라 다른 사람들도 같이 잘 살게 하는 것입니다. 동사는 어떤 일이든 함께 하는 것입니다. 세상의 모든 삶은 일심으로 통합니다. 일심에서 일어나는 주파수는 세상 어디에든 다 전해집니다. 그래서 선정에 들어 한마음 고요하게 모으면 나만 맑고 깨끗한 것이 아니라 그 주파수가 세상 어디든 전해질 수 있습니다. 이것들이 차별연에서 평등연으로 나아가는 방법입니다.

"이것을 일체의 작용의 한량없는 행위의 연(緣)에 이르기까지 대비(大悲)심으로 훈습하는 힘을 일으켜서 능히 중생의 선근을 증장시켜 보거나 혹은 들어서 이익을 얻게 한다. 이 연은 두 가지로 첫째는 가까운 인연[近緣]이니 빨리 제도를 얻는 까닭이며, 둘째는 먼 인연[遠緣]이니 오랜 시간이 지나야 제도를 얻는 까닭이다." 어떤 공부든 바탕은 대자대비입니다. 마음에서 대자대비의 마음을 낼 수 있어야 진정한 수행자라고 할 수 있습니다. 수행은 열심히 했는데 괴팍하다면 그 사람은 진정한 수행자가 아닌 것입니다. 마음속에 대비의 마음을 가득 채워 넣으면 대비심이 증가합니다. 바탕이 대비심이라면 다른 사람을 이해하고 위하려는 마음이 앞섭니다. 자신만을 위한 이기심이 마음에 가득하기 때문에 화가 나고 짜증이 납니다. 아만, 아집을 그대로 갖고 있는 상태에서 다리 틀고 아무리 앉아 있어 봤자 변화가 없습니다. 공부하면서 자신의 이기만 더 커진다면 그것은 제대로 된 공부가 아닙니다. 제대로 된 종교 공부를 하지 않으면 집단이기만 키울 뿐입니다. 우리는 어떤 공부를 하든 대자대비심을 키워나가야 합니다.

가까운 인연은 바로 결과가 나타나는 것이고 먼 인연은 결과가 서서히 나타나는 것입니다. 바로 부처가 되는 것과 다음 생, 다다음 생에 부처가 되는 차이입니다.

"이 근연(近緣)과 원연(遠緣)을 분별하면 다시 두 가지가 있으니, 첫째는 증장행연(增長行緣)으로 수행을 증장시키는 연이고, 둘째는 수도연(受道緣)으로 도를 수지하는 연이다." 여기서 공부를 얕게 하면 증장행연을 만나고 공부를 깊게 하면 수도연을 만나게 됩니다. 이왕이면 원연보다 근연이 낫습니다.

진리와 인연을 맺게 되면 생각하고 체득해갈 수 있습니다. 이것은 세 가지 지혜와 연결됩니다. 세 가지 지혜는 문혜(聞慧), 사혜(思慧), 수혜(修慧)입니다. 근연과 원연을 익힐 수 있는 지혜입니다. 문혜는 스승의 교훈을 듣고 그대로 닦아가는 지혜이고 사혜는 듣고 배운 바를 자기 자신이 스스로 생각해서 옳다고 믿게 되는 지혜이고 수혜는 얻어진 지혜를 실천을 통해 체득해가는 지혜입니다. 문혜는 듣고 아는 것입니다. 사혜는 내 속에서 맞구나라고 생각되는 무언가가 서게되는 것입니다. 수혜는 실천을 통해 체득하는 것입니다. 우리는 많은 경전을 보고 수업을 듣습니다. 하지만 그것에서 끝나면 문혜에 머물게 되는 것입니다. 그러나 공부한 것을 토대로 '이렇게 해보는 것이 좋겠다.'고 생각한다면 이것은 사혜에 이른 것입니다. 현실적으로 실천을 한다면 수혜가 이루어진 것입니다. 공부할 인연을 지어놓는다면 다음에 또 공부할 인연이 생길 수 있습니다. 한 단계 더 나아가 믿음이 가게 해야합니다. 하지만 우리는 믿는 것까지 가지 못합니다. 생각을 하지 않습니다. 색수상행식 가운데 수까지만 받습니다. 그래서 감정만 툭 튀어나와서 생각을 하지 않게 됩니다.

수는 내 속에 누적된 나의 업입니다. 업을 일으켜다 쓰는 것입니다. 여기서 좀 더 나아지려면 '사(思)' 생각을 해야합니다. 생각을 하면 옳고 그름을 알게 되고 믿음이 생기는데 그곳에서 실천을 통해 체득을 합니다. 그래서 공부는 공부로 끝나는 것이 아니라 생각해봐야 하는 것입니다. 문사수 이 세 가지 지혜가 우리의 삶을 부처로 이끌게 합니다.

"평등연(平等緣)을 밝히다. 평등연이란 일체의 모든 부처와 보살이 중생을 제도하기를 원하여 자연히 이들을 훈습하여 항상 버리지 않는 것이다. 이는 동체의 지혜력[同體智力]으로써 중생의 보고 들음[見聞]에 따라 응하여 업을 짓고 나타내는 것이다. 중생은 삼매에 의하여 평등을 얻어야 모든 부처를 볼 수 있게 된다." 차별연은 진리를 만나고 불법을 만나서 점점 진리의 세계로 나아갑니다. 끝까지 나아가면 견성하게 됩니다. 견성을 한 사람이 존재들에 대한 차별이 없음을 아는 것이 평등연입니다. 이것은 일심입니다. 차별이 없기 때문에 나와 남이 동체(同體)라고 표현한 것입니다. 평등연에서는 모두 나와 너의 본질을 보니까 겉으로는 다 분별되어 있는데 바닥을 보니 모두 똑같은 바닥에 서있는 것입니다. 모든 것이 하나인 것입니다. 진리를 알면 모두가 하나인 것을 알게 됩니다. 의식적으로 남을 도와줘야겠다고 하는 것이 아니라 부모가 자식에게 하는 것보다 더 강하고 순수한 자비심이 마음에 가득차게 됩니다. 부모가 자식에게 해주는 무조건적인 사랑은 방향성이 없습니다. 하지만 평등연에서는 자비만 있는 것이 아니라 지혜도 가득 차 있습니다. 모든 생명을 이롭게 하는 방향으로 자비가 베풀어집니다. 하지만 이것도 중생의 보고 들음에 따라 응하게 됩니다. 거지와 국왕에게 대하는 대응이 다른 것이 그런 예입니다. 부처와 같은 수행자가 국왕을 만나면 정치를 잘하고 백성들에게 베풀어라고 말할 것이고 거지에게는 스스로 할 수 있는 것을 찾아서 자립하라고 말할 것입니다. 똑같은 평등연이라도 방편은 다릅니다. 상황에 따라 다른 것입니다. 선정삼매에 들지 않고는 평등한 마음에 도달할 수 없습니다. 그래서 중생은 삼매에 의해 평등을 얻어야 모든 부처를 볼 수 있다고 말한 것입니다. 반야심경 첫 구절은 바로 '마하반야바라밀다심경 관자재보살 행심반야바라밀다시' 입니다. 반야의 지혜를 터득해서 선정 삼매에 든 마음으로 살자는 것입니다. 이것이 반야심경의 목적입니다. 부딪히는 모두에게 평등연을 베푸는 것입니다. 우리의 삶 자체가 선정삼매가 되어야 합니다. 선정삼매에 든 사람은 무엇을 하건 그 마음에서 떠나지 않고 살아갈 수 있는 것입니다.

　대승에서 밝히고 있는 내용은 부처와 중생이 둘이 아닙니다. 우리 속에 부처와 중생이 다 있습니다. 내 속에 진여 부처의 마음이 있기 때문에 그대로 부처라는 것입니다. 우리가 일으키는 모자라고 잡다한 생각도 부처의 세계로 통섭되는 것입니다. 바른 것만 부처라고 구별되는 것이 아니라 통째로 부처일 뿐입니다. 진여를 보면 우리의 세상은 법열(法悅)의 향연입니다. 부처님 제자 가운데 누군가 법열에 겨워 거리에서 정신없이 춤을 춥니다. 다른 제자들이 부처님께 미친 것이 아니냐고 묻습니다. 그러자 부처님은 "그대로 두거라. 저것은 미친 것이 아니라 법열이 넘쳐 이 세상 온통 즐거운 것 밖에 없는데 어떻게 그것을 표현하지 않고 있겠느냐."라고 말씀하셨습니다. 법열이 일어나면 모든 것이 부처 속에 있게 됩니다. 우리는 끝없는 시시비비 속에 있습니다. 내가 맞고 네가 틀리고 내 것은 이 정도고 네 것은 저 정도라고 분별합니다. 이것이 무너지려면 선정삼매에 들어야 합니다. 선정삼매에 들면 자비와 베풂 속에서 살아갑니다.

　"체용훈습을 합하여 밝히다. 자체와 작용[體用]의 훈습을 분별하면 두 가지가 있다. 미상응과 기상응이다." 체상용 가운데 자체가 체상에 해당하고 작용이 용에 해당합니다. 미상응은 상응하지 못하는 것이고 기상응은 이미 상응한 것입니다. 미상응은 아직 부처가 되지 못하여 일으키는 마음이고 기상응은 부처가 된 뒤에 일으키는 마음입니다.

　"미상응(未相應)을 밝히다. 미상응은 아직 상응하지 못한 것이니, 범부와 이승과 초발심 보살 등이 의(意)와 의식(意識)의 훈습으로 믿는 힘[信力]에 의지하기 때문에 수행은 하지만 아직 무분별심(無分別心)으로 자체와 함께 상응하지 못하기 때문이다. 아직 자재한 업[自在業]의 수행이 작용[用]과 더불어 상응하지 못하기 때문이다." 일반 중생은 이 미상응에 해당합니다. 그런데 여기에 초발심 보살도 속하는데 보살이 되었다고 잘난 체 할 것이 아니라 좀 더 공부해야 합니다. 이승은 성문, 연각입니다. 의는 제7식이고 의식은 제6식입니다. 믿기는 믿지만 진리와 상응하지(개합하지) 못한 상태가 바로 미상응입니다. 떨어져 노는 것입니다. 내 안에 있는 진여의 모습이 내 삶의 모습으로 나타나지 못하는 상태입니다. 내가 갖고 있는 것과 나타나는 것이 별개로 노는 것입니다. 진리를 믿는 힘은 있지만 아직 익지 않은 상태입니다. 중생들이 일으키는 모든 마음은 미상응입니다. 진지하게 수행하여 기상응이 되게 해야합니다.

"기상응(已相應)을 밝히다. 기상응은 이미 상응한 것이니, 법신보살이 무분별심을 얻어 모든 부처의 지혜와 작용[智用]에 상응하여 오직 법력에 의지하여 저절로 수행하게 되며 진여를 훈습하여 무명을 멸하는 까닭이다." 기상응은 내 속에 있는 진여를 그대로 나타낼 수 있는 것입니다. 끝도 없이 일으키는 분별심은 제6식, 제7식입니다. 이 분별심을 벗어난 것이 무분별심입니다. 내가 행하는 모든 작용이 진여와 개합하여 일으키는 것입니다. 이미 상응하여 일으키는 마음입니다. 이렇게 되면 저절로 수행하게 되며 진여를 훈습하고 결국 무명을 멸하게 됩니다. 기상응은 진여와 하나된 마음을 나타내기 때문에 진여를 훈습하는 삶이 됩니다. 반면 미상응은 무명을 훈습하는 삶입니다. 그래서 항상 자각하여 진리 쪽으로 나아가려는 노력을 해야합니다. 미상응에서 기상응으로 가야하며 내 속의 진여와 나타나는 삶의 모습은 같아야 하는 것입니다.

"염훈의 단절과 정훈의 상속을 설하다. 염법(染法)은 무시 이래로 훈습하여 끊어지지 않다가 부처가 된 후에는 끊어지며, 청정한 법의 훈습[淨法熏習]은 곧 끊어짐이 없어서 미래까지 다하는 것이니, 이 뜻이 무엇인가? 진여법이 항상 훈습하기 때문에 망심이 곧 멸하고 법신이 밝게 나타나 용(用)의 훈습을 일으키므로 끊어짐이 없다." 염훈은 오염된 훈습이고 정훈은 맑고 깨끗한 훈습입니다. 진여의 세계로 나아가려면 염훈을 단절시키고 정훈을 이어나가야 한다는 말입니다. 이것이 보살, 부처의 삶입니다. 중생은 이와 반대입니다. 염법은 탐진치, 번뇌망상에 오염된 것입니다. 제7식에 우리의 행위가 저장되어 있는데 이것은 모두 오염된 것입니다. 그래서 깨닫지 못한 상태에서는 끊임없이 오염된 것을 쓰게 됩니다. 이 염법은 내 속에 훈습되어 끊어지지 않다가 부처가 된 후에야 끊어집니다. 견성을 해서 내 본래 성품을 봐야 끊어집니다. 무명이 타파되어야 끊어집니다. 중생은 오염된 제7식 말라식을 평생 씁니다. 선정삼매에 드는 것은 무명을 타파하고 본래성품으로 가는 길을 닦는 것입니다. 선정삼매에 들며 끝없이 공부하고 수행하면 본래성품으로의 길이 열립니다. 그렇게 되면 물들지 않고 오염되지 않은 본래 성품을 꺼내 쓸 수 있게 됩니다. 정훈이 상속되는 것입니다. 결국 공부를 해서 그 마음을 쓰자는 것입니다.

세상이 아무리 발달해도 모든 것을 이롭게 하는 마음은 오염되지 않는 깨끗한 마음에서 일어날 수 있습니다. 부처가 되면 청정한 법의 훈습밖에 없으며 이 청정법이 끊어짐 없이 이어지게 됩니다. 무명이 타파되어 정훈밖에 없는 것입니다. 다시 원력으로 몸을 받아도 정훈밖에 없습니다. 이렇게 되면 다시 공부를 하여 견성을 하게 되는 것입니다. 중생의 목적은 염훈을 단절하고 정훈을 상속하는 것입니다. 내 속에 충족된 진여를 끝없이 쓰는 것이 삶의 목적입니다. 우리는 진여를 터득해서 진여의 마음을 갖고 진여로 살아야 하며, 더 나아가 부처와 같이 세상을 진여로 물들여야 합니다.

*머리 식히면서 한번 보기

오늘은 우바리의 전생 이야기를 봅시다. 우바리는 부처님의 십대 제자 가운데 계율, 지계 제일이라고 일컬어지던 수행자입니다. 부처님의 집안에서는 64명이 출가를 했습니다. 부처님이 아버지 정반왕을 찾아가 설법을 하자 모두 다 출가합니다. 우바리는 그 나라의 이발사였는데 왕족들을 따라 같이 출가를 합니다. 왕자들은 함께 준비하느라 출가가 늦었지만 우바리는 일찍 출가 준비를 마치고 혼자 부처님을 찾아갑니다. 당시 부처님 교단에서는 인도의 네 가지 신분제도를 타파하였기 때문에 출가한 순서에 따라 형님, 동생이 정해졌습니다. 우바리가 사형이 되니까 부처님의 친척들이었던 왕자들이 반발하기도 했습니다.

그 후 부처님께서 열반에 드신 3개월 후 가섭이 부처님의 가르침을 다시 되새겨야겠다고 생각하고 제자들을 소집합니다. 이 때 1차 결집이 일어납니다. 당시 집결 장소는 칠엽굴이었는데 아라한과를 터득한 자들만이 들어올 수 있었습니다. 그래서 모인 500제자 가운데 499명은 들어갔는데 다문 제일 아난만이 들어가지 못했습니다. 부처님의 법을 그렇게 많이 들었지만 아난은 듣기만 했지 문사수를 실천하지 않았던 것이었습니다. 그래서 아난은 7일 동안 용맹정진하여 결국 아라한 과를 터득해 칠엽굴에 들어갈 수 있었습니다. 1차 결집 때는 책으로 기록을 한 것이 아니라 누가 선창을 하면 따라서 후창을 하는 송의 형식이었습니다. 그 때 가섭이 의장을 하고 다문 제일, 기억력이 좋았던 아난이 법을 송출하고 지계 제일이었던 우바리가 계율을 선창합니다. 단체를 가만히 놔두면 혼란스럽게 되기 때문에 계율이 필요합니다. 그렇게 부처님 제자들은 그 법과 계율들을 기억했습니다.

우리의 삶은 연속성을 가지고 있습니다. 우바리와 같이 이발사였으면 전생에도 이발사였을 가능성이 높습니다. 인과는 연속성과 보복성을 갖습니다. 기존에 행동했던 것을 계속하려고 하는 연속성과 무언가 상대방에게 작용을 했을 때 상대방도 나에게 작용을 하는 보복성을 가지고 있습니다. 그래서 우리는 잘 살기 위해서는 베풀어야 합니다. 베풀지 않으면 그것이 돌아오지 않으니 빈곤하게 됩니다. 내가 행한 만큼, 내가 베푼 만큼 내게 돌아오게 되어 있습니다. 열심히 베푼 사람은 큰 돈을 담을 그릇이 되어 있기 때문에 돈이 모여 큰 돈이 쌓이게 됩니다. 그렇지 않은 사람은 설령 큰 돈을 벌어도 어느새 다 사라져버리고 자신의 손을 떠납니다. 그래서 선을 베풀고 자비가 가득 찬 사람은 세상 어디에 가도 살생이 일어나지 않습니다. 해꼬지를 당할 이유가 없습니다. 우리가 불안한 것은 전생에 지은 잘못 때문입니다. 내가 당당하면 어떤 상황에도 불안함이 일어나지 않습니다.

　다시 우바리의 전생 이야기로 돌아가 봅시다. 어느 날 누군가가 부처님께 우바리는 전생에 무엇을 했기에 저렇게 수행을 잘하느냐고 물었습니다. 그러자 부처님께서 우바리의 전생 이야기를 해줍니다. 옛날 바라나 성에 범덕왕이 있었는데 대지가 뜨겁게 불타고 있는 여름 날 그는 왕궁에서 쉬고 있었습니다. 한 사나이가 왕궁 근처를 지나가며 음탕한 노래를 부르고 있었습니다. 다들 열심히 일하고 있는데 혼자서 빈둥거리며 음탕한 노래를 부르고 있으니 풍속을 해칠 것 같아 왕은 신하에게 명하여 그를 잡아오게 하여 그에게 물었습니다. "너는 누구며 어떤 일을 하길래 한낮에 그런 음탕한 노래를 부르고 있는가?" 그러자 사나이가 말했습니다. "저는 우바가라고 하오며 친구에게 빌려준 금화 한 닢을 받으러 가는 중입니다." 왕은 저렇게 내버려두면 사방에 음탕한 노래를 퍼트릴 것 같아 말합니다. "우바가여 내가 그대에게 금화 두 닢을 줄테니 가지 말고 여기에 있거라." "훌륭하십니다. 대왕이시여, 두 닢을 주실 바에 이왕 한 닢을 더해 세 닢을 주시옵소서. 그럼 저는 마을에 가 빌려준 한 닢을 받고 금화 네 잎으로 저의 부인과 함께 오욕락을 즐기겠습니다." 그러자 범덕왕이 마을에 가지말고 자신과 함께 있으면 금화 여덟 닢을 주겠다고 합니다. 그러자 우바가가 왕에게 말했습니다. "착하신 대왕이시여. 크게 기뻐하소서. 저는 다시 한 닢을 더 원하옵니다. 그러면 아홉 닢이 되고 저는 마을에 내려가 한 닢을 받아 열 닢으로 부인과 함께 오욕락을 즐기겠습니다." 왕은 우바가란 인물에 대해 흥미가 점점 더 커지게 되었습니다. 이런 이야기가 계속되어 금화는 많아지게 되었습니다. 결국 범덕왕은 우바가에게 마을에 가지말고 자신과 함께 있으면 한 고을을 주겠다고까지 합니다. 그제서야 우바가는 승낙하고 한 고을을 다스리게 되자 일찍 일어나고 늦게까지 부지런히 일하며 성심으로 대왕을 섬겼습니다. 대왕은 우바가를 진심으로 믿고 나라의 반을 다스리게 하였고 왕궁 창고의 반도 우바가에게 주었습니다. 하루는 범덕왕이 우바가의 무릎을 베고 자고 있었는데 우바가가 생각을 합니다. '어찌 한 나라에 두 임금이 있을 수 있는가? 내가 그를 죽이면 왕위를 취하여 혼자서 이 나라를 다스릴 것이다.' 그렇게 마음먹고 칼을 빼려고 하다가 대왕이 지금까지 베풀어준 은혜를 생각하자 마음을 돌려먹었습니다. 그렇게 두 번이나 망설이다 우바가는 마침내 큰 소리로 울었습니다. 대왕이 잠에서 깨어 이유를 물었습니다. 우바가는 자신이 나쁜 마음을 먹고 대왕을 해칠 생각을 하였다고 고백을 했습니다. 우바가는 나쁜 마음을 참회하고 출가 수행자가 되었습니다. 은혜를 생각 못하고 악한 마음이 일어났다는 것에 견디지 못해 출가한 우바가는 결국 수행 끝에 벽지불 연각의 단계를 이루게 됩니다. 그렇게 도를 이루게 되어 마을 사람들의 존경을 받았습니다.

그 때 범덕왕의 이발사인 항가바라가 있었습니다. 그는 매우 성실하여 우바가가 떠난 후 대왕의 관심은 항가바라에게 쏠렸습니다. 대왕은 그를 매우 좋아해 많은 재산을 준다고 하였지만 항가바라는 모두 거절하였습니다. 오히려 우바가에게 출가하여 수행자가 되고 싶다고 말했습니다. 항가바라가 여러 차례 청한 끝에 결국 범덕왕은 항가바라의 출가를 허락했습니다.

부처님께서 말씀하십니다. "벗들이여, 잘 들어라. 그 때 우바가가 지금의 나이며, 범덕왕은 나의 부친이신 정반왕의 전생이며, 우바가 밑에서 철저하게 계율을 지키며 수행정진한 항가바라는 우바리의 전생이다. 이러한 인연으로 우바리는 오백 대신들과 정반왕의 예배를 받았느니라. 또한 비구들이여, 나의 제자들 중에서 계율을 갖는데 가장 으뜸인 사람은 우바리 비구임을 알지니라. 그는 혼란과 암흑이 난무하는 시대일 수록 더욱 더 빛날 것이니라. 계율은 인내를 바탕으로 하기 때문에 무적이니라." 규칙적이고 질서 있는 매일매일의 삶이 계율입니다. 수행이란 이 규칙적인 삶을 바탕으로 이루어집니다. 과연 이 생에서 어떻게 하는 것이 위대한 삶일까요. 독일 철학자 칸트는 평생 1초의 시간도 어긋남 없이 살았습니다. 우리는 항상 흩어진 생각 속에서 살고 있습니다. 잘 살기 위해서 계율을 지키는 것만큼 빠른 길은 없을 것입니다. 계율은 출가 수행자만이 지키는 것이 아닙니다. 중생도 계율을 지키며 질서있게 산다면 더 좋은 삶이 기다리고 있을 것입니다. 흐트러진 삶을 살지 않기 위해서는 계율이 필요합니다.

제17강

(3-1-1-3-6) 입의분에서 세운 의를 해석하다
(3-1-1-3-6-1) 체상 2대를 함께 풀이하다

[진제53] 또한 진여의 자체상(自體相)이란 일체 범부와 성문과 연각과 보살과 제불은 증감이 없어서 앞(과거)에 생기는 것도 아니며 뒤(미래)에 없어지는 것도 아니다. 마침내 항상 변함이 없어서 본래부터 성품이 스스로 일체의 공덕을 가득 채운다.

그 자체에 큰 지혜의 광명의 뜻[大智慧光明義]이 있기 때문이며, 법계를 두루 비치는 뜻이 있기 때문이며, 진실하게 아는 뜻이 있기 때문이며, 자성이 청정한 마음의 뜻이 있기 때문이며, 상락아정(常樂我淨)의 뜻이 있기 때문이며, 청량하고 불변하고 자재한 뜻이 있기 때문다.

이와 같은 항하사보다 많은 뜻을 여의지 않으며[不離], 뜻이 끊어지지 않으며[不斷], 뜻이 다르지 않으며[不異], 부사의(不思議)한 법을 구족하고 이에 만족하여 부족한 바가 없는 까닭에 여래장(如來藏)이라 하며 또한 여래법신(如來法身)이라 이름하는 것이다.

묻기를 "위에서 진여는 그 자체가 평등하여 일체의 상을 여의었다고 말하였는데, 어째서 다시 진여의 체에 이와 같은 여러 가지 공덕이 있다고 말하는가?"

답하기를, "실로 이러한 모든 공덕의 뜻이 있으나 차별의 모양이 없고 평등하여 한 맛(一味)이며 오직 하나의 진여이다.

이 뜻이 무엇인가? 분별이 없어서(無分別) 분별의 모양(分別相)을 여의므로 둘이 없는 것이다.

또한 무슨 뜻으로 차별을 말하는가? 업식의 생멸의 모양에 의지하여 나타나는 것이다.

이것이 어떻게 나타나는가? 일체법이 본래 오직 마음뿐으로 실제로 망념이 없다. 그러나 허망한 마음이 있어서 깨닫지 못하고 망념을 일으켜서 모든 경계를 보게 되므로 무명(無明)이라 하며, 심성에 망념이 일어나지 않는 것은 곧 큰 지혜의 광명의 뜻이기 때문이다.

만약 마음이 보는 것(見)을 일으키면 곧 보지 못하는 모양이 있으니 심성이 보는 것을 여의면 바로 이것이 법계를 두루 비추는 뜻이기 때문이다.

만약 마음에 움직임이 있으면 참으로 아는 것이 아니다. 자성이 없으며 상(常)도 아니며 낙(樂)도 아니며 아(我)도 아니고 정(淨)도 아니다. 이리하여 열뇌(熱惱)하고 쇠변(衰變)하여 자재하지 못하며 항하사보다 많은 망염(妄染)의 뜻을 갖게 되는 것이다. 이러한 뜻에 대하기 때문에 심성이 움직임이 없으면 항하사보다 많은 깨끗한 공덕상의 뜻을 나타낸다.

만약 마음이 일어나는 것이 있어 다시 앞의 법을 보고 생각하면 모자라는 이유가 있을 것이다. 이와같이 청정한 법의 무량한 공덕은 바로 일심(一心)이며, 다시 생각할 것이 없기 때문에 원만히 구족하여 법신여래의 장이라고 하는 것이다.

復次 , 真如自體相者 , 一切凡夫、聲聞、緣覺、菩薩、諸佛 ,

無有增減，非前際生、非後際滅，畢竟常恒。從本已來，性自
滿足一切功德。所謂自體有大智慧光明義故，遍照法界義故，
真實識知義故，自性清淨心義故，常樂我淨義故，清涼不變自
在義故。具足如是過於恒沙不離、不斷、不異、不思議佛法，
乃至滿足無有所少義故，名為如來藏，亦名如來法身。

問曰：「上說真如，其體平等離一切相，云何復說體有如是種
種功德？」

答曰：「雖實有此諸功德義，而無差別之相，等同一味，唯一
真如。此義云何？以無分別離分別相。是故無二。復以何義
得說差別？以依業識，生滅示。此云何示？以一切法本來
唯心，實無於念，而有妄心，不覺起念，見諸境界故說無明。
心性不起，即是大智慧光明義故。若心起見，則有不見之相。
心性離見，即是遍照法界義故。若心有動，非真識知，無有自
性，非常、非樂、非我、非淨，熱惱衰變則不自在，乃至具有
過恒沙等妄染之義。對此義故，心性無動則有過恒沙等諸淨功
德相義示現。若心有起，更見前法可念者則有所少。如是淨法
無量功德，即是一心，更無所念，是故滿足。名為法身如來之
藏。」

"입의분에서 세운 의를 해석하다. 체상 2대를 함께 풀이하다. 또한 진여의 자체상(自體相)이란 일체 범부와 성문과 연각과 보살과 제불은 증감이 없어서 앞(과거)에 생기는 것도 아니며 뒤(미래)에 없어지는 것도 아니다. 마침내 항상 변함이 없어서 본래부터 성품이 스스로 일체의 공덕을 가득 채운다." 앞에서도 말했듯이 이 세상은 체상용의 구조로 이루어져 있습니다. 이것이 3대이며 여기서는 체상 2대만 말했습니다. 지금 우리의 삶은 체상용 가운데 용에 해당합니다. 용이란 쓰임새, 작용입니다. 우리는 세세생생 쌓은 업에 의해 이런 모양을 갖고 사는데 이것은 상입니다. 상 안에 들어있는 본래 성품이 바로 체입니다. 체는 진여인데 이것을 제대로 알면 각자의 업에 의해 다른 모양을 가지고 있는 것을 알게 됩니다. 그리고 각자 다른 모양의 뿌리는(오염되기 전의 것은) 누구나 같다는 것을 알게 됩니다. 이 세상에 존재하는 모든 것의 진여는 똑같은 것으로 일심(一心), 하나라는 것입니다. 하나인데 자신의 업을 쏟아부어 자기만의 모양을 만들어놓고 다 다른 척을 하고 있는 것입니다. 모르니까 다 다른데 알면 다 같은 하나일 뿐입니다.

여기서 나오는 범부란 공부, 수행하지 않는 일반적인 사람입니다. 성문은 부처님의 가르침에서 사성제, 연기를 터득한 수행자입니다. 연각은 12 연기를 인식하고 터득한 수행자입니다. 보살은 대승불교의 육바라밀을 실천하고 체득한 수행자입니다.

제불은 이 모든 것을 이룬 부처를 말합니다. '앞에서 생기는 것도 아니며 뒤에 없어지는 것도 아니다.'는 말은 과거에서 발생한 것도 아니고 미래가 되어 사라지는 것도 아닌 그냥 존재하는 것을 말하고 있습니다. 세상은 그냥 있을 뿐입니다. 부처님 당시의 천이백 아라한들이 지금 이 세상에서도 원생하여 곳곳에 현현하여 자비를 베풀고 있는 것입니다. 하지만 우리는 눈앞에서 본 것만큼만 봅니다. 그래서 내가 있고 너가 있고 전부 다 다른 것입니다. 자기만을 위해 평생 살다 갑니다. 이것이 중생입니다. 반면 부처는 모든 것을 보았으니 하나라는 것을 압니다. 전부 하나라는 것을 알기 때문에 너와 나가 없습니다. 그곳에서는 끝없는 자비와 끝없는 보시가 생길 수밖에 없는 것입니다. 우리는 보시하고 싶어도 못합니다. 왜냐하면 너와 나의 경계가 있기 때문입니다. 이것을 뛰어 넘으려면 내 마음이 그 너머까지 볼 수 있어야 그 상황을 넘을 수 있습니다. 중생의 상태에서 아무리 베풀어봤자 그 상황을 뛰어넘을 수 없습니다. 뛰어넘는 방법은 내가 공부해서 내가 보는 영역을 넓히는 방법 밖에 없습니다. 세상은 내가 보는 것 밖에 못 보고 내가 느끼는 것 밖에 못 느낍니다. 예를 들어 내가 슬프다고 합시다. 얼마나 슬픈가는 내가 느껴본 것 만큼 슬픕니다. 이런 것들을 바탕으로 중생들은 행하는 만큼 행하다 갑니다. 그래서 진리의 터득 여부와 정도에 따라 범부, 성문, 연각, 보살, 제불로 살아가는 것입니다.

본래 성품은 항상 변함이 없이 그냥 있을 뿐 본래부터 공덕이 가득 차 있습니다. 끝없는 자비 밖에 없기 때문에 공덕이 가득 찰 수밖에 없습니다. 이 세상은 인과법입니다. 인과법의 바탕은 공덕과 복덕입니다. 누군가는 능력은 없는데 돈을 잘 벌고 승진을 합니다. 이것은 이번 생이나 전생의 복덕이 있기 때문에 가능합니다. 돈도 내가 전생에 베푼 것이 있어서 들어오는 것입니다. 그래서 지금 가난하다면 지금부터라도 베풀어야 합니다. 베풀어야 다음에 내가 그 인과를 받습니다. 베풀지 않는다면 다음 생에도 지금과 별반 다를 바 없는 삶을 살 뿐입니다. 우리는 자기 경계 속에 갇혀 삽니다. 이것을 뛰어넘게 해주는 것이 공부인데 베풂도 하나의 공부이자 수행입니다. 중생은 자기 것만 사랑하고 좋아하고 맞다고 생각합니다. 그러니까 그 한계를 넘을 수 없습니다. 결국 공덕과 복덕이 삶을 변화시키는 끝없는 원천입니다. 세상에 위대한 공적, 업적을 세운 사람들은 전생에 많은 공덕과 복덕을 지은 사람입니다. 그러니 전 세계 사람들이 좋아하고 돈을 갖다 줍니다. 다 전생의 빚이기 때문에 갖다 줍니다.

"체상 2대를 함께 풀이하다. 그 자체에 큰 지혜의 광명의 뜻[大智慧光明義]이 있기 때문이며, 법계를 두루 비치는 뜻이 있기 때문이며, 진실하게 아는 뜻이 있기 때문이며, 자성이 청정한 마음의 뜻이 있기 때문이며, 상락아정(常樂我淨)의 뜻이 있기 때문이며, 청량하고 불변하고 자재한 뜻이 있기 때문이다." 복덕에서 중요한 것은 자비입니다. 그 자비에는 눈이 달려 있습니다. 그것이 다름 아닌 지혜입니다. 제대로 바르게 베푸는 것이 지혜입니다. 바로 지혜가 방향성 역할을 합니다. 이 방향성이 없으면 엉뚱한 방향으로 갑니다. 아무리 자비를 베풀어도 잘못 베풀면 복덕이 쌓이지 않거나 적게 쌓일 것입니다. 예를 들어 도둑

놈에게 계속 베풀면 그것은 자비가 아닐 것입니다. 법계를 두루 비친다는 말은 지혜와 자비는 이 우주에 가득 차있다는 말입니다. 우리는 이렇게 가득 차 있지만 보는 만큼 느끼는 것만큼 자기 것입니다. 그래서 부처는 모든 것을 보고 느끼고, 우리는 눈앞에 보고 느끼는 것만 보고 느낍니다. 부처가 되면 진실하게 모든 것을 다 아는데, 막힘이 없기 때문입니다. 우리는 자기 자신에게 다 막혀 있기 때문에 상대방을 모릅니다. 하지만 자신이라는 한계를 뛰어넘어 부처가 되면 상대방을 알게 되고 세상 모든 것을 알게 됩니다. 우리는 물들어 있기 때문에 이렇게 각자 다르게 살지만 물들기 전의 청정한 자성은 모두 같습니다. '자성이 청정한 마음의 뜻이 있다'는 말은 이런 뜻입니다. 상락아정은 잘 살펴보면 무상임을 알면 상이 되고, 고임을 알면 낙이 되고, 무아임을 알면 아가 되고, 적정임을 알면 정이 됩니다. 세상에 존재하는 것들의 내용은 무아이고 무상인데 상과 아라고 말하고 있습니다. 자세한 설명 뒤에 나옵니다. 청량하고 불변하고 자재한 것은 진여의 내용을 말하고 있습니다.

　"이와 같은 항하사(갠지스강의 모래수, 10^{52})보다 많은 뜻을 여의지 않으며[不離], 뜻이 끊어지지 않으며[不斷], 뜻이 다르지 않으며[不異], 부사의(不思議)한 법을 구족하고 이에 만족하여 부족한 바가 없는 까닭에 여래장(如來藏)이라 하며 또한 여래법신(如來法身)이라 이름하는 것이다." 항하사는 이 우주에 있는 모든 수를 비유한 것입니다. 진여를 여래장이라 하고 여래법신이라고도 합니다. 여래장은 존재하는 모든 것에는 부처의 씨앗을 갖고 있다는 소리입니다.

부처님께서 깨우치신 근본 가르침이 대승불교로 변천하면서 중관사상과 유식사상이 등장합니다. 중관사상은 연기가 곧 공(空)이라는 사상으로 전개되고, 유식사상은 연기를 우리가 갖고 있는 6식, 7식, 8식으로 체계화하여 설명한 것입니다. 큰 흐름 속에 여래장 사상이 같이 나옵니다. 여래장 사상은 중관과 유식 모두를 포함합니다. 여래장 사상에서 여래장은 부처의 씨앗이 들어 있는 창고입니다. 여래장 사상에서 우리는 원래 부처라는 생각이 나옵니다. 우리 속에는 모두 여래장이 들어있다는 말입니다. 그래서 대승기신론에서 나오는 일심(一心)이라는 것이 여래장과 의미가 상통하는 것입니다. 하지만 중생은 부처를 못보고 오염된 것만 나라고 생각하기 때문에 모두 다르게 인식하는 것입니다. 결국 중관사상과 유식사상 모두 여래장 사상과 관계되어 있습니다.

여래장은 "진여의 뜻을 여의지 않으며[不離], 진여의 뜻이 끊어지지 않으며[不斷], 진여의 뜻과 다르지 않으며[不異] 부사의(不思議)한 법을 구족하고 이에 만족하여 부족한 바가 없는 것"입니다.

중관사상의 중도는 실천적 중도와 사상적 중도가 있습니다. 실천적 중도는 불고불락하며 고행주의와 쾌락주의의 수행관을 버리고 실천적 계율주의의 삶을 사는 것입니다. 사상적 중도는 팔불로 불생불멸(不生不滅)하고 불상부단(不常不斷)하며 불일불이(不一不異)하며 불래불거(不來不去)합니다. 생겨나지도 않으며 없어지지도 않고, 영원하지도 않으며 단절되지도 않고, 같지도 않으며 다르지도 않고, 오지도 않으며 가지도 않습니다. 이렇게 중도를 설명할 수 있습니다. 중도나 여래장은 크게 다르지 않습니다.

"묻기를 '위에서 진여는 그 자체가 평등하여 일체의 상을 여의었다고 말하는데 어째서 다시 진여의 체에 이와 같은 여러 가지 공덕이 있다고 말하는가?'" 진여는 일체의 상을 여의었다고 하는데 어째서 체나 공덕이 있냐고 질문한 것입니다. 모든 것을 여의었으면 체나 공덕이 다 없어야 하는데 왜 있냐고 하는 것입니다.

"답하기를 '실로 이러한 모든 공덕의 뜻이 있으나 차별의 모양이 없고 평등하여 한 맛[一味]이며 오직 하나의 진여이다.' '이 뜻이 무엇인가?' '분별이 없어서[無分別] 분별의 모양[分別相]을 여의므로 둘이 없는 것이다.' '또한 무슨 뜻으로 차별을 말하는가?' '업식의 생멸의 모양에 의지하여 나타나는 것이다.'" 모든 것을 여의었다고 하는 것은 아무 것도 없는 것이 아니라 차별상을 여의었다는 것입니다. 물들어 있는 것을 다 여의었다고 하는 것입니다. 그래서 그 곳에는 샘솟는 샘과 같이 끝없는 공덕이 있는 것입니다. 이 한 맛이라는 것은 책을 보고 느끼나 참선을 하다가 느끼거나 모두 평등하여 하나라는 것을 느낄 수 있어야 하는 것입니다. 이런 것들이 오염된 나를 변화시키는 본래 성품이 됩니다. 그렇게 되면 내가 대상이나 사물을 대할 때 태도가 달라집니다. 세상의 어느 누구에게도 자비를 베풀 수밖에 없습니다. 분별을 여의게 되면 하나의 모양이 뚜렷하게 드러납니다. 우리는 업 때문에 차별이 생깁니다.

공부를 해서 이러한 것들을 알아야 합니다. 공부를 아무리 오래 해도 이러한 것들을 모르면 공부를 끝낼 수 없습니다. 몸에 큰 병이 났거나 곧 돌아가실 노스님들을 뵈면 평생 공부를 하셨다는데 이야기해보면 다를 것이 없어보였습니다. 하지만 마지막 순간, 결정적인 순간에 상상도 할 수 없을 정도로 달라질 수 있습니다. 우리가 말하는 견성이 평생 동안 나타나지 않다가 결정적인 순간에 나타난 것입니다. 그러니 당장 효과가 안 나오더라도 공부는 해야 합니다. 공부를 제대로 하려면 원력이 필요합니다. 공부를 해야겠다는 원을 세우고 결심을 해야 가능해집니다. 중생들 가운데 공부 좋아하는 사람 얼마나 있겠습니까? 결국 결심을 해야 열심히 할 수 있습니다.

  "'이것이 어떻게 나타나는가?' '일체법이 본래 오직 마음뿐이므로 실제로 망념이 없다. 그러나 허망한 마음이 있어서 깨닫지 못하고 망념을 일으켜서 모든 경계를 보게 되므로 무명(無明)이라 하며, 심성에 망념이 일어나지 않는 것은 곧 큰 지혜의 광명의 뜻이기 때문이다. 만약 마음이 보는 것[見]을 일으키면 곧 보지 못하는 모양이 있으니 심성이 보는 것을 여의면 바로 이것이 법계를 두루 비추는 뜻이기 때문이다.'" 본래 청정한 것에는 망념이 없지만 허망한 마음 때문에 망념을 일으켜서 경계를 보게 되는데 이것이 무명입니다. 우리의 삶은 끝없는 무명과 연기의 관계속에 있습니다. 고민해서 원인을 알아내면 연기로 넘어가는 것이고, 모르면 무명이 됩니다. 무명에서 무가 없으면 '명'입니다. 명이란 밝음입니다. 이 밝음이 다름 아니라 연기입니다. 이것이 팔정도의 정견입니다. 100% 정견이면 부처님이고 중생들은 조금씩 정견을 냅니다. 예를 들면 어떤 중생은 60%이기도 하고 어떤 중생은 10%이기도 합니다. 여기서 모양이 있는 것, 업에 의해 만들어진 것만 여의면 법계에 두루 비치는 하나의 본래 것을 볼 수 있습니다.

"만약 마음에 움직임이 있으면 참으로 아는 것이 아니다. 자성이 없으며 상(常)도 아니며 낙(樂)도 아니며 아(我)도 아니고 정(淨)도 아니다. 상이 아닌 것(無常)을 아는 것이 상이고, 낙이 아닌 것(苦)을 아는 것이 낙이고 아가 없는 것(無我)을 아는 것이 아이고 오염되지 않는 것(淸淨)을 아는 것이 정이다." 우리는 마음의 움직임, 분별하는 차별심을 여의어야 하는데 마음에 움직임이 있어 번뇌망상 속에 삽니다. 상낙아정은 언뜻 보면 지금까지 배운 진리와 어긋나는 것 같습니다. 이 세상에는 원래 상은 없습니다. 존재하고 있는 모든 것은 끊임없이 변하는 무상이라고 했습니다. 그런데 무상임을 아는 것이 상입니다. 말 그대로 이해하면 틀릴 수 있습니다. 낙은 고를 알면 낙이 됩니다. 그래서 불교에서 추구하는 목적이 극락이 되는 것입니다. 살아서 고를 알아 극락인 사람은 죽어서 가지 말라고 해도 극락에 갑니다. 그러니 살 때 잘 살아야 합니다. 천도 비용 많이 줘서 극락갈 생각하지 말고 살아있을 때 열심히 잘 베풀고 제대로 잘 사는게 낫습니다. 정확하게 이해하면 불교 진리와 어긋나지 않게 됩니다.

"이리하여 번뇌가 치성하고[熱惱]하고 끊임없이 변[衰變]하여 자재하지 못하며 항하사보다 많은 망염(妄染)의 뜻을 갖게 되는 것이다. 이러한 뜻에 대하기 때문에 심성이 움직임이 없으면 항하사보다 많은 깨끗한 공덕상의 뜻을 나타낸다." 항하사는 수를 나타내는 단위입니다. 갠지스강의 모래 수만큼 많음을 나타내며, 10의 52승(10^{52})입니다. 세세생생 살아오며 쌓인 끝없는 망념들이 있습니다. 그런데 심성의 움직임이 없으면, 즉 망념을 여의고 나면 공덕이 나타난다는 말입니다. 번뇌망상을 여의고 진리에 들면 끝없이 샘솟는 공덕이 나온다는 것입니다. 우리는 누가 시키지 않아도 내 자신을 위해 온갖 행동을 다 합니다. 이 세상이 하나라면 나에게 하는 정성 그 자비가 세상에 그대로 다 베풀어지게 됩니다.

"만약 마음이 일어나는 것이 있어 다시 앞의 법을 보고 생각하면 모자라는 이유가 있을 것이다. 이와 같이 청정한 법의 무량한 공덕은 바로 일심(一心)이며, 다시 생각할 것이 없기 때문에 원만히 구족하여 여래장이라고 하는 것이다." 일심은 곧 부처의 씨앗이 누구에게나 있는 것을 말합니다. 그래서 원래 우리는 부처입니다. 우리는 부처가 될 가능성을 다 가지고 있습니다. 공부는 열심히 해야 남보다 낫게 됩니다. 설령 모두가 부처라도 열심히 수행하고 오염된 것을 걷어내야 부처가 드러납니다. 가만히 놔두면 씨앗만 있는 것이지 씨앗이 싹 트지 않습니다. 공부, 수행이란 부처의 씨앗을 틔우는 것입니다. 이것이 여래장입니다. 여래장은 중관, 유식으로 갈라진 모든 것에 포함된 원래 부처의 성품입니다. 세상에 보이지 않는 그것이 일심입니다. 우리는 보이는 세상의 논리, 질서를 평생 추구하며 아웅다웅합니다. 하지만 보이지 않는 세상을 제대로 볼 수 있으면 보이는 것은 그냥 이루어집니다. 보이는 것은 보이지 않는 것의 그림자일 뿐입니다.

"체상대. 용대란 첫째 본행본원과 진여평등이고 둘째 대방편지로서 법신이고 셋째 추세식에 의한 응신과 보신이고 넷째 지신(智身)과 진여의 자재함이다." 세상 어떤 것이든 체상용의 구조를 가지고 있습니다. 용은 앞에서도 말했듯이 작용입니다.

'청정법신비로자나불'이 있습니다. 법신이 바로 물들기 전의 청정한 것이며 진여이고 일심입니다. 이것이 체입니다. 그리고 '원만보신노사나불'이 있습니다. 진리의 모양은 모나지 않고 원만합니다. 그래서 어디든지 적용될 수 있고 어울릴 수 있습니다. 원만한 모습이 바로 상입니다. '천백억화신석가모니불'은 이 세상에 오셔서 불법을 전파하는데, 우리들은 그 끝없는 화신들입니다. 진리를 전파하기 위해 이 세상에 화신으로 태어난 것입니다. 이것이 용입니다.

*머리 식히면서 한번 보기

부처님 제자 가운데 논의제일 가전연이 있었습니다. 가전연은 남인도 아반티국 우쩌니라는 마을에서 태어났습니다. 그에게는 아반티국 재상의 아들로 브라만 출신이었습니다. 그는 형이 한 명 있었는데 마가다국, 코살라국에서 10년 동안 공부를 하였습니다. 그 당시 문명이 성했던 마다가국, 코살라국에 유학을 가서 공부를 한 것이었습니다. 형은 공부를 마치고 아반티국에 돌아와서 배운 것을 자랑합니다. 배운 내용을 외워서 이야기하자 왕을 비롯한 사람들이 감탄을 합니다. 형이 가전연에게 "

너는 10년 동안 놀면서 무엇을 했느냐?"라고 약을 올리자 가전연은 형이 방금 말했던 내용들을 그대로 읊어냅니다. 그것을 보고 형은 이대로 가면 재상이 될 수 없을 것 같아 동생 가전연을 죽이기로 마음을 먹습니다. 그 사실을 안 가전연의 아버지는 그를 출가시켜 다른 나라로 보내게 됩니다. 그러자 가전연은 부처님을 찾아갑니다.

어느 날 부처님의 제자들이 가전연의 전생을 부처님께 묻습니다. 부처님께서 가전연의 전생에 대해 이야기 해줍니다. 가전연의 전생은 '나라다'라는 수행자였는데 열심히 정진하여 벽지불을 이루었습니다. 벽지불은 연각승과 같은 경지입니다. 연각승은 누구의 가르침으로 무리 속에서 불법을 깨우친 사람이고 벽지불은 독학으로 깨우친 사람입니다. 당시 나라다의 소문을 들은 용왕은 부처님 정도가 되어야 알 수 있는 어려운 질문을 나라다에게 합니다. "무엇이 자재하기에 염착하여 물든다고 합니까? 어떤 것을 청정이라 하고 어떤 것을 어리석다고 합니까?" 나라다는 답을 할 수 없어서 일주일만 기다려주면 부처님을 찾아가 답을 듣고 오겠다고 말합니다.

나라다는 부처님을 찾아가서 이 질문을 했고 부처님은 다음과 같이 말씀하십니다. "육식이 자재로운 까닭에 심왕이 물든 것을 물들었다고 하노라. 물들 것이 없는데 물듦으로써 이것을 어리석다 하노라. 큰 물에 빠진 까닭에 방편을 다 한다고 이름함이요, 일체의 방편을 다 하게 되면 이것을 지혜로움이라 하노라." 나라다에게 답을 준 부처님은 석가모니 부처님의 전생이었습니다. 육식은 안이비설신의를 말하고 심왕은 마음을 말합니다. 어리석음, 즉 '치'는 탐진치의 치로 무명의 상태입니다. 그러니 받아들이는 것을 통해서 물들여지는 것입니다. 어리석음이란 물들 것이 없는데 물드는 것을 말합니다. 이 한 구절에서 다 설명이 됩니다. 방편이 자유로우면 지혜가 됩니다. 우리는 방편이 있어야 적용을 잘 할 수 있습니다. 지혜는 끝없는 방편입니다. 지혜와 지식은 다릅니다. 지식은 단편적인 사실로 이것을 적재적소에 잘 활용하는 것이 지혜입니다. 지혜는 성품이 바르지 않으면 못 씁니다. 성품이 곧고 발라야 올바른 지혜가 나옵니다. 성품이 바르지 않으면 머리가 좋아도 좋은 곳에 써먹지 못합니다. 잔꾀나 부리게 됩니다. 예를 들어 도박과 같은 불법적이고 어두운 영역에서 놀게 됩니다. 지혜는 방향성도 되기 때문에 올바른 성품이 필요한 것입니다. 이것이 바로 가전연의 전생이야기입니다.

가전연은 석가모니 부처님 밑에서 공부하다 훗날 자기 나라로 돌아갑니다. 그 당시 출가를 하려면 그것을 증명하는 출가증명인이 필요했습니다. 부처님 교단에는 일반적으로 10명이 필요했습니다. 가전연이 아반티국으로 돌아간다고 하자 부처님은 아직 불교가 전파되지 않은 먼 나라이니 출가증명인이 5명만 되어도 출가를 인정하는 특혜를 주겠다고 합니다. 다른 곳보다 쉽게 불교를 전파할 수 있게 된 것이었습니다. 그래서 가전연은 아반티국에 돌아가 불교를 전파하게 되었습니다.

부처님께서 주로 불교를 전파하셨던 중심지역인 마다가국은 부처님의 가르침을 경전으로 보유하고 있었기 때문에 교리 중심의 불교가 발전합니다. 하지만 불교가 전 인도로 퍼져나가면서 나름대로 특색을 띤 불교가 나타납니다. 간다라 지방에서는 부처님의 뜻을 기려 그 형상을 만들어 불상이 발전하게 되었습니다. 남인도 자카타 지방은 부처님 전생의 땅으로 부처님의 전생담이 발전하게 되었습니다.

제18강

(3-1-1-3-6-2) 용대를 별도로 풀이하다
(3-1-1-3-6-21) 본행본원과 진여평등을 설하다

[진제54] 진여의 작용(用)이란 모든 부처와 여래가 본래 인지(因地)에서 대자비심을 일으켜 모든 바라밀을 닦아서 중생을 섭화하며, 큰 서원을 세워 일체의 중생계를 도탈(度脫)시키고자 하여 겁의 수를 한정하지 않고 미래에까지 다하는 것이니 모든 중생을 돌보기를 자기 몸처럼 하기 때문이다.

그러면서도 중생상(衆生相)을 취하지 않는다. 이는 무슨 뜻에 의해서인가?

일체 중생과 자기의 몸이 진여로서 평등하여 다름이 없는 것인 줄 여실히 아는 까닭이다.

復次 , 真如用者 , 所謂諸佛如來 , 本在因地發大慈悲 , 修諸波羅蜜 , 攝化衆生。立大誓願 , 盡欲度脫等衆生界。亦不限劫數盡於未來 , 以取一切衆生如己身故 , 而亦不取衆生相。此以何義 ? 謂如實知一切衆生及與己身真如平等無別異故。

(3-1-1-3-6-22) 대방편지로서 법신을 보다

이와 같은 대방편지혜(大方便智)가 있기 때문에 무명을 없애고 본래의 법신을 보아 자연히 불사의한 업의 여러 가지 작용을 갖는 것이니, 곧 진여와 더불어 모든 곳에 평등하고 두루하게 된다. 그러면서도 얻을 만한 작용의 모양도 없다. 왜 그런가? 말하자면 모든 부처와 여래는 오직 법신(法身)의 지상(智相)인 몸 뿐이며 제일의제(第一義諦)이기 때문이다. 세간(世諦)의 경계가 없어서 베풀고 지음은 여의지만 다만 중생의 보고 들음[見聞]에 따라서 이익되게 하기 때문에 작용(用)이라 말하는 것이다.

以有如是大方便智，除滅無明、見本法身，自然而有不思議業種種之用，即與眞如等遍一切處，又亦無有用相可得。何以故？謂諸佛如來唯是法身智相之身，第一義諦無有世諦境界，離於施作，但隨衆生見聞得益故說為用。

(3-1-1-3-6-23) 추세식에 의한 응신과 보신을 설하다

[진제55] 이 작용(用)에는 두 가지가 있으니, 첫째는 분별사식에 의한 것으로 범부와 이승의 마음으로 보는 것을 응신(應身)이라 이름한다. 이는 전식이 나타낸 줄 알지 못하기 때문에 밖에서 온 것이라 보고 색의 차별상[色分齊]을 취하여 능히 알지 못하는 까닭이다.

둘째는 업식에 의한 것이니, 이는 모든 보살이 처음 발심함(初發意)으로부터 보살의 구경지에 이르기까지 마음으로 본 것을 보신(報身)이라 말한다. 몸에는 한량없는 색(色)이 있고 색에는 한량없는 상(相)이 있고, 상에는 한량없는 호(好)가 있고, 머무는 곳에 의지하는 과보도 또한 한량없는 장엄이 있어서 곳에 따라 나타냄이 가이 없고 다함이 없다. 분제의 모양(色分齊)을 여의었지만 그 응하는 바에 따라서 항상 머물러 있어서 훼손되지도 않고 잃지도 않는다.

이러한 공덕은 모든 바라밀의 무루의 행의 훈습(行熏)과 불사의한 훈습(不思議熏)에 의하여 성취된 것이다. 이러한 한량없는 즐거운 모양(樂相)을 구족하였기 때문에 보신[報身]이라고 하는 것이다.

此用有二種。云何為二？一者、依分別事識，凡夫、二乘心所見者，名為應身。以不知轉識現故見從外來，取色分齊不能盡知故。二者、依於業識，謂諸菩薩從初發意，乃至菩薩究竟地，心所見者，名為報身。身有無量色，色有無量相，相有無量好，所住依果亦有無量種種莊嚴隨所示現，即無有邊不可窮盡離分齊相，隨其所應，常能住持不毀不失。如是功德，皆因諸波羅蜜等無漏行熏，及不思議熏之所成就，具足無量樂相故，說為報身。

(3-1-1-3-6-24) 범부가 거친 형색의 응신을 보다

또 범부가 보는 것은 거친 형색이다. 육도(六道)에 따라서 각각 보는 것이 같지 않아서 여러 가지의 다른 종류(異類)이다. 즐거운 모양(樂相)을 받는 것이 아니기 때문에 응신(應身)이라 말한다.

又為凡夫所見者，是其麁色，隨於六道各見不同，種種異類非受樂相故，說為應身。

(3-1-1-3-6-25) 초발의 보살이 보신을 보다

초발심의 의지를 가진 보살이 보는 것은 진여법을 깊이 믿기 때문이다. 부분적으로 보신을 보아서 보신의 색상(色相)과 장엄(莊嚴)의 일이 오는 것도 없고 가는 것도 없어 분제를 떠났으며 오직 마음을 의지하여 나타날 뿐 진여를 떠나지 않는 것을 안다. 그러나 이 보살은 아직 스스로를 분별하고 있으니, 아직 법신(法身)의 지위에 들어가지 못한 까닭이다.

復次，初發意菩薩等所見者，以深信真如法故，少分而見，知彼色相莊嚴等事，無來無去、離於分齊，唯依心現、不離真如。然此菩薩猶自分別，以未入法身位故。

(3-1-1-3-6-26) 업식을 여의고 법신을 보다

만약 청정한 마음[淨心]을 얻으면 보는 바가 미묘하고 그 작용은 더욱 수승하여 이에 보살지가 다함[菩薩地盡]에 이르러 보는 것이 완전하다.

만약 업식을 여의면 보는 모양[見相]이 없으져 모든 부처의 법신은 피차의 색상(色相)을 서로 보는 일이 없게 된다.

若得淨心，所見微妙其用轉勝，乃至菩薩地盡見之究竟。若離業識則無見相，以諸佛法身無有彼此色相迭相見故。

(3-1-1-3-6-27) 지신(智身)과 진여의 자재함을 설하다

묻기를,

"만약 모든 부처의 법신이 색상을 여의었다면 어떻게 색상을 나타낼 수 있겠는가?"

답하기를,

"이 법신은 색의 본체(體)이기 때문에 능히 색을 나타낼 수 있는 것이다.

이른바 본래부터 색(色)과 마음(心)은 둘이 아니다. 왜냐하면 색의 본성은 곧 지혜(智)인 까닭에 색의 본체가 형체가 없는 것을 지혜의 몸(智身)이라 하며,

지혜의 성품[智性]은 곧 색인 까닭에 법신이 모든 곳에 두루하다고 말하는 것이다.

나타낸 색이 차별상[分齊]이 없으니 중생의 마음을 따라 능히 시방세계에 한량없는 보살과 한량없는 보신과 한량없는 장엄에는

각각 차별이 있지만 모두 차별상[分齊]이 없어서 서로 방해되지 않는다. 이는 심식(心識)의 분별로는 알 수 없는 것으로 진여의 자재한 작용(用)의 뜻이기 때문이다."

問曰:「若諸佛法身離於色相者,云何能現色相?」

答曰:「即此法身是色體故,能現於色。所謂從本已來色心不二,以色性即智故色體無形,說名智身;以智性即色故,說名法身遍一切處。所現之色無有分齊,隨心能示十方世界,無量菩薩無量報身,無量莊嚴各各差別,皆無分齊而不相妨。此非心識分別能知,以真如自在用義故。」

대승기신론 강설_18

"체상대. 용대란 첫째 본행본원과 진여평등이고 둘째 대방편지로서 법신이고 셋째 추세식에 의한 응신과 보신이고 넷째 지신(智身)과 진여의 자재함이다." 이번에는 용대를 공부합니다. 세상의 기본적인 원리는 체상용입니다. 우리의 구조나 세상의 구조는 모두 체상용의 원리로 되어있습니다. 체상용의 원리를 이해하면 어떤 대상을 보더라도 정리하고 이해하기 쉽습니다.

우리가 살아가는 삶이나 수억 겁 동안 부처님께서 사바세계에 출현하시어 베푸신 모든 은혜도 용대입니다. 이 세상에 살아가면서 남겨놓은 모든 흔적입니다. 본행본원과 진여평등에 대해 설명해보자면 이 용에는 본행과 본원이 있습니다. 우리는 모두 원을 세우고 삽니다. 원을 세우고 그것을 하기 위한 행을 하고 그 결과는 진여평등이 되어야함을 말하고 있습니다. 대방편지로서 법신을 설명하면 용은 모두 방편입니다. 이 세상에 나타나는 모든 것은 방편입니다. 우리가 살아가며 하는 행위들은 모두 방편인데 잘하면 나뿐만 아니라 상대방도 이롭게 합니다. 하지만 잘 못쓰면 자기의 욕심만 챙기고 상대방과 원망을 쌓게 됩니다. 그래서 방편은 지혜로워야 합니다. 이 세상에 자비도 중요하지만 자비의 방향성인 지혜도 중요합니다. 추세식에 의한 응신과 보신이란 말을 보면 추세는 거친 것과 미세한 것입니다. 거친 것은 제6식과 제7식이고 가는 것, 즉 미세한 것은 제8식 아뢰야식입니다. 추는 중생을 가리키고 세는 깨달은 자를 가리킵니다. 불교의 기본 골격이 청정법신 비로자나불, 원만보신 노사나불, 천백억화신 석가모니불입니다. 각각 체상용에 해당합니다. 원만보신에서 '보신'이란 말이 나옵니다. 그리고 천백억화신에서 '화신'은 '응신'이라고 말하기도 합니다. 응신은 응하여 나타나는 것이라 화신과 같이 쓰고 있습니다.

지신(智身)과 진여의 자재함이란 말을 살펴봅시다. 지신이란 지혜의 몸으로 법신과 같은 말입니다. 깨치는 행위는 지신과 진여의 자재함에 의해 진여로 향하게 합니다. 이것이 용대입니다. 깨친 사람의 용은 주위의 모든 것을 깨치는 쪽(진여)으로 인도합니다. 반대로 깨우치지 못한 사람의 용은 주위의 모든 것을 무명으로 인도합니다. 그래서 우리 스스로가 깨달음의 세계로 나아가는 것이 중요한 것입니다.

"용대를 별도로 풀이하다. 본행본원. 진여의 작용[用]이란 모든 부처가 여래가 본래 인연의 땅[因地]에서 대자비심을 일으켜 모든 바라밀을 닦아서 중생을 섭화하며, 큰 서원을 세워 일체의 중생계를 괴로움에서 벗어나게[度脫]하고자 겁의 수를 한정하지 않고 미래에 까지 다하는 것이니 중생을 돌보기를 자기 몸처럼 하기 때문이다." 인연의 땅에서 대자비심을 일으켜 모든 바라밀을 닦아 중생을 교화하는 것은 본행입니다. 깨달은 상태에서 용의 작용입니다. 부처의 본행은 모든 중생을 육바라밀의 실천으로 이끄는 것입니다. 큰 원을 세워 이 세상에 있는 모든 중생을 괴로움에서 제도하는 것은 본원입니다. 부처의 원이란 나 혼자 깨닫는 것이 아니라 세상의 모든 중생을 제도하겠다는 것입니다. 부처는 중생 돌보기를 자기 몸처럼 하기 때문에 이런 원을 세울 수 있습니다. 자신과 중생은 둘이 아니라고 보기 때문에 바로 일심입니다. 모를 때는 전부 다르지만 알고 나면 하나입니다. 공부하면서 일심을 느끼는 순간 도가 트인 것이라 할 수 있습니다.

견성은 내가 공부한 만큼 됩니다. 견성이 멀리 있는 것이 아닙니다. 내 삶 속에 항상 있는 것이 견성입니다. 주변에서 살아가는 모든 것과 관계하고 작용하면서 보이지 않는 세계, 깨달음의 세계에 대한 인식이 생깁니다. 이것이 부처에 대한 자각입니다. 100% 부처가 되면 제일 좋겠지만 설령 못되더라도 내가 알고 느끼는 만큼 부처가 됩니다. 내가 부처라는 생각이 중요합니다. 부처를 목표로 두면 어느 세상에서든지 진리를 향할 수 밖에 없습니다. 부처를 모를 때는 부처가 나와 별개의 삶이지만 내가 부처를 인식하고 이해하면 부처가 내 속에 있음을 알고 부처의 세계로 나아갈 수 있습니다. 내가 부처이고 이웃들도 모두 부처였으면 좋겠다고 생각하고 살아간다면 이것은 부처의 원인 본원과 다르지 않습니다. 모든 중생을 내 몸과 같이 생각하면 그렇게 됩니다.

"진여평등. 그러면서도 중생상(衆生相)을 취하지 않는다. 이는 무슨 뜻에 의해서인가? 일체 중생과 자기의 몸이 진여로서 평등하여 다름이 없는 것인 줄 여실히 아는 까닭이다." 일심, 하나니까 전부 평등합니다. 하나가 아닐 때는 차별이 있습니다. 우리는 진여를 못 보기 때문에 차별상으로 각자의 모습이 다 다른 것입니다. 하지만 진여를 보게 되면 차별상 속의 진실을 보게 됩니다. 그것을 보게 되니까 다 똑같더라는 것입니다. 우리 눈의 차별상은 무명으로 보기 때문이지만 무명을 던져버리고 진실을 보면 전부 다 평등합니다. 여기서 말하는 중생상을 취하면 차별이 있게 됩니다. 다 다른 모습을 보게 됩니다. 중생상을 취하지 않으면 진여평등이 됩니다. 본래 성품으로 보면 평등합니다. 우리는 그런 모습을 다 가지고 있습니다. 자기 자신을 과소평가 하지 말고 노력을 통해 본래 모습인 부처가 되면 됩니다.

"대방편지로서 법신을 보다. 대방편지혜(大方便智慧)가 있기 때문에 무명을 없애고 본래의 법신을 보아 자연히 불가사의한 업의 여러 가지 작용을 갖는 것이니, 곧 진여와 더불어 모든 곳에 평등하고 두루하게 된다." 부처와 보살은 이 세상의 모든 생명에게 자비를 베풉니다. 부처와 보살의 마음에는 악심이 없고 자비심만 있습니다. 그래서 어떤 행위를 하든지간에 생명을 살리는 행위만 합니다. 모든 생명에게 자비를 베풉니다. 하지만 중생은 자기 자신만을 위하기 때문에 이기적인 행위를 합니다. 자기에게 도움이 될 행동만 합니다. 본래의 법신은 바로 청정법신입니다. 청정법신에서 하는 모든 행위는 자비 밖에 없습니다. 아무리 공부를 해도 행동이 자비롭지 않는다면 그것은 헛한 것이나 다름없습니다. 이것은 쌀가마를 들고 가만히 서있는 것과 같습니다. 쌀가마를 들고 오래 서있으면 엄청 힘듭니다. 옮기던지 주던지 작용을 해야 일이 되지만 서 있으면 아무 것도 아닙니다. 공부를 통해 심성의 깨끗함을 찾아가야 합니다. 이것이 무명을 없애고 본래의 청정한 법신을 보는 것입니다.

그리고 부사의한 업의 여러 가지 작용은 바로 깨달은 사람들의 기적을 말합니다. 기적은 우리로 하여금 끝없는 진리의 세계에 들게 하는 것입니다. 한 사람이라도 기적이 일어나게 한다면 엄청난 공덕이 될 것입니다. 그러려면 내가 먼저 알아야 합니다. 그리고 이 세상 어디든지 진리를 베풀어야 합니다. 진여와 더불어 모든 곳에 평등하고 두루하게 된다는 말이 이것입니다. 만약 수행자가 혼자 산 속에서 지극한 마음으로 수행을 한다면 그의 자비가 타인, 만물, 우주에 영향을 미치는가 여부에 따라 평가는 달라질 것입니다. 만약 제대로 공부를 한 사람이라면 산 속에 혼자 있어도 자비가 세상에 베풀어집니다. 전해지고 공유하게 됩니다. 진리는 항상 여기에 그대로 있습니다. 우리는 보는 것만큼 보입니다. 부처에게는 모든 것이 보이지만 우리에게는 자기 밖에 안 보입니다. 그래서 자기만을 위해 삽니다.

"대방편지로서 법신. 그러면서도 얻을 만한 작용의 모양도 없다. 왜 그런가? 말하자면 모든 부처와 여래는 오직 법신(法身)의 지상(智相)인 몸 뿐이며 제일의제(第一義諦)이기 때문이다. 그러므로 세간의 경계[世諦]가 없어서 베풀고 지음은 여의지만 다만 중생의 보고 들음[見聞]에 따라서 이익되게 하기 때문에 작용[用]이라 말하는 것이다." 만약 자비를 베풀어 상을 받으면 자취가 남겠지만 진리를 깨우친 자는 베풀면 베푼 것으로 끝납니다. 흔적이 남지 않습니다. 우리가 남기는 모든 흔적은 내 업과 결부되어 작용합니다. 그래서 내가 하는 모든 행위는 작용을 하면 그 댓가를 바랍니다. 이것이 중생심입니다. 하지만 부처는 행위를 하면 끝나기 때문에 작용의 모양, 흔적이 없습니다. 편형 다섯 개는 촉, 작의, 수, 상, 사입니다. 이것은 6식, 7식, 8식에 다 있습니다. 깨친 자는 이것만 작용합니다. 중생들은 업의 창고와 연결되어 작용됩니다. 그렇게 행위가 업에 축적되면 다음 생의 과보에 영향을 미치게 됩니다. 하지만 부처는 그 연결줄이 없습니다. 부처는 어떤 행위를 하건 대가와 과보를 바라지 않습니다. 행위를 하면 행위한 것이고 보았으면 봤을 뿐입니다.

부처는 끝없이 중생을 위해 이익되게 하는 것을 베풀기 때문에 작용이라 말하지만 베푼 것은 베푼 것으로 끝납니다. 베풂에 대한 댓가가 작용하지 않습니다. 중생은 제7식에 머물기 때문에 의식적이든 무의식적이든 행위에 대한 댓가가 따라오게 되어 있습니다. 부처는 행위만으로 끝납니다. 진리를 말하고 행하고 베풀 뿐입니다.

"추세식에 의한 응신과 보신을 설하다. 이 작용[用]에는 두 가지가 있으니 응신과 보신이다. 응신(應身)이란 분별사식에 의한 것으로 범부와 이승의 마음으로 보는 것이다. 이는 전식이 나타낸 줄 알지 못하기 때문에 밖에서 온 것이라 보고 색의 차별상[色分齊]을 취하여 능히 알지 못하는 까닭이다." 법신이 체라면 응신은 용입니다. 분별사식은 제7식을 가리킵니다. 이승이란 성문, 연각을 말합니다. 제7식의 마음으로 일으키는 모든 것이 응신입니다. 본질을 알지 못하기 때문에 내 저장창고의 업을 써서 모든 것을 차별되게 보는 것입니다. 대상이 바깥에 있다고 생각하기 때문에 전부 다른 것입니다. 이것은 깨닫지 못한 응신입니다. 제7식 분별사식에 의하여 우리가 대상을 보고 생기는 모양, 마음들을 응신이라 표현한 것입니다. 추세 가운데 추에 해당하는 것이 응신입니다.

"보신(報身)이란 업식에 의한 것으로, 모든 보살이 처음 발심함[初發意]으로부터 보살의 구경지에 이르기까지 마음으로 본 것을 말한다. 몸에는 한량없는 색(色)이 있고 색에는 한량없는 상(相)이 있고, 상에는 한량없는 호(好)가 있고, 머무는 곳에 의지하는 과보도 또한 한량없는 장엄이 있어서 곳에 따라 나타냄이 끝이 없고 다함이 없다. 차별상의 모양[色分齊]을 여의었지만 그 응하는 바에 따라서 항상 머물러 있어서 훼손되지도 않고 잃지도 않는다." 업식은 제8식입니다. 보신은 제8식의 영역에 속하며 초지보살에서 십지보살까지 모두 포함합니다. 보신은 본래 성품을 본 견성한 사람이 보고 일으키는 것을 가리킵니다.

몸에는 한량없는 색이 있고 색에는 한량없는 모양이 있고 모양에는 한량없는 호가 있습니다. 세상에 존재하고 인식하는 모든 것은 상, 형상으로 다 저장되어 있습니다. 그것을 쓸 때는 단위로 된 형상들을 끄집어내 쓰는 것입니다. 연속된 것이라면 끄집어내 쓸 수 없습니다. 전생 가운데 어느 생에 행위했던 것이 모양으로 축적되어 있습니다. 어떤 대상을 보더라도 좋고 싫음이 있습니다. 이것은 상에 한량없는 호가 있기 때문입니다. 그래서 좋고 싫음을 일으키는 것입니다.

'머무는 곳에 의지하는 과보도 또한 한량이 없다'는 말은 우리가 머물러서 행위하는 모든 것에 과보가 따른다는 것입니다. 좋아하면 좋아하는데 따른 과보가 따라오고 싫어하면 싫어하는데 따른 과보가 따라옵니다. 장엄은 나타내는 것입니다. 색으로 시작한 상이 끝도 없고 상에는 좋아하고 싫어하는 마음이 끝없이 있고 그 행위를 함으로써 과보가 끝이 없고 그 과보는 우리의 삶으로 나타나는(장엄) 것입니다.

'차별상의 모양을 여의었다'는 말은 견성을 했다는 말입니다. 차별상의 모양을 보아도 차별상에 집착하지 않는 단계입니다. 차별상에 의미를 두지 않는 것입니다. 호오를 일으켜도 일으키고 끝나는 것이지 저장창고로 연결되지 않는 것입니다. 만약 어떤 사람이 웃는다고 한다면 도인의 경우 웃으면 웃고 끝입니다. 하지만 중생들은 웃는 것을 보고 여러 가지 생각을 합니다. '응하는 바에 따라서 항상 머물러 있어서 훼손되지도 않고 잃지도 않는다'는 말은 그냥 그대로 있을 뿐임을 말한 것입니다. 머무름 없이 마음을 내는 것입니다.

응신은 제7식에 의해 보고 느낀 모든 마음입니다. 보신은 초지보살부터 십지보살까지의 존재들이 보고 느낀 모든 마음입니다. 응신은 깨닫지 못한 상태에서 일으킨 마음이고 보신은 깨달은 상태의 마음입니다.

"보신. 이러한 공덕은 모든 바라밀의 무루의 행의 훈습[行熏]과 부사의한 훈습[不思議熏]에 의하여 성취된 것이다. 이러한 한량없는 즐거운 모양[樂相]을 구족하였기 때문에 보신(報身)이라고 하는 것이다." 무루란 다음 생에 태어날 업이 되지 않는 것입니다. 부처가 하는 행위는 무루입니다. 육바라밀, 십바라밀을 행하는 것은 무루의 행을 훈습하는 것이고, 기적과 같은 불가사의한 훈습에 의해 보신이 성취됩니다. 우리는 제대로 공부해서 응신에 머물지 말고 보신을 이루고 법신에서 살 수 있도록 해야 합니다.

중생은 무명이고 무상이기 때문에 변하고 생멸합니다. 이러한 것이 고(苦)입니다. 고가 고인줄 알면 낙이 됩니다. 고가 고인줄 모르면 고가 됩니다. 파도타기를 예로 들어 보면 파도타는 법을 알고 잘 타면 극락이 펼쳐지지만 파도타는 법을 모르고 물에 빠져버리면 고입니다. 우리의 삶은 이런 두 가지면을 다 가지고 있습니다. 그래서 부처이며 중생이고 중생이며 부처인 것입니다. 내가 눈 감고 있으면 중생이지만 눈을 뜨면 부처입니다. 보신은 부처를 이룬 몸이기 때문에 끝없는 낙이 들어있습니다. 그래서 끝없이 즐거운 모양이 구족되어 있어 극락에서 살 수 밖에 없습니다.

"범부가 거친 형색의 응신을 보다. 또 범부가 보는 것은 거친 형색이다. 육도(六道)에 따라서 각각 보는 것이 같지 않아서 여러 가지의 다른 종류[異類]이다. 즐거운 모양[樂相]을 받는 것이 아니기 때문에 응신(應身)이라 한다." 응신은 거친[麤] 분별사식에 의한 것으로 깨닫지 못한 상태에서 일으키는 마음입니다. 6식, 7식에서 일으키는 것은 모두 거친 것이라고 이야기 합니다. 마음을 다잡고 공부를 하면 거친 것은 쉽게 사라지지만 미세한 것은 쉽게 사라지지 않습니다. 육도윤회는 다 각자 다른 모양입니다. 어떤 경우는 천상에 태어나거나, 인간이 되기도 하고 지옥에 태어나기도 하고 아귀로 태어나기도 합니다. 다 다르게 태어나기 때문에 보는 것도 다 다릅니다. 천상에서 보고 느끼는 것이 다르고 인간이 보고 느끼는 것이 다르고 축생이 보고 느끼는 것이 다르고 아귀가 보고 느끼는 것이 다릅니다. 즐거운 모양은 견성한 보신에서 받습니다. 범부나 중생은 깨닫지 못하기 때문에 괴로운 모양[苦相]을 봅니다. 이 응신은 화신이라고 말하기도 하는데 경전에 따라 설명의 차이가 있습니다.

"초발의 보살이 보신을 보다. 초발심의 의지를 가진 보살이 보는 것은 진여법을 깊이 믿기 때문이다. 부분적으로 보신을 보아서 보신의 색상(色相)과 장엄(莊嚴)의 일이 오는 것도 없고 가는 것도 없어 차별상[分齊]을 떠났으며 오직 마음을 의지하여 나타날 뿐 진여를 떠나지 않는 것을 안다. 그러나 보살은 아직 스스로를 분별하고 있으니, 아직 법신(法身)의 지위에 들어가지 못한 까닭이다." 깨닫지 못한 범부들은 응신 속에서 살지만 초발의 보살, 초지보살 이상은 보신 속에서 삽니다. 그렇다면 법신은 십지보살 위의 부처가 보는 것입니다.

"업식을 여의고 법신을 보다. 만약 청정한 마음[淨心]을 얻으면 보는 바가 미묘하고 그 작용은 더욱 수승하여 이에 보살지가 다함[菩薩地盡]에 이르러 구경을 보게 된다. 만약 업식을 여의면 보는 모양[見相]이 없어져 모든 부처의 법신은 피차의 색상(色相)을 서로 보는 일이 없게 된다." 법신은 완전하게 견성한 상태입니다. 청정한 마음은 물들기 전의 본래 마음입니다. '보살지가 다함'이란 십지보살 이상이 되어 구경각에 이른 것을 말합니다. 법신은 존재하는 그대로 있을 뿐입니다.

다른 경전에서는 응신, 보신, 법신을 어떻게 이야기하고 있는지 봅시다. 약간씩 다르게 설명하고 있습니다. 대승동성경에서는 예토의 성불을 화신이라 하고 정토의 성불을 보신이라고 합니다. 지금 우리가 사는 세계가 더럽고 물든 예토입니다. 깨달음의 세계는 청정한 정토입니다. 여기서는 견성한 상태, 부처가 된 상태부터 시작합니다. 금광명최승왕경에서는 32상과 80종호 등의 상을 응신이라 하고, 육도의 상을 따라 나타난 몸을 화신이라 합니다. 섭론에서는 '자성신은 법신이고 수용신, 자수용신은 보신이고 타수용신, 변화신은 응신이다.'라고 설명합니다.

지전(십지 이전)에서 보는 것을 변화신이라 하고, 지상(십지 이상)에서 보는 것을 수용신이라 합니다. 변화신이 화신이고 수용신이 보신입니다.

"지신(智身)과 진여의 자재함을 설하다. 만약 모든 부처의 법신이 색상을 여의었다면 어떻게 색상을 나타낼 수 있겠는가?"

이 법신은 색의 본체[體]이기 때문에 능히 색을 나타낼 수 있는 것이다. 이른바 본래부터 색(色)과 마음[心]은 둘이 아니다. 왜냐하면 색의 본성은 곧 지혜[智]인 까닭에 색의 본체가 형체가 없는 것을 지혜의 몸[智身]이라 하며, 지혜의 성품[智性]은 곧 색인 까닭에 법신이 모든 곳에 두루하다고 말하는 것이다. 나타낸 색이 차별상[分齊]이 없으니 중생의 마음을 따라 능히 시방세계에 한량없는 보살과 한량없는 보신과 한량없는 장엄에는 각각 차별이 있지만 모두 차별상[分齊]이 없어서 서로 방해되지 않는다. 이는 심식(心識)의 분별로는 알 수 없는 것으로 진여의 자재한 작용[用]의 뜻이기 때문이다."

진여는 자재합니다. 진공묘유입니다. 공에서 만물을 만들어 냅니다. 모든 것이 원만하게 갖추어져 있는데 없는 것 같이 보일 뿐입니다. 무색인 빛을 프리즘에 비추면 빨강, 주황, 노랑, 초록, 파랑, 남색, 보라색등이 나타나는 것과 같습니다. 본체가 모양을 만나 작용을 일으키면 한량없는 형상을 만들어 냅니다. 만들어진 낱낱 속에서는 진여가 들어있어 본체와 다를 바가 없습니다. 그러므로 색과 심은 둘이 아닙니다.

*머리 식히면서 한번 보기_윤회와 인과응보 제선스님

이번에는 제선스님의 이야기를 하겠습니다. 제선스님은 도봉산 천축사에서 무문관 6년 수행을 했습니다. 출가 전에 일본에서 유학을 했는데, 유학 시절 독립운동에 가담하기도 했습니다. 졸업 후 본가인 제주도로 돌아와서 결혼을 했고 슬하에 아들을 두었습니다. 그런데 아들이 초등학교에 입학하고 며칠 뒤에 놀다가 "아야"하고 쓰러졌는데 죽고 말았습니다. 아들을 잃은 충격에 제선스님은 식음을 전폐하다시피 했고 걱정된 스님의 어머니께서 돈을 주고 기분전환 겸 금강산에 다녀오라고 합니다. 제선스님은 금강산에 가지 않고 서울로 가서 내기 바둑으로 돈을 다 탕진해버렸고 막노동을 전전하다 묘향산에 갔습니다. 묘향산에 가니 토굴에 스님이 한 분 계셨습니다. 제선스님은 호기심에 그 스님에게 말을 걸었고 그렇게 토굴에서 며칠을 지내게 되었습니다. 좀 친해지니까 이런저런 이야기를 하는데 제선스님의 아들 이야기도 나오게 되었습니다. 제선스님이 스님에게 물었습니다.

"그런데 스님 그 아이가 왜 그렇게 죽어버린 것일까요?" 그러자 그 스님이 대답합니다. "그것을 알아보는 것은 간단하지. 7일만 잠 안자고 기도하면 금방 알 수 있어." 그 아이가 잊혀지지 않았던 제선스님은 바로 해보기로 했습니다. 그 날부터 기도를 시작했는데 첫날부터 잠이 쏟아지기 시작합니다. 그렇게 잠과 싸운지 42일째 되는 날, 드디어 잠 안자고 7일 동안 "관세음보살" 기도를 하게 되었습니다. 하지만 그렇게 해도 아이가 죽은 이유를 알 수 없었습니다. "속았구나! 부처도 관세음도 원래 없는 것이었구나." 화가 난 제선스님은 부처님의 목을 베겠다고 불단으로 가다가 탁자에 소매가 걸려 넘어집니다. 그 순간 눈 앞에 아이가 나타났습니다. 그 아이가 웃으면서 다가오더랍니다. 그런데 다가가면 다시 멀어집니다. 약이 오른 제선스님은 아이를 따라잡아 엉덩이를 발로 찼습니다. 그러자 "아야" 소리를 내며 뒤를 돌아보는데 아이가 개로 변했습니다. 그러자 일본 유학 시절에 만났던 개 한 마리가 떠올랐습니다.

제선스님이 일본 유학 시절 주인집에 개가 한 마리 있었습니다. 그 개가 제선스님을 잘 따랐습니다. 하루는 영화를 보러 갔는데 재선스님이 극장에서 나올 때까지 개가 기다리고 있었습니다. 하지만 그 개가 병이 들게 되었고 아무 것도 먹지 않자 집주인이 개가 제선스님을 잘 따르는 것을 알고, 제선스님에게 개를 버리고 오라고 부탁합니다. 제선스님은 개를 버리러 외딴 시골에 가게 되었고 가다가 날이 저물게 되었습니다. 그래서 어느 집에서 하루를 묵게 되었습니다. 그런데 여기서는 아무 것도 먹지 않던 개가 밥을 먹기 시작하더니 기운을 차리게 되었습니다. 원래 동물들이 병이 들면 자기 치유책으로 단식을 합니다. 그 개가 밥을 먹지 않았던 것은 병을 치유하기 위해서였던 것입니다. 아무튼 기운을 차린 개는 죽어라고 제선스님을 따라왔습니다. 개가 끈질기게 따라오자 스님은 개가 오줌 누는 사이에 자전거를 타고 도망쳤습니다. 그리고 며칠 후 개가 집까지 찾아오더니 제선스님을 원망의 섬뜩한 눈으로 쳐다보았습니다. 그리고 바로 죽어버렸습니다.

바로 그 개가 아들로 환생했던 것이었습니다. 아들이 요절한 것이 그 개를 버린 과보였음을 깨닫습니다. 제선스님은 이런 인과응보를 직접 체험했던 것이었습니다. 인과응보는 정확하고 정직합니다. 원인을 알고 당하는 것도 있지만 원인도 모르고 당하는 것도 있습니다. 하지만 이 모든 것은 인과의 법칙을 따르고 있습니다. 만약 어떤 사람이 공포심, 불안함이 많다면 이 사람은 업보가 많은 사람입니다. 전생에 나쁜 짓을 한 것입니다.

어디를 가도 누군가, 무엇인가 자기를 해칠까 두려워하는 것입니다. 업보가 없는 사람은 어디를 가도 당당합니다. 무엇을 해도 수월합니다. 그래서 우리는 마음을 잘 써야 하고 부처님의 계율을 잘 지켜야 합니다.

제19강

(3-1-1-4) 생멸문에서 진여문으로 들어가다

[진제56] 또한 생멸문(生滅門)으로부터 곧 진여문(眞如門)에 들어가는 것을 나타낸다.

이른바 오음(五陰)은 물질(色)과 마음(心)이다.

육진경계(六塵境界)가 결국에는 무념이고 마음에는 형상이 없어서 시방으로 찾아보아도 끝내 얻을 수가 없다.

마치 어떤 사람이 미혹하여 동쪽을 서쪽이라고 하지만 방향 자체는 실제로 바뀌지 않는다.

중생도 그러하여 무명으로 혼미하기 때문에 마음을 망념(念)이라 하지만, 마음은 실로 움직이지 않는 것이다.

만약 관찰하여 마음에 망념(念)이 없는 것을 알면 곧 수순하게 되어 진여문에 들어가기 때문이다.

復次 , 顯示從生滅門即入眞如門。所謂推求五陰色之與心 , 六塵境界畢竟無念 , 以心無形相 , 十方求之終不可得。如人迷故謂東爲西 , 方實不轉。衆生亦爾 , 無明迷故謂心爲念 , 心實不動。若能觀察知心無念 , 即得隨順入眞如門故。

(3-2) 삿된 집착을 대치하다

(3-2-1) 대치사집 대의를 총히 표하다

[진제57] 삿된 집착[邪執]을 대치한다는 것은 일체의 삿된 집착이 모두 아견(我見)에 의지하는 것이니, 만약 나(我)를 여의면 곧

삿된 집착이 없는 것이다.

對治邪執者 , 一切邪執皆依我見 , 若離於我則無邪執。

(3-2-2) 대치사집을 별도로 해석하다

[진제58] 아견(我見)에 두 가지가 있다.

첫째는 인아견(人我見)이며, 둘째는 법아견(法我見)이다.

是我見有二種。云何為二？一者、人我見 , 二者、法我見。

(3-2-2-1) 인아견을 대치하다

[진제59] 인아견(人我見)이란 모든 범부에 의하여 말해지는 것으로 다섯 가지가 있다.

人我見者 , 依諸凡夫說有五種。云何為五？

(3-2-2-1-1) 법신이 허공과 같다함을 대치하다

첫째는 경(經)에서 '여래 법신이 마침내 적막하여 허공과 같다.'라는 말을 듣고도 이것이 집착을 깨뜨리기 위한 것인 줄 모르기 때문에 곧 허공이 여래의 성품(如來性)이라고 여기는 것이니, 이를 어떻게 대치하는가?

허공상(虛空相)은 허망한 법(妄法)이다. 본체가 없어서 여실하지 못하지만, 색을 상대하기 때문에 볼만한 상이 있어서 마음으로 하여금 생멸케 하는 것이다.

그런데 모든 색법(色法)이 본래 마음이며 실제로 바깥의 색이 없는 것이니, 바깥의 색이 없다면 허공의 모양도 없는 것이다.

소위 일체의 경계는 오직 마음에서 망령되이 일어나기 때문에 있는 것이다. 만약 마음이 망령되이 움직이는 것을 여의면 일체의 경계가 멸하고, 오직 하나의 진심(眞心)으로서 두루하지 않은 것이 없게 된다. 이것은 여래의 광대한 성품의 지혜(性智)의 완전한 뜻을 말한 것으로 허공의 모양과 같지 않는 까닭이다.

一者、聞修多羅說如來法身畢竟寂寞猶如虛空，以不知為破著故，即謂虛空是如來性。云何對治？明虛空相是其妄法、體無不實，以對色故有，是可見相令心生滅。以一切色法本來是心，實無外色。若無色者，則無虛空之相。所謂一切境界唯心妄起故有，若心離於妄動則一切境界滅，唯一真心無所不遍。此謂如來廣大性智究竟之義，非如虛空相故。

(3-2-2-1-2) 세, 출세법이 공하다함을 대치하다

두 번째는 경(脩多羅)에서 '세간의 모든 법이 마침내 자체(體)가 공(空)하며, 열반진여의 법도 공하여 본래부터 스스로 공하여 일체의 상(相)을 여의었다'고 하는 말을 듣고서 집착을 깨뜨리기 위한 것인 줄 모르기 때문에 곧 진여열반의 본성이 오직 공하다고 하는 것이니, 어떻게 대치하는가?

설명하면 진여법신은 자체가 공하지 아니하여 한량없는 공덕의 성품(性功德)을 구족하고 있음을 밝힌 것이다.

二者、聞修多羅說世間諸法畢竟體空，乃至涅槃真如之法亦畢竟空，從本已來自空離一切相。以不知為破著故，即謂真如、涅槃之性唯是其空。云何對治？明真如法身自體不空，具足無量性功德故。

(3-2-2-1-3) 여래장에 염법차별이 있다함을 대치하다

세 번째는 경에서 '여래장은 더하거나 줄어듦이 없어서 체가 일체 공덕의 법을 갖추었다'고 하는 말을 듣고서 이해하지 못하기 때문에 곧 여래장은 색법과 심법의 자상(自相)과 차별이 있다고 여기니, 어떻게 대치하는가?

오직 진여의 뜻에 의지하여 설한 까닭이며 생멸에 오염[生滅染]
되는 뜻에 의하여 나타남에 차별을 설한 까닭이다.

三者、聞修多羅說如來之藏無有增減, 體備一切功德之法。以
不解故, 即謂如來之藏有色心法自相差別。云何對治? 以唯依
眞如義說故, 因生滅染義示現說差別故。

(3-2-2-1-4) 여래장에 생사법이 있다함을 대치하다

네 번째는 경에서 '일체 세간의 생사의 염법이 모두 여래장에 의
지하기에 일체의 모든 법이 진여를 여의지 않는다'는 말을 듣고
이해하지 못하기 때문에 여래장 자체에 일체 세간의 생사의 법
이 갖추어져 있다고 여기니, 어떻게 대치하는가?

여래장은 본래부터 항하의 모래보다 많은 청정한 공덕(淨功德)
이 있어서 진여의 뜻을 여의지도 않고 끊지도 않아 그와 다르지
않기 때문이며,

항하의 모래보다 많은 번뇌의 염법이 오직 망령되이 있는 것이
며, 그 자성은 본래부터 없는 것이니, 무시(無始)로부터 일찍이
여래장과 상응한 적이 없기 때문이다.

만약 여래장의 자체(體)에 허망한 법[妄法]이 있다면 증득하여
알아서[證會] 영원히 허망을 없앤다는 것은 있을 수가 없는 까
닭이다.

四者、聞修多羅說一切世間生死染法皆依如來藏而有, 一切諸
法不離眞如。以不解故, 謂如來藏自體具有一切世間生死等
法。云何對治? 以如來藏從本已來唯有過恒沙等諸淨功德, 不
離、不斷、不異眞如義故。以過恒沙等煩惱染法, 唯是妄有,
性自本無, 從無始世來未曾與如來藏相應故。若如來藏體有妄

法，而使證會永息妄者，則無是處故。

(3-2-2-1-5) 중생유시, 열반유종이라함을 대치하다

다섯 번째는 경에서 '여래장에 의지하기 때문에 생사가 있으며, 여래장에 의지하기 때문에 열반을 얻는다'고 하는 말을 이해하지 못하기 때문에 중생은 처음이 있다고 하고, 처음을 보기 때문에 또한 여래가 얻은 열반의 마침이 있어서 다시 중생이 된다고 하니, 어떻게 대치하는가?

여래장은 전제(前際: 시초)가 없기 때문에 무명의 모양(相)도 시작도 없다. 만약 삼계(三界) 밖에 다시 중생이 처음 일어남이 있다고 한다면 이것은 외도경전(外道經)의 설이다.

또 여래장은 후제(後際: 마지막)가 없으니 모든 부처가 얻은 열반이 그것과 상응하기 때문에 후제가 없다.

五者、聞修多羅說依如來藏故有生死，依如來藏故得涅槃。以不解故，謂眾生有始。以見始故，復謂如來所得涅槃，有其終盡，還作眾生。云何對治？以如來藏無前際故，無明之相亦無有始。若說三界外更有眾生始起者，即是外道經說。又如來藏無有後際，諸佛所得涅槃與之相應則無後際故。

오늘부터 생사문에서 진여문으로 갑니다. "생멸문에서 진여
문으로 들어가다. 이른바 오음(五陰)은 물질[色]과 마음[心]이다.
육진경계(六塵境界)가 결국에는 무념이고 마음에는 형상이 없어
서 시방으로 찾아보아도 끝내 얻을 수가 없다. 마치 어떤 사람이
미혹하여 동쪽을 서쪽이라고 하지만 방향 자체는 실제로 바뀌
지 않는다." 오음은 오온으로 물질[色] 다음에 나오는 마음[心]은
수, 상, 행, 식으로 나누어집니다. 색과 심의 네 가지 요소들은
몸과 마음을 이루고 있는 오온입니다. 여기서 육진은 육경입니
다. 육진경계는 존재하는 모든 대상의 경계를 말합니다. 육진경
계는 무념에서 보면 아무 것도 없는 상태이지만 우리 눈으로 보
면 모든 것이 있습니다. 아무리 북쪽을 남쪽이라 우겨도 남쪽이
되지 않습니다. 우긴다고 달라지지 않습니다. 세상의 진리나 존
재의 기본적인 원리는 누가 우겨도 달라지지 않습니다. 권위가
높은 사람이 우겨도 달라지지 않습니다. 무념의 상태에서 보면
아무 것도 없는 것이 진리입니다. 하지만 우리는 없는 것을 있다
고 우기며 집착을 하는데, 진리는 달라지지 않습니다.

오음, 오온에 대해 자세히 살펴봅시다. 오음, 오온은 물질[
色]과 마음[心]으로 이루어져 있습니다. 색(色)은 rupa(루파)로
물질입니다. 제8아뢰야식으로 볼 때 아집이 됩니다. 수(受)는
vedana(베다나)로 접촉의 결과로 발생되는 느낌입니다. 희노
애락 등의 감정입니다. 접촉이란 나의 감각기관이 대상과 부딪

히는 것입니다. 이를 통해 느낌이 발생합니다. 상은 samjna(상즌냐)로 합쳐서 판단한다는 의미입니다. 하나로 판단하는 것입니다. 느낌을 받으면 형상이 생깁니다. 그 형상을 업 속에 저장을 합니다. 이 업 속에 빠지면 헤어나오기 힘듭니다. 행은 samskara(상스카라)로 상은 '하나로'란 뜻이고 스카라는 '만들다'는 뜻입니다. 행은 구체적으로 행동을 옮기는 것입니다. 하나로 만들다는 말은 하나의 행위로 만들어져 나온다는 것입니다. 내 속의 업과 감각과 접촉한 것이랑 결합해서 분별된 행동으로 나오는 것입니다. 식은 vijnana(뷔즌야나)로 뷔는 '다르게'라는 뜻이고 즌야는 '알다'라는 뜻입니다. 식에서 전부 다르게 압니다. 있는 것을 있는 그대로 알지 못합니다. 중생들은 갖고 있는 업과 결부되어 다르게 압니다.

　육진은 대상으로 무엇이 인식되는가와 연결되어 있습니다. 눈은 색, 형상을 인식하여 안식이 되고 귀는 성, 소리를 인식하여 이식이 되고 코는 향, 냄새를 인식하여 비식이 되고 혀는 미, 맛을 인식하여 설식이 되고 몸은 촉, 감촉을 인식하여 신식이 되고 뜻, 의지는 법, 생각을 인식하여 의식이 됩니다. 여기서 육진이란 색, 성, 향, 미, 촉, 법입니다. 대상입니다. 형상에 대한 대상, 소리에 대한 대상, 냄새에 대한 대상, 맛에 대한 대상, 감촉에 대한 대상, 생각에 대한 대상입니다. 이것이 부딪힘으로써 느낌을 받고 생각을 하게 되고 분별을 하게 됩니다. 이런 작용에 의해 어떤 법칙이 만들어집니다. 나와 대상과 나와 대상이 부딪혀 만들어내는 식으로 바로 연기의 법칙이 만들어집니다. 부처님께서 깨치신 것은 존재하는 모든 것은 연기의 법칙에 따라 존재한다는 것이었습니다.

"염과 무념. 중생도 그러하여 무명으로 혼미하기 때문에 마음을 망념[念]이라 하지만, 마음은 실로 움직이지 않는 것이다. 만약 관찰하여 마음에 망념이 없는 것[無念]을 알면 곧 수순하게 되어 진여문에 들어가기 때문이다." 어떤 일에 부딪치면 생각이 일어납니다. 중생이 일으키는 생각들은 전부 망념입니다. 이것은 파도와 같아 파도 밑의 물은 잠잠한데 겉의 파도는 끊임없이 일어나 철썩거립니다. 그래서 '마음은 실로 움직이지 않는다'고 말한 것입니다. 파도만 보기 때문에 망념 속에 있는 것 같지만 그 뿌리는 열반적정, 진여 속에 있습니다. 끊임없이 일으키는 염(念)에 대해 바른 생각을 일으키는 정념(正念)이란 말이 있습니다. 사실 정념보다 더 좋은 것이 무념(無念)입니다. 진리에 들어가면 무념이 됩니다. 진여의 문에 들어가는 문지기는 무념이 되는 셈입니다. 무념을 통과하면 진여문에서 살게 되고 무념을 통과하지 못하면 생사문에서 살게 됩니다. 이왕 살 것 무념을 통과하여 진여문에 사는 것이 나을 것입니다. 반야심경 첫 구절이 바로 그것입니다. '행심반야바라밀다시' '깊은 반야를 행할 때', '무념에서 삶을 살 때'라는 뜻입니다. 이것이 우리의 목적인 무념으로 살자는 것입니다.

이 무념의 예로 1910년에 태어나신 해산 스님은 표충사에서 오래 기거하셨던 스님입니다. 스님은 24세였던 1934년 표충사 뒤의 진불암에서 참선하고 있었습니다. 혼자서 수행하다보니 밥을 직접 지어서 먹어야 했습니다. 어느 날 아침에 밥을 먹고 참선을 했는데 선정에 들었습니다. 시간이 얼마나 지났는지 모르겠지만 머리에 물 같은 것이 떨어지자 깼습니다. 보니 눈이 내려 소복이 쌓여있었습니다. 본인은 눈이 온 것도 모르고 며칠 동안 선정에 들어 있었던 것입니다. 그래서 밥을 먹어야겠다고 생각하며 부엌에 가보니 밥이 상해서 먹지도 못할 상태였습니다.

마하리쉬도 무념에 빠진 사람입니다. 마하리쉬는 17세였던 1896년 학교를 마치고 집에 가서 가방을 놓고 혼자서 아루나찰라산으로 갑니다. 그 때 무념의 상태에 들고 평생 그 산을 벗어나지 않았습니다. 그가 무념에 빠졌던 상황을 자세히 묘사된 부분 입니다. "그의 참된 성품은 무형의 내재적인 의식이라는 자각 속으로 몰입해 갔다. 몰입이 너무나 강렬해 그는 자신의 몸뚱이와 바깥 세상을 완전히 잊어버렸다. 앉아 있는 두 다리는 곤충들이 갉아 먹었고 3년이 지나서야 서서히 깨어났다..."

염관 선사의 제자 휘일 스님도 무념에 빠진 이야기가 있습니다. 휘일 스님은 염관 선사의 명성을 듣고 출가를 했습니다. 하지만 수행은 커녕 염관 선사 뒷바라지를 한다고 제대로 공부를 못했습니다. 그런데 어느 날 그의 앞에 저승사자가 나타났습니다. 저승사자가 가자고 하자 휘일 스님은 자신은 출가한 뒤로 한 번도 공부를 못했으니 못 가겠다고 말합니다. 그리고 휘일 스님은 말합니다. "내가 스승님께 들으니 7일만 열심히 공부하면 견성한다고 했으니 7일의 시간을 주시게." 저승사자가 염라대왕에게 가서 사정을 이야기하니 7일이 연기가 됩니다. 휘일은 그 순간부터 무념의 상태에 들어갑니다. 7일 후 저승사자가 와서 휘일을 아무리 찾아도 보이지 않았습니다. 결국 저승사자는 휘일을 찾지 못해서 못 데려갑니다. 무념상태가 되면 육신이 있어도 안 보이는 것이었습니다. 귀신에게도 드러나지 않습니다. 우리 눈에는 무념에 들어도 육신이 있으니 모습이 보이는 것이며, 귀신은 마음을 보는데 마음이 무념에 들었으니 안보이는 것입니다.

"삿된 집착[邪執]을 대치하다. 삿된 집착을 대치한다는 것은 일체의 삿된 집착이 모두 아견(我見)에 의지하는 것이니, 만약 나(我)를 여의면 곧 삿된 집착이 없는 것이다. 아견(我見)에 두 가지가 있다. 첫째는 인아견(人我見)이며, 둘째는 법아견(法我見)이다. 이것은 아집과 법집이다." 잘못된 집착을 없애라는 말입니다. 진여의 세계로 들어가려면 삿된 집착을 여의어야 합니다. 아견(我見)이란 내가 있다는 생각입니다. 중생은 평생 아견 속에서 이기적으로 삽니다. 아견이란 지금 생각하고 있는 이 모습입니다. 내 삶이 어떤지 내가 어떻게 생각하고 있는지 곱씹어 보면 무언가 보이기 시작할 것입니다. 이것은 형체가 없어서 안 보이는 것이 아니라 생각 자체를 안하기 때문에 보이지 않는 것입니다. 인아견의 인은 '나'를 가리킵니다. 그래서 '내가 있다'고 생각하는 것입니다. 법아견의 법은 '대상'을 가리킵니다. '세상에 있는 모든 것이 있다'고 생각하는 것입니다. 내가 있다고 생각하는 것이 아집이고 대상이 있다고 생각하는 것이 법집입니다. 이것이 모두 아견으로부터 출발하는 것입니다. 이것을 알면 무념으로 가는 돌파구를 찾은 셈입니다.

아견이란 말라식이고 이것은 아치, 아집, 아만, 아애로 나눌 수 있습니다. 6근 가운데 안이비설신을 전5식이라 하는데 대상을 받아들이는 창구입니다. 의식이 생기는데 이것은 6식, 7식, 8식으로 나누어집니다. 6식은 현재 의식이고 7식은 무의식, 잠재의식입니다. 말라식은 제7식으로 중생이 평생 쓰는 것입니다. 이 7식의 근원에는 아치, 아집, 아만, 아애가 있습니다. 생명은 암수의 교접에 의해 생기는 순간 원래 무아인데 내가 있다고 생각해버립니다. 이것이 아치입니다. 그래서 아집이 생기고 자기가 잘났다고 생각해서 아만이 생깁니다. 그리고 자기 밖에 모르고 자기만 사랑하는 아애가 생깁니다. 자신은 그렇지 않다고 생각하지 말고 이것을 벗어나는가를 잘 생각해 보시기 바랍니다. 삶 속의 중독이란 전생의 업입니다. 업을 깨끗하게 하는 것이 삶을 바르게 하는 길입니다.

"인아견을 대치하다. 법신이 허공과 같다는 말은 허공을 여래성이라고 여긴다는 말이다. 세간법과 출세간법이 공하다는 말은 열반과 진여의 법도 공하다고 여긴다는 말이다. 하지만 법신의 무량한 공덕성을 밝힌다. 여래장에 염법차별이 있다는 말은 색법과 심법의 자상과 차별이 있다는 말이다. 하지만 생멸염에 의하여 나타냄을 차별이라 한다. 여래장에 생사법이 있다는 말은 여래장 자체에 일체 세간의 생사 등의 법을 갖추고 있다는 말이다. 하지만 그 자성은 본래부터 없는 것이다. 열반유종, 열반이 있다는 말은 여래가 얻은 열반이 있다는 말이다. 하지만 여래장은 시작과 마지막이 없다." 내가 있다는 생각에서 잘못 일어나는 생각이 이 다섯 가지입니다. 열반이 있다는 생각, 여래장에는 생사법이 있다는 생각, 여래장에는 염법차별이 있다는 생각, 세간법과 출세간법이 공하다는 생각, 법신이 허공과 같다는 생각입니다. 허공을 여래성이라고 여긴다는 것은 허공을 본래 성품이라고 착각하는 것입니다. 열반과 진여의 법도 공하다고 여긴다는 것은 잘못된 것입니다. 법신에는 무량한 공덕과 복덕이 있습니다. 잘못 생각하면 법신을 공하다고 착각합니다. 그리고 여래장은 색법과 심법의 자상과 차별이 있다고 착각하는데 원래 차별이 있는 것이 아닙니다. 생사문에 있는 모든 것 때문에 차별이 나타나는 것입니다. 원래 여래장에는 차별이 없습니다. 여래장 자체에 일체 세간의 생사 등의 법을 갖추고 있다고 착각하는데 그 자성은 본래부터 없는 것입니다. 하지만 우리는 나고 죽는 것 등의 일체 세간의 모든 것을 여래장이 갖추고 있는 것이라고 착각합니다. 이것은 생사법에 의해 이런 것들이 생길 뿐입니다. 우리는 여래가 얻은 열반이 있다고 착각합니다. 그렇게 되면 열반의 시작과 끝도 있게 됩니다. 하지만 여래장은 본래 시작과 끝이 없습니다. 이것들이 아견에서 일으키는 잘못된 생각들입니다.

"법신이 허공과 같다함을 대치하다. 경(經)에서 '여래 법신이 마침내 적막하여 허공과 같다.'라는 말을 듣고도 이것이 집착을 깨트리기 위한 것인 줄 모르기 때문에 곧 허공이 여래의 성품[如來性]이라고 여기는 것이다. 이를 어떻게 대치하는가?" 우리는 있다고 생각하고 유지하려고 하기 때문에 집착합니다. 집착을 깨트리기 위해 허공과 같다고 말한 것이지 진짜 그런 것인 줄 착각하지 말라는 것입니다. 이것을 어떻게 해결할 수 있을까요?

"바깥의 색이 없는 것이니. 허공상(虛空相)은 허망한 법[妄法] 이다. 본체가 없어서 여실하지 못하지만, 색을 상대하기 때문에 볼만한 상이 있어서 마음으로 하여금 생멸케 하는 것이다. 그런 데 모든 색법(色法)이 본래 마음이며 실제로 바깥의 색이 없는 것이니, 바깥의 색이 없다면 허공의 모양도 없는 것이다." 나의 마음이 색을 상대하기 때문에 볼 수 있는 상이 있어, 세상에 존 재하는 모든 것은 생멸을 되풀이하는 것처럼 보입니다. 원래 바 깥에는 색이 없는데 내 마음에서 색이 있다고 생각하는 것입니 다. 그런데 여기서는 바깥의 색이 없다면 허공이라는 모양 자체 도 없는 것을 말하고 있습니다. 허공도 깨트려야 하는 것입니 다. 색법은 본래 있는 것이 아니라 내 마음에서 일으키는 것으 로 바깥에 있는 모양들과 형상들은 없는 것입니다. 이 없다는 것 은 허공이 아닌 것입니다. 허공은 단지 우리 마음속의 집착을 깨 트리기 위한 말일 뿐입니다. 잘못하면 이 허공에 빠져버립니다.

"경계는 마음에서 일어난다. 소위 일체의 경계는 오직 마음 에서 망령되이 일어나기 때문에 있는 것이다. 만약 마음이 망령 되이 움직이는 것을 여의면 일체의 경계가 멸하고, 오직 하나의 진심(眞心)으로서 두루하지 않은 것이 없게 된다. 이것은 여래의 광대한 성품의 지혜[性智]의 완전한 뜻을 말한 것으로 허공의 모 양과 같지 않은 까닭이다." 어떤 사물을 보고 생각을 일으킨다 고 할 때 이것도 마음에서 망령되이 일으키는 것입니다. 중생이 일으키는 경계는 업과 결부되어 일어납니다. 이것을 여의지 못 하기 때문에 우리는 중생입니다. 이것을 여의면 부처가 됩니다. 우리는 항상 모든 경계가 있다고 봅니다. 하지만 마음의 망령된 움직임을 여의면 경계가 멸하고 진여, 일심만 있을 뿐입니다. 이것은 여래성(如來性)으로 허공과 다른 것입니다. 일반적으로 경전에서 여래법신이 허공이라고 한 것은 형상에 집착하지 않게 하기 위해서입니다. 하지만 제대로 본 뜻을 이해하지 못하면 허공이라는 형상에 집착하게 됩니다. 여래법신은 허공이 아니라 일심입니다. 이것을 허공과 구별하여 생각할 줄 알아야 합니다. 일심은 있는 그대로의 모든 것입니다. 모든 것을 그대로 포섭합니다. 아무것도 없는 허공이라고 하는 상태와는 다릅니다.

"세간법과 출세간법이 공하다함을 대치하다. 경(脩多羅)에서 '세간의 모든 법이 마침내 자체(體)가 공(空)하며, 열반진여의 법도 공하여 본래부터 스스로 공하여 일체의 상(相)을 여의었다'고 하는 말을 듣고서 집착을 깨트리기 위한 것인 줄 모르기 때문에 진여열반의 본성이 오직 공하다고 하는 것이다." 여기서 세간의 모든 법이란 생멸법을 말합니다. 진여열반의 법도 공하다고 하는데 이것은 집착을 깨트리기 위해 말한 것입니다. 하지만 진여열반의 본성은 진공묘유(眞空妙有)입니다. 진공에서 끝나는 것이 아니라 끝없는 공덕을 갖추고 있습니다.

설명하면 다음과 같습니다. "(공덕의 성품을 구족) 어떻게 대치하는가? '진여법신은 자체가 공하지 아니하며 한량없는 공덕의 성품[性功德]을 구족하고 있음을 밝힌 것이다.'" 바로 묘유가 진정한 의미라는 것입니다. 단순히 공이다, 허공이다고 하는 것은 중생의 집착을 깨트리기 위해서 한 말입니다. 본질은 그렇지 않다는 것입니다.

"여래장에 염법차별이 있다함을 대치하다. 경에서 '여래장은 더하거나 줄어듦이 없어서 체가 일체 공덕의 법을 갖추었다'고 하는 말을 듣고서 이해하지 못하기 때문에 곧 여래장은 색법과 심법의 자상(自相)과 차별이 있다고 여긴다. 이를 어떻게 대처하는가? '오직 진여의 뜻에 의지하여 설한 까닭이며 생멸에 오염[生滅染]되는 뜻에 의하여 나타남에 차별을 설한 까닭이다.'" 우리는 각각 갖고 있는 모양들이 다릅니다. 중생들은 색법의 형상과 심법의 마음에 차별이 있다고 생각합니다. 하지만 여기서 '정말 차별이 있겠는가'하고 묻습니다. 모두 다른 모양을 갖고 있는 것은 생멸에 오염되어 있기 때문입니다. 본질, 진여는 차별이 없습니다. 원래 진여는 일심으로 하나입니다. 우리는 차별된 모습을 가지고 있는데 원래 이것은 생멸에 오염된 모양을 보기 때문입니다. 원래 본질의 모양은 하나입니다.

"여래장에 생사법이 있다함을 대치하다. 경에서 '일체 세간의 생사의 염법이 모두 여래장에 의지하기에 일체의 모든 법이 진여를 여의지 않는다'는 말을 듣고 이해하지 못하기 때문에 여래장 자체에 일체 세간의 생사의 법이 갖추어져 있다고 여긴다. 어떻게 대치하는가? 여래장과 상응한 적이 없다. 여래장은 본래부터 갠지스 강의 모래보다 많은 청정한 공덕[淨功德]이 있어서 진여의 뜻을 여의지도 않고 끊지도 않아 그와 다르지 않기 때문이며, 갠지스 강의 모래보다 많은 번뇌의 염법이 오직 망령되이 있는 것이며, 그 자성은 본래부터 없는 것이니, 무시(無始)로부터 일찍이 여래장과 상응한 적이 없기 때문이다." 여래장에 일체 세간의 생사법이 갖추어져 있는 것이 아닙니다. 여래장은 오염된 것과 상응하지 않습니다. 번뇌의 염법에 의해 나타나는 수 많은 다른 모습은 자성이 없습니다. 이것은 오염된 모습이 나타 난 것일 뿐 진여가 아닙니다. 오염된 것은 업에 의해 나타난 것 일 뿐이지 여래장, 진여는 그렇지 않습니다. 물들어 있는 것은 차별이 있지만 여래장은 이런 것들과 상응하지 않기 때문에 오 해하지 말라는 것입니다. 진여 자체가 물드는 것이 아니라 염법 에 의해 오염된 것을 보는 것입니다.

"여래장에는 허망한 법이 없다. 만약 여래장의 자체[體]에 허 망한 법[妄法]이 있다면 증득하여 알아서[證會] 영원히 허망을 없앤다는 것은 있을 수가 없는 까닭이다." 만약 여래장에 허망 한 법이 있다면 없애야 하는데 그런 것이 없음을 말한 것입니다. 원래 청정한 그대로 있을 뿐입니다.

"중생유시, 열반유종이라함을 대치하다. 다섯째는 경에서 ' 여래장에 의지하기 때문에 생사가 있으며, 여래장에 의지하기 때문에 열반을 얻는다'고 하는 말을 이해하지 못하기 때문에 중 생은 처음이 있다고 하고, 처음을 보기 때문에 또한 여래가 얻 은 열반의 끝이 있어서 다시 중생이 된다고 하니, 어떻게 대치 하는가? 여래장은 전제(前際: 시초)가 없기 때문에 무명의 모양(相)도 시작도 없다. 만약 삼계(三界) 밖에 다시 중생이 처음 일어 남이 있다고 한다면 이것은 외도경전(外道經)의 설이다. 또 여래 장은 후제(後際: 마지막)가 없으니 모든 부처가 얻은 열반이 그 것과 상응하기 때문에 후제가 없다." 원래 부처는 여여할 뿐입 니다. 나무를 알고 있으면 꽃도 보아도 나무를 보고, 잎을 보아도 나무을 보고, 줄기를 보아도 나무를 보고, 뿌리도 나무를 봅니다. 나무가 어떤 것인지 모르는 꽃과 잎과 줄기와 뿌리는 각각 별개입니다. 부처를 보면 처음도 끝도 알기 때문에 시작과 끝이 없는 것과 같습니다. 윈도우 스핑으로 파도를 타면 파고가 아무리 거세도 파도가 없는 것과 같습니다. 중생일 때는 시작과 끝이 있고 윤회하지만 열반을 증득하면 여여하며, 적정일 뿐입니다.

*머리 식히면서 한번 보기

업의 작용은 어떻게 일어날까요? 파세나디 왕은 부처님 당시 코살라 국의 왕이었습니다. 파세나디 왕은 부처님의 후원자 였습니다. 그는 왕으로서의 권력과 쾌락을 즐겼습니다. 이것은 과거에 보시와 지계 그리고 다른 공덕을 닦은 결과였습니다. 그는 과거에 지은 공덕으로 부처님을 만났습니다. 그리고 부처님의 후원자가 됩니다. 하지만 지혜를 닦는 통찰명상을 하지 않았으므로 지혜가 충분하지 않아서 확실하게 법을 볼 수가 없었습니다. 그래서 그는 도과의 지혜를 얻지 못했습니다. 비록 경전에는 부처님과 법에 관하여 토론하는 장면이 많이 나오지만 그것은 단지 개념적 수준에 불과한 피상적인 토론이었을 뿐입니다.

통찰명상은 왜 그런 일이 일어났는가를 생각하는 것으로 정념 정정입니다. 파세나디 왕은 부처님 옆에서 많은 후원을 했음에도 불구하고 지혜를 닦지 않았기 때문에 어떤 도과도 얻지 못했습니다.

아자타삿뚜 왕은 예류자[수다원]로 부처님과 승가에 아주 큰 후원자였던 빔비사라 왕의 아들이었습니다. 그는 왕이 되기 위하여 아버지를 죽였습니다. 그가 어느 날 밤에 부처님을 찾아왔습니다. 부처님께서는 수행과경이라는 위대한 가르침을 설하였습니다. 왕은 그의 아버지처럼 예류를 얻기 위해 필요한 바른 조건을 모두 갖추고 있었습니다. 하지만 이번 생에서 공덕을 닦지 않았기 때문에 아버지를 죽였습니다. 아버지를 죽이는 것은 피할 수 없는 무거운 업 가운데 하나입니다. 그 과보로 내생에 지옥에 태어나는 것을 피할 수 없었습니다. 그래서 아자타삿뚜 왕은 도과를 성취할 수 없었고 범부로서 생을 마쳤습니다.

그리고 사띠 비구의 이야기가 있습니다. 사띠 비구는 어부의 아들로 태어났습니다. 그는 과거에 지은 공덕 덕분에 부처님을 만났습니다. 그리고 부처님에 대한 믿음 때문에 비구로서 계를 받고 계, 정, 혜 삼학을 닦았습니다. 하지만 부처님께서 과거 생에 대하여 비구들에게 설하실 때 사띠 비구는 잘 이해할 수 없었습니다. 그는 생각하기를 한 생이 끝나면 다음 생으로 마음이 이동하는 것이라고 생각했습니다. 즉 과거의 해롭고 유익한 업의 과보를 경험한 어떤 마음이 생에서 생으로 이동하는 것이라고 생각했습니다. 그는 지혜를 충분하게 닦지 않았기 때문에 법을 이해할 수 없었습니다. 현명한 비구들이 자기 주변에 많이 있고 부처님께서 직접 가르침을 주신다고 해도 사띠 비구는 12연기를 이해할 수 없었습니다.

마하다나 영주의 아들에 대한 이야기도 봅시다. 그는 바라나시의 아주 부유한 집안에서 태어나 아주 부유한 집안의 처녀와 결혼했습니다. 하지만 그는 계를 지키지 않고 전 재산을 마시고 치장하고 향수와 노래, 음악과 춤에 탕진하여 거지가 되었습니다. 그 때 부처님께서 세상에 나오셨는데 그와 그의 부인은 이미 늙은 몸이었습니다. 그들은 늙은 나이로 이시빠타나 수도원에 음식을 구걸하러 갔다가 불교를 접했습니다. 어느 날 부처님께서 그들을 보시고 아난 존자에게 만약 그가 젊었을 때 사업을 열심히 했다면 지금은 바라나시의 재정관이 되었을 것이고, 젊었을 때 수행을 했다면 지금은 아라한 과를 얻었을 것이며 그의 부인은 불환자[아나함]가 되었을 것이라고 했습니다.

밀린다왕문경에서도 밀린다 왕이 묻습니다. "당신들 수행자들이 젊었을 때부터 수행하는 것이 이해되지 않는다. 왜 그런가?" 그러자 나가세나 비구가 대답합니다. "왕이시여. 전쟁에서 이기는 비결이 뭡니까?" "미리 대비하는 것이다. 군량을 비축해놓고 성을 쌓아놓고 군대를 미리 훈련시켜 놓는 것이다. 갑자기 적이 공격해 와도 이길 수 있다." "수행하는 것도 같은 이치입니다. 항상 준비가 되어 있으면 언제 죽음이 찾아와도 당당하게 살 수 있습니다." 우리가 젊어서 공부해야 하는 이유가 여기에 있습니다.

철학자 사짜까의 이야기가 있습니다. 그는 과거에 지은 공덕 때문에 부처님을 만나서 법에 대하여 토론하고 부처님을 존경하게 되었습니다. 하지만 지혜를 닦음이 불충분하였기 때문에 부처님의 가르침을 온전히 받아들일 수가 없었습니다. 그리고 부처님에게 귀의하지 않았습니다. 다른 스승을 모시고 있는 사람들이 부처님을 만나 법에 관한 토론을 하는 예가 많습니다. 이들은 부처님의 가르침이 수승하다고 인정하지만 자기가 갖고 있는 견해를 포기하지 않았습니다. 기회가 주어졌을 때 열심히 해야 합니다.

제20강

(3-3-2-2) 법아견을 대치하다

[진제60] 법아견(法我見)이란 이승의 둔한 근기(鈍根)에 의지하기 때문에 여래가 그들을 위하여 인무아(人無我)만을 설하였으며, 이 설함이 완전(究竟)하지 않기 때문에 오음의 생멸(五陰生滅)의 법이 있음을 보고 생사를 두려워하여 망령되게 열반을 취하는 것이니, 어떻게 대치하는가?

오음법(五陰法)은 그 자성이 생기지 않는 것으로 멸함도 없으니 본래 열반이기 때문이다.

法我見者, 依二乘鈍根故, 如來但為說人無我。以說不究竟, 見有五陰生滅之法, 怖畏生死、妄取涅槃。云何對治?以五陰法自性不生則無有滅, 本來涅槃故。

(3-2-3) 구경에 망집을 여의게 하다

[진제61] 구경에 허망한 집착(妄執)을 다 여읜다는 것은 염법과 정법이 서로 의지하는 것이어서 말할 만한 자상이 없음을 알아야 한다.

그러므로 일체의 법이 본래부터 색도 아니고 마음[心]도 아니며, 지혜[智]도 아니고 알음알이[識]도 아니며, 있는 것[有]도 아니고 없는 것[無]도 아니다.

마침내 그 모양을 말할 수 없지만 말로 설명하는 이유는 여래의 교묘한 방편으로 언설을 빌어 중생을 제도하기 위한 것임을 알아야 한다.

그 취지란 모든 망념을 떠나 진여에 돌아가는 것이니, 일체법을 생각하면 마음으로 하여금 생멸케 하여 참된 지혜에 들어가지 못하게 하는 까닭이다.

復次，究竟離妄執者，當知染法、淨法皆悉相待，無有自相可說，是故一切法從本已來，非色非心、非智非識、非有非無，畢竟不可說相。而有言說者，當知如來善巧方便，假以言說引導衆生，其旨趣者皆爲離念歸於眞如，以念一切法令心生滅不入實智故。

(3-3) 도에 발취하는 모양을 분별하다

(3-3-1) 분별발취도상 대의를 총히 표하다

[진제62] 분별발취도상(分別發趣道相)은 도에 발취하는 모양을 분별한다는 것으로 부처가 증득한 도에 모든 보살이 발심하고 수행하여 나아가는 뜻을 말하는 것이다.

分別發趣道相者，謂一切諸佛所證之道，一切菩薩發心修行趣向義故。

(3-3-2) 분별발취도상을 별도로 해석하다

[진제63] 대략 발심(發心)에는 세 가지가 있으니, 첫째 신성취발심(信成就發心)은 믿음을 성취한 발심이며, 둘째 해행발심(解行發心)은 알고 실천는 발심이며, 셋째 증발심(證發心)은 깨달은 발심이다.

略說發心有三種。云何爲三？一者、信成就發心，二者、解行發心，三者、證發心。

(3-3-2-1) 신성취발심을 설하다

[진제64] 신성취발심(信成就發心)은 믿음을 성취한 발심으로 어떤 사람을 의지하여 어떤 수행을 닦아서 믿음이 성취되어 능히 발심을 감당 할 수 있는가?

信成就發心者，依何等人、修何等行，得信成就堪能發心？

(3-3-2-1-1) 믿음이 성취되는 수행

(3-3-2-1-1-1) 발심을 성취한 이

부정취중생(不定聚衆生)에게도 선근을 훈습하는 힘이 있으므로 업의 과보를 믿고 십선(十善)을 일으키며, 생사의 고뇌를 싫어하고 무상보리(無上菩提)를 구하려고 한다.

여러 부처를 만나 직접 받들어 공양하고 신심(信心)을 수행하되, 일만 겁을 지나서 신심이 성취되기 때문에 모든 부처와 보살이 가르쳐서 발심하게 하며 혹은 대자비(大悲)에 의해서 호법(護法)의 인연으로 스스로 발심케 하는 것이다. 이와 같이 신심이 성취되어 발심하게 된 사람은 정정취(正定聚)에 들어가 마침내 물러나지 않으며, 여래의 종자(如來種) 가운데 머물러 정인(正因)과 상응한다고 한다.

所謂依不定聚眾生，有熏習善根力故，信業果報，能起十善，厭生死苦、欲求無上菩提，得值諸佛，親承供養修行信心，經一萬劫信心成就故，諸佛菩薩教令發心；或以大悲故，能自發心；或因正法欲滅，以護法因緣，能自發心。如是信心成就得發心者，入正定聚，畢竟不退，名住如來種中正因相應。

(3-3-2-1-1-2) 발심을 확정되지 못한 이

만약 어떤 중생이 선근이 미약해서 아득히 먼 옛날부터 번뇌가 깊고 두텁다면 비록 부처를 만나 공양하게 되더라도 인천(人天)

의 종자를 일으키고, 혹은 이승(二乘)의 종자를 일으킨다.

설사 대승을 구하는 사람이 있더라도 근기(根器)가 결정되지 못하여 어떤 때는 나아가고 어떤 때는 물러나기도 한다.

혹 여러 부처에게 공양을 올리면 일만 겁을 지나지 않더라도 중도에 인연(緣)을 만나 또한 발심하기도 한다.

이른바 부처의 색상(色相)을 보고 그 마음을 일으키며, 혹은 여러 스님에게 공양함에 의하여 그 마음을 일으키며, 혹은 이승인의 가르침에 의하여 마음을 일으키며, 혹은 다른 사람에게 배워 마음을 일으킨다.

이와 같은 발심들은 모두 결정되지 않은 것이니, 나쁜 인연을 만나면 문득 물러나고 잃어버리며 이승의 지위(二乘地)에 떨어지기도 하는 것이다.

若有眾生善根微少, 久遠已來煩惱深厚, 雖值於佛亦得供養, 然起人天種子, 或起二乘種子。設有求大乘者, 根則不定, 若進若退。或有供養諸佛未經一萬劫, 於中遇緣亦有發心, 所謂見佛色相而發其心; 或因供養眾僧而發其心; 或因二乘之人教令發心; 或學他發心。如是等發心悉皆不定, 遇惡因緣, 或便退失墮二乘地。

대승기신론 강설_20

이 세상을 크게 분류하면 나와 대상이 있습니다. 내가 있다는 생각이 인아견입니다. 법아견은 대상, 법이 있다는 생각입니다. 크게 인아견은 법아견에 포함됩니다. 존재하고 있는 모든 것은 있다는 생각에서 벗어나야 합니다. 유식에서 '유식무경'이란 말이 나옵니다. 이 세상에 존재하고 있는 것은 아무 것도 없고 단지 '식' 밖에 없다는 것입니다.

"법아견(法我見)을 대치하다. 법아견이란 이승의 둔한 근기[鈍根]에 의지하기 때문에 여래가 그들을 위하여 인무아(人無我)만을 설하였으며, 이 설함이 완전[究竟]하지 않기 때문에 오음의 생멸[五陰生滅]의 법이 있음을 보고 생사를 두려워하여 망령되게 열반을 취하는 것이다. 어떻게 대치하는가?" 보살보다 낮은 단계인 성문과 연각을 이승이라고 합니다. 또한 이들을 둔한 근기라고 하는데 보살과 같이 빼어난 근기가 아니기 때문입니다. 여래가 이런 둔한 사람들을 위하여 인무아만을 설했다고 합니다. 법무아까지 설명해서 이해시키려고 하니까 힘이 드는 것입니다. 무아라는 개념에서 단지 인무아만 설명했습니다. 그러나 여기서는 좀 더 근기가 뛰어난 보살들을 위해 법무아를 설명한 것입니다.

존재하는 모든 것은 무상이고 고이고 무아입니다. 존재하는 모든 것의 속성은 무상, 고, 무아의 삼법인입니다. 그래서 인무아만 설명하는 것은 완전하지 않습니다. 오음 즉 색, 수, 상, 행,

식의 생멸이 있기 때문에 우리는 고를 겪습니다. 존재하는 모든 것은 생멸하기 때문에 고인 것입니다. 이것에서 벗어나기 위해서 열반적정을 취하는 것입니다. 그래서 초기불교의 목적은 열반을 하는 것이었습니다.

　"본래열반. 오음법(五陰法)은 그 자성이 생기지 않는 것으로 멸함도 없으니 본래 열반이기 때문이다." 물들기 전의 본래 성품은 우리가 물들어 있는 동안에도 내 안에 있습니다. 그래서 열반이란 성취하는 것이 아니라 원래 있는 것으로 회복하는 것입니다. 오음법은 생함도 멸함도 없는 본래 그대로라는 것을 말하고 있습니다. 열반이란 지금 있는 것에서 다른 존재가 되는 것이 아니라 본래 모습을 되찾는 것입니다. 단지 물들어 있는 것으로 보니까 우리는 무상, 고, 무아인 것입니다. 이것을 물들기 전의 것으로 보니까 본래 열반이라는 것입니다. 그래서 열반이란 거창하게 다다라야 할 다른 존재, 목적이 아니라, 비록 물들어 있다 하더라도 지금 이 순간 우리가 가지고 있는 본래 성품이라는 것입니다.

　"구경에 망집을 여의게 하다. 구경에 허망한 집착(妄執)을 다 여원다는 것은 염법과 정법이 서로 의지하는 것이어서 말할 만한 자상이 없음을 알아야 한다. 그러므로 일체의 법이 본래부터 색도 아니고 마음[心]도 아니며, 지혜[智]도 아니고 알음알이[識]도 아니며, 있는 것[有]도 아니고 없는 것[無]도 아니다." 오염된 것이 염법이고 오염되기 전의 청정한 것이 정법입니다. 모든 구경의 망집을 여원다는 것은 염법뿐만 아니라 정법까지 모두 여원다는 말입니다. 여읜다는 것은 원래 있는 그대로만 보게 된다는 말입니다. 여기서는 나라고 주장할만한 것이 없습니다. 그래서 일체의 법은 색, 물질도 아니고 마음도 아니고 지혜도 아니고 알음알이도 아니고 있는 것도 아니고 없는 것도 아닌 있는 그대로 열반일 뿐입니다. 이것이 바로 법아견에서 벗어난 것입니다.

"교묘한 방편. 마침내 그 모양을 말할 수 없지만 말로 설명하는 이유는 여래의 교묘한 방편으로 말로 설함을 빌어 중생을 제도하기 위한 것임을 알아야 한다. 그 취지란 모든 망념을 떠나 진여에 돌아가는 것이니, 일체법을 생각하면 마음으로 생멸케 하여 참된 지혜에 들어가지 못하게 하는 까닭이다." 원래 진리는 우리가 말로 할 수 없는 것이지만, 부처님께서 말을 빌어서 설명하시는 것은 중생들을 제도하기 위함입니다. 이것이 부처님의 교묘한 방편인 것입니다. 그 방편 중 하나가 경전을 설하고 법을 설하는 것입니다. 일체법이란 존재하는 모든 것입니다. 이것이 우리 마음에 끝없는 생멸을 일으켜 참된 지혜로 들어가지 못하게 합니다. 여기서 벗어나야 하는 것입니다.

내가 있다는 생각, 대상이 있다는 생각에서 벗어나자는 것입니다. 존재하는 모든 것은 단지 의식의 투영일 뿐입니다. 이 투영은 오염된 것들에 의해 나타나는데 오염된 것을 소멸시켜 버리면 나도 대상도 없다는 것입니다. 일심은 초기 불교, 대승 불교, 선불교에서 다른 형태로 나타납니다. 하지만 일심, 생멸문, 진여문이란 말은 초기 불교, 대승 불교, 선불교에도 다 있습니다. 진리란 생멸문만 버리고 진여문만 취하는 것이 아니라 있는 것을 그대로 보는 것입니다.

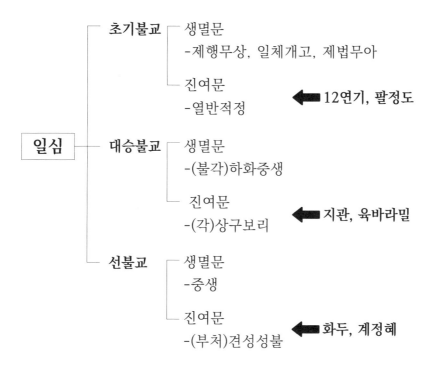

그림6. 초기불교, 대승불교, 선불교에서 생멸문과 진여문에 대한 설명

초기 불교에서 생멸문이란 제행무상, 일체개고, 제법무아이고 진여문은 열반적정인 것입니다. 부처님께서는 불교가 무상, 고, 무아의 삼법인으로부터 출발한다고 하셨습니다. 존재하고 있는 모든 것은 항상 일정한 모양을 가지고 있는 것은 없습니다.

무상의 첫 출발은 생이고 마지막은 멸입니다. 그래서 존재하고 있는 모든 것은 생멸을 합니다. 부처님께서는 생멸하기 때문에 존재하는 모든 것은 고라고 말씀하셨습니다. 존재하는 모든 것은 나라고 주장할 독립적인 실체가 없습니다. 존재 속에서 사실 나라고 주장할만한 것은 없는데 중생들은 나가 있다고 착각을 합니다. 업으로 오염된 자신의 성(性)을 나라고 착각합니다. 무아인데 내가 있다고 생각하는 것입니다. 이것이 진여문으로 들어가면 열반적정이 됩니다. 이렇게 요동치고 있는 세상이지만 본래 모습은 열반적정입니다. 12연기와 팔정도의 실천을 통해서 열반적정에 다다를 수 있습니다. 어떤 일이 발생했을 때 발생한 이유를 알면 해결됩니다. 어떤 문제를 해결하지 못하는 것은 원인을 모르기 때문입니다. 생사를 포함한 모든 것은 원인을 정확하게 알면 해결이 가능합니다. 생사 문제가 해결되지 못한 상태가 생멸문이고 해결한 상태가 바로 진여문, 열반적정입니다. 일심은 생멸문, 진여문에 모두 포함되어 있습니다. 우리는 무언가를 이해하면 신이 나서 계속하게 됩니다. 학교에 다닐 때 문제를 풀어서 답을 맞추고 알아갈 때 얼마나 신이 나고 좋습니까. 불교의 교리를 공부할 때 이런 과정을 통해 깊이 들어갈 수 있습니다. 공부하는 것에 신나지 않으면 깊이 들어갈 수 없습니다.

대승불교에서는 불각인 하화중생이 생멸문에 해당하고 각인 상구보리가 진여문에 해당합니다. 대승불교에서는 중생이 깨닫지 못한 세상은 불각의 세계입니다. 상구보리에서 도를 이루어 나아가는 진여의 세계는 각, 깨달음의 세계입니다. 각의 상태로 나아가기 위해 중요한 것은 지관입니다. 멈추고 끊고(집중하고)

관조하는 것입니다. 지혜는 관조하는 것으로부터 나옵니다. 끝없이 관조하다보면 원리를 알게 되고 이유를 알게 됩니다. 본질이 터득됩니다. 화가 나면 마음이 요동칩니다. 끝없이 집중하다보면 마음의 요동이 멈추고 끊기게 됩니다. 무념이 되고 삼매에 들어갑니다.

선불교에서는 중생이 생멸문에 해당하고 부처, 견성성불의 상태가 진여문에 해당합니다. 추구하는 목적이 견성성불입니다. 여기서 12연기, 지관을 체계화한 것이 화두입니다. 집중하고 지혜를 터득하기 위해 보편적이고 쉬운 방법을 체계화한 것이 화두입니다. 진여, 열반적정, 상구보리, 부처, 견성성불 모두 같은 진리의 세계에서 일어나는 것입니다. 선불교에서는 성불하는 것을 화두를 통해서 합니다. '부처가 무엇인가' 하고 물었을 때 '마삼근'이라고 말하는 것은 화두입니다. 화두란 한 문제를 가지고 깊이 집중하는 방법입니다. 지와 관을 집중적으로 되풀이하기 좋은 방법입니다. 선불교에서는 화두를 통해서 무념과 삼매에 들어갈 수 있습니다. 물들기 전의 내 본래 성품을 볼수 있습니다. 한 문제를 집중적으로 생각하는 것에는 화두가 12연기나 지관보다 쉽고 구체적으로 할 수 있습니다. 우리 머릿속, 마음속에서는 수많은 생각이 끊임없이 일어납니다. 다양한 생각이 일어나니까 한 곳으로 집중이 안 됩니다. 공부는 집중을 해야 나아갈 수 있습니다. 화두를 통해서 '왜 그럴까?'라고 생각하며 조금씩 집중의 세계로 나아갑니다. 수많은 생각이 일어나는 마음 밭이 한 곳으로 집중이 됩니다. 끝없이 일어나는 번뇌망상을 한 곳으로 모으는 것입니다. 생각들이 한 곳으로 모여 무념의 상태가 되면 각이 됩니다. 번뇌망상을 뚫고 본질로 가기 위해서는 처마에서 떨어지는 물방울이 돌을 뚫듯이 끝없이 뚫고 들어갈 수 있는 힘이 필요합니다. 그 힘을 위해서 번뇌망상들을 하나로 모을 수밖에 없습니다. 다행스러운 것은 공부하기 쉽게 누군가 이렇게 방법을 체계화시켜 놓았습니다. 하지만 우리는 이것을 알고도 안합니다.

"도에 발취하는 모양을 분별하다. 분별발취도상(分別發趣道相)은 도에 발취하는 모양을 분별한다는 것으로 부처가 증득한 도에 모든 보살이 발심하고 수행하여 나아가는 뜻을 말하는 것이다." 도에 들어가는 방법에 대해 말하고 있습니다. 분별발취도상이란 도에 들어가는 다양한 모양을 분별한다는 것입니다. 부처가 증득한 도에 보살이 발심하고 수행하여 나아가는 뜻을 말합니다.

"분별발취도상을 별도로 해석하다. 발심(發心)에는 세 가지가 있다. 첫째 신성취발심(信成就發心), 믿음을 성취한 발심이다. 둘째 해행발심(解行發心), 알고 실천하는 발심이다. 셋째 증발심(證發心), 깨달은 발심이다." 우리는 믿음이 생기면 알고 실천합니다. 그 앎과 실천을 통해 깨달음의 세계로 들어갑니다. 화엄경에서 설명하는 내용이 바로 십신(十信), 십주(十住), 십행(十行), 십회향(十廻向), 십지(十地)입니다. 가장 먼저 신, 믿음이 나옵니다. 어떤 공부를 하던 간에 중요한 것은 믿음입니다. 나이가 들면 웬만해서 가슴을 울리는 것이 없습니다. 어렸을 때는 순수하기 때문에 작은 것이 와도 가슴을 울립니다. 그래서 어려서 발심을 하는 것이 나이가 들었을 때 발심하는 것보다 쉽습니다. 순수한 마음에 믿음이 생기면 다른 마음이 못 들어옵니다. 하지만 나이가 들면 머리가 복잡해집니다. 수많은 생각을 하는데 믿음이 생기다가도 손익을 따져봅니다. 완벽한 믿음이 생기기 힘듭니다. 우리가 경전을 보는 이유는 믿음 때문입니다. 경전을 보다보면 어느 순간 믿음이 생깁니다. 그런 마음이 일어나면 믿음이 성취된 것이라고 할 수 있습니다. 하지만 중생의 마음은 국자고 시계추와 같습니다. 시간도 모르고 왔다갔다하고 국을 몇천 번, 몇 만 번 퍼날라도 맛을 모릅니다. 이것은 믿음으로부터 일어나야 합니다. 믿음이 성취되면 알고 실천하는 것은 그냥 따라서 됩니다. 그래서 불교의 모든 가르침은 아는 것 밖에 없습니다. 부처님은 실천하라고 요구하지 않습니다. 진리를 알라고 합니다. 진리를 알고 믿음이 생기면 알고 실천하는 마음이 그냥 생깁니다. 만약 실천하지 않는다면 믿는 마음이 제대로 생기지 않았기 때문입니다. 우리는 언제 죽는지 모르기 때문에 열심히 공부하지 않습니다. 내일도 있고 모레도 있다고 생각합니다. 게임과 같이 두 개의 갈림길이 있어 선택을 하면 되돌아갈 수 없습니다. 선택하면 끝입니다. 이런 상황 속에서 진리에 대한 믿음을 가지고 선택에 대해 망설이지 않고 후회하지 않고 열심히 한 길로 가다보면 성취할 수 있습니다. 경전을 읽다가 어느 부분 구절에서 믿음이 확고히 생깁니다. 그것이 언젠가 일어납니다. 일어나는 순간 내가 부처되는 시작입니다. 그렇게 되면 가만히 놔두어도 부처가 됩니다. 다른 것이 눈에 보이지 않게 되어 알고 실천하다 보니까 증발심, 깨닫게 됩니다. 깨달음까지 가겠다는 발심이 일어납니다. 이와 같이 분별발취도상은 보살이 부처될 수 있는 유일한 방법입니다.

"신성취발심(信成就發心)을 설하다. 신성취발심은 믿음을 성취한 발심이다. 어떤 사람(부정취중생)을 의지하여 어떤 수행(십선, 선)을 닦아서 믿음이 성취되어 능히 발심(깨달음, 부처의 세계로 나아가는 것)을 감당할 수 있는가?" 신성취발심은 100% 믿음이 내 안에 생기는 것입니다. 어느 생애든 이것이 되면 진리로 나아가려 합니다. 이 믿음이 내 속에 응어리져 있어야 합니다. 그렇게 되면 어떠한 것이 와도 깨트릴 수 없습니다.

"발심을 성취한 이. 부정취중생(不定聚衆生)에게도(취에는 정정취와 사정취와 부정취가 있다) 선근을 훈습하는 힘이 있으므로 업의 과보를 믿고 십선(十善)을 일으키며, 생사의 고뇌를 싫어하고 무상보리(無上菩提)를 구하려고 한다." 부정취중생이란 우리를 말합니다. 정정취중생은 안에 선(善) 밖에 들지 않은 중생을 말합니다. 사정취중생은 진리를 믿지 않는 중생을 말합니다. 이런 중생들에게는 거짓, 삿된 것 밖에 없습니다. 부정취중생은 선도 있고 불선도 있습니다. 어떤 때는 선이고 어떤 때는 불선입니다. 선근을 훈습하는 힘은 진리, 진여로 나아가는 힘을 말합니다. 이렇게 발심을 성취한 이는 업의 과보를 믿고 착한 일을 하여 깨달음, 각의 세계로 나아가려 합니다.

"십신, 십해-십주, 십행, 십회향, 십지. 정정취란 십해 이상의 결정적인 불퇴를 말한다. 사정취는 십신에 들지 아니하여 인과를 믿지 않음이다. 부정취란 십신과 십해의 중간이다." 십신은 믿음을 말합니다. 십해는 십주와 같은 것으로 믿음에 머물러서 진리를 이해하고 아는 단계입니다. 아니까 행위를 하는데 이것이 십행입니다. 이 세상에 진리를 회향하는 것이 십회향입니다. 그렇게 되면 보살의 세계, 깨달음의 세계인 십지에 들어가게 됩니다. 십지부터 깨달음의 세계가 시작됩니다. 초지보살부터 십지보살까지는 총 52단계입니다. 정정취란 십해 이상으로 믿음이 꽉 차면 해가 일어납니다. 믿음이 꽉 찬 상태이기 때문에 어떤 삶을 살더라도 물러서지 않습니다. 부처의 세계로 끝없이 나아갑니다. 사정취란 십신에 들지 않고 인과를 믿지 않는 것입니다. 즉 믿음이 일어나지 않아서 인과를 안 믿는 것입니다. 일반적인 중생은 부정취입니다. 십신과 십해의 중간입니다. 인과에 대한 믿음이 긴가민가한 상태입니다. 그래서 잘하면 천상에 태어나기도 하고 못하면 축생으로 태어나기도 합니다.

　"'선근을 훈습하는 힘이 있으므로'라는 말은 여래장에 있는 훈습력에 의하여 그리고 전생의 선근을 닦은 힘에 의한 것을 말하며 이를 통해 선근을 닦는 행위를 하게 된다." 부정취 중생에게는 믿음이 있기 때문에 믿음을 바탕으로 선근을 끝없이 실천하는 힘이 있습니다. 우리에게는 물들기 전의 부처의 씨앗(여래장)이 있습니다. 그 여래장의 훈습력에 의하여 끝없이 선근을 실천하려고 합니다. 믿음이 생기면 세상을 아름답고 선하게 살려는 힘이 끝없이 생겨납니다. 믿음이 있는 사람들의 말라식을 해부해보면 전생의 착한 일이 많이 들어 있습니다. 진리를 공부하는 인연은 그냥 오지 않습니다. 내가 전생에 선근을 닦을 수 있는 인과를 지었기 때문에 이 생에서 공부할 수 있는 것입니다. 마음먹고 용맹정진하면 결단코 물러나지 않는 단계까지는 가지만 아애, 아집, 아치, 아만 때문에 그 마음을 제대로 못냅니다. 이것들(아애, 아치, 아집, 아만)이 요동치기 전 순수할 때 마음을 내면 약간은 수월합니다. 이런 믿음과 선근이 쌓이고 쌓여 어느 생에 100% 발심하는 마음이 생기는데 그 때 그것으로 끝납니다. 그 뒤로는 절대로 진리와 멀어질 수 없습니다. 공부를 하다가 무념과 삼매의 상태가 되면 전생에 닦았던 선근의 힘에 의해 공부가 크게 진전됩니다. 그렇게 되면 본인의 인연, 인과를 더 자세히 알게 됩니다.

"십선(十善). 업의 과보를 믿고 십선을 일으키며, 생사의 고뇌를 싫어하고 무상보리를 일으킨다. 오계와 십선을 닦는다." 업의 과보를 믿으면 오계와 십선을 닦을 수 있다는 말입니다. 오계는 살생을 하지 말며, 도둑질을 하지 말며, 거짓말을 하지 말며, 음행을 하지 말며, 정신을 흐리게 하는 중독성 있는 것을 먹지 말라 입니다. 십선은 입으로 몸으로 뜻으로 짓는 십악을 하지 않으면 십선이 됩니다.

"무상보리(無上菩提). 생사의 고뇌를 싫어하고 무상보리를 구하려고 한다. 이것은 도분의 마음을 일으키는 것이다. 그래서 여러 부처를 만나 신심을 수행한다." 참선을 하다가 선정에 들거나, 꿈에서도 수많은 부처님이 나타나 환희로운 마음을 일으키게 합니다. 믿음을 가지고 십선을 닦으면 생사의 고뇌를 싫어하고 무상보리, 부처가 되려고 합니다. 도분의 마음을 일으키는 것은 깨닫겠다고 마음을 일으키는 것으로 이 생이건 저 생이건 많은 부처를 만나 끝없는 신심을 수행합니다. 그러다 보면 언젠가는 부처가 됩니다. 모든 것은 매우 복잡하지만 출발점은 극히

단순합니다. 그 단순함은 내가 진리에 들겠다는 믿음을 내는 것입니다. 믿음을 내면 내 인생의 모든 것이 그 방향으로 흘러갑니다. 이 생에서 지극한 마음을 한번 내면 아집, 아애, 아치, 아만을 깰 수 있습니다. 그것들을 깨면 무념의 상태가 되어 지금까지 보고 느낄 수 없었던 지혜와 자비가 끝없이 솟아오릅니다. 부처란 좋은 인연을 지어주는 도반입니다. 공부를 하다보면 수많은 부처를 만나게 됩니다. 만나는 것 마다 다 부처입니다. 그러나 마음을 일으키지 않으니까 부처를 못보고 다 넘어갑니다.

"믿음의 성취. 여러 부처를 만나 직접 받들어 공양하고 신심(信心)을 수행하되, 일만 겁을 지나서 신심이 성취되기 때문에 모든 부처와 보살이 가르쳐서 발심하게 하며 혹은 대자비(大悲)에 의해서 호법(護法)의 인연으로 스스로 발심케 하는 것이다. 이와 같이 신심이 성취되어 발심하게 된 사람은 정정취(正定聚)에 들어가 마침내 물러나지 않으며, 여래의 종자(如來種) 가운데 머물러 정인(正因)과 상응한다고 한다." 실제로 일만 겁은 아주 긴 시간입니다. 그 긴 시간 동안 함께 공부하는 인연은 그냥 되지 않습니다. 무심하게 만난 인연들이 아닌 것입니다. 여기서 신심을 내면 그 긴 시간이 그냥 갑니다. 일념(一念)이 만 겁(萬劫)이 됩니다. 지극한 마음을 내는 순간이 만 겁이 됩니다. 중생의 이것도 되고 저것도 되는 마음이라면 일만 겁 동안 마음을 내도 똑같을 뿐입니다. 그래서 공부란 집중입니다. 뚫고 들어가야 합니다. 바깥으로 보이는 것은 더 이상 봐도 볼 것이 없습니다. 뚫고 들어가야 보이지 않던 것이 보입니다. 여기서 말하는 일만 겁이란 어마어마하게 긴 시간도 되지만 100%되는 믿음을 일으키는 순간 일만 겁은 그냥 그대로 성취됩니다. 마음을 일으키는 발심의 인연이란 부처와 보살을 만나도 주어지고 책을 보다 스스로 인연이 생기기도 합니다. 대비심이 어느 순간 일어나게 됩니다. 세상을 측은하게 볼 수 있는 마음이 일어나는 것입니다. '신심이 성취되어 발심하게 된 사람'은 믿음을 100% 낸 사람입니다. 이런 사람은 끝없이 수행하다 보면 정정취에 들어가 마침내 진리의 세계로 들어갑니다. 정인이란 본래 마음 열반, 진여를 말합니다. 정정취에 들어가면 진리에 대한 믿음 밖에 없습니다. 내 속에는 수많은 가치가 요동칩니다. 하지만 진리에 대한 확신이 생기면 그 진리가 우뚝 서게 됩니다. 나머지는 따라 갑니다. 누가 뭐라해도 진리로 나아갈 수 있게 됩니다.

"발심을 확정시키지 못한 이. 만약 어떤 중생이 선근이 미약해서 아득히 먼 옛날부터 번뇌가 깊고 두텁다면 비록 부처를 만나 공양 올리게 되더라도 인천(人天)의 종자를 일으키고, 혹은 이승(二乘)의 종자를 일으킨다. 설사 대승을 구하는 사람이 있더라도 근기(根器)가 결정되지 못하여 어떤 때는 나아가고 어떤 때는 물러나기도 한다." 일반 중생과 같은 상태입니다. 불교를 어느 정도 배운 사람이라면 선근이 어느 정도 강해집니다. 불교 공부도 그냥 하는 것이 아닙니다. 세세생생 수많은 선근을 심었기 때문에 이런 인연이 온 것입니다. 하지만 마지막 물을 뜨는 것은 전생의 내가 아닌 지금의 나입니다. 하지만 선근이 미약하면 비록 부처를 만나 공양을 올리게 되더라도 부처가 되겠다는 마음을 내지 않습니다. 내 속에 부처의 씨앗이 있다는 것을 알고 부처가 되겠다는 마음을 내야 합니다. 선근이 미약하다면 아무리 잘해도 하늘에 태어나거나 성문, 연각에 그칩니다. 설령 보살이나 부처가 되려는(대승을 구하는) 사람이 있더라도 물러나지 않는 정정취가 없기 때문에 어느 생에는 나아가기도 하고 어느 생에는 물러나기도 합니다. 그래서 끝없이 제자리걸음을 하며 60점짜리 삶을 사는 것입니다. 이것을 뛰어넘어야 하는데 못 넘고 있는 것입니다.

"발심을 확정시키지 못한 이. 여러 부처에게 공양을 올리면 일만 겁을 지나지 않더라도 중도에 인연(緣)을 만나 또한 발심하기도 한다. 이른바 부처의 색상(色相)을 보고 그 마음을 일으키며, 혹은 여러 스님에게 공양함에 의하여 그 마음을 일으키며, 혹은 이승인의 가르침에 의하여 마음을 일으키며, 혹은 다른 사람에게 배워 마음을 일으킨다." 부처에 공양을 올리면 긴 긴 세월 동안 믿음이 생겨 일만 겁이 지나지 않더라도 중도에 인연을 만나 발심할 수 있습니다. 세상 어디 부처가 아닌 것이 없습니다. 무엇으로도 발심하고 깨달을 수 있습니다. 예를 들어 화두를 통해 한군데 몰두한다면 그 하나에 몰두하는 것이 아니라 모든 것에 몰두가 되는 것입니다. 이것은 일심을 통해 모든 것이 하나로 연결되어 있기 때문입니다. 발심을 일으키는 기회는 여러 곳에서 주어질 수 있습니다. 부처를 만나서도 할 수 있고, 스님을 만나서 할 수 있고, 수행자를 만나서 할 수 있고, 다른 사람에게 배워서도 할 수 있습니다. 오는 기회를 단지 잡지 못할 뿐입니다.

"이와 같은 발심들은 모두 결정되지 않은 것이니, 나쁜 인연을 만나면 문득 물러나고 잃어버리며 이승의 지위[二乘地]에 떨어지기도 하는 것이다." 모두 결정되지 않은 것이라는 말은 확률이란 말입니다. 주변에는 좋은 인연을 만나기도 하고 나쁜 인연을 만나기도 하는데 이것을 확정시키기 위해서는 발심 밖에 없습니다. 이승의 지위에 떨어진다는 말은 내가 나쁜 인연을 만나면 진리에서 멀어지기도 한다는 말입니다. 이런 일이 일어나지 않게 하려면 발심을 해야 합니다.

*머리 식히면서 한번 보기_제프리 아이브슨 블록샴 이야기

서구 사회에서 전생 이야기를 보겠습니다. 제프리 아이브슨의 저서 『전생의 나를 찾아서』라는 책을 보면 전생 이야기가 나옵니다. 블록샴은 1890년대 태어난 사람으로 최면을 통해 사람들의 전생을 기억하게 합니다. 그는 20년 동안 400명의 전생의 기억을 기록합니다.

책에는 제인 에반스 부인의 일곱 생의 전생이 나옵니다. 그녀는 로마 제국 통치하의 영국에서 교사의 아내로 살았습니다. 이것은 서기 약 286년 경이라고 말했습니다. 그 다음 전생은 영국 요크에서 유대인 여성으로서 살았습니다. 서기 1190년 경에 사망했다고 말했습니다. 그 다음 전생은 프랑스 대부호 자크 퀘르란 사람의 하녀로서 살았고 1451년에 사망했다고 말했습니다. 그 다음 스페인 캐서린 공주 시대 하녀로서 살았고, 그 다음은 앤 여왕 재위 시 런던의 바느질 품팔이 소녀로 살았다고 말했습니다. 그 다음은 미국의 메릴랜드 주 수녀로서 살았고 1920년 경에 사망했다고 말했습니다. 그 다음 1939년 현생으로 태어났다

고 말했습니다. 그녀는 전생의 이야기를 할 때 그 당시의 언어로
이야기하기도 했습니다. 그리고 그녀의 모든 전생에서 기억이 역
사적 사실과 흡사한 부분이 많았고 역사적으로 고증이 안 된 것
도 사학자들이 충분히 가능한 일이라고 인정을 했다고 합니다.

그 다음에는 전생에 유대인 부인이었던 어느 여인의 이야기
가 나옵니다. 블록샴이 최면을 걸자 그 여인은 말합니다. "나는
12세기 어느 유대인의 부인 레베카이다. 남편은 값비싼 법복을
입지만 그 옷이 비싼 것처럼 보이면 안 된다. 사람들은 우리집
을 탐내고 유대인이라는 것을 표시하기 위해 가슴에 원형의 노
란색 뱃지를 달아야 한다." 그 말을 듣고 블록샴이 가슴에 뱃지
를 달아야 한다니 불쾌하지 않느냐고 묻자 여인은 불쾌하다고
말합니다.

그 다음 이야기는 전생에 중세 프랑스의 하녀였던 아리송이
라는 여인의 이야기입니다. 아리송은 최면을 걸자 다음과 같이
말합니다. "우리는 아직 그녀를 기다리고 있다. 우리는 매우 흥
분해 있다. 그녀는 대단한 미인이라고 한다." 블록샴이 그 미인
의 이름을 묻습니다. 그러자 아리송은 "사람들은 그녀가 프로망
트(Fromenteau)에서 왔다고 한다." 블록샴이 그녀는 특별한
손님이냐고 묻자 아리송은 그렇다고 대답합니다. 블록샴이 왜
특별한 손님이냐고 묻자 아리송은 그녀가 왕의 정부라고 말합
니다. 블록샴은 어느 왕의 정부냐고 묻자 아리송은 잠시 말이 없
다가 망설이듯 '샤를'(샤를 7세)이라고 말합니다. 블록샴이 프랑
소와냐고 묻자 아리송은 "아니다. 샤를 발루아이다. 그는 아네
스 소렐을 무척이나 좋아한다." 블록샴이 확인차 "아네스 다음

의 이름이 무엇이라고 했는가?"라고 묻습니다. 그러자 아리송은 "소렐이다. 아네스 소렐은 프로망트의 아가씨이다."라고 대답합니다. 이어 아리송은 아네스 소렐에 대해 묘사합니다. "그녀는 참 아름답다. 그리고 그녀는 고운 옷을 입었다." 블록샴이 어떤 옷을 입었는지 물었습니다. 그러자 "반달과 별 무늬가 있는 초록색 비단으로 만든 드레스와 가장 자리를 모피로 장식한 융단으로 된 외투를 입고 머리채를 썼다. 그녀는 왕을 대신해서 우리 주인에게 돈을 빌리러 왔다고 했다."고 아리송이 대답했습니다. 그 말을 듣고 블록샴이 "당신 주인은 왕에게 돈을 빌려주었는가?"라고 물었습니다. 그러자 아리송이 "그렇다. 주인은 전에도 왕에게 돈을 빌려주었다."고 대답했습니다. 블록샴은 그 말을 듣고 "당신 주인은 작위가 있는 귀족인가?"라고 물었습니다. 아리송은 "그저 대상인 퀘르라고 부른다."라고 대답했고, 블록샴은 "왕에게 얼마나 많은 돈을 빌려주었는가?"라고 묻자 아리송은 "2000 에퀴돌을 빌려주었다."고 대답했습니다. 에퀴돌은 1395년부터 프랑스에서 통용되었던 금화입니다. 샤를 7세의 생년이 1403년이고 재위 기간이 1422년부터 1461년까지이기 때문에 시기적으로도 맞습니다.

이런 이야기들은 믿기 힘든 전생이지만 내가 직접 체험해보면 그것에 대한 믿음이 생기게 됩니다.

제21강

(3-3-2-1-2) 수행이 성취된 발심을 밝히다
(3-3-2-1-2-1) 직심, 심심, 대비심을 밝히다

[진제65] 다음 믿음을 성취한 발심(信成就發心)이란 어떤 마음을 발하는 것인가? 대략 말하자면 세 가지가 있으니, 첫째 직심(直心)이니 진여법을 바로 생각하기 때문이며, 둘째 심심(深心)이니 일체의 모든 선행을 이루기 좋아하기 때문이며, 셋째 대비심(大悲心)이니 모든 중생의 고통을 덜어주고자 하기 때문이다.
復次 , 信成就發心者 , 發何等心 ? 略說有三種。云何為三 ? 一者、直心 , 正念真如法故。二者、深心 , 樂集一切諸善行故。三者、大悲心 , 欲拔一切眾生苦故。

(3-3-2-1-2-2) 선행을 닦아 진여에 귀순하다

묻기를

"위에서 법계는 하나의 모양(相)이며 부처의 본체(佛體)는 둘이 없다고 하였는데 무슨 까닭으로 오직 진여만을 생각해야 하고 다시 여러 선행을 닦음을 구하는 것인가?"

답하기를,

"비유하자면 큰 마니보배(摩尼寶)의 체성(體性)은 맑고 깨끗한 것이지만 거친 광석의 때를 가지고 있어 만약 어떤 사람이 마니보배의 깨끗한 본성을 생각하면서도 갖가지 방편으로써 갈고 닦지 않으면 끝내 청정함을 얻을 수 없다.

이와 같이 중생의 진여의 법도 체성이 텅 비었고 청정하지만 한량없는 번뇌의 오염된 때가 있으니, 비록 진여를 생각하지만 갖가지 방편으로 훈습하여 닦지 않으면 또한 청정함을 얻을 수가 없다.

왜냐하면 때가 한량이 없어 모든 법에 두루하기 때문에 모든 선행을 닦아서 대치하는 것이다. 만약 어떤 사람이 모든 선법(善法)을 수행하면 저절로 진여법에 귀순하기 때문이다.

問曰 :「上說法界一相、佛體無二 , 何故不唯念眞如 , 復假求學諸善之行 ?」

答曰 :「譬如大摩尼寶體性明淨 , 而有鑛穢之垢。若人雖念寶性 , 不以方便種種磨治 , 終無得淨。如是眾生眞如之法體性空淨 , 而有無量煩惱染垢。若人雖念眞如 , 不以方便種種熏修 , 亦無得淨。以垢無量遍一切法故 , 修一切善行以爲對治。若人修行一切善法 , 自然歸順眞如法故。

(3-3-2-1-2-3) 네 가지 방편을 밝히다

방편을 간단히 말하자면 네 가지가 있다.

略說方便有四種。云何爲四 ?

(3-3-2-1-2-31) 행근본방편을 밝히다

첫째 행근본방편(行根本方便)이다. 모든 법은 자성(自性)이 생김이 없음을 관하여 망견(妄見)을 여의어 생사에 머물지 않는다. 또 모든 법이 인연의 화합이라 업과(業果)가 없어지지 않음을 관하여 대비심을 일으켜서 모든 복덕을 닦아서 중생을 섭화하여 열반에도 머물지 않는다. 이는 법성의 머무름이 없는 것을 수순하기 때문이다.

一者、行根本方便。謂觀一切法自性無生，離於妄見，不住生死。觀一切法因緣和合，業果不失，起於大悲修諸福德，攝化眾生不住涅槃，以隨順法性無住故。

(3-3-2-1-2-32) 능지방편을 밝히다

둘째 능지방편(能止方便)이다. 자기의 허물을 부끄러워 하고 뉘우쳐서 모든 악법을 그치게 하여 증장하지 않게 함을 말하는 것이니, 이는 법성의 모든 허물을 여읜 것을 수순하기 때문이다.

二者、能止方便。謂慚愧悔過，能止一切惡法不令增長，以隨順法性離諸過故。

(3-3-2-1-2-33) 선근증장방편을 밝히다

셋째 발기선근증장방편(發起善根增長方便)으로 선근을 일으켜 증장시키는 방편이다. 삼보(三寶)에 부지런히 공양하고 예배하며, 모든 부처를 찬탄하고 기뻐하며 권청(勸請)하여 삼보를 애경(愛敬)하는 순수하고 깊은 마음 때문에 믿음이 증장되어 무상의 도를 구하는 데 뜻을 둔다. 또 불법승(佛法僧)의 힘의 보호를 받아 능히 업장(業障)을 소멸하여 선근에서 물러나지 않으며, 이는 법성의 어리석은 장애(癡障)을 여읜 것을 수순하기 때문이다.

三者、發起善根增長方便。謂勤供養、禮拜三寶，讚歎、隨喜、勸請諸佛，以愛敬三寶淳厚心故，信得增長，乃能志求無上之道。又因佛法僧力所護故，能消業障，善根不退，以隨順法性離癡障故。

(3-3-2-1-2-34) 대원평등방편을 밝히다

넷째 대원평등방편(大願平等方便)이다. 미래가 다하도록 모든 중생을 교화하고 제도하여 남음이 없고 모두 무여열반(無餘涅

槃)에 들도록 발원하는 것이다. 이는 법성의 단절됨이 없음을 수순하기 때문이다.

법성이 광대하여 모든 중생에게 두루하고 평등하여 둘이 없으며 깨끗함과 물듦[彼此]를 생각하지 않고 구경에 적멸(寂滅)하기 때문이다."

四者、大願平等方便。所謂發願盡於未來, 化度一切眾生使無有餘, 皆令究竟無餘涅槃, 以隨順法性無斷絕故, 法性廣大, 遍一切眾生, 平等無二, 不念彼此, 究竟寂滅故。

대승기신론 강설_21

금강경에 보면 아상, 인상, 중생상, 수자상이 나옵니다. 아상은 내가 있다는 생각으로 인아견에 해당하고 인상은 대상이 있다는 생각으로 법아견에 해당합니다. 중생상은 존재하는 것이 모두 있다는 생각이고 수자상은 존재하는 것이 영원히 존재한다는 생각입니다. 아상, 인상은 무아에 대한 내용이고 중생상, 수자상은 무상에 대한 내용입니다. 여기서 나라고 할만한 것이 없다는 인무아를 알게 되면 견성을 한 것이고, 대상이라고 할만한 것이 없다는 법무아를 알게 되면 성불한 것입니다. 견성을 하면 인무아를 알기도 하고 성불을 하면 법무아를 알게 되기도 합니다. 내가 인무아를 터득하면 번뇌장에서 벗어나 나의 본래 성품을 보게 됩니다. 나를 포함한 존재하는 모든 것이 갖고 있는 아집, 집착은 소지장이라고 합니다. 대상에서 생기는 번뇌는 소지장 입니다. 그 소지장에서 벗어나면 부처가 됩니다. 성불하게 됩니다.

"수행이 성취된 발심을 밝히다. 직심, 심심, 대비심이 있다. 선행을 닦아 진여에 귀의(귀순)한 것으로 행근본방편, 능지방편, 선근증장방편, 대원평등방편의 네 가지 방편이 있다." 직심이란 정직하고 곧은 마음이고, 심심은 깊은 마음이고, 대비심은 끝없는 자비로운 마음을 말합니다. 수행이 성취되면 이런 마음이 나옵니다. 착한 일을 계속 하게 되면 다다르는 곳은 진여, 진리의 세계입니다. 진리의 세계에 들어가기 위해 네 가지 방편이 있습니다. 네 가지 방편은 나중에 자세히 설명하겠습니다.

"직심, 심심, 대비심. 믿음을 성취한 발심[信成就發心]이란 어떤 마음을 발하는 것인가? 첫째 직심(直心)이니 진여법을 바로 생각하기 때문이며, 둘째 심심(深心)이니 일체의 모든 선행을 이루기 좋아하기 때문이며, 셋째 대비심(大悲心)이니 모든 중생의 고통을 덜어주고자 하기 때문이다." 직심, 심심, 대비심은 믿음을 성취한 발심입니다. 믿음만큼 중요한 것도 없습니다. 직심이란 다른 길로 새지 않고 똑바로 진리로 나아가겠다는 마음입니다. 어떻게 살 것인가? 머리 속에서 진리만 생각하고 사는 것입니다. 심심은 깊은 마음입니다. 우리는 눈에 보이는 것만 보고 생각합니다. 하지만 심심을 가지게 되면 표면에 있는 것만 보는 것이 아니라 깊이 있는 본질을 보게 됩니다. 본질은 물들지 않는 바른 것이기 때문에 일체의 모든 선행을 이루기 좋아하게 됩니다. 수행을 하다보면 진여의 세계에 들어가고 일심이 됩니다. 세상의 모든 것이 하나이기 때문에 모든 중생의 고통을 덜어주고자 하는 마음이 생깁니다. 이것이 대비심입니다. 대비심은 끝없는 자비입니다. 이 넘치는 자비는 지혜입니다. 지혜가 없이 마음이 좋다면 그것은 마음이 좋은 것이 아니라 모자란 것입니다. 마음이 좋고 지혜로워야 진정 마음이 좋은 것입니다. 대비심은 이런 것입니다. 자비는 지혜와 항상 병행되는 것입니다. 자비가 끝이 없으면 지혜도 흘러넘치는 것입니다. 지혜광명의 흘러넘치는 지혜가 광명(대비심)이라는 말입니다.

직심을 잘 표현한 것이 선불교의 교외별전, 불립문자, 직지인심, 견성성불입니다. 부처님께서 방대한 경전을 설하셨지만 경전 외 따로 전하셔서 문자로 세우지 않고 마음을 바로 가리켜 견성성불하게 하는 것입니다. 나에게 진여의 마음이 꽉 차서 항상 진여 속에 있게 하는 것이 직심입니다. 이런 직심과 관련된 일화로 구지 선사와 신찬 선사의 이야기가 있습니다.

구지 선사는 스승인 천룡 선사가 손가락 하나를 세우자 깨우친 사람입니다. 그 이후 다른 사람들이 와서 구지 선사에게 도를 물으면 손가락 하나를 세워 보여주고 말았습니다. 어느 날은 구지 선사가 부재중이었는데, 구지 선사를 만나러 온 사람들이 사미승에게 구지 선사의 법에 대해 물어보았습니다. 사미승은 손가락 하나를 세워 보여주었습니다. 나중에 그 사실을 안 구지 선사는 사미승에게 어떻게 가르쳐 주었느냐고 물었습니다. 사미승이 손가락 하나를 세워 내민 순간 구지 선사는 사미승의 그 손가락을 잘라버렸다고 합니다. 스승님이 너무 심하다고 생각한 사미승은 절을 떠납니다. 사미승은 손가락을 부여잡고 가는데 구지 선사가 그 순간 사미승에게 "사미야, 도가 무엇이냐?" 하고 소리칩니다. 사미는 돌아서서 그 잘린 손가락을 세워 보여 주었습니다. 사미승이 보니까 스승은 손가락을 세워 보여주고 있는데 자신은 손가락이 없는 것이었습니다. 그 순간 사미승은 큰 깨달음을 얻었습니다. 이 이야기는 말을 떠나 진리를 나타내는 좋은 예입니다.

또 신찬 선사의 이야기가 있습니다. 신찬 선사는 계현 선사를 스승으로 모시고 있다가 백장 스님에게서 깨달음을 얻었습니다. 계현 선사 밑에서 깨달음을 얻지 못하다가 백장 스님에게서 깨달음을 얻은 것이었습니다. 깨달음을 얻고 계현 선사에게 돌아가니까 스승은 예전과 똑같은 방법으로 가르치고 있었습니다. 스승을 깨우치게 하고 싶었던 신찬은 어느 날 계현 선사의 등의 때를 밀어주며 말했습니다. "법당은 참 좋구나. 그런데 부처가 영험함이 없구나. 영험함이 없는 부처가 또한 방광은 하는구나." 계현 선사는 그 뜻을 모르고 어리둥절해 하며 신찬을 쳐다보고 말았습니다. 그 후 어느 날 계현 선사가 경전을 읽고 있는데 방안에 있던 벌 한마리가 나가려고 봉창을 두드리고 있었습니다. 그것을 본 신찬 선사가 스승 들으라고 한 마디 합니다. "문으로 나가려 하지 않고 봉창을 치니 크게 어리석구나. 백 년을 그런들 종이가 뚫릴까. 어느 날에나 나갈 수 있겠는가." 계현 선사는 그 말을 듣고 크게 깨우쳐 신찬을 바로 상좌에 앉히고 법문을 하라고 합니다. 신찬이 법문을 하는데 여태껏 경전에서 본 것이랑 완전 틀린 것이었습니다. 이것도 직심을 보여주는 좋은 예입니다.

"심심이란 만 가지 선업을 성취하는 깊고 깊은 마음이다." 우리는 깊이 일으키는 마음을 모릅니다. 현재 우리가 일으키는 마음보다 더 깊은 마음이 심심입니다. 우리가 느끼고 생각하는 것 가운데 말로 하지 않아도 깊이 느끼는 그런 마음들입니다. 어머니가 자식에게 하는 지극한 마음이 이러한 예일 것입니다. 깊이 있는 마음, 본질을 본다면 끝없는 선행으로 연결되어서 진여에 들어간 삶을 살게 됩니다.

선종은 육조로부터 다섯 개의 종파로 나누어집니다. 그 가운데 법안 문익이 만든 종파가 법안종입니다. 선종 다섯 개 종파 가운데 가장 늦게 만들어집니다. 법안이 지은 선시 가운데 하나인데 그 깊은 마음을 볼 수 있는 시입니다. "깊은 숲 속 새들은 피리처럼 지저귀고 수양버들 가지가지 금실처럼 춤추네. 구름이 돌아오니 산골짝 더욱 고요하고 살구꽃 향기는 바람에 묻어오는구나. 온종일 그 자리에 조용히 앉았으니 마음 맑아지고 모든 근심 사라진다. 어찌 말로 다할 수 있겠는가. 그대여, 세상 일 놓아두고 이 숲 속에 오게나." 고요한 정경 속에서 가만히 앉아보면 여러 가지 생각이 가라앉고 정리되어 마음이 맑아지고 근심이 사라질 것입니다. 내가 어디서 왔는가, 내가 어디로 갈 것인가를 생각해본다면 진리를 깊이 느낄 수 있을 것입니다. 그래서 법안이 숲으로 와서 진리를 깊이 느껴보지 않겠는가 하고 말합니다. 진여를 향한 그 깊은 마음(심심)에서 우러나온 선시입니다.

이번에는 승려가 아닌 시인의 시를 살펴봅시다. 여기서도 깊은 마음이 나타납니다. 당나라 시인 왕유의 가을밤이란 시입니다. "빈 방에 홀로 앉았으면 늙어감이 서럽다. 초저녁 밖에서는 찬비가 내리고 어디선가 과일이 떨어지는 소리. 풀벌레가 방안에 들어와 운다." 왕유의 시도 한 편의 선시나 다름없습니다.

대비심이란 끝없는 자비의 마음입니다. 공부를 하면서 생기는 끝없는 자비입니다. 도천수대비가란 노래가 있습니다. 어느 어머니가 눈 먼 딸을 위해서 자신의 한 눈을 딸에게 주겠다고 관세음보살에게 빌던 노래입니다. "무릎을 꿇으며 두 손바닥을 모아 천수관음전에 비옵니다. 천 손에 천 눈을 하나를 놓고 하나를 덜겠사옵기에 둘 없는 내라 하나야 그윽이 고치올러라. 아, 내게 (은혜를) 끼쳐주시면 놓되 쓰을 자비여 얼마나 큰가!" 자비란 내가 필요한 것을 상대방에게 주는 것이 아니라 상대방에게 필요한 것을 상대방에게 줄 수 있는 마음입니다. 자기에게 필요 없는 것을 다른 사람은 필요하겠지 생각하고 주는 것은 자비가 아닙니다.

직심, 심심, 대비심으로 이 세상을 산다면 이 세상 어디에도 떳떳하게 살아갈 수 있습니다. 세상이 아무리 더러워도 우리가 걸어가야할 길은 진리, 진여입니다. 직심, 심심, 대비심을 통해 진여로 나아간다면 아무리 더러운 세상에도 떳떳하게 살아갈 수 있습니다. 세상이 어떻든 내가 당당하고 정직하게 삶을 살면 되는 것입니다. 직심, 심심, 대비심으로 걸어가면 세상은 그냥 열립니다. 내가 걸어가고 연만큼 내 세상입니다. 내가 뿌린 자비만큼 내 세상입니다.

"선행을 닦아 진여에 귀순하다. 묻기를 '위에서 법계는 하나의 모양[相]이며 부처의 본체[佛體]는 둘이 없다고 하였는데 무슨 까닭으로 오직 진여만을 생각해야 하고 다시 여러 선행을 닦음을 구하는 것인가?'" 직심, 심심, 대비심을 가지면 끝없는 선행이 일어날 수밖에 없습니다. 그렇게 선행을 닦다보면 진여에 이르게 됩니다. '법계는 하나의 모양'이라는 말은 일심을 말합니다. 여기서 질문의 의미는 결국 일심이면 진여도 오염된 것도 하나인데 왜 진여만 생각해야 하느냐입니다. 오염된 것도 하나인데 왜 선행을 닦으라고 하느냐입니다.

"답하기를 '비유하자면 큰 마니보배(摩尼寶)의 체성(體性)은 맑고 깨끗한 것이지만 거친 광석의 때를 가지고 있어 만약 어떤 사람이 마니보배의 깨끗한 본성을 생각하면서도 갖가지 방편으로써 갈고 닦지 않으면 끝내 청정함을 얻을 수 없다.'" 원래 하나는 맑고 깨끗하지만 그냥 놔두니까 때가 끼고 먼지가 앉는다고 말하고 있습니다. 물들어 있는 것을 제거해야 본래 깨끗한 본성(마니보배)를 볼 수 있다는 것입니다. 원래 청정법신인데 업, 번뇌로 물들어 있습니다. 이것을 그냥 놔두면 청정법신이 드러나지 않습니다. 그래서 물들어 있는 것을 걷어내자는 것입니다. 원래 하나인데 오염된 것 때문에 못 봅니다. 못 보기 때문에 오염된 것을 진짜인줄 알고 착각합니다.

"중생의 진여. 이와 같이 중생의 진여의 법도 체성이 텅 비었고 청정하지만 한량없는 번뇌에 오염된 때가 있으니, 비록 진여를 생각하지만 갖가지 방편으로 훈습하여 닦지 않으면 또한 청정함을 얻을 수가 없다. 왜냐하면 때가 한량이 없어 모든 법에 두루하기 때문에 모든 선행을 닦아서 대치하는 것이다. 만약 어떤 사람이 모든 선법(善法)을 수행하면 저절로 진여법에 귀순하기 때문이다." 원래 청정하지만 세세생생 살아오면서 오염된 때가 있습니다. 이 오염된 때가 훈습을 하기 때문에 본성을 되찾기 위해서 갖가지 방편으로 닦아야 합니다. 오염된 것을 나라고 생각하기 때문에 내버려두면 오염된 것만 씁니다. 이 오염된 것은 모든 것에 묻어있기 때문에 내버려두면 본래 청정한 것을 볼 수 없습니다. 이 오염을 제거하는 유일한 방법이 바로 자비심을 일으켜 선행을 닦으면 진리를 보게 됩니다. 착한 마음을 일으켜 선법을 수행하면 가만히 내버려둬도 진리로 갑니다. 원래 청정한 순수한 마음을 일으키면 내버려둬도 진리로 가게 되어있습니다. 물들기 전의 깊은 마음을 일으킬 수 있어야 합니다. 그 청정한 마음을 볼 수 있어야 합니다. 그곳에서 나오는 것은 끝없는 자비입니다.

진여, 대비심에 들어가기 위한 네 가지 방편을 살펴봅시다. 네 가지 방편이란 앞에서 보았듯이 행근본방편, 능지방편, 선근증장방편, 대원평등방편입니다.

"행근본방편을 밝히다. 모든 법은 자성(自性)이 생김이 없음을 관하여 망견(妄見)을 여의어 생사에 머물지 않는다. 또 모든 법이 인연의 화합이라 업과(業果)가 없어지지 않음을 관하여 대비심을 일으켜서 모든 복덕을 닦아서 중생을 섭화하여 열반에도 머물지 않는다. 이는 법성의 머무름이 없는 것을 수순하기 때문이다." 행근본방편이란 근본을 행하는 것입니다. 모든 법은 세상에 존재하는 모든 것을 말합니다. 세상에 존재하는 모든 것이 나라고 하는 것이 없음을 보고(본래 있는 대로 볼 수 있게 되면) 내가 있다고 하는 잘못된 생각이 없어져 생사에 머물지 않게 된다는 말입니다. 중생은 생사에 머물며 끊임없이 생사를 되풀이합니다. 망견을 여의고 본성을 보게 되면 생사가 원래 없음을 알게 됩니다.

그 다음을 봅시다. 존재하는 모든 것은 인과 연과, 두 개가 부딪혀서 만들어내는 과에 불과합니다. 이것이 존재의 전부 입니다. 그래서 세상에 존재하는 모든 것을 인연과의 법칙으로 설명할 수 있는 것입니다. 이 연기의 법칙을 쉽게 표현하면 인연과의 법칙이 되고 그 속성은 연속성의 법칙, 가속도의 법칙, 끌어당김의 법칙으로 이루어져 있습니다. 공부를 하면 왜 성취가 될까요? 이것은 끌어당김의 법칙이며 가속도의 법칙입니다. 공부하던 사람들은 계속 공부하기를 좋아합니다. 반면 노름을 좋아하는 사람은 노름이 습이 되어 계속 노름 하기를 좋아합니다. 이것은 연속성의 법칙에 의해 하려고 하는 것을 끝없이 하려는 것입니다. 내가 바른 생각을 하면 내 속에서 바른 것을 자꾸 끄집어내어 쓰고, 반대로 내가 나쁜 생각을 하면 전생의 업 가운데 나쁜 것을 자꾸 끄집어내어 쓰는데 이것은 연속성의 법칙입니다. 중생을 섭화한다는 말은 중생을 제도한다는 말입니다. 연기의 법칙을 깨닫고 본질을 따르게 되면 열반에 머물지 않고 대비심을 일으켜 모든 복덕을 닦아 중생을 제도한다는 말입니다.

"능지방편을 밝히다. 자기의 허물을 부끄러워하고 뉘우쳐서 모든 악법을 그치게 하여 증장하지 않게 함을 말하는 것이니, 이는 법성의 모든 허물을 여읜 것을 수순하기 때문이다." 능지방편이란 능히 아는 것입니다. 우리의 가장 큰 문제는 스스로의 허물을 모르는 것입니다. 자기 자신이 맞다고 생각하기 때문에 변하지 않습니다. 끝없는 아집 속에서 인생이 흘러갑니다. 내가 참회하고 자신을 되돌아봄으로써 자기 자신을 제대로 알게 되고, 이것이 진리의 세계로 들어가게 합니다. 법성의 모든 허물을 여의고 진리를 보게 하는 것입니다.

"선근증장방편을 밝히다. 선근을 일으켜 증장시키는 방편이다. 삼보(三寶)에 부지런히 공양하고 예배하며, 모든 부처를 찬탄하고 기뻐하며 권청(勸請)하여 삼보를 애경(愛敬)하는 순수하고 깊은 마음 때문에 믿음이 증장되어 무상의 도를 구하는 데 뜻을 둔다. 또 불법승(佛法僧)의 힘의 보호를 받아 능히 업장(業障)을 소멸하여 선근에서 물러나지 않으며, 이는 법성의 어리석은 장애[癡障]을 여읜 것을 수순하기 때문이다." 선근증장방편은 선한 마음의 뿌리를 일으켜 증장시키는 방편입니다. 삼보란 불법승을 말합니다. 불이란 부처(진리를 깨친 사람)이고 법은 진리 그 자체를 말하고 승이란 진리를 따라 수행하는 자를 말합니다. 이것들이 이 세상에서 가장 중요한 세 가지라고 해서 삼보라고 합니다. 삼보를 기뻐하고 찬탄하고 애경하는 순수하고 깊은 마음 때문에 믿음이 증장됩니다. 진리를 믿으면 나도 부처가 되어야겠다는 마음을 일으킵니다. 불법승만 생각하게 되어도 업장이 소멸 됩니다. 진리를 믿기만 해도 번뇌망상들, 아집과 같은 업장들이 소멸합니다. 원리는 간단합니다. 어두운 곳에 불을 켜기만 해도 어둠이 없어집니다. 내 안에 선도 악도 있지만 내 속에 진리가 우뚝 서면 다른 것은 없어집니다. 불법승 삼보를 믿고 진리를 생각하면 내 속의 오염된 것들은 그냥 없어집니다.

"대원평등방편을 밝히다. 미래가 다하도록 모든 중생을 교화하고 제도하여 남음이 없고 모두 무여열반(無餘涅槃)에 들도록 발원하는 것이다. 이는 법성의 단절됨이 없음을 수순하기 때문이다. 법성이 광대하여 모든 중생에게 두루하고 평등하여 둘이 없으며 깨끗함과 물듦[彼此]를 생각하지 않고 구경에 적멸(寂滅)하기 때문이다." 대원평등방편은 모든 것들의 가치를 다같이 중요하게 여기는 평등심에 이르는 것입니다. 진리를 행하고 진리에 나아가면 하나의 일심이 되는데 하나라는 것은 평등, 같은 것입니다. 모든 것을 평등하게 볼 수 있다면(일심이 된다면) 부처의 세계에 드는 것입니다. 모두가 부처의 세계에 들도록 불국토가 되도록 발원하는 것이 대원평등방편입니다. 유여열반(有餘涅槃)은 육신을 갖고 찌꺼기가 남아있는 열반을 말합니다. 무여열반이란 찌꺼기가 없는 순수 그대로 열반에 들어간 상태를 말합니다. 초기불교, 대승불교, 밀교로 넘어가는 과정에서 석가모니 부처님은 육신을 가지고 부처가 되었기 때문에 유여열반이라고 이야기합니다. 그래서 이 세상 진리 그 자체를 상징하는 비로자나불(바이로차나)을 진정한 무여열반이라고 이야기합니다. 전쟁을 하면 선봉대가 있습니다. 밀교에서는 석가모니 부처님은 선봉대이고 비로자나불이 본진이라고 말합니다. 밀교는 비로자나불의 세계를 추구합니다. 법성은 어느 한 순간도 끊어짐 없이 이 세상에 존재하며 이어져 내려오고 있습니다. 법성은 광대하여 모든 중생에게 두루 평등하고 둘이 없습니다. 중생들은 법성의 광대함을 모르기 때문에 자기 밖에 없습니다. 중생은 업장에 싸여있기 때문에 나와 남은 다르다고 생각하지만, 업을 내려놓고 깨트려버리면 원래 평등하고 하나였던 법성을 보게 됩니다. 둘이 없고 깨끗하고 물듦에서도 떠나게 되는 본질의 법성을 보게 됩니다. 법성은 그냥 적멸한 열반적정의 세상입니다. 이것은 나의 중생심을 걷어버리면 일심으로 뿌리가 하나로 이어져 있음을 알게 됩니다. 모든 생명이 하나라는 것을 인식하게 되면 그대로 진리의 세계에 듭니다. 원래 적멸한 그 세계를 볼 수 있게 되고 그 세계에 들어가게 됩니다.

*머리 식히면서 한번 보기_내생에 과보를 받는 업

부처님 제자 가운데 제바달다가 있었습니다. 그는 부처님의 사촌 동생이었으나 평생 부처님을 시기질투하고 죽이려고 했습니다. 그는 부처님을 죽이려고 벼랑 위에서 바위를 밀기도 했습니다. 다행히 부처님은 피했지만 그 파편 중 하나가 튀어 부처님 발에 피를 냈습니다. 또 코끼리에게 술을 마시게 하여 부처님께서 가는 길목에 풀어놓았습니다. 제바달다는 술취한 코끼리가 부처님을 죽이기를 바랐으나, 신기하게도 코끼리는 부처님 앞에 와서는 얌전히 앉아버립니다.

또 그는 승가를 분열시키기도 했습니다. 승가를 분열시킨 후 무리를 이끌고 부처님 승단을 나갑니다. 하지만 그도 인간인지라 자신의 죄를 알고 참회하여 죄를 빌러 부처님께 향합니다. 그러나 그 뜻을 이루지 못하고 부처님께로 가는 도중 죽고 맙니다. 그는 사후 부처님을 죽이려한 업보로 무간지옥에 떨어졌습니다. 그리고 승가를 분열시킨 업보로 그가 겪은 지옥의 고통은 격심하였고 지속되었습니다. 여기서 10만겁의 기간이 연장되었습니다.

그럼 현생에 효과가 있는 업을 살펴봅시다. "어떤 업을 행하기 전과 행하는 과정에서 유쾌하거나 불쾌하다면 금생에 과보를 만드는 업의 결과물이다. 지계하거나 명상할 때 편안한 마음이나 행복한 마음을 느끼고, 12연기에 따라 어떤 일의 원인을 깊이 생각하면 현생에 효과가 있는 업이 된다. 사성제에서 도를 실천하고 나면 바로 다음 순간에 과의 마음이 일어나기 때문이다." 계를 지키고 규칙적인 생활을 하고 명상을 하면 편안하고 행복한 마음이 일어나는데, 이것이 앞으로의 행위에도 영향을 미칩니다. 이것은 현생의 삶을 안정되고 편안하게 하고 내생에도 긍정적인 영향을 미칩니다. 우리가 공부하고 수행하는 것은 단순히 내생을 기약하는 것이 아니라 현생을 편하고 행복하게 합니다. 현생이 극락이면 내생도 자연스럽게 극락이 됩니다. 현생이 지옥이라면 아무리 기도를 해도 내생에 극락에 가기 힘듭니다. 과거, 현재, 미래 모두 내가 살았던 삶의 연속입니다.

"소멸된 업. 아라한이 대열반을 성취할 때 업이 소멸한다. 내생이나 그 다음 생에서 무르익을 수 있는, 셀 수도 없는 과거 생에서 지은 무수한 해로운 업과 유익한 업들은 모두 소멸된 업이 된다. 그래서 부처님께서 말씀하셨습니다. '과거는 소멸되었다. 더 이상 새로운 존재는 없다. 미래의 존재에 대해 갈망하는 마음이 없이 이것의 씨앗들은 모두 불타버렸다.'" 아라한이 대열반을 성취할 때는 부처가 된 때를 말합니다. 견성성불할 때 내 속에 들었던 업이 모두 소멸합니다. 이것은 어두운 방에 불을 켠 것과 같습니다. 어둠이 어디로 간 것은 아니지만 불을 켜면 어둠이 없어집니다. 열반을 성취해서 자비광명이 되면 내 속의 악한 마음과 잘못된 것들이 그냥 없어집니다. 견성성불하고 부처가 된 순간 대자대비심 밖에 없습니다. 업에 의한 어떤 분별심도 일어나지 않습니다. 대열반을 성취하면 나타나는 모든 것은 자비 밖에 없습니다. 내 안의 번뇌, 아집은 모두 멈춥니다.

암수술은 몸 안의 암세포를 잘라내는 것입니다. 방사선치료는 분열하는 암세포를 분열하지 못하게 가만히 있게 만듭니다. 있어도 무의미하게 만듭니다. 이와 같이 열반을 이루면 업이 있더라도 이것이 작용을 못합니다. 작용을 못하니 과거가 소멸한 것이나 다름없고, 더 이상 새로운 존재가 없고 미래에 대한 갈망하는 마음이 없어집니다.

제22강

(3-3-2-1-3) 발심의 공덕을 밝히다
(3-3-2-1-3-1) 수승한 덕을 밝히다

[진제66] 보살은 이 마음을 내기 때문에 조금이나마 법신을 보게 되며, 법신을 보기 때문에 그 원력(願力)에 따라서 여덟 가지를 나타내어 중생을 이익되게 한다. 이른바 도솔천(兜率天)으로부터 모태(母胎)에 들어가고 모태에 머물고 태어나서 출가하여 성도(成道)하고 법륜을 굴리며 열반에 듦을 말하는 것이다.

菩薩發是心故，則得少分見於法身。以見法身故，隨其願力能現八種利益眾生。所謂從兜率天退，入胎，住胎，出胎，出家，成道，轉法輪，入於涅槃。

(3-3-2-1-3-2) 미세한 허물을 밝히다

그러나 이 보살을 아직 법신이라 하지 않는 것은 그가 과거 한량 없는 세월동안 유루(有漏)의 업을 능히 끊어버리지 못하고 일어나는 바에 따라서 미세한 고뇌와 상응하기 때문이다. 그래도 업에 매이지 않는 것은 대원력(大願)과 자재한 힘이 있기 때문이다.

然是菩薩未名法身，以其過去無量世來有漏之業未能決斷，隨其所生與微苦相應，亦非業繫，以有大願自在力故。

(3-3-2-1-3-3) 권교의 말씀을 회통하다

경전에서 '혹 악취(惡趣)에 떨어지는 것이 있다'고 말한 것은 실제로 떨어지는 것이 아니고 다만 처음 배우는 보살[初學菩薩]에

게 아직 정위(正位)에 들지 못하고 게으름을 피우는 자를 위하여
두려워하게 하여 그로 하여금 용맹케 하기 위한 것이다.

如修多羅中 , 或說有退墮惡趣者 , 非其實退 , 但為初學菩薩未
入正位而懈怠者 , 恐怖令使勇猛故。

(3-3-2-1-3-4) 실행을 찬탄하다

또 보살이 한 번 발심한 후에는 겁 내고 나약한 마음을 멀리 여
의어 이승지(二乘地)에 떨어짐을 두려워 하지 않으며, 가령 한량
없는 아승기겁에 부지런히 고난의 수행을 하여 열반을 얻는다는
것을 듣더라도 겁 내어 죄절하지 않는 것이니, 일체법이 본래부
터 스스로 열반임을 믿어 알기 때문이다.

又是菩薩一發心後 , 遠離怯弱 , 畢竟不畏墮二乘地。若聞無量
無邊阿僧祇劫勤苦難行乃得涅槃 , 亦不怯弱 , 以信知一切法從
本已來自涅槃故。

대승기신론 강설_22

　지난 시간에 직심, 심심, 대비심과 네 가지 방편에 대해 자세히 살펴보았습니다. 네 가지 방편이 행근본방편, 능지방편, 선근증장방편, 대원평등방편이었습니다. 이 네 가지를 통해 선행을 닦아 진여로 나아갑니다.

　불교공부를 하는 목적이 부처가 되기 위해서입니다. 부처 속에 보살, 성문, 연각이 다 포함되어 있습니다. 부처가 초기 불교에서는 아라한, 대승 불교에서는 보살, 밀교에서는 금강승, 선불교에서는 선사라고 표현되기도 했습니다. 그렇다면 불교공부의 내용은 어떤 것일까요. 어떠한 내용을 갖고 부처가 될 수 있을까요. 그것은 바로 위빠사나와 사마타입니다. 관조하는 지혜와 집중입니다. 일어나는 모든 번뇌망상을 끊고 하나로 들어가 집중하는 것입니다. 사물을 관찰하고 자기 자신을 관조하여 세상의 원리와 이치를 알아 지혜가 생기는 것입니다. 불교공부를 하는 방법에는 경전을 읽거나 염불을 하고 기도를 하거나 참선, 봉사 등이 있습니다.

　불교공부를 하는 방법들은 네 가지 방편과도 연결시킬 수 있습니다. 행근본방편은 염불, 기도와 연결시킬 수 있고, 능지방편은 경전을 읽는 것과 연결지을 수 있고, 선근증장방편은 봉사와 연결지을 수 있고, 대원평등방편은 참선과 연결시킬 수 있습니다. 염불 및 기도를 열심히 하고 집중하여 진여의 세계로 나아가는 것은 행근본방편과 연결됩니다. 대표적인 예로 남호 영기가 있습니다. 이 사람은 어렸을 때 나병을 앓고 있었습니다. 게다가 의지할 곳도 없어 이리저리 떠돌다 절에 들어갑니다. 절의 사미 승이 그의 불쌍한 몰골을 보고 음식을 주며 하룻밤을 여기서 자고 떠나라고 합니다. 그런데 그날 밤 절의 노스님이 꿈을 꾸는데 큰 청룡 한 마리가 절에 내려와 앉는 것이었습니다. 꿈이 이상해서 노스님은 모두 다 잠든 새벽에 몰래 일어나 절을 한 바퀴 돕니다. 그리고 부엌문을 열어보니 나병을 앓고있는 꼬마가 잠을 자고 있었습니다. 노스님은 그 꼬마를 데리고 와서 공부를 시킵니다. 하루는 지장보살 염불을 시켰는데 염불삼매에 들어 계속 염불을 했습니다. 영기 스님이 삼매에 들자 어렸을 때 헤어졌던 누나가 나타나서 불쌍하다며 몸을 깨끗이 닦아주었습니다. 삼매에서 깨어나 보니 부스럼이 다 사라져 있었습니다. 병이 나았던 것입니다. 이런 기적같은 신통은 본인이 겪어보지 않으면 긴가민가하여 잘 믿지 못하는데 그 이유는 진리가 진리가 아니라서가 아니라 아집 때문입니다. 자기가 믿으려는 것만 믿습니다. 즉 자기 업만큼 믿습니다. 이것을 깨트려야 공부가 됩니다.

경전을 보고 진여의 세계로 나아가는 것이 능지방편이라고 할 수 있습니다. 대표적인 예로 유명한 보조 지눌이 있습니다. 지눌 스님은 경전의 내용을 보고 깨치게 됩니다. 선근증장반편 은 착한 일, 좋은 일을 많이 하는 것입니다. 봉사 활동도 이런 것 입니다. 착한 일을 하면 선근이 자라서 언젠가는 진리를 볼 수 있습니다. 대표적인 예로 주리반특을 들 수 있겠습니다. 주리반 특은 일자무식이었습니다. 그런데 동네 형들이 부처님께 출가 를 하니까 같이 따라 출가를 했습니다. 주리반특은 부처님의 말씀을 아무리 들어도 한 구절도 외우지 못합니다. 그래서 주리반특은 부처님을 찾아갑니다. "부처님이시여, 저는 아무리 공부를 해도 모르겠습니다. 마을로 돌아가서 지금까지 살던대로 살겠습니다."라고 말합니다. 부처님은 주리반특에게 지금까지 무엇을 하며 살았느냐고 묻습니다. 주리반특은 마을을 청소하는 일을 했습니다. 청소를 했다고 말하자 부처님은 한 달 동안 절을 청소하고 마을로 내려가라고 합니다. 주리반특은 그 후 한 달 동안 절을 청소합니다. 주리반특은 자신이 잘하는 것을 하니까 신이 났고 도량은 매우 깨끗해졌습니다. 주리반특은 생각합니다. "부처님께서 나에게 이 일을 시킨 것은 절을 깨끗하게 하라고 한 것이 아니라 내 마음을 깨끗하게 하라는 것이 아닐까?" 이 생각을 한 뒤 얼마 지나지 않아 깨닫게 됩니다. 대원평등방편은 이 세상 모든 중생을 구하겠다는 원력으로 견성성불에서 나옵니다. 견성성불의 가장 빠른 지름길은 참선입니다. 남양 혜충의 일화가 있습니다. 남양 혜충은 육조 혜능의 뛰어난 다섯 제자 중 한 사람입니다. 남양 혜충의 명성을 듣고 왕이 여러 번 불러 국사를 보아달라고 부탁합니다. 아무리 부탁해도 남양 혜충은 말을 듣지 않습니다. 마지막에는 왕이 오지 않으면 죽이겠다고 그를 협박해도 그는 굴하지 않고 참선하다 죽으면 그만이라고 거절합니다. 그리고 박애산에서 40년 동안 참선만 하다 생을 마감합니다.

"발심의 공덕을 밝히다. 수승한 덕을 밝히다. 보살은 이 마음을 내기 때문에 조금이나마 법신을 보게 되며, 법신을 보기 때문에 그 원력(願力)에 따라서 여덟 가지를 나타내어 중생을 이익되게 한다." 공부한 공덕에 대해 설명합니다. 보살은 직심, 심심, 대비심을 내기 때문에 완전하지는 않지만 조금이나마 법신(진여)을 보게 됩니다. 보살이라면 나름대로 부처 되겠다고 원을 세운 사람입니다. 금강경을 보면 어떤 사람이란 말이 나오는데 이것은 진리의 문에 들어오지 않은 사람을 말합니다. 부처가 되겠다고 원을 세우지 않는 사람, 삶의 목적이 없는 사람을 가리킵니다. 선남자, 선녀인은 부처가 되겠다고 원을 세운 사람입니다. 보살은 그 세운 원에 따라 살아가는 사람입니다.

"발심의 공덕. 이른바 도솔천(兜率天)으로부터 모태(母胎)에 들어가고 모태에 머물고 태어나서 출가하여 성도(成道)하고 법륜을 굴리며 열반에 듦을 말하는 것이다." 이 내용은 바로 부처님의 삶입니다. 석가모니 부처님은 도솔천에 계시다가 마야 부인의 모태로 들어갑니다. 태어나서 출가하고 도를 이루어 법을 펴시고 열반에 드셨습니다. 우리는 발심의 공덕으로 부처님과 같은 삶을 살아야 합니다.

부처님의 일생을 나타낸 팔상성도를 살펴봅시다. "도솔내의상(兜率來儀相) 비람강생상(毘藍降生相) 사문유관상(四門遊觀相) 유성출가상(逾城出家相) 설산수도상(雪山修道相) 수하항마상(樹下降魔相) 녹원전법상(鹿苑轉法相) 쌍림열반상(雙林涅槃相)" 이것은 부처님의 인생을 크게 여덟 부분으로 나눈 것입니다. 특히 사문유관상을 주의 깊게 볼 필요가 있습니다. 석가모니 부처님은 동서남북 네 문을 다니면서 생노병사를 보게 됩니다. 그 후 땅을 파 쟁기질을 하는데 땅 속에서 벌레들이 나옵니다. 나오자마자 바로 어디선가 새가 날아와서 벌레를 물고 날아갑니다. 그것을 보고 석가모니 부처님은 왜 서로 죽여야 하는가에 대해 의문이 들었습니다. 그 생각을 하다 잠시 선정에 듭니다. 그 후 부처님께서 고행으로는 진리에 다다를 수 없다고 생각하던 찰나 어렸을 때 있었던 일을 떠올립니다. 그리고 석가모니 부처님은 자리를 깔고 선정에 들었다가 부처를 이루십니다. 어렸을 때의 그 일이 부처님을 깨치게 한 인연이 된 것입니다.

죽어서 천상에 태어난다고 했을 때 우리의 법력으로 태어나는 곳이 사천왕천 아니면 도리천입니다. 그 위로 올라가려면 훨씬 더 많은 공부를 해야 하고 법력이 필요합니다. 도리천에서 좀 더 수승하면 야마천이나 도솔천에서도 태어납니다. 석가모니 부처님이 태어나시기 전에 계시던 곳이 도솔천입니다. 미륵보살이 있는 곳도 도솔천입니다. 도솔천은 부처 만드는 공장이라고도 할 수 있겠습니다. 불교를 접하다 보면 8부신장이나 사천왕, 33천은 친숙한 말들입니다. 예불할 때 아침 종을 33번 칩니다. 우리가 살고 있는 이 세계를 다스리는 제석천왕이 살고 있는 곳이 33천입니다. 종을 33번 치는 이유는 이 세상의 모든 것을 깨우기 위해서입니다. 하지만 저녁 종은 28번을 치는데 이것은 28천 즉 욕계, 색계, 무색계를 잠들게 하기 위해서입니다.

"미세한 허물을 밝히다. 이 보살을 아직 법신이라 하지 않는 것은 그가 과거 한량없는 세월 동안 유루(有漏)의 업을 능히 끊어버리지 못하고 일어나는 바에 따라서 미세한 고뇌와 상응하기 때문이다. 그래도 업에 매이지 않는 것은 대원력[大願]과 자재한 힘이 있기 때문이다." 법신은 부처를 말합니다. 유루의 업을 끊지 못한다는 말은 견성을 하더라도 전생의 습이 남아 있다는 것입니다. 이것은 제8지 보살까지 가야 없어집니다. 아무리 업이 남아 있어도 부처가 되겠다는 대원력과 그 수행력 때문에 그 길을 꿋꿋하게 가는 것입니다. 보살이 부처는 아니지만 부처의 길을 꿋꿋이 가면 언젠가 부처가 될 수 있는 것입니다. 중요한 것은 '내가 부처다'라는 생각입니다. 보살은 그 생각이 마음 속에 꽉 찬 상태입니다. 그래서 세세생생 그 길을 가는 것입니다.

"권교의 말씀을 회통하다. 경전에서 '혹 악취(惡趣)에 떨어지는 것이 있다'고 말한 것은 실제로 떨어지는 것이 아니고 다만 처음 배우는 보살[初學菩薩]에게 아직 정위(正位)에 들지 못하고 게으름을 피우는 자를 위하여 두려워하게 하여 용맹케 하기 위한 것이다." 육도 윤회 가운데 지옥, 아귀, 축생이 악취입니다. 우리가 잘못 살면 악취에 빠질 수 있습니다. 문제는 여기에 빠지면 악취에서 맴돌 가능성이 높기 때문에 우리는 악취에 빠지면 안됩니다. 처음 배우는 보살들이 악취에 떨어질 수 있다고 말한 것은 두려워하여 게으름을 피우지 않고 용맹정진하게 하기 위함입니다. 부처가 되려면 한눈 팔지 않고 가야하는데 그렇지 못할까봐 권교의 말을 하는 것입니다. 노파심에서 한 마디 더 하는 것입니다.

부처님의 말씀이 담긴 경전을 보고 그 말씀을 통해 수행하는 과정과 결과가 나와 있어야 체계가 생깁니다. 화엄경의 보살 10지는 수행의 결과를 잘 보여주고 있습니다. 그리고 아함경의 수

행4과는 수행의 출발점, 과정을 잘 보여주고 있습니다. 수행4과
에는 수다원과, 사다함과, 아나함과, 아라한과가 있습니다. 수
다원과는 역류라고도 하는데 영원한 평안에의 흐름을 탄 사람
을 가리킵니다. 영원한 평안이란 다름 아닌 열반적정의 상태로
부처가 된 것입니다. 부처가 되는 길에 들어간 것입니다. 100%
발심해서 진리의 세계로 들어간 것입니다. 이것은 악취(惡趣)로
떨어지지 않고 정취(正趣)로 가는 커트라인이라고 할 수 있습니
다. 수다원과에 들면 죽다 깨어나도 악취에 떨어지지 않습니다.
사다함과는 일왕래라고도 하는데 한 번만 다시 태어나서 깨닫
는 사람을 가리킵니다. 바로 다음 생에 부처가 되는 사람을 말
합니다. 수행을 매우 많이 한 사람입니다. 아나함과는 불환이
라고 말하는데 이제는 결코 태어나 오지 않는 사람을 가리킵니
다. 이 생에 깨쳐서 윤회를 하지 않는 사람을 말합니다. 아라한
과는 무쟁이라고 하는데 집착에서 벗어난 존경받을 만한 사람
을 말합니다. 아나함과가 성숙해서 100% 이루어진 상태로 다
툼이 없다는 뜻입니다. 다른 존재와도 다툼이 없는 것이지만 내
속에서도 다툼이 없는 것입니다. 탐진치가 일어나지 않아 다툼
이 없어진 것입니다.

　수능을 보면 각 대학마다 커트라인이 있습니다. 커트라인을
보고 학생들은 그 목표를 향해 끊임없이 노력합니다. 불교 수행
도 비슷합니다. 각 단계, 커트라인을 만들어놓고 수행자들이 그
것을 목표삼아 열심히 수행하게 합니다. 그래서 수행자들이 '이
생에서 부처가 되어야 되겠다'고 발심하고 그 길을 걸어갑니다.
이것은 어렸을 때부터 하는 것이 유리합니다. 어렸을 때는 순수

하고, 잡다한 계산이 없고 흡수하는 힘이 빠릅니다. 나이가 들면 들수록 온갖 것에 물들어 있기 때문에 어렸을 때보다 발심을 하고 수행을 하기가 어렵습니다. 계산을 하고 의심을 하기 때문에 발심하기가 쉽지 않습니다. 발심을 하면 덕력이 올라옵니다. 발심을 한 후 공부를 하다보면 잘 안될 때도 있고 악수를 둘 때도 있습니다. 그렇게 실수를 거듭하다 보면 어느 순간 자기 확신이 생기는 경우가 있습니다. 그 때부터 공부가 되어 덕력이 생기는 것입니다. 불교 공부하다 보면 '아 이렇게 하면 부처가 되겠구나.'라고 하는 단계인 덕력이 생긴 단계인 것입니다.

"실행을 찬탄하다. 보살이 한 번 발심한 후에는 겁내고 나약한 마음을 멀리 여의어 이승지(二乘地)에 떨어짐을 두려워하지 않는다. 한량없는 아승기겁에 어렵고 힘든 수행을 부지런히 하여 열반을 얻는다는 것을 듣더라도 겁내어 좌절하지 않는 것이니, 일체법이 본래부터 스스로 열반임을 믿어 알기 때문이다." 한번 100% 발심하면 '내가 어떻게 살아야겠다.'는 그 삶 하나만 생각합니다. 어떤 상황이든 그 삶 하나 밖에 없습니다. 만약 그러한 생각이 흐트러진다면 그것은 100% 발심이 아닙니다. 그 생각이 흐트러지지 않고 끝까지 간다면 그것은 100% 발심입니다. 이승지란 성문, 연각을 말합니다. 떨어질 이유도, 염려도 없지만 떨어짐을 두려워하지 않습니다.

초기 경전을 보면 부처될 수 있겠다는 생각이 눈꼽만큼도 들지 않습니다. 아승기겁이란 10의 56승 겁으로 수백억 이상의 무수한 시간을 말합니다. 이렇게 많은 세월을 수행해야 겨우 부처가 됩니다. 하지만 중생들은 그 어마어마한 세월 앞에 겁내고 좌절하고 포기하지 않는 사람은 없을 것입니다. 100% 발심을 하면 이런 아승기겁 앞에서도 포기하지 않습니다. 공부를 해보면 시간과 공간에 대한 개념을 알게 됩니다. 모를 때는 주어진 시간과 공간 밖에 모르지만 수행을 해서 어느 정도 단계에 이르게 되면 개념이 달라져 있습니다. 수도 없이 수행을 하지만 그 시간도 한 찰나에 불과하게 됩니다. 그러다 어느 한 순간에 견성이 가능해집니다. 바로 선정에 드는 순간입니다. 한번 견성을 하게 되면 그 후로는 쉽게 견성에 나아갈 수 있습니다.

'일체법이 본래부터 스스로 열반임을 믿어 알기 때문이다.'는 말은 원래 있는 그대로가 부처임을 믿어 아는 것입니다. 일심의 도리, 일체법 그대로가 부처이고 열반적정입니다. 아집을 부리지만 부처가 되면 이 세상 그대로가 열반적정이 됩니다. 이성계가 무학 대사에게 돼지같이 생겼다고 하니까 무학 대사는 이렇게 맞받아칩니다. "폐하께서는 부처같이 보이십니다." 이성계가 왜 그렇게 보이느냐고 묻자 무학 대사는 부처 눈에는 부처 밖에 안 보이고 돼지 눈에는 돼지 밖에 안보인다고 말합니다. 이러한 것입니다. 세상은 마음을 연 만큼 내 세상입니다. 내가 부처면 세상은 전부 부처가 됩니다. 내가 지옥이면 세상은 전부 지옥이 됩니다. 내 마음 속에 그려져 있는 그것이 바로 내 세상입니다. 이 세상을 불국토로, 진리의 세상으로 만드는 것은 내가 부처가 되는 것입니다.

부처님의 6년 고행은 참 대단합니다. 어느 날 부처님께서 제자들에게 법을 설하시면서 "이 전에도 이 후에도 나와 같이 고

행하는 자는 없을 것이다."고 하십니다. 부처님은 6년 고행을 이와 같이 표현합니다. 수행하는 도중에 문제가 생겼습니다. 5년째가 되자 부처님의 에너지가 고갈되어 죽음 직전까지 갑니다. 그 날 아버지 정반왕의 꿈에 아들이 죽는 장면이 나옵니다. 걱정된 정반왕은 우다인을 시켜 석가모니 부처님을 찾게 합니다. 부처님이 쓰러져 있는 것을 찾은 우다인은 부처님을 업고 본국으로 돌아가려 합니다. 그러자 부처님께서 거절하시며 "우다인이여 나는 내 숨이 끊어질 때까지 여기서 수행을 할 것이다. 만약 내가 죽거든 시체를 메고 고향으로 돌아가라. 그리고 묘지에는 '처음 마음먹었던 것을 끝까지 지키려고 하다가 죽다'라고 적어다오."고 말씀하십니다. 그 후 6년째 되는 해에 다른 방법이 있음을 알고 그만두고 실천으로 옮깁니다. 그리고 10일 만에 견성을 하여 부처가 됩니다. 부처가 되기 위해서 선정에 한 번 들어봐야 합니다. 선정에 들어야 그 다음에 열리는 다른 세상을 알게 됩니다. 이론적으로 아무리 알아도 내가 선정에 들지 않으면 상상 속의 이야기입니다. 우리는 부처님의 고행 사진을 걸어놓고 어떻게 살 것인가 생각해 보아야 합니다.

*머리 식히면서 한번 보기_과보 이야기

이번에는 선로(宣老) 스님의 이야기를 해봅시다. '선로'란 태어나자마자 노인이란 말입니다. 송나라 때 곽공보(郭功輔)라는 문장가가 있었습니다. 곽공보가 임제종의 귀종선(歸宗宣) 선사를 스승으로 모시고 있었습니다. 어느 날 귀종선 선사가 곽공보에게 "내가 너희 집에 6년만 있어도 되겠느냐?"라고 하자 곽공

보는 흔쾌히 응낙합니다. 그런데 얼마 후 선사가 열반에 들었습니다. 얼마 지나지 않아 곽공보의 집에 아이가 태어났는데 말을 하기 시작하면서 위아래가 없었습니다. 자기가 가장 어른인 듯 행동했습니다. 그런데 황당한 것은 알려준 적도 없는데 자기가 귀종선 선사라고 말하는 것이었습니다. 아이가 감당이 안되는 곽공보는 임제종의 백운단 선사에게 부탁하여 아이를 한번 봐 달라고 합니다. 백운단 선사가 곽공보의 집에 오니까 그를 본 아이가 "어, 조카 잘 왔네!"라고 합니다. 어리둥절한 백운단 선사는 자기가 귀종선 선사라고 하는 아이에게 여러 가지를 물어서 대조해봅니다. 놀랍게도 귀종선 선사와 자신만이 아는 이야기도 아는 것이었습니다. 그러다 아이가 태어난지 6년이 지나자 어느 날 곽공보에게 말합니다. "내가 자네 집에 6년 있겠다고 했는데 이제 6년이 되었으니 가겠네." 그러자 평범한 아이로 돌아왔습니다. 이렇게 태어나자마자 전생을 기억하는 것을 격생불망(隔生不忘)이라고 합니다. 티베트의 활불사상(活佛思想)도 이런 것입니다. 전생에 자신만이 아는 무언가를 해놓고 이생에 다시 태어나면 그것을 찾아갑니다.

조금만 더 들어가면 이런 신기한 세계가 무궁무진하게 있는데 우리는 못 들어갑니다. 여기서는 시시비비가 없는 것이 아니라 문제가 되지 않습니다. 그래서 공부, 수행을 해야 합니다.

"수다원과나 사다함과를 얻으면 악처(惡處)에 태어나게 만드는 무기한으로 효과가 있는 모든 업이 소멸된다. 아나함과를 얻으면 욕계의 세계에 태어나는 과보를 가져올 수 있는 무기한으로 효과가 있는 모든 업이 소멸된다. 아라한이 되어 열반을 성취하면 어떠한 세계에 태어나게 만드는 무기한으로 효과가 있는 모든 업이 완전히 소멸한다." 우리 속에는 세세생생의 업들이 쌓여 있습니다. 하지만 최소 수다원과를 얻으면 많은 업이 소멸되어 악처에 태어나지 않게 됩니다. 악처는 지옥, 아귀, 축생을 말합니다. 악처에 태어나지 않는 생명들은 악처보다는 편안하고 좋습니다. 아나함과를 얻으면 욕계 이상의 세계에 태어날 수 있습니다. 그 말은 적어도 색계, 무색계 이상에 태어난다는 말입니다. 아라한이란 열반적정의 상태를 이룬 사람을 말합니다. 불교의 사법인은 제행무상, 일체개고, 제법무아, 열반적정입니다. 앞의 세 개는 이 세상에 존재하는 모든 것의 속성입니다. 이것의 본질, 즉 연기를 인식하고 터득하면 열반적정의 상태가 됩니다. 선정에 들어서 보는 세계가 열반적정의 세계입니다. 아라한이 되면 열반적정의 상태가 되어 어떠한 몸으로도 태어나지 않게 됩니다.

무기한이란 언젠가 인연이 부딪히면 업이 발동하는 상태를 말합니다. 이런 업들이 소멸되는 것입니다. 그래서 악취에 태어나지 않고, 욕계에 태어나지 않고, 다시는 태어나지 않게 됩니다.

"유익한 업의 금생 과보를 받을 조건에는 세 가지가 있다. 첫째 대상의 성취이다. 보시를 받는 사람은 멸진정에 들 수 있는 아라한이나 아나함이어야 한다. 둘째 생필품의 성취이다. 보시할 물건은 법에 따라 얻어진 것이어야 한다. 셋째 의도의 성취이다. 보시자의 의도는 순수해야 한다." 보통은 현생에 과보를 지으면 내생에 받는데 현생에 과보를 지으면 현생에 과보를 받는 경우도 있는데 조건이 있습니다. 첫 번째는 보시를 받는 사람이 아라한이나 아나함 이상의 상태여야 합니다. 멸진정은 선정에 드는 순간을 말합니다. 선정은 지속적으로 계속 드는 상태를 말합니다. 둘째는 보시하는 물건이 합법적이어야 합니다. 지나가다 주운 물건이나 남에게서 빼앗아서 준 물건은 효과가 없습니다. 보시를 해도 바로 복을 받지 못합니다. 정당한 방법으로 얻은 물건이어야 보시의 효과가 금생에 나타납니다. 셋째는 보시자의 의도가 순수해야 합니다. 대가를 바라고 보시하면 좋은 결과를 얻기 힘듭니다.

제23강

(3-3-2-2) 해행발심을 설하다
(3-3-2-2-1) 심해가 현전하다

[진제67] 해행발심(解行發心)은 알고 실천하는 발심으로 더욱 수승한 것임을 알아야 할 것이니, 왜냐하면 보살은 처음 바른 신심[正信]을 일으킨 후 제일 아승기겁이 다 할 때까지 바른 신심이 이어지도록 하기 때문에 진여법에 대한 깊은 이해가 나타나며, 닦는 것이 모양을 여읜다.

解行發心者，當知轉勝。以是菩薩從初正信已來，於第一阿僧祇劫將欲滿故，於真如法中，深解現前，所修離相。

(3-3-2-2-2) 수순하여 육바라밀을 닦다

법성의 자체는 인색하고 욕심 많음(慳貪)이 없는 줄 알기 때문에 그에 수순하여 보시바라밀(布施波羅蜜)을 수행하며,

법성은 물들어 더럽혀짐이 없어 오욕락(五欲)의 허물을 여읜 줄 알기 때문에 그에 수순하여 지계(持戒)바라밀을 수행하며,

법성은 고뇌(苦)가 없어 성 내고 괴로워함을 여읜 줄 알기 때문에 그에 수순하여 인욕(忍辱)바라밀을 수행하며,

법성은 몸과 마음(身心)의 모양이 없어 게으름을 여읜 줄 알기 때문에 정진(精進)바라밀을 수행하며,

법성은 항상 안정하여 자체가 산란함이 없는 줄 알기 때문에 그에 수순하여 선정(禪定)바라밀을 수행하며,

법성은 자체가 밝아서 무명을 여읜 줄 알기 때문에 그에 수순하여 반야(般若)바라밀을 수행한다.

以知法性體無慳貪故，隨順修行檀波羅蜜；以知法性無染，離五欲過故，隨順修行尸波羅蜜；以知法性無苦，離瞋惱故，隨順修行羼提波羅蜜；以知法性無身心相，離懈怠故，隨順修行毘梨耶波羅蜜；以知法性常定，體無亂故，隨順修行禪波羅蜜；以知法性體明，離無明故，隨順修行般若波羅蜜。

발심에는 신심으로 부처를 이루겠다는 신성취발심과 알고 행하는 발심이 해행발심입니다. 알고 행한 후 회향하여 증명하는 발심이 증발심입니다. 지난 시간에는 신성취발심까지 했습니다. 오늘은 해행발심을 할 차례입니다.

"해행발심(解行發心)을 설하다. 심해가 현전하다. 해행발심은 알고 실천하는 발심으로 더욱 수승한 것임을 알아야 한다. 왜냐하면 보살은 처음 바른 신심[正信]을 일으킨 후 제일 아승기겁이 다할 때까지 바른 신심이 이어지도록 하기 때문에 진여법에 대한 깊은 이해가 나타나며, 닦는 것이 모양을 여의기 때문이다." 심해는 깊이 이해하는 것입니다. 불교의 본질은 아는 것입니다. 알면 실천하게 되어 있습니다. 그래서 진리를 알아라고 하지 실천하라고 하지 않습니다. 실천으로 옮기지 못하는 것은 알지 못하기 때문입니다. 한 가지가 지극하면 그 한 가지 방향으로 흘러가게 되어 있습니다. 이해하는 것보다 더 중요한 것은 없습니다. 불교에서는 처음부터 끝까지 아는 것 밖에 없습니다. 어떻게 부처가 되는지 알고 발심하면 실천은 따라오는 것입니다. 그렇게 되면 부처되기는 쉬워집니다.

우리는 어떻게 하면 부처가 될까요? 내가 처음 바른 신심(부처가 되겠다는 신심)을 일으킨 후에 아승기겁과 같은 아득한 세월 동안 그 마음을 이어가야 합니다. 그렇게 되면 진여에 대한 깊은 이해가 나타나게 됩니다. 생각이 한 순간에 그쳐버리면 깊어지지 않지만, 오랜 세월 동안 발심하고 신심을 이어가면 이해가 깊어집니다. 그러면 깊은 이해가 눈앞에 나타나는 것입니다.

아승기겁이 나왔으므로 경전에 나오는 숫자들을 살펴보겠습니다. "일십백천만억조경해자양구간정재극이 있습니다. 극은 10의 48승이고 그 위에 항하사가 있고 그 위에 아승기가 있는데 아승기는 무수겁으로 10의 56승입니다. 그 위에는 나유타, 불가사의가 있습니다." 흔히 조까지는 압니다. 10의 9승이 억인데 극은 그에 비해 어마어마한 숫자입니다. 항하사는 10의 52승이고 나유타는 10의 60승이고 불가사의는 10의 64승입니다. 경전에 나오는 불가사의는 말로만 불가사의가 아니라 실제 숫자도 불가사의합니다. 항하사는 숫자지만 항하강은 갠지스 강을 말합니다.

세상을 이루고 있는 것은 통계이고 확률입니다. 통계가 유효한 것은 아보가도르 수와 같은 엄청나게 큰 수를 바탕으로 하기 때문입니다. 아보가도르 수는 6.023 곱하기 10의 23승입니다. 물 22.4L 속에 들어있는 물분자의 수가 6.023 곱하기 10의 23승입니다. 한 컵의 물 500g 속에는 10의 21승개 정도 물분자가 들어있습니다. 이것을 동해 바다로 가서 바다에 붓고 배를 타고 태평양을 휘저었습니다. 그래서 하와이로 가서 물 500g을 다시 떴습니다. 그렇다면 동해 바다에서 부은 물 분자의 몇 개가 이 컵에 다시 들어왔을까요? 이것을 확률로 계산해보면 보면 최소한 물분자 7, 8개 정도가 들어와 있습니다. 그러니 10의 23승이란 어마어마한 숫자임을 알 수 있습니다. 프랙탈 이론, 전생, 윤회, 인과 법칙도 결국은 이런 어마어마한 숫자를 바탕으로 성립하는 것입니다. 무생물에 적용되는 인과법칙은 과학이 정확하게 증명하고 있습니다. 예를 들어 포탄을 이 각도로 던지면 어떤 곳에 떨어지는지 정확하게 알 수 있습니다. 하지만 생물은 좀 다릅니다. 인간은 의지를 가지고 있습니다. 포탄은 무조건 날아가지만 사람은 가기도 하고 안 가기도 합니다. 생명은 가고 싶으면 더 가고 가기 싫으면 가지 않거나 덜 갑니다. 인과율이 무생물에게는 정확하게 적용되지만 생물에게는 다르게 적용됩니다. 무생물, 생물에게 모두 적용되는 인과율은 연기입니다. 만약 누군가에게 돈을 준다면 웬만하면 다들 좋아할 것입니다. 사람에 따라 좋아하는 정도는 다를 것입니다. 만약 누군가가 사람들의 따귀를 때린다면 다들 싫어할 것입니다. 다만 사람마다 기분 나쁜 정도는 다를 것입니다. 이와 같이 아무리 의지가 적용되어도 방향이 있습니다. 여기서 선과 악이 나옵니다. 만약 선한 행위를 하면 좋은 결과가 나타나고 악한 행위를 하면 좋지 않은 결과가 나타납니다. 대원칙은 변하지 않습니다. 이것의 바탕이 확률과 통계입니다. 숫자가 10의 23승을 넘어가면 모든 것이 확률적으로 정확하게 똑같이 일어납니다. 불교 경전에 나오는 모든 이야기를 보면 10의 23승을 초월한 시간이 나옵니다. 그러니 일어날 일이 일어나는 것입니다. 이 우주 공간은 어마어마합니다. 공간적으로도 상상할 수 없을 정도로 어마어마하고 숫자적으로도 경우의 수가 어마어마하게 많습니다. 그러니까 모든 것이 통계적으로 확률적으로 정확하게 일어날 일들이 일어납니다.

불교 경전에는 이외에도 다른 숫자들도 나옵니다. 진은 10의 -9승이고 애는 10의 -10승입니다. 모호는 10의 -13승이고 순식은 10의 -16승입니다. 찰나는 10의 -18승이고 허공은 10의 -20승이고 청정은 10의 -21승입니다. 진애는 이 작은 먼지와 같은 단위입니다. 먼지를 진애라고 하는 것은 다름이 아니라 10의 -9승, -10승 정도로 작기 때문입니다. 이것도 아니고 저것도 아닌, 모르는 것을 모호라고 합니다. 그 정도로 작습니다. 그보다 더 한 것이 순식입니다. 흔히 순식간에 무언가 지나가더라고 이야기 합니다. 이것도 숫자입니다. 경전을 보면 의식이 나타났다 사라지는 것이 찰나라고 말합니다. 그 찰나는 10의 -18승입니다. 불성, 진여를 나타낼 때 허공에 비유합니다. 10의 -20승이니 있는지 없는지도 모릅니다. 청정은 청정법신의 그 청정입니다. 먼지 한 조각도 오염되지 않은 상태입니다. 그만큼 미세한 단계입니다. 결국 경전에 나오는 숫자가 변형되어서 우리 생활 속에 쓰이고 있는 것입니다.

진여에 대한 깊은 이해는 1 아승기겁 동안 알고 행했기 때문이며 10회향의 단계에서 평등공을 얻었기 때문입니다. 알고 행한 것을 100년 200년 한 것이 아니라 10의 56승 년이나 한 것입니다. 끝없이 긴 시간 동안 한 것입니다. 내 생각 속에서 끝없이 꾸준히 진리를 생각했다는 것입니다. 내 속에 진여에 대한 생각 밖에 없는 것입니다. 어떤 일을 이루려면 어떤 생각을 하루 종일 하면 됩니다. 하지만 일반적으로 사람들은 가만히 있으면 온갖 잡생각이 일어납니다. 한 생각을 하지 못합니다. 진리로 내 모든 것을 채우면 다른 것이 못 들어옵니다. 이런 상태가 계속되면 회향의 단계까지 넘어갑니다. 차면 넘치게 되어 있습니다. 회향은 쉽게 말하면 봉사와 비슷합니다. 나만 잘 사는 것이 아니라 모두 같이 잘 살자는 것입니다. 이것이 회향입니다. 내가 텅 비어 있으면 죽어도 회향이 되지 않습니다. 내가 차 있으면 회향이 됩니다. 봉사라는 것은 내 속에서 넘쳐 흘러나는 것입니다. 아까운 생각이 있으면 봉사가 이루어지지 않습니다. 이미 대가를 바라는 행위인 것입니다. 진정한 봉사는 대가를 원하지 않습니다.

대학교에 가려면 커트라인이 있듯이 우리 인생도 각자 나름의 점수가 있습니다. 그 점수를 보살지위로 나타낼 수 있습니다. 1등급부터 52등급까지 나누어져 있습니다. 부처님은 네 단계로 나누었지만 좀 더 세분화한 것입니다. 여기서 커트라인에 해당하는 단계에 걸리면 아래로 잘 떨어지지 않습니다. 현실에서도 합격한 것과 합격하지 못한 것에는 큰 차이가 있습니다. 예를 들어 십신의 단계 위로 가지 못하면 그 아래로 수시로 떨어지며 육도 윤회를 반복합니다. 큰 죄를 저지르지 않는 한 인간의 몸을 받는 것은 그 밑으로 잘 떨어지지 않습니다.

보살지위에 가려면 십신, 십주, 십행, 십회향, 십지가 필요합니다. 가장 먼저 오는 십신은 진리에 대한 믿음입니다. 원을 세워 이루어지기 원하면 이루어지는 믿음입니다. 그 후 십주(십해)가 옵니다. 주, 해는 이해하고 아는 것입니다. 철저하게 알면 자동적으로 행동으로 옮겨집니다. 그 다음 행동하는 십행이 오고 행동이 넘쳐나면 세상을 향해 회향을 합니다. 이것이 십회향입니다. 그 후에 부처가 됩니다. 십지는 부처의 지위에 들어간 것입니다. 조금 전에 언급한 해행발심은 십주와 십행의 단계에 해당합니다. 알고 행하는 발심입니다. 이것을 지속적으로 계속하면 넘쳐 십회향으로 갑니다. 진여에 대한 깊은 이해가 긴 시간 동안 자연스럽게 물들어 익은 것입니다. 속속들이 진여로 나를 채워놓은 것입니다.

"수순하여 육바라밀을 닦다. 육바라밀이란 보시바라밀(dana paramita), 지계바라밀(sila), 인욕바라밀(ksanti), 정진바라밀(vyayama), 선정바라밀(dyyana), 지혜바라밀(prajna)이다." 육바라밀을 닦는 것이 해행에서 일어나는 일입니다. 무엇을 행하느냐 하면 육바라밀을 행하는 것입니다. 어떻게 살 것인가에 대한 지표가 되는 것이 초기불교에서는 팔정도였습니다. 부처님께서는 나 이전이나 이후나 8정도를 떠나 진리를 이룰 수 없다고 확실하게 말씀하셨습니다. 그 팔정도가 대승불교로 넘어와서 육바라밀이 된 것입니다. 이것을 꾸준히 행하면 부처되지말라고 해도 부처가 됩니다.

"보시바라밀(布施波羅蜜). 법성의 자체는 인색하고 욕심 많음[慳貪]이 없는 줄 알기 때문에 그에 수순하여 보시바라밀을 수행하며 십행 중에서 법공을 얻었기 때문에 법계에 수순하여 육도행을 닦는다." 법이란 부처님께서 말씀하신 6근과 6경의 화합으로 이루어진 12처, 즉 이 세상 모든 것과 모든 작용을 말합니다. 이 법의 형태가 법신이고 성품이 법성입니다. 이런 식으로 나의 형태, 몸은 자신이고 나의 성품은 자성입니다. 자성을 깨치면 견성을 하여 부처가 되는 것이고 완전한 부처가 되려면 법성까지 깨쳐야 합니다. 이것이 성불입니다. 불성(佛性)은 자성과 법성을 합친 것입니다. 크게 보면 자성은 법성에 속합니다. 그래서 법성은 불성과 같게 됩니다. 이 말은 법성 자체에 베품의 완성인 보시바라밀이 들어있다는 말입니다. 거꾸로 보면 법성의 내용이 바로 육바라밀이 가득 채워진 것입니다. 중생은 아집과 무지 때문에 가득찬 보시를 모릅니다. 법성과 달리 중생은 아집과 무지로 차 있기 때문에 인색하고 욕심이 많습니다. 베풀자고 하면서 못 도와주는 이유가 뭡니까? 자신의 욕심 때문에 못 도와주는 것입니다. 법성을 모르기 때문에 그런 생각이 일어나는 것입니다. 내가 진리를 알고 흘러넘쳐야 진정으로 도와줄 수 있습니다. 육도행이란 육도 윤회하는 가운데 진리를 행하는 행을 말합니다. 진리를 제대로 알면 법성 자체에 인색하고 욕심이 없음을 압니다. 중생은 이것을 모르기 때문에 인색함과 욕심으로 가득 차 있는 것입니다. 이것이 없어야 보시를 할 수 있습니다.

"지계바라밀(持戒波羅蜜). 법성은 물들어 더럽혀짐이 없어 오욕(五慾)락의 허물을 여읜 줄 알기 때문에 그에 수순하여 지계바라밀을 수행한다." 내가 본래 성품을 본다는 것은 물들어 더럽혀지지 않은 것을 본다는 말입니다. 중생은 평생 물들어 더럽혀진 것을 씁니다. 원래 법성, 자성은 물들어 더럽혀진 것이 없습니다. 지계는 삶의 모습입니다. 계율을 지키며 살아가는 것입니다. 규칙적인 생활을 하는 것입니다. 이것이 진여에 가까이 가는 방법입니다. 물들고 더럽혀지지 않으려면 지계를 해야 합니다. 지계는 구체적으로 다섯 가지가 있습니다. 첫째가 살생을 하지 않는 것입니다. 인간뿐만 아니라 살아있는 모든 생명에게 자비를 베푸는 것입니다. 둘째가 거짓말을 하지 않는 것이고, 셋째가 도둑질을 하지 않는 것이고, 넷째가 음행을 하지 않는 것이고, 다섯째가 술을 먹지 말며 마약을 하지 말며 생각은 깨어 있으라는 것입니다.

"인욕바라밀(忍辱波羅蜜). 법성은 고뇌[苦]가 없어 성내고 괴로워함을 여읜 줄 알기 때문에 그에 수순하여 인욕바라밀을 수행한다." 참고 견딘다고 생각할 때는 힘듭니다. 하지만 자연스럽게 있을 때는 그냥 참고 견뎌집니다.

부처님 경전에 앙굴리말라의 이야기가 나옵니다. 앙굴리말라는 용모가 잘 생기고 뛰어난 능력을 가진 젊은이였습니다. 그는 브라만을 스승으로 삼았는데 스승의 아내가 그에게 흑심을 품었습니다. 그런데 아무리 유혹해도 안되자 앙굴리말라가 자신을 겁탈했다고 무고를 합니다. 분노한 스승은 그의 죄를 사하기 위해 사람 100명을 죽이고 그 손가락으로 목걸이를 만들어야 한다고 말합니다. 그래서 앙굴리말라는 99명의 사람을 죽입니다. 죽인 사람의 손가락을 주렁주렁 목에 걸고 1명만 더 죽이면 모든 문제가 끝난다고 생각하고 있었습니다. 마침 그 때 부처님을 만납니다. 앙굴리말라가 부처님을 죽이려고 아무리 쫓아가도 따라잡을 수 없었습니다. 앙굴리말라가 지쳤을때 부처님은 그에게 법을 설합니다. 원래 명석했던 앙굴리말라는 그 말을 듣고 진리를 깨우칩니다. 그리고 자신이 얼마나 잘못 살아왔는가를 깨닫고 부처님 법에 귀의합니다. 이후 앙굴리말라는 마을에 탁발을 하러 나갔는데 마을 사람들이 두려워하여 아무도 밖에 나오지 못했습니다. 그러나 한참이 지나도 앙굴리말라가 살인을 하지 않는 것을 보고 사람들은 돌을 던지고 막대기로 때리고 했습니다. 매일 나가기만 하면 피를 철철 흘리며 돌아왔습니다. 그런 앙굴리말라를 보고 부처님은 "너의 업보를 이 세상에서 받는 것이다. 이 세상에 인욕보다 더 가치 있는 것은 없다." 고 말씀해주십니다. 앙굴리말라는 마을 사람들의 보복을 이겨냈고 아무리 맞아도 얼굴에 분노와 원망은 없었고 평온함만 가득했다고 합니다.

"정진바라밀(精進波羅蜜). 법성은 몸과 마음[身心]의 모양이 없어 게으름을 여읜 줄 알기 때문에 정진바라밀을 수행한다." 우리는 계속 편안하고 나태해지고 싶어 합니다. 이것은 육신이 하자고 하는 대로 따라서 하기 때문입니다. 하지만 몸이 하자는 대로 하지 않으면 처음에는 매우 힘듭니다. 시간이 지나면 익숙해집니다. 몸과 마음의 모양이 없는 것을 알면 이런 게으름으로부터 벗어날 수 있습니다. 그렇게 되면 끝없는 정진이 가능해집니다. 누구나 지금보다 좀 더 나은 삶을 원합니다. 그러기 위해서 정진이 이루어져야 합니다.

부처님의 뛰어난 제자이자 수행자인 가섭 존자가 있습니다. 그는 평생 두 시간 이상 자지 않았고 허리를 바닥에 대지 않았습니다. 그는 부처님의 법을 믿고 평생을 정진했습니다. 가섭은 분소의를 입고 다녔고 방에서 자지 않고 나무 밑에서 앉아 선정에 들었습니다. 가섭이 나이가 들어서도 그러자 보다 못한 부처님께서 이제는 좀 편안하게 지내도 되지 않겠느냐고 합니다. 그러자 가섭이 말합니다. "저는 죽을 때까지 이렇게 살고 싶습니다. 이렇게 사는 것이 좋습니다." 그 말을 듣고 부처님은 감탄하며 가섭의 삶을 인정해주고 허락합니다. 부처님께서 허락해주신 것이 두 가지 있는데 그 중 하나가 가섭의 이런 삶이고 나머지 하나는 사리불이 먼저 열반에 드는 것이었습니다.

진리를 알면 게을러지지 않습니다. 하지만 우리는 끝없는 합리화 때문에 게을러집니다. 젊어서 규칙적이었던 사람은 나이가 들어서도 그 습관 때문에 규칙적으로 살아갑니다. 그렇지 못한 사람은 쉽게 허물어져버립니다. 수행을 잘 했던 사람은 죽을 때도 편안하게 죽습니다. 하지만 수행을 제대로 못하거나 아예 못한 사람은 극도의 공포가 엄습합니다. 이 공포를 이기지 못합니다. 삶 가운데 정신은 시간, 공간이 달라도 크게 다르지 않습니다. 내가 어떤 시대에 어떤 일을 하더라도 그 정신은 같습니다. 공부하고 수행하는 이유가 이것입니다. 내가 그런 마음을 먹고 살면 됩니다. 다른 사람이 어떤지 볼 필요가 없습니다. 내가 부처면 세상이 부처고 내가 지옥이면 세상이 지옥입니다.

"선정바라밀(禪定波羅蜜). 법성은 항상 안정하여 자체가 산란함이 없는 줄 알기 때문에 그에 수순하여 선정바라밀을 수행한다." 정진의 내용이 다른 것이 아니라 선정과 지혜입니다. 선정이란 집중하여 들어가는 세계입니다. 끝없이 집중하다 보면 어느 순간 선정에 듭니다. 삼매에 듭니다. 우리가 추구하는 목적은 선정입니다. 선정에 들면 지금까지 보지 못했던 청정한 것이 보입니다. 극히 미세한 청정이 선정에 들면 보이기 시작합니다. 그것을 위해서 집중을 합니다. 내 생각을 하나로 모아야 합니다. 법성은 항상 안정하고 산란함이 없습니다. 하지만 우리는 항상 산란합니다. 가만히 있으면 온갖 생각이 일어납니다. 내가 의식하지 못한 생각들도 일어나지만 내가 의식하는 거친 생각도 일어납니다. 안하려고 해도 일어나기 때문에 집중하는 연습을 하는 것입니다. 집중하다 보면 하나로 모아지는데 그 순간 선정에 들고 삼매에 듭니다.

부처님께서는 수많은 수행자들을 찾아다녔지만 이것이 아니다라고 생각하여 혼자 6년 고행에 들어갑니다. 부처님은 이것도 아니라는 생각이 들었습니다. 그것은 부처님 어린 시절 기억 때문이었습니다. 부처님께서는 어렸을 때 생노병사를 보시고, 농부가 쟁기로 땅을 파자 벌레가 나오니 새가 그것을 낚아채가는 것을 보고 충격을 받았습니다. 그 문제에 꽂혀 생각하시다 선정에 들었습니다. 부처님께서는 그 기억을 떠올리시고 고행도 아니라고 생각하시고 우유죽을 먹고 힘을 내어 나무 밑에 풀을 깔고 앉아 선정에 듭니다. 그리고 일주일 만에 견성성불합니다. 우리도 순간순간 선정에 들긴 합니다. 한 군데 깊이 몰두해 빠지다 보면 겪을 수 있습니다. 그 순간을 기억해내면 누구나 쉽게 선정에 들 수 있습니다.

"지혜바라밀(智慧波羅蜜). 법성은 자체가 밝아서 무명을 여읜 줄 알기 때문에 그에 수순하여 지혜[般若]바라밀을 수행한다." 지혜란 옳고 그름이 무엇인지 아는 것입니다. 분별하여 판단하는 것입니다. 바른 생각을 하고 나타내는 것이 지혜입니다. 우리는 왜 육바라밀을 실천해야 할까요? 견성하면 실천하지 않으려고 해도 육바라밀을 실천할 수밖에 없습니다. 왜냐하면 법성의 내용이 육바라밀이기 때문입니다. 법성이 이루고 있는 내용, 즉 나의 자성이 육바라밀로 이루어져 있습니다. 견성을 하고나면 그냥 행하는 모든 것이 육바라밀인 것입니다. 그냥 그것들이 흘러넘칠 뿐입니다.

*머리 식히면서 한번 보기

난다는 부처님의 배다른 동생입니다. 그는 부처님의 동생이었으나 성격이 짓궂었습니다. 원래는 출가하지 않으려고 했으나 강제로 부처님께서 출가시켰습니다. 그러니 얼마나 심사가 뒤틀리고 불만에 가득 차 있었겠습니까. 어느 날 사리불 존자가 달빛 아래에서 선정에 들어 있었습니다. 그의 머리가 달빛에 빛이 났습니다. 이 광경을 보고 화가 난 난다는 사리불의 머리를 세게 때렸습니다. 사리불은 선정의 힘 때문에 무엇엔가 부딪히는 미세한 힘을 느꼈습니다. 하지만 난다는 지옥에 떨어지고 말았습니다.

나중에 부처님은 이 일을 가지고 제자들에게 설명했습니다. "비구들이여, 그러므로 자기의 마음을 되풀이하여 반조해야 한다. '오랜 세월 동안 내 마음은 탐욕과 성냄 그리고 무지에 의해 오염되었다.'라고. 비구들이여, 마음이 오염되면 중생이 오염된다. 마음이 청정하면 중생이 청정하다." 난다는 자기 속에 들어있는 성냄을 이기지 못하고 지옥에 떨어진 것입니다. 이를 통해 부처님께서는 내 마음 속의 탐욕, 성냄, 무지에서 벗어나라고 하신 것입니다.

다음은 잔인한 새 사냥꾼의 이야기입니다. 뿌띠가따 띳사(부처님 시대의 이름)는 가섭불 시대에서는 사꾸니까라는 새 잡는 사람이었습니다. 그는 잔인하게도 새의 날개와 다리를 부러뜨려 도망가지 못하게 했습니다. 어느 생에서 그는 발우에 공양을 올리고 절을 하면서 자신도 아라한이 되기를 발원하였습니다. 그는 새를 괴롭힌 업보로 수 백만년 동안 지옥의 고통을 받다가 그 공덕으로 부처님 때 인간의 몸을 받아 출가하여 비구가 되었습니다. 하지만 이런 복을 받았지만 뿌띠가따 띳사는 얼마 후에 병을 얻어 죽고 말았습니다. 죽기 전에 온 몸에 종기가 나서 극심한 고통 속에서 죽었습니다. 비록 아라한의 원을 세워 부처님을 만나고 출가를 했지만 새를 괴롭힌 과보로 고통스럽게 죽은 것이었습니다.

부처님 시대에 바꿀라 존자라는 사람이 있었습니다. 그는 청정하게 계를 지키며 사무량심을 닦은 사람이었습니다. 수만 겁 전에 그는 학식이 있는 브라만이었습니다. 그 때 그는 미래 생에도 자신의 행복이 이어지기를 발원하였습니다. 이번 생에도 항상 부지런하고 건전하게 살고 있었는데 마침 부처님이 출현하셨고 그 때 법문을 듣고 불법에 귀의하였습니다. 하루는 배가 아픈 부처님께 약을 올렸습니다. 부처님께서 걸식을 나가 공양받은 밥이 상한 것이었습니다. 하지만 바꿀라의 약을 먹은 덕분에 부처님은 복통에서 벗어나셨습니다. 바꿀라는 이후에 세세생생 아프지 않는 건강한 몸을 받았다고 합니다.

그는 나중에 파두뭇따라 부처님 시대 때 함사와띠시에 재가자로 살았는데 어느 날 부처님의 법문을 듣고 부처님의 제자로 살기를 발원하였습니다. 그는 어렸을 때 야무나 강에서 간호사가 그를 씻기다가 잘못하여 물에 빠지게 되었습니다. 물고기가 그를 잡아먹었지만 전생 선정의 힘으로 죽지 않고 살아남을 수 있었습니다. 이것이 선정의 힘입니다.

그러므로 보시의 조건은 덕이 있는 자가 바르게 얻어진 재물을 덕이 있는 자에게 청정한 마음으로 베푸는 것입니다.

우리는 어떻게 살아야할까요? 부처님께서는 이렇게 말씀하셨습니다. "계를 청정하게 지켜야 한다. 덕이 있는 사람에게 온 마음으로 어떠한 보상도 바라지 않고 재물 등을 제공하고 돌보아 주어야 한다. 계속해서 사마타와 위빠사나를 수행해야 한다. 비구들이여, 청정하게 계를 지켰기 때문에 계가 있는 사람의 소원은 이루어진다." '청정하게'라 함은 대가나 보상을 바라지 않고 내마음 속에 흘러넘치는 자비로 하는 것입니다. 지금 내 속에 있는 업은 뒤죽박죽되어 있습니다. 옷장을 정리해두면 입고 싶은 옷을 쉽게 꺼내 입을 수 있습니다. 반대의 경우 옷 하나를 찾기 위해 온 집안을 뒤져야 합니다. 기도란 내 속의 옷장을 정리하는 것입니다. 정리를 해두면 전생의 착한 업이 바로 꺼내지기 때문에 소원이 이루어지는 것입니다. 만약 내 속에 선한 업이 쌓여있지 않으면 수백 생이 지나도 원은 이루어질 수 없습니다. 그러므로 우리는 부처가 되겠다는 원을 세우고 계속 선한 업을 쌓아야 하는 것입니다.

제24강

(3-3-2-3) 증발심을 설하다
(3-3-2-3-1) 증발심의 모든 지위를 밝히다
(3-3-2-3-1-1) 지위와 증의 뜻을 밝히다
[진제68] 증발심(證發心)이란 정심지(淨心地)로부터 보살구경지(菩薩究竟地)에 이르기까지 어떤 경계를 증득하는가?

이른 바 진여이다. 전식(轉識)에 의하여 경계라고 말하지만 이 증득은 경계가 없는 것이며 오직 진여의 지혜[眞如智]뿐이므로 법신(法身)이라 한다.

證發心者 , 從淨心地乃至菩薩究竟地 , 證何境界？所謂真如 , 以依轉識說為境界 , 而此證者無有境界 , 唯真如智名為法身。

(3-3-2-3-1-2) 덕을 찬탄하다
보살이 일념(一念) 사이에 시방의 모든 세계에 이르러 부처님께 공양 올리고 법륜을 굴리기를 청하니, 그것은 오직 중생을 도에 이르도록 인도(開導)하여 이익되게 하기 위한 것이지 문자에 의지하지 않는다.

혹은 지위(地)를 초월하여 빨리 정각(正覺)을 이루는 것을 보이니 이는 겁약한 중생을 위한 것이기 때문이며,

혹은 내가 한량없는 아승기겁에 불도(佛道)를 이룬다고 설하였으니 이는 게으르고 교만한 중생을 위한 것이기 때문이다.

이러한 무수한 방편의 불가사의함을 보이지만 실제로 보살은 종

성(種性)과 근기(根)가 평등하고 발심이 평등하며 증득한 것도 평등하여 초과하는 법이 없으니, 모든 보살이 다 삼 아승기겁을 거치기 때문이다.

단지 중생의 세계와 같지 않으며 보는 바와 듣는 바의 근기(根: 능력)와 욕망(欲: 희망)과 성질이 달라서 행하는 것도 차별이 있는 것이다.

是菩薩於一念頃能至十方無餘世界，供養諸佛、請轉法輪，唯為開導利益眾生。不依文字，或示超地速成正覺，以為怯弱眾生故；或說我於無量阿僧祇劫當成佛道，以為懈慢眾生故。能示如是無數方便不可思議，而實菩薩種性根等，發心則等，所證亦等，無有超過之法。以一切菩薩皆經三阿僧祇劫故，但隨眾生世界不同，所見所聞根欲性異，故示所行亦有差別。

(3-3-2-3-1-3) 삼종심의 미세한 상을 밝히다

보살의 발심한 모양(發心相)이란 세 가지 마음의 미세한 형상이 있다.

又是菩薩發心相者，有三種心微細之相。云何為三？

(3-3-2-3-1-31) 진심을 밝히다

첫째는 진심(眞心)이니 분별이 없기 때문이다.

一者、真心，無分別故。

(3-3-2-3-1-32) 방편심을 밝히다

둘째는 방편심(方便心)이니 자연히 두루 행하여 중생을 이익되게 하기 때문이다.

二者、方便心，自然遍行，利益眾生故。

(3-3-2-3-1-33) 업식심을 밝히다

셋째는 업식심(業識心)이니 미세하게 생멸하기 때문이다.

三者、業識心 , 微細起滅故。

(3-3-2-3-2) 제십지에서 이룬 덕을 밝히다

(3-3-2-3-2-1) 훌륭한 덕을 바로 밝히다

[진제69] 또 보살은 공덕이 원만함을 이루어서 색구경처(色究竟處)에서 모든 세간 중 가장 높고 큰 몸을 보이니, 이는 일념과 상응하는 지혜로써 무명이 단번에 없어지는 것을 일체종지(一切種智)라 하며 자연히 불가사의한 업이 있어 시방에 나타내어 중생을 이익 되게 한다.

又是菩薩功德成滿 , 於色究竟處示一切世間最高大身。 謂以一念相應慧 , 無明頓盡 , 名一切種智 , 自然而有不思議業 , 能現十方利益眾生。」

(3-3-2-3-2-2) 여래의 일체종지를 밝히다

[진제70] 묻기를

"허공이 무변하기 때문에 세계가 무변하며 세계가 무변하기 때문에 중생이 무변하며 중생이 무변하기 때문에 심행(心行)의 차별도 또한 무변하니, 이와 같은 경계는 한계를 지을 수 없어서 알기 어렵다.

만약 무명이 끊어지면 마음의 생각[心想]이 없어지는데 어떻게 알아서 일체종지(一切種智)라고 말하는가?"

답하기를

"일체 경계는 본래 일심(一心)이다. 상념을 떠나 있으나, 중생이 망령되이 경계를 보는 까닭으로 마음에 분제가 있게 되니 망령되이 상념을 일으켜서 법성에 들어맞지 않기에 분명히 알지 못하는 것이다.

모든 부처와 여래는 망견과 망상을 여의어서 두루하지 않는 것
이 없으며, 마음이 진실하기 때문에 곧 이는 모든 법의 본성인
것이다.

그 자체가 모든 허망한 법을 환하게 비추어 큰 지혜[大智]의 작
용이 있어 무량한 방편으로 모든 중생이 응당 알아야 할 바를 따
라서 여러 가지 법의(法義)를 모두 열어 보이기 때문에 일체종지
라 이름한다."

問曰:「虛空無邊故世界無邊, 世界無邊故衆生無邊, 衆生無
邊故心行差別亦復無邊。如是境界不可分齊, 難知難解。若無
明斷無有心想, 云何能了, 名一切種智?」

答曰:「一切境界, 本來一心離於想念, 以衆生妄見境界故心
有分齊, 以妄起想念不稱法性故不能決了。諸佛如來離於見想
無所不遍, 心真實故, 即是諸法之性。自體顯照一切妄法, 有
大智用無量方便, 隨諸衆生所應得解, 皆能開示種種法義, 是
故得名一切種智。」

(3-3-2-3-3-2-3) 법신의 나타남과 나타나지 않음을 밝히다

또 묻기를

"만약 부처에게 자연업(自然業)이 있어서 모든 곳에 나타나 중생
을 이익 되게 한다면 모든 중생이 부처의 몸을 보거나, 혹은 신비
한 변화를 보거나, 혹은 그 설법을 듣는다면 이익을 얻을 것인데
어찌하여 세간에는 많은 이가 볼 수 없는가?

답하기를

"부처와 여래의 법신이 평등하여 모든 곳에 두루하며 마음에 조

작(作意: 의식적인 노력)이 없기 때문에 '자연(自然)'이라 한 것이니 다만 중생심에 의하여 나타난다.

중생심(衆生心)이란 마치 거울과 같으니, 거울에 때가 있으면, 색상(色像)이 나타나지 않는 것처럼, 중생심에도 때가 있으면 법신이 나타나지 않는 것이다."

又問曰:「若諸佛有自然業，能現一切處利益衆生者，一切衆生若見其身、若觀神變、若聞其說，無不得利。云何世間多不能見？」

答曰:「諸佛如來法身平等遍一切處，無有作意故。而說自然，但依衆生心現。衆生心者猶如於鏡，鏡若有垢，色像不現。如是衆生心若有垢，法身不現故。」

　내가 부처가 되어야겠다고 발심하는 것이 신성취발심이고 발심한 뜻을 알고 수행해가는 것이 해행발심이고 그것이 성취되어 이루어진 상태가 증발심입니다. 증발심은 부처가 된 상태이기 때문에 지위가 나옵니다.

　"증발심을 설하다. 지위와 증의 뜻을 밝히다. 발심을 증득[證發心]한 자는 정심지(淨心地)로부터 보살구경지(菩薩究竟地)에 이르기까지 어떤 경계를 증득하는가? 이른 바 진여를 증득한다. 전식(轉識)에 의하여 경계라고 말하지만 이 증득은 경계가 없는 것이며 오직 진여의 지혜[眞如智]뿐이므로 법신(法身)이라 한다." 발심을 증득했다는 것은 부처가 되었다는 말입니다. 부처가 되더라도 증득한 단계가 있습니다. 초지보살도 있고 십지보살도 있습니다. 여기서 어떤 경계를 증득했는가 하고 말하는 것입니다. 궁극적으로 증득해야 하는 것은 진여입니다. 우리가 갖고 있는 본래 성품입니다. 세세생생 살아오면서 오염된 것을 나인 줄 착각하고 써먹습니다. 진여는 물들기 전의 것입니다.

　전식이 나오는데 전식은 제8식아뢰야식 가운데 하나입니다. 대승기신론에서는 제8식 아뢰야식을 업식(업상), 전식(능견상), 현식(경계상)으로 나누어 자세히 설명하고 있습니다. 물방울(첫 하나의 생각)이 떨어지면 업식, 업상을 만듭니다. 이것이 전식과 현식으로 확대되는데 전식은 능견상이라고도 합니다. 능은 주체를 의미하고 견은 내가 일으키는 생각을 의미합니다. 전식이 구체화되면 현식 경계상이 됩니다. 현식이 그대로 투영된 것이 제7식입니다. 예를 들어 현식이 빵틀이라면 제7식은 그 틀에서 만들어져 나온 빵입니다. 업식이 있는 것이 능과 경계가 되는데 능견은 나라고 생각하는 것이고 밖으로 나가면 경계가 됩니다. 즉 전식에서 현식으로 나가면 경계가 일어나는 것입니다. 이것이 제7식에 투영되어 나라고 생각하게 됩니다.

다시 본문으로 돌아가서 '이 증득은 경계가 없다'는 말은 제8아뢰야식에는 진여를 얻었기 때문에 경계가 없다는 뜻입니다. 경계라는 말도 이해하기 쉽도록 한 것이지 진여에 경계가 있겠습니까. 진여에는 진여의 지혜밖에 없습니다. 이렇게 견성을 한 상태를 법신이라고 합니다.

경계가 없다는 말은 능(주체, 전식), 소(객체, 현식)가 없다는 것입니다. 금강경에 '응무소주 이생기심(應無所住而生其心)'이라는 말이 있습니다. '응당히 심소에 머무르지 않고 생각을 일으킨다.'는 말입니다. 소에 머무르지 않는다는 말은 견성한 상태를 가리킵니다. 앞서 업식, 전식, 현식을 말했는데 다르게 심으로 표현하기도 합니다. 업식은 업식심 즉 아뢰야식을 가리키기도 합니다. 전식은 방편심, 후득지를 가리키며 진심은 현식, 무분별지를 가리킵니다. 여기서 '지'라고 하는 것은 지혜를 구체적으로 나눈 것입니다. 유식에서는 지혜를 가행지, 근본무분별지, 후득청정세간지로 설명하고 있습니다. 가행지는 진실, 진리, 진여를 깨닫기까지의 수행 단계에서 적용되는 지혜입니다. 이 지혜로써 서서히 자신의 인격을 높여 진리 인식으로 한걸음 다가가게 됩니다. 공부, 수행을 하면서 얻어지는 지혜가 가행지인 것입니다. 근본무분별지는 진리 자체를 보는 지혜입니다. 그것은 모든 지혜의 근원이 되기 때문에 근본이라 하며 주관과 객관의 대립이 없는 일원적 인식, 환언하면 진리와 합일된 지혜이기 때문에 무분별지라고 합니다. 유식적으로 말하면 진여에 통달하는 지혜입니다. 이것은 지혜가 샘솟는 샘물입니다. 견성을 하면 끝없는 지혜가 생깁니다. 지혜가 있으면 어떤 상황에서도 바른 판단을 할 수 있습니다. 견성을 한 상태에서의 지혜입니다. 후득청정세간지 즉 후득지는 근본무분별지 뒤에 얻어지는 청정한 지혜입니다. 현상적 세계인 세간을 다시 바라보는 지혜입니다. 완성된 것을 본 뒤에 다른 것에 의한 것을 보는 지혜입니다. 지혜를 얻고 그 지혜로 행위하고 세상으로 환원되는 것입니다. 세상에 보시하는 것입니다.

앞서 증발심에서 지위가 나왔습니다. 여기서 그 지위들에 대해 구체적으로 보겠습니다. 부처님께서는 깨달음의 지위를 네 가지로 나누셨고 화엄경에서 10개로 나누어집니다. 여기서 말할 것은 화엄경의 것입니다. 첫 번째 환희지(歡喜地)란 정심지(淨心地)라고도 하며 진실한 희열의 경지입니다. 오염에서 벗어났기 때문에 깨끗한 마음 밖에 없습니다. 끝없는 희열이 일어납니다. 중생은 환희가 짧게 일어나지만 여기서는 환희가 끝없이 일어납니다. 물들어 있을 때는 너와 나가 분별되어 있기 때문에 이기적이게 됩니다. 하지만 경계가 없으면 세상을 보는 눈이 달라집니다. 모두가 하나가 됩니다. 그렇게 되면 생명 있는 모든 것에게 자애, 자비를 베풀 수 있습니다. 그렇기 때문에 끝없는 환희가 일어나는 것입니다.

두 번째 이구지(離垢地)는 구계지(具戒地)라고도 하며 의혹을 끊는 깨끗한 경지입니다. 모든 더러움으로부터 떠나는 경지입니다. 구계지에서는 계가 저절로 갖추어집니다. 세상에 어떤 행위를 하더라도 파계함이 없습니다. 이것은 여섯 번째 현전지까지 이어집니다. 세 번째 발광지(發光地)는 지혜가 빛나는 경지이고 네 번째 염혜지(焰慧地)는 지혜가 치성한 경지입니다. 다섯 번째 난승지(難勝地)는 지혜와 지식이 조화를 이룬 경지이고 여섯 번째 현전지(現前地)는 참 마음의 모습을 나타낸 경지입니다. 여기까지 구계지입니다.

구계지를 넘어서면 일곱 번째 원행지(遠行地)에 이릅니다. 원행지는 무상방편지 즉 모든 방편에 능숙한 경지라고도 합니다. 원행지에 이르면 진리의 세계로 직접 들어간 것입니다. 세상에 끝없이 회향하는 단계이기도 합니다. 여덟 번째는 부동지(不動地)입니다. 다시는 동요되지 않는 경지입니다. 대상 등에 동요됨이 없는 색자재지라고도 합니다. 부동지의 경지까지 간 사람은 지구상에 얼마 안 됩니다. 원효가 이 경지에 이르렀다고 합니다. 원효의 위대한 점은 중국에서 배워와서 깨우친 것이 아니라 이 땅에서 직접 깨우친 것입니다. 여기서 더 나아가면 아홉 번째 선혜지(善慧地)에 이릅니다. 지혜로써 옳게 선도하는 경지입니다. 자기 마음에 걸림이 없는 심자재지라고도 합니다. 마지막 법운지(法雲地)는 진리가 구름처럼 된 경지입니다. 이것은 보살로서의 수행을 다 한 여래 경지로 보살, 여래지라고도 합니다.

"덕을 찬탄하다. 보살이 일념(一念) 사이에 시방의 모든 세계에 이르러 부처님께 공양 올리고 법륜을 굴리기를 청하니, 그것은 오직 중생을 도에 이르도록 인도[開導]하여 이익되게 하기 위한 것이지 문자에 의지하지 않는다." 지위에 오른 부처가 된 그 덕을 찬탄하는 것입니다. 보살이 일념으로 부처에게 공양을 올리는 것은 이 세상의 모든 중생들을 진리의 길로 인도하는 것입니다. 그런 마음 밖에 없습니다. 이것은 끝없는 자비심이기도 합니다. 이런 마음을 경험해봐야 합니다.

"덕을 찬탄하다. 혹은 지위(地位)를 초월하여 빨리 정각(正覺)을 이루는 것을 보이니 이는 겁약한 중생을 위한 것이기 때문이며, 혹은 내가 한량없는 아승기겁에 불도(佛道)를 이룬다고 설하였으니 이는 게으르고 교만한 중생을 위한 것이기 때문이다." 지위를 초월하여 빠르게 정각을 이루는 것처럼 보이는 이유는 비겁하고 나약한 중생을 인도하기 위함입니다. 그리고 아승기겁과 같은 어마어마한 시간에 걸쳐 불도를 이룬다고 말한 것도 게으르고 교만한 사람들 때문에 그렇게 말한 것입니다.

"덕을 찬탄하다. 무수한 방편의 불가사의함을 보이지만 실제로 보살은 종성(種性)과 근기(根)가 평등하고 발심이 평등하며 증득한 것도 평등하여 초과하는 법이 없으니, 모든 보살이 다 삼 아승기겁을 거치기 때문이다." 진리를 깨우치면 모든 것이 평등하게 다가옵니다. 하나의 본성을 보기 때문입니다. 본성에서는 잘나고 못나고 더하고 못하고 한 것이 없습니다. 모든 중생이 평등합니다. 하지만 깨우치지 못한 일반 중생의 마음은 차별이 있습니다. 여기서 부처가 되려면 길고 긴 시간 동안 수행하고 공부를 해야 합니다.

"덕을 찬탄하다. 단지 중생의 세계와 같지 않으며 보는 바와 듣는 바의 근기[根: 능력]와 욕망[欲: 희망]과 성질이 달라서 행하는 것도 차별이 있는 것이다." 원래 평등하지만 중생은 업에 의해 오염되어 있기 때문에 차별이 있습니다. 차별이 있는 중생에게 평등이란 중생에 맞게끔 베풀어주는 것입니다. 여기서 '보고 듣는 바의 근기와 욕망과 성질이 달라서 행하는 것도 차별이 있는 것이다.'는 말도 그런 것입니다.

　"삼종심의 미세한 상을 밝히다. 진심(眞心)은 분별이 없기 때문이다. 방편심은 자연히 두루 행하여 중생을 이익되게 하기 때문이다. 업식심은 미세하게 생멸하기 때문이다." 앞에서 6추 3세가 나왔습니다. 6추는 6식과 7식의 영역을 말하고 3세는 제8식 아뢰야식의 영역을 말한 것입니다. 미세한 것이란 우리가 아무리 알려고 해도 모르는 것입니다. 견성해야 비로소 압니다. 3세의 영역에 해당하는 것이 삼종심입니다. 근본적으로 제8아뢰야식은 미세합니다. 움직이더라도 그 움직임을 우리는 모릅니다. 우리가 인식할 수 있는 것들은 모두 '거친 것'입니다. 제8식은 견성을 해야 볼 수 있는 미세한 것입니다. 거친 것과 미세한 것 모두를 없애야 본래의 것이 보입니다. 예를 들어 흙탕물이 있는데 가라앉히면 물이 맑게 됩니다. 가라앉히는 것은 선정에 들고 삼매에 드는 것에 비유할 수 있습니다. 물이 맑게 되면 제8아뢰야식이 보이는 단계입니다. 안의 미세한 움직임, 생물들이 보이기 시작합니다. 미세한 생멸을 감지하게 되면 안보이던 것을 보게 됩니다. 보이지 않는 세계에 대한 인식이 이루어집니다.

　"제십지에서 이룬 덕을 밝히다. 훌륭한 덕을 바로 밝히다. 보살은 공덕이 원만함을 이루어서 색구경처(色究竟處)에서 모든 세간 중 가장 높고 큰 몸을 보이니, 이는 일념과 상응하는 지혜로써 무명이 단번에 없어지는 것을 일체종지(一切種智)라 하며 자연히 불가사의한 업이 있어 시방에 나타나 중생을 이익되게 한다." 제십지는 앞에서 나온 보살 10지 가운데 법운지에 해당합니다. 우리는 근본적으로 끝없는 무명 속에 갇혀 있습니다. 화두를 보면 '근본 무명을 타파하고'라는 말이 나옵니다. 무명을 타파하는 것은 진여를 보는 것입니다. 어두운 곳에 밝은 불을 환하게 킨 것과 같습니다. 일체종지란 모든 존재의 참모습을 보는 지혜인데 무명을 없애면 이 지혜가 열립니다. 무명이 없어지면 아애, 아집이 깨트려진 상태이기 때문에 자비 밖에 없게 됩니다. 그래서 자연스럽게 이 세상에 존재하는 모든 생명을 이익되게 하는 것입니다. 자비 밖에 안 남아 있는 것입니다.

여기서 '공덕이 원만함을 이루어서'라는 말이 나오는데 이것은 제십지에서 지위가 성취된 것을 말합니다. 완전한 부처가 되었기 때문에 공덕이 원만함을 이루는 것입니다. '색구경처에서 모든 세간 중 가장 높고 큰 몸을 보이니, 이는 일념과 상응하는 지혜로써 무명이 단번에 없어지는 것을 일체종지라 하며'라는 말은 보신불의 타수용신을 나타낸 것입니다. 타수용신은 깨달음의 희열을 중생에게 나누어주고 함께하는 부처를 말합니다.

"여래의 일체종지를 밝히다. 묻기를 '허공이 무변하기 때문에 세계가 무변하며 세계가 무변하기 때문에 중생이 무변하며 중생이 무변하기 때문에 심행(心行)의 차별도 또한 무변하니, 이와 같은 경계는 한계를 지을 수 없어서 알기 어렵다. 만약 무명이 끊어지면 마음의 생각[心想]이 없어지는데 어떻게 알아서 일체종지(一切種智)라고 말하는가?' 답하기를 '일체 경계는 본래 일심(一心)이다. 상념을 떠나 있으나, 중생이 망령되어 경계를 보는 까닭으로 마음에 차별상[分濟]이 있게 되니 망령되이 상념을 일으켜서 법성에 들어 맞지 않기에 분명히 알지 못하는 것이다. 모든 부처와 여래는 망견과 망상을 여의어서 두루하지 않는 것이 없으며, 마음이 진실하기 때문에 곧 이는 모든 법의 본성인 것이다.'" 일체종지는 무명을 타파하면 나타나는 여래의 지혜입니다. 이 세상 모든 지혜의 근원입니다. 질문의 내용은 무명이 끊어지면 마음속의 생각이 없어지는데, 즉 아무 것도 없는데 어떻게 일체종지를 알겠느냐는 것입니다. 답을 봅시다. 다양하게 있는 것 같지만 원래 하나라는 것입니다. 하나지만 업에 의해 각양각색으로 있는 것입니다. 이것은 법성에 들어맞지 않기 때문이라는 것입니다. 즉 답에서 말하는 것은 무명이 끊어지면 망견이나 망상은 끊어지지만 일심은 여의지 않는다는 것입니다. 그래서 일체종지를 아는 것입니다.

의심을 없애야 하는데, 의심을 없애기 위한 세 가지 방법이 있습니다. 첫째 도리를 세우는 것입니다. 앞선 질문에 대입하여 말해보면 '일체 경계는 상념을 떠나 본래 일심(一心)이다.'라고 말할 수 있습니다. 둘째 그른 것이 무엇인지 듣는 것입니다. 이것도 앞선 질문에 대해 말해보면 '중생이 망령되이 경계를 보는 까닭으로 마음에 차별상[分濟]이 있게 되니 망령되이 상념을 일으켜서 법성에 들어맞지 않기에 분명히 알지 못하는 것이다.'라고 말할 수 있습니다. 셋째 옳은 것을 나타내는 것입니다. 이것도 앞선 질문에서 보면 '모든 부처와 여래는 망견과 망상을 여의어서 두루하지 않는 것이 없으며, 마음이 진실하기 때문에 곧 이는 모든 법의 본성인 것이다.'라고 말할 수 있습니다. 앞선 질문에서 무명을 타파하면 어떻게 일체종지를 아는가라고 했는데 이것도 의심입니다. 그 의심을 없애기 위해 도리를 세우고 잘못된 것에 대해 듣고 옳은 것을 나타내 보이는 것입니다.

"일체종지. 그 자체가 모든 허망한 법을 환하게 비추어 큰 지혜[大智]의 작용이 있어 무량한 방편으로 모든 중생이 응당 알아야할 바를 따라서 여러 가지 법의(法義)를 모두 열어 보이기 때문에 일체종지라 이름한다." 이것이 일체종지를 설명한 것입니다.

"불심은 모든 망법의 체이며 모든 망법은 불심의 상이다. 그래서 자체가 모든 허망한 법을 환하게 비추어 나타낸 것이다." 앞서 체상용에 대해 말했습니다. 모든 존재에는 본체가 있고 모양이 있고 작용이 있습니다. 우리가 견성하지 못할 때 일어나는 모든 현상도 알고 보면 그 본체는 불심이라는 것입니다. 그리고 모든 망법은 오염되기는 했지만 불심에서 나온 모양이라는 것입니다.

"법신의 나타남과 나타나지 않음을 밝히다. 또 묻기를 '만약 부처에게 자연업(自然業)이 있어서 모든 곳에 나타나 중생을 이익되게 한다면 모든 중생이 부처의 몸을 보거나, 혹은 신비한 변화를 보거나, 혹은 그 설법을 듣는다면 이익을 얻을 것인데 어찌하여 세간에는 많은 이가 볼 수 없는가?' 답하기를 '부처와 여래의 법신이 평등하여 모든 곳에 두루하며 마음에 조작[作意: 의식적인 노력]이 없기 때문에 자연(自然)이라 한 것이며 다만 중생심에 의하여 나타난다. 중생심(衆生心)이란 마치 거울과 같으니, 거울에 때가 있으면, 색상(色像)이 나타나지 않는 것처럼, 중생심에도 때가 있으면 법신이 나타나지 않는 것이다.'" 질문의 내용은 부처가 세상에 나타나서 끝없는 자비를 베푸는데 왜 우리 눈에는 안보이냐는 것입니다. 우리는 이기에 가려서 좋은 것만 보니까 진리를 못 보는 것입니다. 이 순간에도 부처가 현현해서 끝없는 자비를 베풀고 있지만 우리는 보지 못합니다. 우리의 마음은 거울과 같습니다. 거울에 때가 묻으면 색상이 나타나지 않는 것처럼 중생의 마음에도 때가 있으면 법신, 부처가 나타나지 않습니다. 그 때가 무명인 것입니다.

'거울에 때가 있으면 색상(色像)이 나타나지 않는 것처럼 중생심에도 때가 있으면 법신이 나타나지 않는 것이다. 법신은 본바탕과 같고 화신은 영상과 같은 것이다.' 법신, 보신, 화신이 있습니다. 법신은 본질이고 보신은 모양이고 화신은 작용입니다. '중생심에도 때가 있으면 법신이 나타나지 않는 것이다. 능견의 본 바탕에 의거하기 때문에' 내가 주체인 능견의 본 바탕에 의거하기 때문에 법신이 나타나지 않습니다. 끝없는 법신이 들어 있지만 우리는 못 보고 못 나타내는 것입니다. 때만 없애면 법신이 나타나게 되어 있습니다.

*머리 식히면서 한번 보기_법안스님 이야기

오늘은 법안 스님의 이야기를 하겠습니다. 법안 스님은 유명한 일타 스님의 외삼촌으로 속세의 이름은 김학남이었고 1902년부터 1955년까지 54년의 삶을 살았습니다. 1924년에 출가

했고 만공 스님의 주선으로 혜월 스님의 제자가 되었습니다. 혜월 스님은 만공 스님과 함께 경허 스님의 제자로 있었던 분입니다. 오대산, 금강산, 천성산, 지리산 등을 찾아다니며 수행정진을 했는데 오직 누더기 한 벌로 다니셨습니다. 35세 때 백련암에 들어가며 견성할 때까지 지장기도를 계속할 것이라고 했습니다. 그리고나서 5년이 지나자 4일씩 기도선정에 드는 경지에 이르게 되었습니다. 9년째가 되자 "허공골(虛空骨)을 보았다."고 말씀하십니다. 그리고 선시를 한 수 읊으셨습니다.

허공골 중의 유상무상이여
상 속에는 부처가 없고 부처 속에는 상이 없다

선정에 들다가 견성하시고 깨우치신 것입니다.

제25강

(4) 수행신심분

[진제71] 이미 해석분을 설하였으니, 다음에는 수행신신분(修行信心分)을 설한다.

已說解釋分。次說修行信心分。

(4-1) 부정취 중생에게 설하다

이 중에 아직 정정취(正定聚)에 들지 못한 중생들이 있기 때문에 신심을 수행함을 말한다.

[진제72] 무엇이 신심이며, 어떻게 수행하는가?

是中依未入正定眾生故 , 說修行信心。何等信心?云何修行?

(4-2) 신심의 네 가지를 설하다

간략히 설명하면 신심에는 네 가지가 있다.

略說信心有四種。云何為四?

(4-2-1) 근본을 믿다

첫째 근본을 믿는 것이니, 진여법을 즐겨 생각하기 때문이다.

一者、信根本 , 所謂樂念真如法故。

(4-2-2) 부처님을 믿다

둘째 부처에게 한량없는 공덕이 있다고 믿고 항상 부처를 가까이 하고 공양하고 공경하여 선근을 일으켜 일체의 지혜[一切智]를 구하기 때문이다.

二者、信佛有無量功德 , 常念親近供養恭敬 , 發起善根 , 願求一切智故。

(4-2-3) 불법을 믿다

셋째 법에 큰 이익이 있음을 믿고 항상 모든 바라밀을 수행하기를 생각하기 때문이다.

三者、信法有大利益，常念修行諸波羅蜜故。

(4-2-4) 승가를 믿다

네 번째 승가가 바르게 수행하여 자리이타(自利利他)를 믿으며 항상 모든 보살을 즐겨 친근하며 여실한 수행을 배우려고 하기 때문이다.

四者、信僧能正修行自利利他，常樂親近諸菩薩衆，求學如實行故。

대승기신론 강설_25

대승기신론의 내용은 크게 일심(一心, one mind), 이문(二門, two aspects), 삼대(三大, three greatnesses), 사신(四信, four faiths), 오행(五行, five practices)으로 되어 있습니다. 지금까지 공부한 것은 삼대까지입니다. 이제부터 공부할 것은 사신과 오행입니다. 사신은 우리가 믿어야할 네 가지로 근본, 불, 법, 승입니다. 오행은 부처가 되기 위해 행할 다섯 가지입니다. 보시, 지계, 인욕, 정진, 지관입니다.

"수행신심분. 부정취 중생에게 설하다. '이 중에 아직 정정취(正定聚)에 들지 못한 중생이 있기 때문에 신심을 수행함을 설한다. 무엇이 신심이며, 어떻게 수행하는가?'" 정정취, 부정취, 악취가 있습니다. 우리가 육도윤회를 하는데 제일 바닥에 지옥이 있습니다. 악취는 지옥, 아귀, 축생을 말합니다. 정정취는 육도윤회 가운데 인간과 천상을 말합니다. 부정취는 어디에 태어날지 정해지지 않은 상태입니다. 그러니까 이 내용의 목적은 부정취 중생들에게 수행신심분을 설하여 제대로 수행하게 하여 정정취에 들게 하려는 것입니다. 부정취에서는 공부에 확신이 없지만 공부에 확신이 서면 정정취에 들어갑니다. 세세생생 이 공부에서 물러나지 않게 됩니다.

무엇을 믿어야 하는가에 대한 답입니다. "신심의 네 가지를 설하다. 근본에 대한 믿음이며 부처님에 대한 믿음이며 불법에 대한 믿음이며 승가에 대한 믿음이다." 부처님에 대한 믿음은 깨달음에 대한 믿음이고, 불법에 대한 믿음은 깨닫는 법에 대한 믿음이고, 승가에 대한 믿음은 수행자에 대한 믿음입니다. 근본에 대한 믿음은 이 세상에 일심, 진여가 있다고 믿는 것입니다.

"근본을 믿다. 근본을 믿는 것이니 진여법을 즐겨 생각하기 때문이다. (기신론소에서) 참되고 한결같은 마음, 진여한 마음은 다 그곳으로 귀일하는 바이며, 모든 행위가 바로 그곳으로부터 나오는 근원이기 때문에 근본이라고 하는 것이다." 일심, 진여는 이 세상에 존재하는 것을 믿는 것입니다. 중생은 물들어서 본연의 모습을 모르고 있습니다. 우리가 추구하는 깨달음이란 물들기 전의 본래 성품, 청정한 것을 보는 것입니다. 이 세상에는 볼 수 있는 세계가 있는 반면 눈에 보이지 않는 세계가 있습니다. 이것을 불교에서 진리, 진여라고 합니다. 불교에서는 보이지 않는 세계에 대한 깨달음이 근본 목적이고 보이지 않는 세계를 믿습니다. 원효의 해설을 봅시다. 오염된 중생의 마음은 이기적인 생각에 의해 수시로 무상하고 바뀝니다. 일반적으로 일으키는 생각은 제6식에서 일어납니다. 그 근본이 제7식 말라식이고 말라식의 바탕이 되는 것이 제8식 아뢰야식입니다. 근본에 해당하는 제8아뢰야식을 이해하면 모든 문제가 해결됩니다. 우선 근본, 즉 진여가 있다는 것을 믿어야 합니다.

원효가 가장 좋아했다던 금강명경에서 진리를 찬양한 시가 있습니다.

간밤의 꿈속에서 일어난 일

그것을 내 마음 속에 깊이 되새겨보네
한 황금 북이
빛깔도 찬란하며
장엄한 빛을 발하고 있었는데
그 빛은 햇빛보다도 더 밝았네

시방세계를 비춰
항하사 같이 무수한 그 빛의 덕분으로 부처님을 보았네
그는 여러 보물의 나무 밑
유리의 보좌에 앉아 계셨네

수많은 사람이
진여법을 듣고자
둥글게 모여
한 브라만이 치는
황금의 북소리를 들었네

여기서 말하는 꿈속의 일이나 황금 북은 진여를 가리킵니다. 진리를 보고 듣고 느꼈던 것을 시로 표현했습니다.

"부처님을 믿다. 부처에게 한량없는 공덕이 있다고 믿고 항상 부처를 가까이 하고 공양하고 공경하여 선근을 일으켜 일체의 지혜[一切智]를 구하기 때문이다." 부처를 믿는다는 것은 깨달음을 믿는다는 것입니다. 깨달음의 내용은 다름이 아니라 대비 즉 끝없는 자비입니다. 한량없는 공덕이 있는 것입니다. 일체의 지혜가 다 갖추어져 있기 때문에 일체의 지혜를 구할 수 있습니다. 지혜는 합리적으로 생각해서 얻어지는 지혜가 아닙니다. 그것은 분별지입니다. 여기서 말하는 지혜란 분별지를 포용하고 뛰어넘는 무분별지입니다. 자비가 넘치는 것이 지혜가 됩니다.

참고로 귀명삼보의 부처님 부분을 봅시다. "목숨을 거두어 돌아가나이다. 어디에서나 어느 때에나 가장 훌륭한 일을 하시며, 두루 모르시는 바 없이 다 아시며, 그 인간성이 자유자재하시고 세상을 구하고자 큰 자비를 베푸는 자이시여." 귀명삼보란 삼보에 귀의하는 것입니다. 삼보는 앞에서 말했듯이 '불, 법, 승'입니다. '목숨을 거두어 돌아간다'는 말은 목숨을 걸고 진리의 세계로 들어가겠다는 말입니다. 지극한 마음으로 수행을 하고 부처를 보는 것입니다. 훌륭한 일이란 모든 생명에게 자비를 베푸는 것입니다. 깨달으면 6신통이 생기는데 그 영향으로 두루 모르는 바가 없게 됩니다. 숙명통이란 어떤 사람을 보면 그 사람의 전생까지 다 아는 것입니다. 이것은 허황된 소리가 아닙니다. 과학에서 DNA를 보면 전생부터 어떻게 살아왔는지 다 알 수 있습니다. DNA를 풀어보니 단세포 생물이 35억년 동안 살았던 삶의 흔적들이 다 들어 있었습니다. 하지만 DNA 검사는 매우 비싸기 때문에 우리들은 도를 닦아서 알아야 합니다. 모두 막혀 있는데 식이 맑아지면 보입니다. 제8아뢰야식, 6추 3세의 3세가 보이기 시작합니다. 미세한 것도 알 수 있는 상태가 바로 적멸입니다. 적멸하니 미세한 것도 알 수 있는 것입니다. 이것이 견성한 상태입니다.

우리는 살다가 죽습니다. 상태가 변합니다. 나의 상(형태)이다 깨어집니다. 그래서 과거의 흔적들을 기억을 못합니다. 하지만 공부하고 수행을 하면 식이 덜 깨어집니다. 전생을 기억하는 사람들은 이렇게 식이 덜 깨어진 사람들입니다. 공부하면 잘 알고 암기를 잘 하는 것도 식이 맑아서 입니다. 식이 맑아지면 나의 저장창고에 담긴 내용들을 다 알게 됩니다. 이것이 다름 아니라 전생을 아는 것입니다.

목숨을 거두어 돌아간다는 마음을 가진다면 무엇인들 못하겠습니까. 진리를 대하는 마음은 진지하고 지극해야 합니다.

"불법을 믿다. 법에 큰 이익이 있음을 믿고 항상 모든 바라밀을 수행하기를 생각하기 때문이다." 불법을 믿는 것은 부처님께서 깨친 내용을 믿는 것입니다. 존재하는 모든 것은 법입니다. 존재하고 있는 모든 것은 법칙이 있더라는 것입니다. 그것이 연기입니다. 세상에는 법칙이 많습니다. 수학 시간에 배웠던 법칙들, 물리 시간에 나오는 만유인력의 법칙, 운동의 법칙, 관성의 법칙, 상대성 이론 등 이런 것들이 모두 법칙입니다. 이 법칙들은 생명, 무생물이 구분되어 적용되지만 연기의 법칙은 생물, 무생물 모두에게 적용됩니다. 생물은 의지가 있지만 무생물은 의지가 없습니다. 그래서 무생물은 어떤 조건에서 어떻게 하면 그대로 결과가 나옵니다. 하지만 생물은 의지가 있기 때문에 어떤 조건에서 다른 결과가 나옵니다. 예를 들어 돈을 그냥 준다고 한다면 돈이 많은 사람도 기분 나쁠 리가 없습니다. 반대로 아무 이유 없이 따귀를 맞으면 기분 좋을 사람은 아무도 없을 것입니다. 의지가 있어도 좋은 행위를 할 때 좋은 결과가 오고 나쁜 행위를 할 때 나쁜 결과가 오는 원칙은 바뀌지 않더라는 것입니다. 그러나 어떤 사람은 베푸는 행위를 많이 했는데도 나쁜 결과가 나오고 어떤 사람은 악행만 하는데 부유하게 삽니다. 이것은 과보가 어느 정도 수준까지 익어야 정확하게 결과로 나타나지만 그렇지 않으면 결과로 나타나지 않기 때문입니다. 세상의 모든 것은 아보가드로수만 넘으면 통계의 법칙, 확률의 법칙을 따릅니다. 불교 경전을 보면 어마어마한 수나 공간들이 등장합니다. 이것들은 통계와 확률을 바탕하고 있습니다. 결과적으로 어떤 착한 일을 하면 바로 결과가 나타나지 않더라도 언젠가는 결과가 나타나는 것입니다. 반대로 악한 일을 하면 언젠가 그 과보가 나타나는 것입니다. 이것이 연기의 법칙이고 인과응보입니다. 이 생에서 받고 있는 모든 것이 인과응보입니다. 세상에 절대로 공짜는 없습니다. 그래서 경전에서 보시하라고 하는 것입니다. 베푼 것이 자기에게 돌아오지, 베풀지 않은 것이 자기에게 돌아오지 않습니다.

귀명삼보의 법 부분을 봅시다. "목숨을 거두어 돌아가나이다. 그 (지혜롭고 자비로운 자의) 몸이여, 그 몸의 모습이여, 참되고 영원함이 저 바다와 같은 진리여." 법은 체상용의 상에 해당합니다. 부처님께서 연기의 법칙을 깨치셨지만 최초로 설법하신 내용은 사성제입니다. 부처님께서 열반하시기 전 마지막에 설법하신 내용도 사성제, 팔정도였습니다. 부처님께서는 이 세상에 사성제와 팔정도 이외의 도는 없다고 말씀하셨습니다. 시공을 초월하여 누군가가 도를 이루려면 사성제와 팔정도를 행해야 한다고 말씀하셨습니다. 사성제는 고집멸도입니다. 존재하는 모든 것은 무상하기 때문에 생멸을 하고 이것이 반복되는 것이 윤회입니다. 부처님께서는 이것을 고라고 말씀하셨습니다. 고는 삶의 현상 그 자체인 것입니다. 집은 이유, 원인으로 부처님께서는 일이 일어난 원인만 알면 문제를 해결할 수 있다고 말씀하셨습니다. 해결된 상태가 멸입니다. 해결하는 방법이 도입니다. 사성제는 삶의 모습과 나아가야할 길이 나타나 있는 것입니다. 연기를 풀어쓰면 고집멸이 됩니다. 세상에 존재하는 모든 것은 원인이 있어(집) 생겼으며(고), 원인이 소멸되면(도), 없어진다(멸). 이것이 연기입니다.

과학도 원인 규명입니다. 어떤 현상이 있다면 그 현상에 합당한 원인을 찾아내는 것입니다. 원인을 아는 것은 보편성이 있는 것입니다. 원인을 모르면 특수한 경우에는 적용될 수 있어도 모든 경우에 적용이 안 됩니다. 원인을 알면 응용이 가능해지고 보편성을 갖게 됩니다. 이것도 결국은 사성제입니다. 우리는 사성제를 통해 연기의 법칙을 알고 터득하여 삶을 변화시켜 갈 수 있습니다.

"승가를 믿다. 승가가 바르게 수행하여 자리이타(自利利他)를 믿으며 항상 모든 보살을 즐겨 친근하며 여실한 수행을 배우려고 하기 때문이다." 승가는 수행을 열심히 잘하려고 합니다. 우리가 열심히 공부하는 것도 승가에 해당합니다. 이것은 개인이 아닌 집단입니다. 수행하고 공부하는 집단입니다. 진리를 추구하는 모임입니다. 실제로 그렇게 살아야 승가이지 간판만 승가라고 해서 다 승가는 아닙니다.

귀명삼보 승 부분을 봅시다. "목숨을 거두어 돌아가나이다. 헤아릴 수 없이 많은 공덕의 씨앗이여. 있는 그대로 그리고 모든 것 속에서 생활하는 그 숱한 구도자들이여." 목숨을 거두어 진리로 돌아가는 이 사람들이 수행자, 승가인 것입니다. 우리는 부처님의 법에 맞게, 즉 사성제에 맞게 살아가는지 냉정하게 돌아보아야 합니다. 삶은 알고 시작하는 순간 달라집니다. 나를 되돌아보지 않으면 똑같은 삶만 되풀이할 뿐입니다. 진리를 추구하고 진리를 논하고 실천해야 승가입니다. 진리를 추구하는 사람들은 부처님과 같이 자비심이 많아야 합니다. 집단 이기심이 강해지면 그것은 진정한 승가라고 할 수 없습니다. 요즘 종교들은 집단 이기심이 매우 강합니다. 집단 이기심은 국가나 정치에서도 강해지고 있습니다. 우리는 부처님의 법을 믿고 실천하며 살아갈 수 있어야 합니다. 진리를 추구하는 집단은 종교 수행집단에만 있는 것이 아닙니다. 대학도 진리를 추구하는 곳입니다. 대학도 일종의 승가라고 말할 수 있습니다. 다만 대학은 시스템이 체계화되어 있고 종교 수행 단체는 계율은 있지만 비교적 덜 체계적이고 자율적인 부분이 많습니다. 이렇게 불교만이 아니라 다른 것으로도 세상을 구할 수 있습니다. 진리를 공부하면 소중하지 않은 것이 없습니다. 불교뿐만 아니라 다른 종교들도 소중하게 됩니다. 다른 것은 틀린 것이 아닙니다. 서로 다른 것을 인정하면 화합할 수 있습니다.

*머리 식히면서 한번 보기_이군지비구 이야기

오늘은 이군지 비구의 이야기를 하겠습니다. 부처님께서 기원정사에 계실 때 어떤 바라문이 임신을 하여 아이를 낳았습니다. 아기는 용모가 추악하고 몸은 더러웠고 행동도 포악하였습니다. 이 아기는 얼마나 포악한지 어머니의 젖이 헐 정도였습니다. 이 아기가 바로 이군지 비구입니다. 세월이 흘러 가난했던 이군지는 비구들이 걸식하는 모습을 보고 비구가 되면 음식을 얻어먹을 수 있겠다고 생각하고 출가를 결심했습니다. 그래서 부처님을 찾아가서 출가하겠다고 하자 부처님께서 출가를 시켜 주십니다.

출가한 첫째 날 사리불을 따라 걸식을 나갔는데 부부가 싸움을 하여 걸식을 얻어먹지 못하게 되었습니다. 둘째 날도 사리불을 따라 갔습니다. 그 날은 사리불이 여러 비구를 데리고 장자의 집에 초대를 받아 갔습니다. 하지만 장자는 이군지의 밥만 잊고 챙겨주지 못해 굶게 되었습니다. 셋째 날에는 이군지의 이야기를 들은 아난이 그를 가엾게 여겨 음식을 가져오기로 했는데 잊어버리고 말았습니다. 넷째 날에는 아난이 다시 음식을 얻으러 갔는데 도중에 사나운 개를 만나 음식을 내팽개쳐버리고 와버립니다. 다섯째 날에는 마우드갈라나 비구가 음식을 얻어주러 갔다가 도중에 새들에게 음식을 빼앗겨 버립니다. 여섯째 날에는 사리불이 음식을 구하러 갔는데 바루를 떨어뜨려서 음식 자체를 못 가지고 와버렸습니다. 마지막 일곱째 날에 이군지 비구는 모래를 입에 넣고 물을 먹고 열반에 들고 말았습니다.

이군지 비구의 전생을 알아보니 그는 전생에 구미라는 장자의 아들이었습니다. 그는 불법을 만나 부처님과 비구들에게 지극 정성 공양을 올렸습니다. 구미가 죽고 부인이 그 일을 하였는데 그 일을 못마땅하게 여긴 아들이 어머니를 광에 가두고 먹지도 못하게 하고 공양도 못하게 하였습니다. 7일 째 되는 날 아들은 어머니에게 "어머니는 모래로 밥을 쪄서 드십시오."라고 말했습니다. 그리고 어머니는 굶어 죽었습니다. 그 업보로 추악한 모습으로 태어나 그렇게 굶어죽은 것이었습니다. 이렇게 큰 죄악을 저질렀으니 아무리 공양을 받아와도 먹을 수 없었던 것이었습니다.

　이번에는 제대로 된 수행자의 이야기를 해봅시다. 부처님의 제자 가운데 해공 제일 수보리가 있습니다. 그는 수닷타 장자의 조카입니다. 수닷타 장자는 부처님 살아생전 큰 후원자 중의 한 사람입니다. 그는 항상 부처님 곁에 있었는데 부처님께서 어느 날 천상에서 법문을 하고 오셨을 때 연화색 비구니가 맞이하며 "부처님이시여 제가 가장 먼저 부처님을 마중하였습니다."라고 하자, 부처님께서는 "네가 처음이 아니다. 수보리가 항상 나를 곁에서 모시고 있었다."라고 대답합니다. 이렇게 부처님 옆을 항상 지키던 수보리였습니다만 왕사성에서 한 번 부처님과 떨어진 적이 있었습니다. 왕사성에서 안거를 할 때였습니다. 빔비사라 왕이 그를 위해 안거할 곳을 마련해줍니다. 그런데 너무 급하게 만들다보니 안거할 곳의 지붕이 없었습니다. 원래 안거란 비를 피하기 위한 것인데, 희한한 것이 수보리가 안거를 시작하자 왕사성에 비가 오지 않았습니다. 나라가 가뭄에 들처하자 빔비사라 왕은 그제서야 수보리의 안거하는 곳에 지붕을 지어주지 않았음을 깨닫게 됩니다. 지붕을 지어준 후 그 다음날 비가 내리기 시작했다고 합니다. 그리고 수보리는 아난과 함께 부처님 제자 가운데 잘생긴 미남으로도 유명합니다.

제26강

(4-3) 오문 수행으로 신심을 성취하다

[진제73] 수행에 다섯 문(五門)이 있어 이 믿음을 잘 성취할 수 있다.

[진제74] 첫째 보시문(施門)이며, 둘재 지계문(戒門)이며, 셋째 인욕문(忍門)이며, 넷째 정진문(進門)이며, 다섯째 지관문(止觀門)이다.

修行有五門 , 能成此信。云何為五？一者、施門 , 二者、戒門 , 三者、忍門 , 四者、進門 , 五者、止觀門。

(4-3-1) 보시문의 수행을 밝히다

[진제75] 어떻게 보시문을 수행하는가?

云何修行施門？

(4-3-1-1) 재물로 보시하다

만약 어떤 사람이 와서 구하면 가지고 있는 재물을 힘 닿는 대로 베풀어 줌으로써 스스로 간탐심을 버리고 그들로 하여금 환희롭게 한다.

若見一切來求索者、所有財物隨力施與、以自捨慳貪令彼歡喜。

(4-3-1-2) 무외를 보시하다

만약 액난(厄難)과 공포와 핍박(威逼)을 받는 사람을 보면 자기의 능력에 따라 두려움이 없도록(無畏) 베풀어 준다.

若見厄難恐怖危逼，隨己堪任施與無畏。

(4-3-1-3) 법을 보시하다

만약 어떤 중생이 와서 법을 구하는 이가 있으면 자기가 아는 대로 방편으로 설하되 명리(名利)나 공경을 탐내지 않으며 오직 자리이타(自利利他)를 생각하여 보리에 회향하기 때문이다.

若有眾生來求法者，隨己能解方便為說。不應貪求名利恭敬，唯念自利利他迴向菩提故。

대승기신론 강설_26

"오문 수행으로 신심을 성취하다. 첫째 보시문(施門)이며, 둘째 지계문(戒門)이며, 셋째 인욕문(忍門)이며, 넷째 정진문(進門)이며, 다섯째 지관문(止觀門)이다." 중국에서 선불교가 태동하기 전 교종을 완성한 것이 천태 지의입니다. 천태 지의의 마하지관이 바로 지관문의 지관입니다. 지는 집중하는 사마타를 의미하고 관은 관조하는 위빠사나를 의미합니다. 오문 수행을 잘 닦기만 해도 부처가 될 수 있습니다. 처방전도 중요하지만 처방전대로 약을 먹고 낫는 것이 더 중요합니다. 오문 수행은 처방전을 따라 약을 먹고 병을 낫게 하는 과정에 해당합니다. 팔만대장경은 처방전에 불과합니다. 결국 수행을 해야합니다. 경전을 아무리 많이 본다고 해도 처방전에 불과합니다. 그 처방전을 갖고 실천을 해야하는 것입니다. 그 실천이 오문 수행인 것입니다.

오문은 결국 육바라밀입니다. 육바라밀은 앞에서도 다루었지만 다시 살펴보자면 "바라밀(paramita)는 도피안, 열반에 도달하다는 의미입니다. 육바라밀은 보시(dana), 지계(sila), 인욕(ksanti), 정진(vyayama), 선정(dhyana), 지혜(prajna)입니다." 오문에서는 앞의 네 가지는 그대로 쓰고 선정과 지혜를 지관에 합친 것입니다.

"보시문의 수행을 밝히다. 재물보시, 무외시보시, 법보시가 있다." 보시는 부처님께서 초기불교에서 설명하신 사성제와 팔정도에는 없습니다. 대승불교로 넘어가며 정견의 행위를 설명할 때 나옵니다. 재물보시는 재물로 보시하는 것입니다. 무외시보시는 두려운 마음에서 벗어나게 해주는 보시입니다. 법보시는 가르쳐 진리로 이끄는 보시입니다. 재물도 중요하지만 재물 외에 편안한 마음으로 바른 길로 이끌어주는 것도 보시입니다. 바른 것이 무엇인지 모를 때 설명해주는 것도 보시인 것입니다.

세계 최고의 기부자들은 재물보시를 하는 사람들입니다. 이 사람들은 엄청난 부를 이루고 인류에 기여할 수 있는 방향으로 이끌어갑니다. 자비의 실천이 보시로 나타납니다. 일반 중생은 이기적인 아집과 진리를 모르는 무지 때문에 베풀지 못합니다. 내 것이 아까워서 한 단계를 뛰어넘지 못하는 것입니다. 세계 최고의 기부자로 노벨, 록펠러, 카네기, 빌 게이츠, 워렌 버핏, 마크 저커버그 등을 꼽을 수 있겠습니다. 빌 게이츠는 당시 보유 자산 842억 달러 중 270억 달러를 기부하여 세계에서 가장 기부를 많이 한 인물 1위에 올랐습니다. 워렛 버핏 해서웨이 회장은 215억 달러를 기부하여 2위에 올랐습니다. 페이스북 CEO로 유명한 마크 저커버그도 많이 기부한 것으로 유명합니다. 세상에 자기 것 안 아까운 사람은 없습니다. 그럼에도 불구하고 보시를 할 수 있는 것은 나름의 확신이 있어야 가능합니다. 우리는 이론적으로 연기를 배웠지만 이 사람들은 살면서 연기를 직접 실천하는 사람들입니다. 같이 살아가는 인류에게 더 잘 살아갈 수 있는 혜택을 주기 위해 끝없이 노력하고 있는 것입니다. 아집에 싸여있는 내 상태를 깨트리지 못하면 진리를 보지 못하고 자비가 일어나지 않습니다. 중생은 누구를 도와주자, 누구에게 보시하자고 말하면 한 두 번은 도와줄지는 모르겠지만, 끝없이 자비심을 일으켜 도와주지 않습니다. 끝없는 자비심은 원효가 해골바가지에 담긴 물을 마시고 깨달았듯이 깊은 깨달음이 있어야 나옵니다. 세계적인 기부자들도 불교를 믿지 않거나 불교를 몰라도 그런 마음속에서 사는 사람들입니다.

"재물로 보시하다. 어떤 사람이 와서 구하면 가지고 있는 재물을 힘 닿는 대로 베풀어 줌으로써 스스로 간탐심을 버리고 그들로 하여금 환희롭게 한다." 누군가 보시하라고 하면 자기 것 다 챙기고 나머지를 합니다. 이것이 중생들의 마음입니다. 진리를 보지 못하는 한 평등한 마음을 일으키지 못합니다. 중생은 보시를 하면 착한 일 했다고 만족을 합니다. 우리도 얼마든지 할 수 있습니다. 이것은 선택받은 사람만이 가능한 것이 아니라 어느 누구나 '내가 어떻게 살 것인가', '내가 왜 사는가'란 질문에 집중하다 보면 해답을 얻을 수 있습니다. 이것은 누가 시켜서 하는 것이 아니라 내 스스로 보시하는 것입니다. 보시는 크고 적은 문제가 아닙니다. 지금 만 원이 있어도 보시하는 사람은 돈이 많아져도 보시할 수 있는 사람입니다. 적든 크든 아집이, 내 것에 대한 애착심이 그 생각을 못 벗어나게 만듭니다. 지금까지 인생을 돌아봅시다. 내가 다른 사람에게 얼마나 평등한 마음이 있었는가, 얼마나 이기적으로 집착했는가, 얼마나 진정으로 베풀었는가를 떠올려봅시다. 진정으로 베푸는 것이란 조건 없이 베푸는 것입니다. 오염되어 아집에 싸여있는 나에서 벗어나면 끝없는 자비가 일어납니다.

"무외(無畏)를 보시하다. 액난(厄難)과 공포와 핍박[威逼]을 받는 사람을 보면 자기의 능력에 따라 두려움이 없도록[無畏] 베풀어 준다." 이것은 물질적이고 경제적인 문제라기 보다 심리적이고 정신적인 문제입니다. 예를 들어 산 속에 혼자 있다고 해봅시다. 무섭습니다. 혼자이며 어디로 가야할지 모르는 것은 두려움을 줍니다. 어렸을 때 받은 충격이나 공포는 평생을 갑니다. 인류가 느끼는 근본적인 공포도 있습니다. 예를 들어 징그럽고 더러운 것에 대한 공포가 대표적일 것입니다. 뱀이나 쥐, 벌레들을 보고 공포를 느낍니다. 부처님의 제자들이 어느 날 부처님께 묻습니다. "혼자서 6년간 고행을 하셨을 때 두려움을 느끼지 않으셨습니까?" 그러자 부처님께서도 지금은 그렇지 않지만 그 때는 두려움을 느꼈다고 말씀하셨습니다. "깊은 밤 혼자서 있다 보면 나뭇잎 하나 떨어지는 소리도 두려움의 대상이다. 새가 날아가는 것도 어떤 동물이 나를 덮치지 않을까하는 생각을 일어나게 하여 엄청난 두려움을 느끼게 한다. 하지만 그것들을 정확하게 관찰해보니 나뭇잎이 떨어지는 소리며 새가 날아가는 소리였다. 그 소리들을 정확하게 알고 나니까 두려움이 사라졌다."라고 부처님께서 말씀하셨습니다. 일어나는 현상을 정확하게 알면 두려움이 없어지더라는 것입니다.

"법을 보시하다. 어떤 중생이 와서 법을 구하면 자기가 아는 대로 방편으로 설하되 명리(名利)나 공경을 탐내지 않으며 오직 자리이타(自利利他)를 생각하여 보리에 회향하기 때문이다." 바른 것이 무엇인지 알고 진리로 회향할 수 있도록 법을 설하는 것이 법보시입니다. 내 이익을 위한 것이 아니라 사람들이 바른 곳으로 회향할 수 있게 해주는 것입니다. 누군가가 법을 듣고 바른 것을 알고 그를 향해 간다면 이것보다 더 좋고 큰 일은 없을 것입니다.

'무엇을 하며 살 것인가?', '어떻게 살 것인가?' 이런 질문은 보시(Dana), 나눔(Donation)과 관련이 있습니다. 돈을 베푸는 것도 베푸는 것이지만 능력도 베풀 수 있습니다. 내 삶을 좀 더 당당하고 떳떳하게, 진리로 향하게 하는데 이보다 더 좋은 생각은 없습니다. 많고 적음은 우리의 업입니다. 우리는 보시, 진리를 향해 마음을 열어야 합니다.

앞에서 나온 내용들을 다시 정리해봅시다. 보시바라밀은 도와주고 베푸는 행위에 따라 세 가지로 나눌 수 있습니다. 첫째 법시(法施)는 정신적으로 깨우쳐주고 잘못을 가르치는 것입니다(설법 등). 둘째 재시(財施)는 재물이나 물질로 어려운 사람을 도와주는 것입니다. 세 번째 무외시(無畏施)는 법시, 재시 이외의 행위로 남의 어려움, 두려움, 근심 걱정, 위험, 병환 등 곤경을 구해주는 것입니다. 병문안을 가는 것도 일종의 무외시입니다. 아프면 두려움을 많이 느낍니다. 여기서 환자에게 두려움을 덜어주고 함께 하는 것이 병문안의 의미입니다.

"보시바라밀은 베푸는 사람의 마음가짐에 따라 정시와 부정시로 나눌 수 있다. 첫째 정시(淨施)는 칭찬, 존경 등 대가나 보답을 바라지 않고 베풀었다는 자부심이나, 자만심이 없는 순수하고 자비한 마음의 보시이다. 둘째 부정시(不淨施)는 보람, 칭찬, 감사, 보답, 복을 기대하는 보시이다." 정시는 깨끗하고 제대로 된 베풂입니다. 베풂은 정시가 되어야 합니다. 100% 정시가 되려면 부처가 되어야 합니다. 가능하면 정시에 가까운 마음을 낼 수 있도록 애쓰고 노력해야 합니다. 부처가 되기 위해 애쓰고 노력하는 삶이 중생의 삶입니다. 부처를 목적으로 세워 놓으면 부처로 가는 삶을 삽니다. 어떤 상황에서도 흔들림 없는 삶을 살아갈 수 있습니다.

"보시바라밀은 삼륜청정(三輪淸淨)해야 하고 삼륜공적(三輪空寂)해야 한다. 베푸는 사람(施者) 마음속에 아무런 얽매임이 없이 맑고 깨끗하여 공한 상태이다. 받는 사람(受者)의 마음도 베푸는 물건(施物)도 부정스럽지 않아야 한다." 부처님께서 바라는 보시는 무주어상 보시(無住於相 布施)로 내가 무엇을 베풀었다는 의식에 집착되지 않는, 마음에 걸림이 없는 습관화되어 무의식적으로 행하는 보시입니다. 그 보시의 공덕이 제일이라 하셨습니다. 삼륜이란 베푸는 자, 베풂을 받는 자, 베푸는 물건을 말합니다. 삼륜청정이란 이 세 가지가 청정해야 한다는 말입니다. 보답을 바라지 않는 청정한 마음으로 상대방을 깔보지 않고 베풀어주며, 상대방도 그런 자세로 받고, 정당하게 얻은 물건으로 베풀어주어야 합니다. 베풀어주더라도 상대방의 마음을 헤아려야 합니다. 금강경에 '응무소주 이생기심'이란 말이 나오는데 이런 마음입니다. 응당히 소에 머무르지 않고 내 마음을 일으키는 것입니다. 원효는 해골바가지에 담긴 물을 마시고 깨친 후 이 마음이 일어난 것입니다. 하지만 중생은 업의 창고를 거쳐 마음이 일어납니다. 업의 창고에 머물지 않고 내 마음을 일으킬 수 있어야 합니다.

소심경이란 공양할 때 하는 게송입니다. 전발게(展鉢偈)라고도 하는데 부처님께서 주신 소중한 발우를 펴는 게송입니다. '여래응량기 아금득부전 원공일체중 등삼륜공적 옴 발다나야 사바하(3번).'입니다. 여래응량기는 부처님으로부터 출발하여 내 앞에까지 이른 응량기 즉 부처님께서 주신 적당한 양을 담을 수 있는 그릇입니다. 아금득부전은 '내 지금 받아서 발우를 편다.'는 뜻입니다. 원공일체중 등삼륜공적이란 '원하옵건대 일체중생이 함께 평등하여 삼륜이 공적하다.'는 뜻입니다. 내가 공양을 하면서 나만 평등해지는 것이 아니라, 모든 중생이 이 공양하는 인연으로 평등한 마음을 일으키기를 바라며 공양하는 것입니다. 소심경을 통해 삼륜청정을 알고 배울 수 있습니다.

보시 못할 물건은 5가지입니다. 첫째는 도리에서 벗어난 방법으로 구한 재물입니다. 예를 들어 도둑질한 물건이나 부정한 물건 등입니다. 두 번째는 중생을 어지럽게 하는 물건입니다. 술과 마약 등을 가리킵니다. 세 번째 중생을 괴롭히는 물건입니다. 짐승을 잡는 덫이나 그물, 낚시대가 여기에 해당합니다. 네 번째 중생을 해치는 물건입니다. 총이나 화살과 같은 무기입니다. 다섯째 깨끗한 마음을 깨는 물건입니다. 음악과 여색 등입니다.

"보시의 청정. 보살의 보시를 청정하게 만들어 주는 다섯 가지 보물이 있다. 첫째는 보시를 행하면서도 바램이 없음이요. 둘째는 보시하는 마음에 집착함이 없음이요. 셋째는 보시받는 사람에게 상을 일으키지 않음이요. 넷째는 보시에 대한 과보를 염두에 두지 않음이요. 다섯째는 받는 자로 하여금 보답함이 없게 함이다." 보시 받는 사람에게 상을 일으키지 않는다는 말은 보시하면 뭔가 크게 되돌려 줄 것 같은 사람에게만 보시하지 말라는 것입니다. 자신이나 상대방은 속일 수 있을지라도 인과는 속일 수 없습니다. 인과는 정확합니다. 내가 베푼 것이 청정하지 않으면 영향을 받습니다. 그리고 보시를 할 때 받는 사람으로 하여금 불편하게 하고 부담을 느끼게 하면 안 됩니다.

"위대한 과보를 얻는 다섯 가지 보시. 첫째 음식을 보시하면 큰 힘을 얻고, 둘째 의복을 보시하면 좋은 일을 얻으며, 셋째 수레를 보시하면 안락을 얻고, 넷째 등불을 보시하면 밝은 눈을 얻고, 다섯째 법으로 중생을 제도하면 그것은 단이슬(甘露)과 같다." 음식을 보시하는 것은 부처님에게 쌀공양을 올리는 것이 이에 해당합니다. 그래서 옛날의 어머니, 할머니들은 쌀 한 말을 머리에 이고 절에 갔습니다. 다섯 째는 중생을 진리로 향하도록 도와주는 것보다 더 좋은 것은 없습니다. 단이슬과 같다는 것입니다. 세상에 진리를 베푸는 것보다 더 좋은 보시는 없습니다. 상대방을 바른 길로 나아갈 수 있게 유도를 해야 합니다. 옳고 그름을 알게 하고 옳은 길로 나아가게 하는 것입니다.

그것이 법입니다.

"적당한 시기의 보시. 때맞추어 하는 다섯 가지 보시. 첫째 멀리서 온 사람에게 보시하는 것이다. 둘째 멀리 가는 사람에게 보시하는 것이다. 셋째 병자에게 보시하는 것이다. 넷째 괴로울 때 어려울 때 보시하는 것이다. 다섯째 처음으로 거둔 과일, 곡식 등을 먼저 계(戒)를 지키며, 불도를 닦는 사람에게 드리고 나서 자기가 먹는 것이다." 보시를 해도 뒷북을 치지 말고 적당한 때에 맞게 하는 것입니다. 누군가 목이 말라 물을 찾을 때 그 때 물 한 모금은 천 냥보다 더 가치가 있습니다. 누군가 멀리서 왔다면 배도 고프고 돈도 떨어지고 몸도 피곤할 것입니다. 이런 사람에게 먹을 것을 주거나 돈을 주면 매우 좋아할 것입니다. 누군가 떠날 때 여비를 주기도 합니다. 그것이 똑같은 돈을 베풀었다 하더라도 이럴 때 주는 돈은 훨씬 더 상대방이 크게 느끼고 기억합니다. 몸이 괴롭고 아플 때 보시를 받으면 얼마나 위안이 되는지 모릅니다. 괴로울 때, 어려울 때 보시하는 것도 과보가 큽니다. 예를 들어 누군가 돈이 필요할 때 보시하는 것과 돈이 필요 없을 때 보시하는 것은 차이가 큽니다. 돈이 필요할 때의 보시는 그 몇 배의 가치가 있습니다. 처음으로 거둔 과일, 곡식도 큰 보시가 됩니다. 이것을 부처님이나 수행자에게 먼저 올리면 좋은 보시가 될 수 있습니다. 같은 양의 물건, 돈이라도 그 효용의 가치는 다릅니다. 같은 돈을 쓰더라도 위의 다섯 가지 상황에 맞는 사람에게 베풀어 준다면 그 가치는 더 커질 것입니다. 누군가가 내게 감사한 마음을 일으켰다면 그보다 더 큰 복은 없습니다. 그 마음이 중요한 것입니다. 이런 적당한 시기의 보시도 내가 깨어있고 준비가 되어 있어야 가능합니다.

"보시의 10가지 이익. 첫째 인색하고 탐욕스러운 번뇌를 없애고, 둘째 기쁘게 베푸는 마음(捨心)을 익히며, 셋째 그 재산을 영원토록 견고히 하고, 넷째 부호의 집에 태어나며, 다섯째 태어나는 곳마다 보시의 마음이 생기며, 여섯째 사부대중의 애호를 항시 받으며, 일곱째 많은 사람과 있되 두려운 일이 없고, 여덟째 훌륭한 명성이 널리 퍼지고, 아홉째 손발이 부드럽고 편안하며, 열째 언제나 선지식과 같이 있게 되어 불자가 된다." 중생은 아치, 아애, 아집, 아만이 있기 때문에 인색하고 탐욕스럽습니다. 하지만 보시를 함으로써 이런 마음에서 벗어날 수 있습니다. 베풀지 못하고 인색한 사람은 자기 것을 지키려고 하는 마음 때문에 항상 남을 의심하여 두려움을 느낍니다. 보시를 거리낌없이 하는 사람은 자기가 지킬 것이 없기 때문에 두려움이 없습니다. 세상에 공짜 없고 무관한 인과는 없습니다. 다 원인이 있어 여기까지 온 것입니다.

"지계문의 수행을 밝히다. 어떻게 지계문(戒門)을 수행하는가?" 지계는 계율을 지키는 것입니다. 밀린다왕문경(나가세나 비구경)을 보면 밀린다 왕이 나가세나에게 묻습니다. "비구여 그대들은 어째서 젊은 시절부터 머리를 깎고 수행을 하는가? 젊어서는 놀다가 늙어서 수행하면 되지 않는가." 그 말을 듣고 나가세나는 밀린다 왕에게 전쟁을 잘하는 비결을 묻습니다. 그러자 밀린다 왕은 "짐은 전쟁 전에 병기, 성벽, 식량 등 만반의 준비를 다 해놓기 때문에 백전백승하노라."라고 말했습니다. 그 말을 듣고 나가세나 비구가 말합니다. "그렇습니다. 저희들이 젊어서 수행하는 이유도 젊어서부터 준비를 하는 것에 있습니다. 목이 마른 후에 땅을 파는 사람은 그 목마름 때문에 죽게 됩니다. 하지만 미리 우물을 파놓은 사람은 목이 마를 때 언제든지 물을 마실 수 있습니다." 그 말을 듣고 밀린다 왕도 감탄을 하며 납득합니다.

밀린다 왕이 또 나가세나에게 묻습니다. "부처님은 정말 모든 것을 다 알고 있는가?"라고 묻자 나가세나는 그렇다고 말했습니다. "그렇다면 처음부터 계율을 다 정해놓을 것이지 왜 일이 생기고 나서야 계율을 만드는가?"라고 하자 나가세나 비구가 말합니다. "대왕이시여 당신은 옷이 낡으면 어떻게 합니까?" 밀린다 왕은 옷이 낡으면 기워 입는다고 말합니다. 그 말을 듣고 나가세나 비구가 말합니다. "그렇습니다. 부처님께서는 모든 계율을 알고 계셨지만 계율이 범해질 때마다 계율을 만드신 것은 헌 옷을 기워 입는 것과 같은 이치입니다. 그 사람이 필요할 때 설하는 것이니 필요 없을 때 설해서 구속할 이유가 없습니다." 그 말을 듣고 밀린다 왕이 납득합니다.

부처님 당시 인도 전역에 흉년이 들어 다 굶어 죽게 생겼습니다. 승려들이 걸식을 나가도 모두 빈손으로 돌아옵니다. 그래서 수다나 비구가 부처님께 제안을 합니다. 자신의 집과 고향 마을은 풍족하니 일단 그곳에 잠시 머무르는 것이 어떻겠냐고 합니다. 부처님은 수락합니다. 그래서 수다나 집에 머무르는데 어느 날 수다나의 어머니가 수다나에게 말합니다. "네가 출가를 해서 우리 집의 재산은 나중에 국가에 귀속될 것이다. 자식을 낳고 가

거라." 수다나는 고민 끝에 수락합니다. 그 후 다시 부처님과 그 제자들은 원래 있던 곳으로 돌아왔습니다. 부처님은 어느 날 수 다나의 얼굴이 어두운 것을 보고 무슨 일이 있었느냐고 물었습 니다. 그러자 수다나가 사실대로 말합니다. 부처님께서 그것을 듣고 음행에 대한 계율을 설하게 됩니다. 하지만 수다나는 퇴출 되지 않았습니다.

다니가 비구의 일화가 있는데 다니가 비구는 퇴출을 당했습 니다. 부처님은 알려진 대로 빔비사라 왕과 가까운 사이였습니 다. 다니가 비구는 그것을 이용해서 부처님의 이름을 빙자해 관 청에서 물자를 받아 절을 지어버립니다. 절이 완성되자 다니가 비구는 부처님을 초청합니다. 하지만 부처님께서는 물자가 어 디서 났느냐고 물었습니다. 다니가 비구는 사실대로 말했고 그 말을 들은 부처님은 왜 거짓말을 했냐고 질책합니다. 다니가는 거짓말은 했지만 좋은 일에 썼으니 괜찮은 것이 아니냐고 당당 하게 반문합니다. 부처님께서는 "다니가여 너는 거짓말을 하지 말라는 계율을 어겼으므로 너를 교단에서 퇴출하겠노라."라 하 고 다니가를 퇴출시켰습니다.

수바 비구니는 용모가 아름다웠습니다. 부처님 당시에 수행 자들은 산 속에 혼자 들어가 수행하는 사람들이 많았습니다. 비 구니들 가운데는 산에 혼자 들어가 수행을 하다 지나가던 사람 들에게 희롱을 당하거나 겁탈을 당하는 사람도 있었습니다. 수 바 비구니가 산에서 수행을 하고 있는데 마을의 잘 생긴 청년 이 찾아와 희롱을 합니다. 집요하게 구니까 수바 비구니는 청년 에게 자신의 어디가 가장 마음에 드냐고 묻습니다. 청년이 눈이 마음에 든다고 하자 수바 비구니는 자신의 눈을 뽑아 청년에게 줍니다. 청년은 그것을 보고 충격을 받고 진심으로 사죄를 합니다. 그 후로 부처님께서 비구니들은 절대로 혼자서 수행을 하지 말라고 당부하셨다고 합니다.

제27강

(4-3-2) 지계문의 수행을 밝히다

어떻게 지계문(戒門)을 수행하는가?

云何修行戒門 ?

(4-3-2-1) 십악을 멀리하다

(4-3-2-1-1) 몸으로 짓는 업을 삼가다

이른 바 살생하지 않고, 도적질 하지 않고, 음행하지 않는다.

所謂不殺、不盜、不婬、

(4-3-2-1-2) 입으로 짓는 업을 삼가다

두 말(兩舌)을 하지 않으며, 악한 말[惡口]을 하지 않으며, 거짓말 하지 않으며, 기어(綺語)를 하지 않는다.

不兩舌、不惡口、不妄言、不綺語 ,

(4-3-2-1-3) 뜻으로 짓는 업을 삼가다

탐욕과 질투[貪嫉]와 속임[欺詐]과 간사함[諂曲]과 성냄[瞋恚]과 삿된 견해[邪見]를 멀리 여의는 것이다.

遠離貪嫉、欺詐、諂曲、瞋恚、邪見。

(4-3-2-2) 두타행과 참괴를 닦다

만약 출가한 사람이라면 번뇌를 끊어 굴복시키기 위하여 응당 시끄러운 곳을 멀리 여의고 항상 고요한 곳에 있으면서 소욕(少慾)과 지족(知足)의 두타(頭陀)행을 닦으며 작은 죄라도 마음으로 두려워하고 부끄러워하고 뉘우치며 여래께서 만든 계율을 가벼이 여기지 않고 마땅히 다른 사람을 헐뜯고 혐오하지 않으며 비난하는 중생으로 하여금 망령되이 허물을 짓지 않도록 하기 때문이다.

若出家者爲折伏煩惱故 , 亦應遠離憒閙、常處寂靜 , 修習少欲知足頭陀等行。乃至小罪心生怖畏 , 慚愧改悔 , 不得輕於如來所制禁戒。當護譏嫌 , 不令眾生妄起過罪故。

대승기신론 강설_27

천수경을 보면 몸으로 짓는 죄, 입으로 짓는 죄, 뜻으로 짓는 죄가 나옵니다. 눈, 코, 귀는 받아들이기만 하기 때문에 죄를 짓지 않습니다. 몸이 짓는 죄는 살생, 투도(도둑질), 사음(음란한 행동)이 있습니다. 입으로 짓는 죄로는 망어(거짓말), 기어(속임), 악구(악담), 양설(여기저기에 다른 말)이 있습니다. 뜻으로 짓는 죄로는 탐애(탐욕), 진에(성냄), 치암(어리석음)이 있습니다. 6근 중에 안, 이, 비는 죄를 안 짓고 설, 신, 의는 죄를 짓습니다. 이렇게 죄를 짓는 근본 원인은 감각의 수용에 있습니다. 이 가운데 눈이 상당 부분을 차지합니다. 하지만 행동이나 생각으로 옮겨 죄를 짓는 것은 몸, 입, 뜻입니다. 여기서 나온 죄악을 경계하고 참회하며 살아가야 합니다.

　죄를 나타나게 하는 뿌리에는 업식(업상), 전식(능견상), 현식(경계상), 아만, 아치, 아집, 아애, 탐진치만의견이 있습니다. 업식(업상), 전식(능견상), 현식(경계상)은 제8식 아뢰야식의 영역에 속합니다. 예를 들어 내가 거짓말을 해야겠다고 생각을 일으키는 출발점은 업식에서 형성된 미세한 흐름입니다. 그것이 전식을 통해 구체화되고 현식에서 만들어집니다. 이것이 거울에 비치듯이 제7식에 반영됩니다. 그렇게 반영된 것은 6식을 통해 외부로 표출됩니다. 탐진치만의견은 삶을 부정적으로 만듭니다. 이것들은 누구에게도 다 들어 있습니다. 하지만 사람마다 들어있는 양은 다릅니다. 세세생생 올바르게 산 사람은 이것들이 적게 들어있고 그렇지 않은 사람은 많이 들어있습니다. 내 속에 든 생각들이 그대로 투영되는 것입니다. 세상을 보는 눈도 그렇습니다. 이 세상이 얼마나 좋게 보이는 것은 내 생각만큼 보입니다. 나의 업과 지혜만큼 세상이 다르게 보이는 것입니다. 그래서 똑같은 사건을 두고도 반응이 다른 것입니다.

　"십악을 멀리하다. 몸으로 짓는 업을 삼가다. 살생하지 않고, 도둑질 하지 않고, 음행하지 않는다. 입으로 짓는 업을 삼가다. 두 말[兩舌]을 하지 않으며, 악한 말[惡口]을 하지 않으며, 거짓말을 하지 않으며, 기어(綺語)를 하지 않는다." 우리가 계율을 지키는 이유는 십악을 멀리하기 위해서입니다. 기어는 상대방에게 잘 보이려고 말을 꾸미는 행위입니다.

　"뜻으로 짓는 업을 삼가다. 탐욕과 질투[貪嫉], 속임[欺詐]과 간사함[諂曲], 성냄[瞋恚], 삿된 견해[邪見]를 멀리 여의는 것이다." 악을 떠나 선이 따로 있지 않습니다. 선과 악은 같이 있습니다. 악한 마음만 일으키지 않으면 선은 그냥 일어납니다. 선한 마음을 일으키면 악한 마음이 사라집니다. 어두운 방에 불을 키면 어둠이 없어지듯이 똑같은 것입니다. 이를 위해 지계, 규칙적인 생활이 필요합니다. 규칙적인 생활은 따분해 보이지만 긍정적이고 안정적인 삶을 살 수 있습니다.

　자신을 남에게 베풀어주는 것을 보시라 하며 눈의 도적을 버리면 모든 빛의 경계를 떠나서 마음에 인색함이 없어지므로 저절로 보시가 이루어집니다. 자기자신을 잘 지키는 것을 지계라 이름하며 귀의 도적을 막으면 소리의 경계에 끄달리지 않으므로 스스로 구속 속에 있으나 구속에서 자유로운 지계가 이루어진다. 자기자신을 잘 다스리는 것을 인욕이라 이름하며 코의 도적을 항복시키면 향기로운 좋은 냄새와 악취가 나는 나쁜 냄새에 균등하여 자유롭게 길들여지므로 저절로 인욕이 이루어집니다. '눈의 도적을 버리면 모든 빛의 경계를 떠나서'라는 말은 대상을 분별하지 않게 된다는 말입니다. '구속에서 자유로운 지계가 이루어진다.'라는 말은 억지로 지키는 것이 아니라 그냥 지켜지는 것입니다. 세상에서 큰 일을 하려면 참을성, 인욕이 되어야 합니다. 참을 줄 알아야 합니다. 참을성이 없는 사람은 성공하지 못합니다. 1960대 미국의 어떤 대학원생이 학위 논문으로 아이들을 상대로 실험을 합니다. 마시멜로를 아이들에게 주면서 5분을 참으면 하나를 더 준다고 했습니다. 그 때 참고 안 먹은 아이들은 모두 좋은 대학에 들어갔고 성공하는 인생을 살았습니다. 그 때 못 참은 아이들은 성공하지 못했다고 합니다. 힘들고 어려운 것을 참으며 살 때 좋은 것과 균등하게 받아들이면 억지로 참을 필요가 없어집니다. 세 가지 도적을 항복시키면 보시, 지계, 인욕이 저절로 이루어집니다.

자기자신을 향상시키는 것을 정진이라 하며 혀의 도적을 제어하면 삿된 맛을 탐내지 않으며, 옳고 강설하되 싫어하는 마음이 없으므로 저절로 정진 속에 머물게 됩니다. 나와 남이 하나가 되는 것을 선정이라 이름하며 몸의 도적을 항복시키면 모든 애욕에 초연하여 요동하지 않고, 물들지 않으므로 항상 선정 속에 머물게 됩니다. 생명의 본래 면목을 깨닫는 것을 지혜라 이름하며 뜻의 도적을 조복하면 무명을 따르지 않고 항상 생각이 깨어있어 행하는 모든 행위가 법에 맞으며, 모든 공덕을 즐겨 닦으므로 지혜의 빛이 항상 밝게 빛나게 됩니다.

"두타행과 참괴를 닦다. 고요한 곳에 있으면서 소욕(少慾)과 지족(知足)의 두타(頭陀)행을 닦으며 작은 죄라도 마음으로 두려워하고 부끄러워하고 뉘우치며 여래께서 만든 계율을 가벼이 여기지 않고 마땅히 다른 사람을 헐뜯고 혐오하지 않으며 비난하는 중생으로 하여금 망령되이 허물을 짓지 않도록 하기 때문이다." 고요한 곳에 있으며 소욕과 지족의 두타행을 닦는 것이 지계입니다. 내 마음이 고요하면 밖이 아무리 시끄러워도 고요할 수 있습니다. 소욕, 욕심을 적게 내는 것이 중요합니다. 인간의 욕심은 끝도 없습니다. 내가 만족할 줄 알면 좋은 삶을 살 수 있습니다. 큰 돈을 벌어도 만족하지 못하면 삶은 황폐해집니다. 그러므로 욕심을 적게 하여 만족할 수 있어야 합니다.

'작은 죄라도 마음으로 두려워하고 부끄러워하고 뉘우치며'

속담에 '바늘 도둑 소도둑 된다.'는 말이 있습니다. 어렸을 때 친구들을 보면 부정행위를 해도 아무렇지 않게 하는 사람들이 있습니다. 이런 친구들은 나이가 들어서도 똑같습니다. 오히려 규모가 커져 있을 것입니다. 아무리 사소한 죄라도 우리는 두려워하고 참회해야 합니다. 참회하지 않으면 바뀌지 않습니다. 하루가 끝날 때 자리에 누워서 오늘은 무엇을 잘못했는지 되돌아볼 필요가 있습니다. 잘못했다고 생각하면 앞으로 계속하지 않게 됩니다.

무엇이든지 부정적으로 보면 계율을 가벼이 여기고 다른 사람을 마구 헐뜯게 됩니다. 모든 것을 긍정적으로 보고 측은하게 여기는 것의 바탕에는 지계가 있습니다. 살생을 하지 말라는 계율은 일심이라는 진리를 바탕으로 두어야 가능합니다. 사람아닌 다른 생명은 죽여도 괜찮다는 생각을 합니다. 하지만 불교에서는 모든 생명이라고 합니다. 이것을 지키려면 인간은 굶어죽습니다. 그러므로 이것을 최소화해야 합니다.

부처님의 제자 가운데 두타제일 가섭 존자가 있습니다. 가섭존자에게는 평생동안 지킨 사항들이 있었습니다. 첫째는 마을과 떨어진 산림 속에서 사는 것입니다.(在阿蘭若處) 둘째는 언제나 탁발걸식한 음식을 먹는 것입니다.(常行乞食) 셋째는 걸식하는데 있어서 빈부의 집을 가리지 않는 것입니다.(次第乞食) 넷째는 하루 한끼만 먹는 것입니다.(受一食法) 다섯째는 수행에 적당한 몸을 지탱하기 위한 최소량만 먹는 것입니다.(節量食) 여섯째는 중식 이후에는 음료수를 마시지 않는 것입니다.(中後不得飮漿) 일곱째는 세속에서 버린 옷들을 모아 기워 만든 옷을 입는 것입니다.(着弊衲衣) 여덟째는 옷을 세 벌 이상 가지지 않는 것입니다.(但三衣) 아홉째 잠을 잘 때는 무덤 사이에서 자는 것입니다.(塚間住) 열 번째는 수행을 할 때는 나무 아래에서 하는 것입니다.(樹下止) 열 한번째는 여러 곳으로 옮겨 다니지 않고 한 곳에 앉아 지내는 것입니다.(露地坐) 열 두 번째는 잘 때도 누워 자지 않고 좌선하는 자세로 그대로 자는 것입니다.(但坐不臥) 가섭의 삶을 되돌아보면 절제된 수행자의 삶을 철저하게 살아왔음을 알 수 있습니다.

선불교에서 가섭과 아난에 대한 화두가 있습니다. 가섭은 당대에 부처님께 법을 이어받은 수제자로 인정받고 있었습니다. 아난은 가섭에게 "부처님께서 따로 전한 법이 있었습니까?" 그러자 가섭은 대답합니다. "아난아!" "예." "절 앞의 찰간을 무너뜨려라." 절의 입구나 대웅전에 절을 상징하는 깃발을 꽂는 기둥이 있습니다. 이것을 찰간이라 합니다. '찰간을 무너뜨려라'는 것은 이미 설법이 끝났음을 의미합니다. 가섭이 아난을 불렀을 때 이미 부처님께서 따로 전한 법은 전해진 것입니다.

앞의 내용들을 정리해봅시다. "지계바라밀. 살생, 투도, 사음, 망어, 기어, 양설, 악구를 범하지 않고 탐욕, 성냄, 어리석음 등을 멀리 여의는 일이다." 조그마한 죄라도 몹시 두렵게 생각하여 뉘우치고 참회해야 하며, 여래께서 제정하신 모든 계율을 조금이라도 가벼이 여기지 말며, 남의 비난을 받지 않도록 하여 중생들로 하여금 허물을 짓지 않도록 하며 국가의 법률, 사회의 윤리, 도덕 등을 지키는 것입니다.

"지계에는 3가지가 있으니 섭율의계, 섭선법계, 섭중생계가 있다. 계율을 지킬 때도 '계율을 지킨다. 마음을 억제한다.'는 생각이 없어야 한다." 섭율의계는 계율을 지킴으로써 내 몸을 지키는 것입니다. 섭선법계는 계율을 지키며 선을 행하는 것입니다. 섭중생계는 이 세상 모든 생명에게 계를 베푸는 것입니다. 나부터 선을 행하고 모든 중생으로 퍼져나가는 것입니다. 계율을 지키는 것은 자연스러워야 합니다. 마음을 억제한다는 생각이 없어야 합니다. 처음에 시도할 때는 억제한다는 마음이 듭니다. 하지만 어느 정도의 단계가 되면 억제한다는 생각이 없어진다는 것입니다.

"청정계(清淨戒). 계에 의지해야만 온갖 선정과 고(苦)를 제거하는 지혜가 생긴다. 청정한 계를 지키면 선법을 얻게 되고 지키지 못하면 좋은 공덕이 무너진다. 계율이야말로 가장 편안한 공덕이 깃드는 곳이다.〈유교경〉" 여기서 규칙적인 생활의 중요성을 알 수 있습니다. 삶은 총체적인 것으로만 모든 것을 말하지 않습니다. 매일 매일 축적된 것이 삶입니다. 하루 잘 살면 하루 부처입니다. 하루 나태하고 계율을 어기고 살면 하루 지옥입니다. 나의 삶을 삶답게 해야 하는 것입니다. 하지만 계율을 지키지 않으면 내가 아무리 잘 살려고 해도 공덕이 무너집니다. 지계만큼 공덕을 쌓는데 좋은 것은 없습니다. 모두가 지계만 잘 지켜도 원하는 데로 돌아갑니다. 그것이 바로 천국, 극락입니다. 하지만 중생들은 자신의 욕심, 탐욕으로 지계를 지키지 않습니다.

"청정계행자. 해탈의 바다를 건네준다. 온갖 번뇌를 씻어낸다. 삿된 재앙의 독을 제거한다. 험악한 길을 통과하게 한다. 성자들이 머물 곳이다.〈승기율〉" 청정계행자는 청정하게 계율을 지키는 사람으로 진리의 세계로 가게 해줍니다. 여기서는 해탈의 바다를 건네준다로 표현했습니다. 청정계행자가 되면 번뇌가 씻겨집니다. 거짓말을 하면 거짓말을 정당화하기 위해 또 거짓말을 합니다. 이런 것들이 번뇌입니다. 청정계행자가 되면 나에게 일어날 많은 재앙들이 소멸됩니다. 좋은 일도 일어나지만 그만큼 재앙도 일어납니다. 흐름과 기운에 따라 자연스럽게 일어납니다. 이런 자연스러운 재앙도 안 일어난다는 것입니다. 청정계행자가 되면 험악한 길을 통과하게 됩니다. 인생만큼 험악한 길도 없지만 이 길을 끝가지 잘 가게 해주는 것이 지계입니다. 성자들이 머물 곳이라는 말은 지계를 잘 지키면 성자가 된다는 말입니다.

불교 구성의 대부분은 출가수행자들로 이루어져 있습니다. 하지만 간혹 출가하지 않는 뛰어난 거사들도 있습니다. 인도에는 유마경의 주인공 유마 거사가 있습니다. 중국에는 '방거사' 방온 거사가 있습니다. 우리나라에는 부설 거사가 있습니다. 부설은 원래 불국사에서 출가한 스님이었습니다. 부설은 같은 승려였던 영희, 영조와 유행을 떠났습니다. 유행은 여기저기를 떠돌며 공부하고 수행하는 것입니다. 그들은 전라도를 지나다가 무구원이란 거사의 집에서 묵게 됩니다. 무구원 거사에게는 묘화라는 딸이 있었는데 그녀는 벙어리였습니다. 그런데 그녀가 부설을 보더니 말문이 터져버렸습니다. 세 승려가 떠나려고 하는데 묘화가 부설을 붙잡고 자신이랑 결혼하지 않으면 죽겠다고 엄포를 놓습니다. 며칠 고민한 후 부설은 환속하고 묘화와 결혼하여 살게 됩니다. 그리고 같이 온 두 승려는 10년 후에 다시 만날 것을 기약하고 떠납니다. 10년 후 영희, 영조가 찾아와서 수행의 성과를 물어봅니다. 물병에 물을 넣고 물병을 깨어 물이 나오는지 안 나오는지 보고 수행의 정도를 판단하기로 합니다. 영희, 영조는 물병을 깨니 물이 다 흘러나왔는데 부설은 병만 깨지고 물이 하나도 흐르지 않았습니다. 그리고 부설이 말합니다. "이것이 무엇인고? 이 몸은 병이고 이 마음은 물이로다. 눈으로 보아도 본 바가 없고 귀로 들어도 들은 바가 없으면 분별시비 다 없어져 마음에는 오로지 부처뿐이라네." 자신의 마음은 병(몸)이 깨지더라도 그대로 있다는 것을 말한 겁니다. 훗날 부설은 묘화와 사이에 아들과 딸을 한 명씩 낳게 되는데 아들은 이름이 등운이고 딸은 월명입니다. 이들은 모두 출가해 그들의 이름을 딴 '등운암'과 '월명암'이 지금도 남아 있습니다.

　"팔청정(八淸淨)은 지계를 청정히 하는 8가지이다. 첫째 몸으로 행하는 행위가 곧으며, 둘째 업(業)이 청정하고, 셋째 마음 가운데 허물과 더러움이 없으며, 넷째 뜻을 높게 가져 굳고 바르며, 다섯째 바른 생활방법에 의해 살아가며, 여섯째 탐욕을 버리고 수행에 전념하며, 일곱째 온갖 거짓과 진실치 않은 모습을 떠나며, 여덟째 언제나 보리심을 잃지 않는다." 이것이 청정지계입니다. 왜 수행자는 복을 받을까요? 그것은 지계의 삶을 살기 때문입니다. 출가를 했건 안했건 청정지계를 지키고 사는 사람이 바로 수행자인 것입니다.

제28강

(4-3-3) 인욕문의 수행을 밝히다
어떻게 인욕문(忍門)을 수행하는가? 마땅히 타인의 괴롭힘을 참아서 마음에 보복할 것을 생각하지 않으며, 또한 이익과 손해, 비난과 명예, 칭찬과 헐뜯음, 괴로움과 즐거움의 법을 참고 견디기 때문이다.

云何修行忍門？所謂應忍他人之惱，心不懷報；亦當忍於利、衰、毀、譽、稱、譏、苦、樂等法故。

대승기신론 강설_28

이번에는 오문 수행 가운데 인욕문(忍門)을 할 차례입니다. "인욕문의 수행을 밝히다. 어떻게 인욕문(忍門)을 수행하는가? 마땅히 타인의 괴롭힘을 참아서 마음에 보복할 것을 생각하지 않으며, 또한 이익과 손해, 비난과 명예, 칭찬과 헐뜯음, 괴로움과 즐거움의 법을 참고 견딘다." 이것이 인욕문의 수행 내용입

니다.

인욕바라밀(忍辱波羅蜜)은 인욕으로써 삶을 완성하는 것입니다. 인욕이란 참는 것이지만 참고 절제하는 것에 익숙해지면 자연스럽게 됩니다. 인욕의 완성상태를 인욕바라밀이라 할 수 있습니다. 보시도 그렇습니다. 보시하겠다는 생각 없이 삶 속에서 자연스럽게 보시하게 되는 것이 보시바라밀입니다. 우리는 연습하지 않고 완성할 수 없습니다. 연습하면 목적지까지 갈 수 있습니다. 우리의 삶은 보시고 지계고 인욕이지만 그것을 연습하지 않습니다. 끊임없이 연습하면 부처가 될 수 있습니다.

인욕바라밀은 다른 사람의 모욕을 잘 참아 보복할 생각을 내지 않는 것입니다. 또한 이로움, 쇠퇴함, 명예로움, 비방받음, 칭찬받음, 조롱받음, 괴로움, 즐거움 등 까지도 잘 참는 일입니다. 즉 육체적, 정신적 모든 고통을 참아 이겨내는 것입니다. 인욕에는 세 가지가 있습니다. 첫째 내원해인(耐怨害忍)이고 둘째는 안수고인(安受苦忍)이고 셋째는 관찰법인(觀察法忍)입니다. 괴로움을 참을 때도 괴로움이란 없기 때문에 '괴로움을 참는다.'는 마음이 없어야 합니다.

"내원해인이란 노여움에 의해 더럽혀지지 않아서 자기를 평화롭게 한다. 안수고인이란 분해하고 원망하지 않는다면 남을 괴롭히지 않음이 될 것이다. 관찰법인이란 관계를 바로 관찰하여 나와 남을 평화롭게 함이다.〈배보적경〉" 내원해인이란 원망과 피해를 받아도 참고 견디는 것입니다. 원망이나 피해를 받고 원망하는 마음이 일어나면 마음의 평화가 깨집니다. 내가 편안할 수 없습니다. 참고 견딘다면 노여움으로 더럽혀지지 않습니다. 안수고인이란 괴로움을 참고 견디며 편안하게 받아들이는 것입니다. 관찰법인이란 진리를 관찰하고 그것을 통해 참고 견디는 것입니다. 진리를 안다는 것은 존재하는 모든 것의 관계를 바로 아는 것입니다. 관찰을 통하여 바로 알게 되면 나도 편안하고 상대방을 편안하게 하는 것입니다. 이것을 유지하지 못할 때 노여움에 싸이거나 상대방을 원망하거나 무지해서 관계를 모르면, 자기의 이기와 상충하는 모든 것을 제대로 볼 수 없게 됩니다.

"인욕의 힘. 인욕은 악을 품지 않는 까닭에 몸과 마음이 아울러 평안하고 건장할 수 있으며 참는 사람은 악이 없기 때문에 반드시 부처가 되느니라.〈42장경〉" 모든 관계가 그렇습니다. 내가 생각만 바꾸면 원망스러운 상대가 가르침을 주는 존재가 될 수도 있습니다. 바로 인욕의 힘을 길러주는 존재가 될 수 있습니다.

"인욕은 만복의 근원이다. 사람이 제 마음을 이기지 못하면서 도리어 남의 마음을 이기려 해서야 될 일인가. 제 마음을 이겨야 남의 마음을 이기리라. 제 마음을 이기지 못하면 진리를 알지 못하며, 불도를 알지 못한다. 그러므로 제 마음을 이겨 노함을 제거하면 만복이 몸을 따르게 된다.〈육바라밀경〉" 자기 마음도 못 다스리면서 남을 이길 수 없습니다.

"인욕은 만복의 근원이다. 여래 입멸 후 어떤 사람들이 불법승 삼보를 헐뜯는다 해도 너희들은 노하거나 번뇌하지 말라. 그리고 '만약 성낸다면 바른 수행자가 아니며, 수행자의 도리가 아니며, 불도를 수순함이 아니다.'라고 생각해야 한다.〈화수경〉"

수행자는 성을 내서는 안된다는 것입니다. 왜 성이 납니까? 내게 안 맞을 때 성이 납니다. 옛말에 '절이 안 맞으면 중이 떠난다.'는 말이 있습니다. 안 맞으면 떠나면 그만입니다. 그러나 떠나려니 얽힌 수많은 이기들이 못 벗어나게 합니다. 수행자라면 이런 것에 대해서 자유로운 사람들입니다. 내 것이 없습니다. 수행자의 기본 정신이 박혀 있다면 어디서도 싸우고 화날 일이 없습니다. 내 것을 고집하고 이기를 충족시키려 하기 때문에 싸우고 화내게 됩니다.

인욕에 관해 부처님의 아들인 라홀라의 일화가 있습니다. 라홀라의 스승은 부처님의 제자인 사리불입니다. 라홀라는 어려서부터 교단의 사람들이 비방과 조롱을 받는 모습을 많이 보아왔습니다. 라홀라 본인도 교단을 따라다니며 그런 일을 당했습니다. 하루는 걸식을 갔다가 돌팔매질을 당하고 머리에 피를 흘리며 돌아왔는데 그것을 본 부처님께서 라홀라의 인내를 칭찬하며 다음과 같이 말씀하셨습니다. "만약 참을 줄 모르는 사람이 있으면 그 사람은 부처를 만날 수도 없고 법을 등지고 승단으로부터 멀어지게 된다. 항상 지옥에 떨어져 윤회를 그치지 않는다. 그러나 악행을 참는 자는 항상 편안하고 여러 가지 재앙이 소멸한다. 인욕을 하는 사람들은 서로 화합하고 기뻐한다. 지혜로운 자는 인과를 깊이 살핌으로써 마음을 극복하여 잘 참는다. 물론 불법의 방법과 세속의 방법은 다르다. 세속에서는 부와 권력을 귀하게 여기지만 출가 수행자는 부와 권력을 귀하게 여기지 않는다. 충성과 아첨은 사이가 좋지 않다. 부정은 언제나 바른 것을 질투한다." 삶에서 참는 것은 중요합니다. 다른 사람에게 받은 분노를 참는 것도 중요하지만 자신의 욕심을 참는 것도 중요합니다. 그래서 악행을 참는 자는 항상 편안하고 재앙이 소멸한다고 부처님께서 말씀하셨습니다.

"인욕은 만복의 근원. 외도가 분쟁을 일으키려 한데도 같이 싸우지 말라. 분쟁을 일으키면 많은 사람을 이롭게 하지 못할 뿐만 아니라 많은 사람으로 하여금 온갖 고뇌를 맛보게 할 것이다.〈인연경〉" 다른 사람이 싸움을 걸어도 싸우지 말라는 말입니다. 인도 장수왕의 이야기에서도 이런 점을 볼 수 있습니다. 이 이야기는 앞에서도 했습니다. 장수왕이 코살라국의 왕이었을 때 옆에 있던 카시국이 계속 침공하며 괴롭힙니다. 한번은 카시국이 전쟁이 끝나자마자 다시 침공해들어와서 코살라국의 수도로 입성하는 일이 벌어집니다. 그 때 장수왕은 아들과 함께 도망쳤습니다. 결국 장수왕은 카시 국왕에게 처형당했습니다. 장수왕의 아들은 아버지와 나라의 복수를 위해 신분을 숨기고 카시왕에게 접근했고 그의 환심을 사 최측근이 됩니다. 하루는 카시왕이 장수왕의 아들의 무릎을 베게삼아 누워있었습니다. 카시왕은 악몽을 꾼 듯 뒤척이더니 갑자기 깨어납니다. 장수왕의 아들이 이유를 물어보자 꿈을 꾸었는데 장수왕의 아들이 자기를 죽이려고 했다는 것이었습니다. 그러자 장수왕의 아들은 그 자리에서 자신이 누구인지 모든 계획을 실토합니다. 장수왕의 아들은 이어서 처음에는 죽이려고 접근했으나 점점 같이 있으며 그런 마음은 사라지고 갈등하게 되었다고 말합니다. 카시왕은 그 이야기를 다 듣고 감복하여 장수왕의 아들을 양아들로 삼고 나라를 물려줍니다. 결국 장수왕의 아들이 복수심을 참고 견딘 결과 입니다. 복수심을 참으니 자신의 원수까지 감복하게 된 것이었습니다. 이것은 인욕의 중요성을 잘 말해준 예라고 할 수 있습니다.

"인욕은 만복의 근원. 다툼에는 과실이 따르지만 다툼이 없는 일에는 공덕이 따른다. 만약 불도를 닦는 사람이 있다면 항상 인욕에 머물러 다툼을 멀리해야 할 것이다.〈배보적경〉"

"인욕의 10가지 작용이 있다. 첫째는 아와 아소의 공함을 관찰함이다. 둘째는 교만을 제거함이다. 셋째 남이 악한 일을 해도 보복하지 않음이다. 넷째 자비를 닦음이다. 다섯째 마음이 방일하지 않음이다. 여섯째 노여움을 끊음이다. 일곱째 기갈, 고락에 마음이 동요되지 않는다. 여덟째 지혜를 수행함이다. 아홉째 종성을 생각하지 않음이다. 열째 무상함을 관찰함이다." 아는 나를 의미하고 아소는 내가 머물러 있는 곳을 의미합니다. 참다보면 왜 화가 일어나는가를 생각하게 됩니다. 원래 '나'라고 할만한 것이 없음을 알게 됩니다. 본래 '무아'임을 알게 되면 분노할 필요가 없어집니다. 내 것이 있기 때문에 집착하고 분노하는 것입니다. '나'라는 것이 공함을 알면 분노할 이유가 없습니다. 단지 관계에 대한 정확한 설명만 있을 뿐입니다. 금강경에 '응무소주'란 말이 있습니다. 여기의 '소'는 심소이며 5위100법에 나오는 심소법입니다. 화를 참다보면 교만함이 없어집니다. 두 번째 작용은 이것을 말한 것입니다. 네 번째 작용을 봅시다. 참고 견디다 보면 자비가 일어납니다. 다섯째 작용인 방일하지 않음은 끊임없이 부지런히 해야할 것을 한다는 말입니다. 평생 애를 쓰고 노력하는 것입니다. 인욕을 닦다보면 괴롭거나 즐거워도 마음이 동요되지 않습니다. 그러면 지혜가 생깁니다. 관계를 제대로 아는 것이 지혜입니다. 아홉째 종성을 생각하지 않음이란 우열, 지위나 그에 따른 이득을 따지지 않는 것입니다. '나'가 없고 교만함이 없으니 그렇게 될 수 있는 것입니다. 열 번째 작용은 존재하는 것은 무상하며 무아임을 관찰하여 아는 것입니다.

"인욕의 10가지 이익. 첫째 불도 능히 태우지 못한다. 둘째 칼도 능히 베지 못한다. 셋째 독도 능히 해치지 못한다. 넷째 물도 능히 떠내려가게 못한다. 다섯째 신장들의 보호를 받는다. 여섯째 신상이 훌륭해진다. 일곱째 모든 악도(惡道)에 떨어지지 않게 된다. 여덟째 원하는 바에 따라 하늘에 태어난다. 아홉째 밤낮으로 항상 평안하다. 열 번째 몸과 마음에 기쁨이 떠나지 않는다.〈월등 삼매경〉" 달마 대사가 인도에서 중국으로 넘어왔을 때 중국 교종의 승려들이 달마에게 수많은 해꼬지를 합니다. 게다가 임금이 사약을 네 번이나 내립니다. 하지만 달마를 죽이지 못합니다. 어떤 형태로든 나를 해치지 못하게 하는 것이 인욕의 힘입니다. 전설과 같은 그런 신장이 아니라 이 세상의 모든 것이 신장입니다. 내 마음이 순수하고 자비로우면 이 세상의 모든 것이 나를 도와주고 지켜줍니다. 인욕을 하는 사람은 평안합니다. 반면 다른 사람을 해꼬지를 하며 죄를 짓는 사람은 언제 누가 보복할지도 모른다는 마음에 불안합니다. 그래서 인욕을 하는 사람은 밤낮으로 평안한 것입니다. 이와 같은 좋은 점이 많은데 우리는 왜 인욕을 하지 않을까요? 우리의 이기심, 즉 '나'라는 생각이 인욕을 하지 못하게 만듭니다. 내 것이 맞아야 되고 원하는 대로 되어야 되니까 못 참는 것입니다. 하루만 입을 다물고 가만히 있어보십시오. 그럼 내가 맞다고 말하지 않아도 상대방이 압니다. 내가 이겨야 이긴 것이 아니라 참고 가만히 있어도 남들이 다 알아줍니다. 시간이 지나면 관계, 옳고 그름이 명백해집니다.

신장의 보호를 받는다고 느끼게 되면 진리에 대한 믿음이 확고해집니다. 믿고 있는 불법이 차원이 달라집니다. 절대적인 믿음이 생깁니다. 믿음이 확실하지 못할 때 우리는 긴가민가합니다. 하지만 진리에 대한 믿음이 확고해지면 그 때부터 달라집니다.

제29강

(4-3-4-0) 정진문의 수행을 밝히다

어떻게 정진문(進門)을 수행하는가?

云何修行進門?

(4-3-4-1) 공덕을 부지런히 닦다

모든 선한 일에 마음이 게으르지 않고 뜻을 굳게 세워서 겁약을 멀리 여의고, 마땅히 과거의 오랜 세월[久遠]로부터 부질없이 일체의 몸과 마음에 큰 고통을 받았던 것이 아무런 이익이 없음을 생각할 것이며, 이 때문에 응당 모든 공덕을 부지런히 닦아 자리 이타하여 모든 고통을 여의는 것이다.

所謂於諸善事心不懈退, 立志堅強遠離怯弱。當念過去久遠已來, 虛受一切身心大苦無有利益, 是故應勤修諸功德, 自利利他速離眾苦。

(4-3-4-2) 죄장을 부지런히 제거하다

또한 사람이 신심(信心)을 수행하였으나, 지난 세상(先世)으로부터 무거운 죄악 업장이 많은 까닭에 삿된 마구니와 여러 귀신에게 괴롭힘을 받거나 어지럽힘을 당하며,

혹은 세간의 사무(事務)에 여러 가지로 매이고 얽히게 되며 혹은 병고(病苦)에 시달리며 괴로움을 당하는 것이다. 이러한 여러 많은 장애가 있기 때문에 응당 용맹히 정근(精勤)하여 아침 저녁으로 여섯 번씩 부처님께 예배하여 성심으로 참회하며 권청(勸請)

하고 수희(隨喜)하여 보리에 회향하기를 쉬지 않으면 모든 장애를 벗어나 선근이 증장하게 된다.

復次, 若人雖修行信心, 以從先世來多有重罪惡業障故, 為魔邪諸鬼之所惱亂, 或為世間事務種種牽纏, 或為病苦所惱。有如是等眾多障礙, 是故應當勇猛精勤, 晝夜六時禮拜諸佛, 誠心懺悔、勸請、隨喜、迴向菩提, 常不休廢, 得免諸障、善根增長故。

대승기신론 강설_29

"정진문의 수행을 밝히다. 어떻게 정진문(進門)을 수행하는가?" 학교 다닐 때 나름 열심히 공부합니다. 평소보다는 힘을 쏟습니다. 평소보다 열심히 하는 것이 정진입니다. 어떤 문제를 해결하기 위해 좀 더 집중하는 것입니다.

"공덕을 부지런히 닦다. 모든 선한 일에 마음이 게으르지 않고 뜻을 굳게 세워서 겁약을 멀리 여의고, 마땅히 과거의 오랜 세월[久遠]로부터 부질없이 일체의 몸과 마음에 큰 고통을 받았던 것이 아무런 이익이 없음을 생각할 것이며, 이 때문에 응당 모든 공덕을 부지런히 닦아 자리이타 하여 모든 고통을 여의는 것이다." 정진은 공덕을 부지런히 닦는 것입니다. 이 생에 아무리 잘 살고 싶어도 안 되는 사람들이 있습니다. 그것은 닦아놓은 공덕이 부족하기 때문입니다. 내 그릇만큼, 베푼 만큼 복덕이나 돈이 들어오는 것입니다. 내가 잘 살고 싶다면 부지런히 공덕을 닦으며 정진해야 합니다.

선하다는 것은 내가 다른 생명들을 위해 긍정적인 마음을 낼 수 있는 것입니다. 다른 것들을 해치지 않는 것입니다. 이런 선한 행동에 마음을 내고 행동한다면 이것은 마음이 게으른 것이 아닙니다. 겁약이란 마음이 약해서 할까 말까 고민하는 것입니다. 할지 말지 뜻을 굳게 세우는 것입니다. 무지와 아집에 의해 끊임없이 고통을 받고 있습니다. 여기서는 그 오랜 세월 받아온 고통이 아무런 이익이 없다고 말하는 것입니다. 하지만 중생은 그 고통 속에 평생을 살아갑니다. 만약 공덕을 닦고 정진하면 모든 고통에서 벗어날 수 있습니다.

"죄장을 부지런히 제거하다. 사람이 신심(信心)을 수행하였으나, 지난 세상[先世]로부터 무거운 죄악 업장이 많은 까닭에 삿된 마구니와 여러 귀신에게 괴롭힘을 받거나 어지럽힘을 당하며, 혹은 세간의 사무(事務)에 여러 가지로 메이고 얽히게 되며 혹은 병고(病苦)에 시달리며 괴로움을 당하는 것이다." 중생들 안에는 선한 업과 불선한 업들이 있습니다. 정진을 통해 이런 업장이나 죄악들을 제거해야 합니다. 그렇지 않으면 병고를 당하거나 일하면서 어려움을 겪습니다. 나쁜 것들이 나왔을 때 정진을 하면 어느 정도 소멸이 됩니다. 그래서 정진을 하면 이 생의 어려움을 극복할 수 있고 다음 생도 편안해집니다. 나쁜 현상들이 일어났을 때 수행하지 않고 정진하지 않으면 내 삶이 망가져 버립니다. 우리는 정진하는 힘을 길러야 합니다.

중생들은 정진을 해본 적이 없으니 이번 삶이나 다음 삶이나 달라질 것이 없습니다. 이것을 바꿀 수 있는 것은 끊임없는 정진입니다. 부지런히 애쓰고 노력해야 합니다. 그렇게 노력하다 보면 보이지 않는 세계, 깨달음의 세계도 보게 될 것입니다.

"이러한 여러 가지 장애가 있기 때문에 응당 용맹히 정근(精勤)하여 아침 저녁으로 여섯 번씩 부처님께 예배하여 성심으로 참회하며 권하여 청해 들으며[勸請] 기쁜 마음으로 따르며[隨喜] 보리에 회향하기를 쉬지 않으면 모든 장애를 벗어나 선근이 증장하게 된다." 인생의 장애를 없애는데 부지런히 용맹정진하는 것보다 좋은 것이 없습니다.

정진바라밀(精進波羅蜜)이란 착한 일에 대하여 게으른 생각을 내지 않으며, 뜻을 굳게 세워 겁내고 약한 생각을 버리고, 모든 공덕을 골고루 닦아 나와 남을 이롭게 하고 뭇 고통 속에서 속히 벗어나려고 진실의 도를 끊임없이 실천 노력하는 것입니다.

정진은 크게 다음과 나눌 수 있습니다. 첫째 피갑정진(被甲精進), 둘째 가행정진(加行精進), 셋째 유정들을 요익(饒益)케 하는 가행정진입니다. 보통 정진을 하면 자기 자신을 위해 합니다. 그것이 다른 사람들에게도 좋게 영향을 미치기도 합니다. 일반 중생들이 하는 정진은 피갑정진과 가행정진입니다. 중생을 뛰어넘어 보살이 되면 유정들을 요익하게 하는 가행정진을 합니다. 피갑이란 갑옷을 입은 것입니다. 갑옷을 입으면 적군에게서 화살이 날아와도 뚫고 지나갈 수 있습니다. 그래서 피갑정진이란 갑옷을 입은 것과 같이 용맹하게 정진하는 것을 말합니다. 가행정진이란 평소보다 더욱 열심히 하는 정진입니다. 스님들이 마지막 막바지 결제할 때 밤잠마저 안 자며 열심히 정진합니다. 이런 것이 가행정진입니다. 가행정진은 용맹정진과 비슷합니다.

용맹정진의 어원은 아난에서 출발합니다. 부처님 열반 하고 100일 후 수제자 가섭이 제자들을 모아 결집합니다. 이것이 제1결집입니다. 제1결집은 아라한과를 터득한 사람만이 들어올 수 있었습니다. 아난은 부처님의 법을 제일 많이 들었던 제자였지만 여기에 들어올 수 없었습니다. 부처님께서 열반에 드시기 전에 아난에게 부지런히 애쓰고 노력하라고 당부하셨지만 아난은 열심히 하지 않았던 것입니다. 아난은 그 때부터 7일간 용족산에서 용맹정진합니다. 이것이 용맹정진의 시초입니다. 그제서야 아난은 아라한과를 터득해서 제1결집에 참가할 수 있었습니다.

이런 가행정진을 보살이 하면 유정을 요익케 하는 것입니다.

"정진하지 않는 인생은 뿌리 없는 나무와 같다. 사람의 목숨 또한 이와 같아 무상(無常)하니 인생은 잠깐이다. 부지런히 닦아 진리에 나아가게 하라.〈시가라위경〉"

"정진이 없으면 바로 후퇴한다.〈천태지자〉" 다양한 교설들을 분류, 종합하는 것을 교상판석이라고 하는데 이것을 완성시킨 사람이 천태 지자입니다. 교종의 종지부를 찍는 것이 천태종의 교상판석입니다.

"더디지도 빠르지도 않아야 한다. 빠르면 몸과 마음이 지치고 더디면 삼매를 얻을 수 없기 때문이다. 새를 잡을 때에 서두르면 지치고, 느리면 놓치는 것과 같으며 또 거문고의 줄을 조절하는 경우에 너무 조이거나 지나치게 늘어지면 제 소리를 내지 못하는 것과 같다.〈성실론〉" 정진에서 중요한 것은 속도입니다. 정진한다고 목숨걸고 막 하다보면 지치게 됩니다. 반대로 너무 느리면 삼매에 들 수 없습니다. 부처님 제자 아나율은 출가후 하루 빨리 부처님처럼 되고 싶어서 3년 동안 심하게 용맹정진을 합니다. 그 결과 눈이 멀어 버립니다. 우리 중생은 아나율처럼 열심히 용맹정진한 적이 없습니다. 하루 이틀 정도는 했을지도 모릅니다. 하지만 장기간 동안 용맹정진한 적이 없습니다. 그래서 선정에 들지 못합니다. 이런 것은 원이나 생각이 없으면 못합니다. 목표를 세우는 것입니다. 거문고 줄처럼 너무 조아도 안되고 너무 느슨해도 안되는 것입니다. 적절하게 끊임없이 지속적으로 해나갈 때 정진을 제대로 할 수 있습니다.

"정진 앞에서 불가능은 없다. 물방울이 끊임없이 떨어지면 능히 돌을 뚫는 것처럼 끊임없는 정진 앞에는 못 이룰 일이 없다. 게으름은 타락과 죄악에 이르는 문이오, 정진은 청정에 이르는 문이다. 게으름은 어지러운 마음에 이르는 문이오, 정진은 안정된 마음에 이르는 문이다.〈문수사리정을경〉" 정진하다 보면 어떤 일도 이루어집니다. 하지만 목적이 없으면 이룰 수 없습니다. 나름 목적을 세우면 그 목적을 위해 끊임없이 정진이 가능합니다. 목적이 없으면 그냥 시간을 흘러 보내는 삶에 불과합니다. 중요한 것은 물방울이 떨어져 돌을 뚫듯이 목적을 정해두고 끊임없이 부지런히 끝도 없이 하는 것입니다. 집중적으로 끊임없이 하는 것입니다. 한 평생 열심히 정진하다 가야합니다. 내가 정진한다고 의식하면 모든 행동이 정진 속에 들어갑니다. 그렇게 되면 자연스럽게 절제된 삶을 살게 됩니다.

정진에는 시간과 장소가 들어갑니다. 특정한 시간, 특정한 장소에서 정진을 한다고 결심하면 실행에 옮기기 쉬워집니다. 이렇게 해야 정진이 됩니다. 정해진 것 없이 되는대로 하다보면 꾸준히 실천하기 힘듭니다. 정진이 안 됩니다.

"방일. 게으름이란 모든 허물과 죄악의 바탕이다. 집에 있는 이가 게으르면 의식주가 부족하고 사업이 쇠퇴할 것이다. 출가한 이가 게으르면 생사의 고통을 벗어나지 못할 것이다. 모든 좋은 일은 정진에 의하여 일어나니 집에 있는 이가 정진하면 의식주가 풍족해지고 사업이 번창할 것이다. 출가한 이가 정진하면 도법을 모두 성취하여 마침내는 부처의 경지에 이르리니 모두가 정진에 의해 이루어지느니라.〈보살분행장〉"

"정진의 다섯 가지. 첫째 홍서정진(弘誓精進)이란 넓게 서원을 세워 굳게 결의하여 행하고자 하는 정진이다. 둘째 발행정진(發行精進)이란 온갖 선심을 발해 실천으로 옮기는 정진이다. 셋째 무하정진(無下精進)이란 천하고 비열한 마음 없이 나아가는 정진이다. 넷째 무염정진(無厭精進)이란 싫어함이 없는 마음으로 나아가는 정진이다. 다섯째 부동정진(不動精進)이란 추위나 더위 따위의 괴로움을 능히 이겨 흔들림이 없는 정진이다.〈대승자엄경〉" 분별에서 벗어나야 이런 정진을 할 수 있습니다. 중생은 분별심이 있기 때문에 무하정진이나 무염정진이 안되는 것입니다.

"용맹정진. 용맹정진하여 일체지기를 얻기 위해 37 조도법(

助道法)을 닦으며 악마에게 항복받는다. 보리심을 일으키며 중생을 구제해 생사의 바다로부터 벗어나게 한다. 온갖 악도에 떨어트리는 여러 가지 번뇌를 없애며, 무지(無智)를 무너뜨린다. 모든 부처님께 싫증을 내지 않고 공양하며 부처님의 가르침을 받아 지닌다. 온갖 장애의 산을 파괴하며 중생을 교화해 완성시킨다. 온갖 부처님의 국토를 장엄한다.〈화엄경〉" 여기서 말하는 내용들이 용맹정진을 하면 나타나는 것들입니다. 악마는 다른 것이 아닌 우리 속의 탐진치입니다.

"37 조도품에는 사념처, 사정근, 사여의족, 오근, 오력, 칠각지, 팔정도가 있다." 37 조도품이란 불교에서 공부해야할 핵심을 요약한 것입니다. 사념처(四捻處)는 사띠바리나로 알아차림을 기울이는 곳이라는 뜻입니다. 신념처(身念處)에서는 몸은 깨끗한 것이 아님을 알고, 수념처(受念處)에서는 감각작용(느낌)은 괴로운 것임을 알고, 심념처(心念處)에서는 마음은 영원하지 않음을 알고, 법념처(法念處)에서는 모든 존재가 실체가 없음을 아는 것입니다. 무엇을 알아차려야 하는가에 대한 답이 사념처입니다. 신수심법에서 각각 알아차릴 것을 말하고 있습니다. 사념처를 통해 무아와 무상과 고를 알 수 있습니다. 존재하는 모든 것의 속성은 무아, 무상, 고인 것입니다. 사정근(四正勤)은 삼마빠다나로 바른 노력이란 뜻입니다. 첫째 이미 지은 불선업을 다시 짓지 않도록 빼어버리는 것이며, 둘째 아직 생기지 아니한 불선업을 생기지 않도록 노력하는 것이며, 셋째 생기지 아니한 선업을 생기도록 노력하는 것이며, 넷째 이미 지은 선업을 거듭거듭 다시 기억하여 크게 하도록 노력하는 것입니다. 무엇을 노력할 것인가를 말한 것입니다. 선한 업은 증장시키고 불선한 업은 짓지 않도록 하는 것입니다. 바른 노력이란 불선업을 짓지 않고 선업을 짓는 것입니다. 사여의족(四如意足)은 이디빠다로 향상하는 큰 신통이란 뜻입니다. 첫째 소원(欲)이란 이렇게 하고 싶다고 바라는 것이며, 둘째 노력(進)이란 쉬지 않고 나아가는 것이며, 셋째 생각(念)이란 마음에 분명히 새겨서 잊지 않는 것이며, 넷째 지혜(慧)란 바르게 사유하고 분별하여 마음이 흐트러지지 않는 것입니다. 쌍윳따에 나오는 네 가지 신통의 기초가 사여의족 즉 사신족입니다. 부처가 되기 위해서는 사여의족을 실천해야 합니다. 부처님께서 법을 영원히 전하기 위해 시자로 아난을 뽑습니다. 아난은 념(念)에 뛰어났기 때문에 뽑힌 것이었습니다. 부처님께서 편하고자 시자를 뽑은 것이 아니라 옆에서 법을 듣고 그 법을 전하기 위해서 시자를 뽑은 것이었습니다. 그 후 25년 동안 아난은 부처님의 시자를 하면서 부처님의 법을 그대로 기억하여 후세에 전하게 되었습니다. 오근(五根)은 인드라로 선업을 키우고 악업을 막도록 잘 다스리는 능력을 의미합니다. 지혜란 마음이 통일되어 더욱 더 지혜를 밝히는 것이며, 노력이란 믿음을 가지고 더욱 더 노력하는 것이며, 알아차림이란 다시 돌이켜 마음에 새기는 것이며, 선정이란 마음에 새긴 지혜를 향하여 마음이 산란하지 않도록 집중하는 것이며, 신심이란 진리를 확신 있게 믿는 것입니다. 오력(五力)은 발라로 향상하고 번영하기 위해 필요한 힘입니다. 건강의 힘, 지혜의 힘, 재산과 물건의 힘, 예의와 행동 등이 좋은 것의 힘, 친구의 힘이 여기에 해당합니다. 부처님께서 아난에게 "도에 이르는데 있어 도반이란 전부 다이다."라고 말씀하신 적이 있습니다. 그 만큼 도를 이룰 때 친구, 동료의 힘은 중요합니다. 여기서 친구는 같이 도를 닦고 수행하는 친구, 동료를 말합니다. 혼자서 공부하고 수행하는 것보다 일정한 시간, 장소에서 다 같이 공부하는 것이 더 낫습니다. 칠각지(七覺支)란 보장가로 깨달음의 조건 7가지를 의미합니다. 알아차림(念), 법을 살펴서 택함(擇法), 노력을 기울임(正進), 기뻐함(喜), 가뿐하고 편해짐(輕安), 마음이 조용히 머묾(定), 좋고 싫음에 기울지 않음(捨=平等)입니다. 법을 살펴서 택함이란 선한 것인지 불선한 것인지 가리는 것입니다. 기쁜 것도 깨달음에 있어 중요합니다. 마음에서 기쁜 마음이 일어나야 공부를 계속할 수 있습니다. 공부하는 것이 신이 나야 공부가 됩니다. 공부가 익어가면 자연스럽게 기쁨이 넘칩니다. 마음이 가뿐하고 편해지고 조용히 안정되게 됩니다. 고요한 바다처럼 됩니다. 팔정도(八正道)란 여덟 가지 바른 길을 말합니다. 정견(正見)은 바른 견해이고 정사유(正思惟)는 바른 생각이고 정어(正語)는 바른 말이고 정업(正業)은 바른 행위이고 정명(正命)은 바른 직업이고 정정진(正精進)은 바른 노력이고 정념(正念)은 바른 알아차림이고 정정(正定)은 바르게 마음이 머무는 것을 말합니다. 팔정도 가운데 정념과 정정은 가장 중요한 부분이라고 할 수 있습니다. 세세생생 살아가며 정념과 정정을 하면 부처가 됩니다.

방일에는 12가지 과실이 있습니다. 부처님께서 바리살리성에 계실 때 이차자에게 설법했습니다. 첫째 세상의 악한 행위를 즐겨함이오. 둘째 무익한 말을 즐겨 말함이오. 셋째 잠을 즐김이오. 넷째 세속 일을 즐겨 말함이오. 다섯째 나쁜 벗을 가까이

함이오. 여섯째 항상 게으르고 태만함이오. 일곱째 늘 남을 경멸함이오. 여덟째 무엇을 들으면 이내 잊음이오. 아홉째 소견이 바르지 못함이오. 열째 육근을 제어하지 못함이오. 열한번째 탐욕의 포로가 됨이오. 열두번째 헛되이 시간을 낭비함입니다. 열반경에 나와 있습니다. 세속 일을 말해봤자 헐뜯는 것 밖에 없습니다. 여기서 세속 일을 즐겨 말하는 것을 방일에 넣은 것입니다. 모두 대리만족하는 것입니다. 남을 흉보고 우월감을 느끼며 대리만족하는 것입니다. 늘 남을 경멸하는 것은 자기만 잘났고 남을 무시하는 행위입니다. 우리는 '나는 그렇지 않겠지'라고 생각하지만 방일 속에 빠져 살고 있습니다.

"방일. 악취에 떨어지는 일은 방일에서 생긴다. 방일의 과실로 도(道)가 어긋나 가르침의 다리를 끊으며 선심(善心)의 씨를 깨트리며 온갖 망념(妄念)을 이끌어낸다. 게으름은 타락에 이르는 문이며, 정진은 청정에 이르는 문이다. 게으름은 어지러운 마음에 이르는 문이며, 정진은 안정된 마음에 이르는 문이다.〈문수사리저율경〉"

정진은 결국 우리의 삶이며, 평생 살아가는 우리 삶의 모습입니다. 모두 거룩한 모습으로 장엄하여 부처되도록 합시다.

제30강

(4-3-5) 지관문의 수행을 밝히다

(4-3-5-1) 간략히 밝히다

[진제76] 어떻게 지관문(止觀門)을 수행하는가?

云何修行止觀門?

(4-3-5-1-1) 사마타

사마타, 지(止)라 하는 것은 모든 경계를 그치는 것이니, 사마타관을 수순하는 뜻이다.

所言止者, 謂止一切境界相, 隨順奢摩他觀義故。

(4-3-5-1-2) 위빠사나

위빠사나, 관(觀)이라고 하는 것은 인연의 생멸상[因緣生滅相]을 분별하는 것이니 위빠사나관을 수순하는 뜻이다.

所言觀者, 謂分別因緣生滅相, 隨順毘鉢舍那觀義故。

(4-3-5-1-3) 수순

어떻게 수순하는가? 두 가지 도리를 차츰차츰 닦고 익혀서 서로 버리거나 여의지 않으면 함께 눈앞에 나타나기 때문이다.

云何隨順? 以此二義, 漸漸修習不相捨離, 雙現前故。

우리는 불각의 세계에서 오문수행을 통해 각의 세계로 갈 수 있습니다. 그렇게 되면 진여의 모습을 볼 수 있게 됩니다. 오문 수행 가운데 마지막 지관문(止觀門)에 대해 살펴보겠습니다. 지관문은 육바라밀 가운데 선정과 지혜에 해당합니다. 선정과 지혜는 하나입니다. 선정을 통해서 지혜를 얻고, 지혜를 통해 선정에 들 수 있습니다.

"지관문의 수행을 밝히다. 간략히 밝히다. 어떻게 지관문(止觀門)을 수행하는가?"

"사마타. 지(止)라 하는 것은 모든 경계를 그치는 것이니 사마타관을 수순하는 뜻이다." 지(止)가 바로 사마타입니다. 끊임없이 되풀이 하는 삶, 생각 속에서 살아가는데 이것을 한번 그쳐보자는 것입니다. 움직이던 것을 멈추었을 때 보지 못했던 것을 볼 수 있습니다. 그리고 생각지도 못했던 더 깊은 곳으로 들어가서 이해할 수 없던 것도 이해할 수 있게 됩니다. 지금 이 생을 현생이라 하고 태어나기 전 삶을 전생이라 하고 죽은 뒤 다시 태어나는 삶을 내생이라고 합니다. 하지만 이것은 구분되어 있지 않습니다. 연속되어 있습니다. 우리는 현생만 인식하고 알기 때문에 전생과 내생은 모릅니다. 무언가의 원인에 의해 모를 뿐입니다. 움직일 때는 고요하게 멈춰 있는 원래 모습들이 안 보입니다. 움직임을 멈추면 원래 모습들이 보입니다. 사마타관이란 끊임없이 일어나는 경계(번뇌망상)를 멈출 수 있도록 행위하는 것입니다. 예를 들어 화두가 던져지면 모든 다른 생각은 그치고 그 화두에 모든 생각을 모읍니다. 어떤 하나의 일에 몰두하는 것입니다. 진리에 이르는 핵심 중 하나입니다.

"위빠사나. 관(觀)이라고 하는 것은 인연의 생멸상[因緣生滅相]을 분별하는 것이니 위빠사나 관을 수순하는 뜻이다." 인연의 생멸상이란 어떤 생각이 일어나고 소멸하고 어떤 일이 어떤 원인에 의해 일어나는 것을 가리킵니다. 이러한 것을 살피는 것이 위빠사나입니다. 어떤 일이 벌어졌을 때 왜 그런 일이 벌어졌을까하고 원인을 살펴보는 것입니다. 이러한 행위가 바로 지혜가 됩니다. 사마타만 하고 위빠사나를 하지 않으면 남쪽으로 가야하는데 북쪽으로 가는 경우가 발생합니다. 바로 생각을 그치고 나아가야할 방향성을 제시해주는 것이 위빠사나입니다. 우리는 부처와 진여를 향해 나아가야 합니다. 그것이 없을 때 엉뚱하고 잘못된 길로 갈 수 있습니다. 예를 들어 사마타만 잘하면 바둑만 잘 두는 사람이 될 수 있고 낚시만 잘 하는 사람이 될 수 있습니다. 그러나 이것은 부처, 진리를 향해 가는 것이 아닙니다. '왜 그 일이 일어났는가?' '왜 이 생에서 나는 이렇게 사는가?' '왜 나는 죽어야만 하는가?' 그 원인을 찾아가는 것이 위빠사나가 됩니다. 이런 것들을 통해 우리는 부처의 세계로 나아갈 수 있습니다.

"수순. 어떻게 수순하는가? 두 가지 도리를 차츰 닦고 익혀서 서로 버리거나 여의지 않으면 함께 눈앞에 나타나기 때문이다." 공부에는 특별한 왕도가 없습니다. 열심히 꾸준히 하는 수밖에 없습니다. 삶 속에서 꾸준히 닦고 익히는 것이 바로 수순입니다. 삶은 습(습관)입니다. 부처가 되는 것도 지옥에 가는 것도 나의 습 때문입니다. 생활 속에서 끊임없이 부지런히 노력하고 익히는 것에 따라 부처가 되거나 지옥에 가기도 합니다. 두 가지 즉, 지와 관을 수순하면 보이지 않는 세계가 보이고 부처가 될 수 있습니다.

지와 관을 익히면 보시, 지계, 인욕, 정진은 자동으로 이루어집니다. 보시하지 말라고 해도 보시하게 되고, 굳이 계율을 지키라고 말하지 않아도 자연스럽게 계율을 지킵니다. 누가 하라고 해서 억지로 하면 얼마 못갑니다. 자기가 하고 싶어서 자발적으로 하면 얼마든지 해도 질리지 않습니다. 지혜가 생기면 나뿐만 아니라 주변의 모든 것의 관계를 알게 됩니다. 그렇게 되면 이기적인 마음이 사라져 저절로 자비가 베풀어지고 지계가 되고 인욕, 정진이 됩니다. 그리고 보시, 지계, 인욕, 정진을 계속하게 되면 지와 관을 터득하기도 합니다. 세상물정 잘 모르고 진리를 모르는 아이들에게 이것들을 중심으로 교육을 시킬 수 있습니다. '학교에서 공부를 열심히 해라' 이것은 정진입니다. '학교를 마치면 되도록 샛길로 가서 놀지 말고 집으로 와라' 이것은 지계입니다. '친구들과 다투지 말고 네가 양보해라' 이것은 보시이자 인욕입니다. 이렇게 어려서부터 연습하다 보면 언젠가 공부나 수행에 쉽게 들어갈 수 있습니다. 철이 들면 '왜 사는가?' '왜 죽어야 하는가?' 등의 이런 본질적인 문제에 접근할 수 있습니다. 지관을 통해 답을 찾을 수 있습니다. 이렇게 해서 지관을 터득하면 앞의 네 가지는 저절로 따라오게 되어 있습니다. 하지만 이런 습관을 들이지 않으면 백지 상태에서 맨땅에 머리를 박는 꼴입니다. 아무리 지관을 닦아도 보시나 지계가 잘 되지 않습니다. 끊임없이 익히면 그 습이 저장되면 하기 쉽습니다.

"마하지관(대지관좌선법). 지자는 대수의 개황 14년(594년) 4월 26일에 형주의 옥천사에서 한 여름 동안 두 번의 자비를 장마비처럼 뿌려주셨고, 쾌히 설하여 주심이 끝남이 없었다고는 하지만 겨우 견경에 이르러 법륜을 굴리심을 그치고서 그 뒷부분은 말씀하지 않았다." 여기서 지자는 천태 지자 대사를 말합니다. 대수는 바로 수나라입니다. 두 번의 자비를 장마비처럼 뿌려주었다는 것은 설법을 했다는 말입니다. 견경이란 처음 견성한 상태로 지혜에 눈을 뜬 상태를 말합니다. 여기서 말하지 않은 내용은 마하지관에 수록되어 있습니다.

지관이 세상에 나와서 적용되는 것은 명상입니다. 불교란 타이틀이 아닌 명상이란 타이틀이 전 세계를 휩쓸었습니다. 명상은 지관을 현대화시킨 것입니다. 현대사회에서 명상은 심리치료, 건강유지, 자기향상의 기능이 있습니다. 샤피로란 사람은 명상을 다음과 같이 말하기도 했습니다. "명상이란 전통적으로 한층 더 높은 의식상태 혹은 훨씬 더 건강하게 여겨지는 상태에 도달하고자 정신적 과정을 가다듬는 의식적 훈련이지만 현대에는 이완을 목적으로 하거나 어떤 종류의 심리적 치료를 목적으로 행해질 수도 있다." 이런 명상의 대표적인 방법으로 집중명상(Concentrationn Meditation)과 통찰명상(Insight Meditation)이 있습니다. 집중명상을 불교적인 용어로 바꾸면 지이고 통찰명상은 관입니다. 이 명상은 나름 확산되어서 2005년 미국 '뉴스위크'지에서는 "미국 성인 약 1/3이 어떤 형태로

든 매일 명상을 하고 있다."라고 했습니다. 90년대 서구사회에서 일어났던 불교 붐이 이제 생활이 되었음을 알 수 있습니다.

한국의 불자는 대부분 특별한 날에 절에 가서 기도를 합니다. 하지만 서구사회에서는 불교가 명상, 수행의 형태로 전파, 실행되고 있음을 알 수 있습니다. 진리의 핵심은 누구에게나 어디에서나 적용되지만 입문하는 방식은 다를 수 있습니다. 그래서 쉽게 입문할 수 있도록 여러 가지 방법을 쓸 수 있습니다. 일단 입문해야 스스로 깊은 경지에 들어갈 수 있습니다. 지관도 그런 것입니다.

틱낫한 스님은 세계에 명상을 전파하는데 큰 공헌을 했습니다. 그는 프랑스 남부 보르도의 플럼빌리지에 명상센터를 열었고 '명상은 휴식과 예술이다.'고 말하며 걷기 명상, 명상 수행을 전파했습니다. 그는 다음과 같이 말했습니다. "수많은 씨앗이 마음에 있습니다. 어떤 씨앗은 꽃이 되고 열매를 맺어내지만 어떤 씨앗은 마음을 병들게 만듭니다. 씨앗 하나가 모든 것의 시작입니다. 맨 처음부터 잘 솎아내야 좋은 꽃이 핍니다." 틱낫한 스님은 명상이야말로 '좋은 씨앗에 물주기'라고 말했습니다. 그는 우리의 마음을 밭에 비유하며 그 밭에는 사랑, 미움, 분노, 희망, 열정, 자비, 폭력 등의 다양한 형태의 씨앗이 섞여 있다고 말합니다. 거기에서 부정적인 씨앗을 솎아내고 긍정적인 씨앗에 물을 주는 과정이 명상이라고 했습니다. 부정적인 씨앗을 솎아내기 때문에 명상을 하면 복덕을 쌓을 수 있습니다. 부처는 100% 긍정인 사람이고 공부는 긍정적인 것을 길러가는 과정입니다. 그렇게 되면 내 마음 속에는 자비 밖에 없게 되고 무엇을 끄집어내어도 자비 밖에 없어 온전한 것입니다. 중생은 이기심, 아집 속에서 살아갑니다. 이것을 명상, 지관을 통해서 극복할 수 있고 부처에 다다를 수 있습니다.

제일 좋은 방법을 모를 때는 어떤 방법을 해도 괜찮지만 최고의 방법을 알거나 자신에게 맞는 방법을 찾으면 그 방법으로 하는 것이 좋습니다. 진리에 빠르게 가는 최고의 방법이 바로 지관문입니다. 만약 길을 가다 동을 주웠다고 칩시다. 그 후 길에서 은을 봤습니다. 일반 중생이라면 은도 들고 갈 것입니다. 그렇게 되면 무거워서 제대로 가지도 못합니다. 그러니 동을 들고 가다가도 더 좋은 은이 나오면 동을 과감히 버리고 은을 선택하여 가져갈 줄도 알아야 합니다. 은을 들고 가다가 더 좋은 금이 나오면 은을 버리고 금을 선택할 줄도 알아야 합니다.

위빠사나의 대법고를 울린 위대한 스승 마하시 사야도는 사미 때부터 『대념처경』의 7년 혹은 7일 동안 이 수행을 하면 아라한 아니면 아나함이 된다고 하는 수행의 이익에 대한 가르침에 주목했습니다. 그리고 증지부의 『칼라마경』에 제시된 스스로 확인한 진리만을 받아들이라는 부처님의 말씀을 따라서 수행을 통한 개인적인 체험을 해야겠다는 결심을 하게 됩니다. 실제적인 수행을 하려는 사람은 많은 수행법 가운데 한 가지를 선택해야 하는데, 마하시 사야도는 마음챙김을 통한 통찰 수행(사띠팟타나 위빠사나)을 하기로 결심했습니다. 미얀마의 승려 마하시 사야도는 위빠사나를 세계적으로 전파하는데 큰 공을 세운 사람입니다.

마하시 사야도는 28세가 되던 1932년 타톤의 밍군 사야도에게 가서 도착하는 날부터 곧바로 수행 지도를 받고 수행에 들어갔습니다. 마하시 사야도는 4개월 동안 한 잠도 자지 않고 수행에 몰두했습니다. 잠을 자지 않고 정진을 했어도 몸이 건강했던 이유는 위빠사나 수행을 통해 일곱 가지 깨달음의 요소(칠각지: 念, 擇法, 精進, 喜, 輕安, 定, 捨覺支)가 경험되면서 마음이 정화되었고, 마음의 정화에 의해서 육체가 정화되었기 때문이라고 생각했습니다. 공부, 수행을 통해 마음이 정화되고 육체가 정화되었기 때문에 4개월 동안 잠을 자지 않았어도 몸이 건강했던 것입니다.

위빠사나에 대해 좀 더 자세히 보겠습니다.

위빠사나(Vipassana)의 위(Vi)는 접두어로 '여러가지'라는 뜻입니다. 여기서 여러 가지란 제법무아의 제법, 제행무상의 제행, 일체개고의 일체를 가리킵니다. 빠(Pa)란 자세히, 면밀히란 뜻이고 사나(Ssana)란 꿰뚫어 관찰한다는 말입니다. 대념처경에서는 이렇게 말합니다. "모든 삶의 깨끗함을 위하여, 육체적인 고통에서 벗어나기 위하여 정신적인 고뇌에서 벗어나기 위하여 해탈을 향해 나아가기 위하여 네 곳에 마음을 챙겨 관찰하라." 위빠사나란 여러 가지 일어난 일들을 '왜 일어났는가?'라고 생각하며 자세히 꿰뚫어 관찰하는 것입니다. 피상적이 아닌 원인을 꿰뚫어 살피는 것입니다.

위빠사나란 알아차리는 것입니다. '왜 일이 일어났는가?'하고 관찰하고 생각하다보면 알아차리게 됩니다. 이것이 통찰과 집중입니다. 알아차리게 되면 진리에 깨어있기 때문에 무지, 아집에 물들지 않습니다. 중생은 무지, 아집에 물들어 있기 때문에 자기밖에 모릅니다.

송나라 청원 유신 선사의 유명한 말이 있습니다. 우리나라의 성철 스님이 말씀하셔서 더 유명해진 말입니다. 바로 '산은 산이요 물은 물이다.'입니다. 여기에는 뒷말이 있습니다. '산은 산이 아니요 물은 물이 아니다. 산은 그대로 산이요 물은 그대로 물이다.' 산은 산이고 물은 물일뿐인데 주체(나)에 따라서 인식되어질 뿐입니다. 나의 육신(身)과 육신의 느낌(受)과 대상에 대한 생각(心)과 대상(法)을 모두 인식할 수 있는 것은 무엇일까요? 신수심법을 모두 인식할 수 있는 것은 안이비설신의 가운데 비입니다. 지난 시간에 호흡법에 대해 이야기했습니다. 나와 대상이 공감하기 위해서는 호흡법이 필요합니다. 눈은 보기만 할 뿐이고 귀는 듣기만 할 뿐이고 혀는 맛을 볼 뿐이고 몸은 느끼기만 할 뿐입니다. 하지만 우리는 코를 통해 숨을 뱉고 숨을 들이킬 수 있습니다. 안반수의경(安般守意經)은 호흡법으로 부처가 될 수 있다는 경전입니다. 안반수의경은 아나파나사티(anapanasati)라고도 하는데 아나(ana)가 들숨이란 뜻이고 아파나(apana)가 날숨이란 뜻이고 사티(sati)가 의식의 집중이란 뜻입니다.

지금 산을 보면 산이고 물을 보면 물일뿐입니다. 하지만 공부를 하다 희열이 넘친 상태에서 산이나 물이나 보는 사람마다 다 부처가 되어 있습니다. 그 때 산은 산이 아니고 물은 물이 아닙니다. 그런데 오랫동안 수행해서 견성을 하고 보면 산은 그대로 산이고 물은 그대로 물입니다. 명상을 통해 목표할 단계가 이런 단계이고 이런 단계로 갈 수 있습니다. 들숨과 날숨을 통해 의식을 집중시켜 깨달음의 세계로 가는 것이 안반수의경입니다.

호흡수련의 단계에는 수, 상수, 지, 관, 환, 정이 있습니다. 수(數)란 들숨과 날숨의 수를 헤아리는 것입니다. 상수(相隨)란 호흡에 따라 의식과 호흡이 하나가 된 것입니다. 지(止)란 마음이 호흡을 의식하지 않고 고요히 안정된 것입니다. 관(觀)이란 사물을 관찰하게 되는 정신 집중의 상태입니다. 환(還)이란 다시 고요한 자기의 주체로 돌아오는 상태입니다. 정(淨)은 어떤 것에도 집착하지 않는 청정한 세계입니다. 수를 통해 모든 것을 일정하게 만들어 숫자를 잊어버리고 의식과 호흡이 하나가 됩니다. 그 후 지관의 상태가 됩니다. 지의 상태가 되어야 제대로 관을 할 수 있습니다. 고요히 안정된 상태에서 사물의 본질을 관찰하는 것입니다. 이것이 환원되어 자기에게 되돌아오면 자기 관조가 됩니다. 결국 견성성불하게 되어 청정한 세계를 볼 수 있게 됩니다.

부처님께서는 월지국의 사기유국에 머무르시며 안반수의를 90일 동안 행하셨습니다. 다시 90일을 홀로 앉아 생각을 가다듬어 온 세상의 인간과 날아다니는 새와 굼틀대는 동물을 구제하고자 하셨습니다. 부처님께서 안반수의를 통해 모든 존재의 본성을 일깨워주고 구제하고자 하신 것입니다. 그래서 부처님께서는 "나는 안반수의를 90일 동안 행하여 안반수의로 자재와 자비의 마음을 얻었다."고 말씀하셨습니다. 안반수의를 통해 지관을 거치고 청정한 세계에 드니까 저절로 이렇게 된 것입니다.

들숨(안)과 날숨(반). 안은 생명의 창조가 되고 반은 그치는 것이 됩니다. 수의는 잘못되지 않게 하는 것이니 그것은 되어진 그대로를 보호하는 것입니다. 보호한다는 것은 일체의 것이 살못되지 않도록 두루 지키는 것입니다. 마음이란 의식이 한 곳에서 쉬고 있는 것이니, 또한 마음의 본래상태로 되는 것입니다.

생과 멸의 깨달음에서 안은 생하는 것이 되고, 반은 멸하는 것이 되며, 마음은 인연이 되고 수는 도가 됩니다. 수식과 정신 집중에서 안은 수를 헤아림이 되고, 반은 서로 따름이 되며, 수의는 그치는 것입니다. 정신 집중해서 그치게 됩니다.

합리적인 호흡에서 안은 도를 생각하는 것이 되고, 반은 맺힘을 푸는 것이 되며, 수의는 죄에 떨어지지 않는 것이 됩니다. 따라서 안은 죄를 피하는 것이 되고, 반은 죄로 들어가지 않는 것이 되고, 수의는 도가 됩니다. 수의는 바로 견성하는 상태로 가는 것입니다.

"삼매를 닦을 지어다. 비구들이여! 삼매를 닦을지어다. 비구들이여, 삼매에 든 비구는 있는 그대로를 알아차린다.(pajanati) 있는 그대로를 알아차린다는 것은 어떠한가? 눈(眼)에 대해 무상하다고 있는 그대로 알아차린다. 시각 대상(色)에 대해 무상하다고 있는 그대로 알아차린다. 눈의 의식(眼識)에 대해 무상하다고 있는 그대로 알아차린다. 눈의 접촉(觸)에 대해 무상하다고 있는 그대로 알아차린다. 눈의 접촉을 조건으로 하여 일어난 즐겁거나 고통스럽거나 즐겁지도 고통스럽지도 않은 느낌(受)에 대해 무상하다고 있는 그대로 알아차린다." '있는 그대로' 이 말이 중요합니다. 사물의 본질을 있는 그대로 알아차리는 것입니다. 대상의 무아와 무상과 본성과 같은 모든 것을 보는 것입니다. 삼매에 들면 있는 그대로를 알아차릴 수 있습니다. 있는 그대로를 알아차리니까 무지에서 벗어나고 아집을 깨트리고 공덕이 생기는 것입니다.

사념처관에서 신(身) 몸의 현상을 관찰, 몸의 세계에서 일어나는 욕망과 혐오감에서 벗어나라. 수(受) 느낌의 현상을 관찰, 느낌의 세계에서 일어나는 욕망과 혐오감에서 벗어나라. 심(心) 마음의 현상을 관찰, 마음의 세계에서 일어나는 욕망과 혐오감에서 벗어나라. 법(法) 법의 현상을 관찰, 법의 세계에서 일어나는 욕망과 혐오감에서 벗어나라 입니다. 지관을 통해서 끊임없이 사념처관을 해야 합니다. '무엇을 지관해야 하느냐?'라고 할 때 생각할 네 가지입니다.

제31강

"지관을 수순한다는 말은 모든 경계를 그치고 정관의 지에 따르는 것이다. 관관을 수순한다는 것은 인연관을 분별함으로써 정관의 관을 따르는 것이다. 이것은 아홉 가지 심주, 네 가지 혜행으로 수순한다." 심주란 마음이 머무는 곳입니다. 지(止)를 하려면 내 마음이 어떤 상태인가 알아야 합니다.

선정의 단계를 살펴봅시다. "초선(初禪)에서는 각(覺)과 관(觀)으로써 욕계의 악을 떠나는데, 거기에서 생기는 기쁨과 즐거움으로 초선을 얻으며, 초선을 얻을 때는 말을 멸한다. 이선(二禪)에서는 각(覺)과 관(觀)이 쉬고 마음의 평정을 취하여 정(靜)에서 생기는 기쁨과 즐거움으로 제2선을 얻는데, 2선을 얻을 때는 감각과 관찰이 멸한다." 각(覺)이란 깨어있는 상태를 말합니다. 지금 우리는 번뇌망상에 싸여있어 경계에 따라 분별된 것을 나라고 생각하고 있습니다. 여기서 깨어나는 것입니다. 관(觀)은 관찰, 관조함으로써 기본 원리를 아는 것입니다. 욕계란 우리가 살고 있는 이 세상을 가리킵니다. 이 세상에는 선한 마음과 악한 마음이 항상 공존하고 있습니다. 여기서 악한 마음이 좀 더 강합니다. 그래서 우리는 분별에 의한 자기 이기에 따라 살아갑니다. 선정을 하면 이 악한 마음에서 떠나 기쁨과 즐거움이 생깁니다. 우리의 목적은 고에서 벗어나 낙으로 가기 위해서 욕계의 악한 마음을 떠날 필요가 있습니다. 선정의 기쁨이란 우리가 일상생활에서 느끼는 기쁨과는 차원이 다릅니다. 초선을 얻을 때 말을 멸한다는 것은 선정에 들면 말이 자연스럽게 없어지는 것입니다. 절에서 묵언정진을 합니다. 이것은 공부를 열심히 해서 선정에 들겠다는 의지를 나타낸 것입니다. 선정에 들면 묵언이 됩니다.

여기서 더 깊이 들어가면 이선의 상태가 됩니다. 깊이 들어갈수록 오염되지 않은 부분들이 많이 나옵니다. 사선의 상태가 되는데 이것이 견성입니다. 지혜가 열립니다. 이선에 들어오면 마음이 평정하고 편안해집니다. 기쁨과 즐거움으로 얻는 것이 이선입니다. 그 때는 감각과 관찰이 멸합니다.

"삼선(三禪)에서는 공(空)에 머물러 즐거워함으로 제3선을 얻는데 3선을 얻을 때는 기쁨을 멸한다. 사선(四禪)에서는 기쁨도 즐거움도 괴로움도 멸하고 맑고 깨끗함이 있는 정념(淨念)을 통해 근본 자리에 들면 제4선을 얻는데, 4선일 때는 숨결이 멈춘다." 공에 머무른다는 것은 현상으로부터 벗어나 허공, 청정에 머무는 것입니다. 여기서는 무상과 무아를 철저하게 인식하게 되고 감정들이 전부 멸하게 됩니다. 사선은 확실하게 견성성불하는 자리입니다. 여기서 끝없는 자비와 지혜가 샘솟는 것입니다. 사선에 들면 숨결이 멈춥니다. 위대한 선사들을 보면 한 달씩 선정에 들곤 합니다. 이것은 숨결이 멈추기 때문에 가능합니다. 동물들을 보면 동면을 합니다. 석 달 동안 아무것도 먹지 않고도 살 수 있습니다. 이것도 숨결이 멈추었기 때문에 가능합니다. 의식이 없으면 죽은 것입니다. 숨결이 멈추는 것과 의식이 없는 것은 다릅니다. 전신을 통해 기를 받을 수 있고 기가 나갈 수도 있습니다. 이것은 공부나 수행이 어느 정도 된 사람이 가능합니다. 일반 중생은 문을 통해 기가 나가고 들어옵니다. 보통은 기운이 머리 백회혈로 들어와서 발로 나갑니다. 들어오는 만큼 나가면 아무 문제가 없습니다. 하지만 욕심이란 나가는 것을 적게 내보내게 합니다. 기운이 고여 몸과 마음에 병이 생기는 것입니다. 들어오는 만큼 내보내는 마음 상태가 되면 모든 것을 긍정적으로 받아들일 수 있게 됩니다. 사선을 통해 생기는 지혜가 이런 것입니다.

선정에는 앉는 자세, 복장, 손의 자세, 몸의 자세, 입의 모양, 눈의 자세, 호흡법, 사유(思惟)가 중요합니다. 선정은 내가 드는 것입니다. 부처님께서 대신 들어가주는 것이 아닙니다. 공부를 익히기 위해서는 어떤 일정한 방법으로 익혀가는 것이 필요합니다. 초등학교, 중학교, 고등학교를 거치듯이 초급과정을 거치지 않으면 익히기 쉽지 않습니다. 익히고 나면 어떤 방법이든 상관이 없습니다. 하지만 익히기 전에는 일정한 패턴을 반복해서 습득하는 것이 필요합니다. 그래서 선정도 수많은 과정을 거치며 어느 정도 표준적인 방법이 있습니다. 물론 그보다 간단한 것도 있습니다. 걸으면서 명상도 그런 것입니다. 이것은 불교를 잘 모르는 사람들을 끌어들이기 위한 것입니다. 그렇게 하면 스스로 공부하는 방법을 찾아갈 수 있습니다. 표준적인 방법이란 실천해 보면 이 방법이 나름 편하고 쉬운 방법이란 것을 알게 됩니다. 이것이 몸과 마음에 익게 되면 직접적으로 그 영향이 나타납니다.

앉는 자세는 가부좌 또는 반가부좌로 오른발을 왼쪽 허벅지 위에 올려놓고, 왼발은 오른쪽 허벅지 위에 올려놓습니다. 복장은 옷이나 허리띠는 조이지 않게 하며, 단정하게 합니다. 손의 자세는 오른 손은 왼발 위에 놓고 왼손은 오른손 위에 놓으며 양손의 엄지손가락이 끝을 서로 마주하되, 배꼽 아래 단전 밑에 일자로 대칭이 되게 합니다. 가부좌를 하는 이유는 척추를 곧게 피고 몸을 바르게 하기 위해서입니다. 몸이나 생각은 균형과 조화가 중요합니다. 자세가 바르면 우리의 몸도 마음도 바르게 균형잡히게 됩니다. 집의 기둥이 바르지 않으면 집은 무너지게 되어 있습니다. 허리띠를 너무 조이게 하면 안 됩니다. 조이게 하면 단전으로 내려가는 기운이 아래로 내려가지 않게 됩니다. 허리띠가 느슨한 편한 옷이 좋습니다.

몸의 자세는 몸을 바르고 단정히 하되 왼쪽, 오른쪽, 앞, 뒤 어떤 쪽으로도 기울거나 쏠리거나 휘어지지 않게 하며 귀, 어깨, 코, 배꼽은 반드시 일자(一字) 가로 대칭이 되게 합니다. 그리고 온 몸의 힘을 빼고 부드럽고 자연스러운 자세를 취합니다. 입의 모양은 혀로 입천장을 받치고 호흡은 코를 통해서 서서히 들이마시며 머무르고 내쉬며 입술과 이빨을 서로 살며시 닿게 합니다. 눈의 자세는 바르게 뜨되 크게 뜨거나 너무 가늘게 뜨지 않고 코 끝을 봅니다. 몸의 자세에서 부드럽고 자연스러운 자세를 하는 것이 어렵습니다. 항상 힘이 들어가기 때문입니다.

호흡법은 입을 열고 기를 뱉어내는 심호흡을 한 두 번 한 다음 좌정하는데 몸을 일곱 여덟 번 작게 시작하여 크게 흔들다가 조용히 멈춥니다. 그리하여 올올단좌(兀兀端坐)가 됩니다. 호흡은 네 가지가 있는데 바람(風), 기운(氣), 헐떡거림, 호흡(息)입니다. 바람은 소리가 나고 기운은 맺히고 정체하며 헐떡거림은 숨쉬기가 자유롭지 못하고 호흡은 앞의 세 가지 장애가 없는 것입니다. 그러나 호흡 중에서도 헐떡거림에 빠지면 피로하고 기운을 쓰면 맺히고 바람은 산란한 마음을 일으키며 호흡은 고요해집니다. 몸을 여러 번 작게 크게 흔들다가 멈추라고 하는 것은 몸을 꼿꼿하게 하기 위해서입니다. 호흡은 네 가지가 있는데 잘못하면 바람, 기운, 헐떡거림이 됩니다. 참선을 하면서 호흡법보다 더 중요한 것은 없습니다. 호흡을 편안하고 안정되게 해야 생각이 안정되기 때문입니다. 생각이 안정되면 깊은 곳으로 갈 수 있는 힘이 생깁니다. 고요해지면 평소에 듣지 못했던 소리가 들립니다. 고요해지면 미세한 것들의 움직임을 알게 됩니다. 고요함이란 멍하니 있는 것과는 다릅니다. 주체가 있느냐 없느냐의 차이입니다.

호흡은 배꼽 아래 단전에까지 복식호흡을 합니다. 숨이 들어갈 때에는 들어가는 숨을 생각하여 여실히 알고, 숨이 나갈 때는 숨이 나가는 것을 여실히 알며, 혹은 길고, 혹은 짧게 일체 입식(入息)과 출식(出息)을 생각하여 여실히 알며, 휴식(休息), 수행의 입식과 출식을 생각하여 여실히 관(觀)합니다. 단전에 손을 대고 호흡을 쭉 들이 내쉬면 복식호흡이 됩니다. 이런 복식호흡을 생활화되면 평상시에도 조용히 호흡이 됩니다. 그렇게 되면 항상 깨어있을 수 있게 됩니다. 산만하지 않고 집중이 됩니다. 만약 히말라야와 같은 산을 등산할 때 정신을 놓을 수 없습니다. 한발만 헛디뎌도 죽기 때문입니다. 항상 깨어있으면서 집중해야 정상에 갈 수 있습니다. 참선, 선정도 마찬가집니다. 깨어있어야 공부가 진척되고 나아갈 수 있습니다. 앞에서 나온 설명이 바로 위빠사나에서 호흡을 통해 알아차림에 들어가는 방법입니다.

사유(思惟). 생각하되, 생각지 않아야 합니다. 생각하되 생각지 않는 것이 좌선의 중요한 법으로, 곧장 번뇌를 소멸하여 지혜를 체험하는 것입니다. 생각은 언제나 자기 배꼽의 중앙에 둡니다. 배꼽은 호흡이 생성, 소멸되고 위와 장의 근원이며, 생각이 일어나는 근원이며, 정기와 피가 하나로 뿌리를 내리는 곳이 배꼽이기 때문입니다. 그러므로 좌선하는 사람은 배꼽을 자세히 관찰하는 것을 통하여 자연스럽게 탐욕과 진에서 벗어나야 합니다. 몸은 가다듬으면 되는데 생각은 가다듬기 어렵습니다. 위빠사나, 묵조선, 간화선 등 여러 방법이 있습니다. 종파 특유의 방법에 따라 생각을 정리합니다. 부처님 당시에는 생각을 정리하게 하기 위해 이런 방법을 썼습니다. 머릿속에서 부처님이나 관세음보살을 생각하며 끝없이 자비로운 마음을 일어나게 합니다. 이것은 '자비관'입니다. 그리고 탐욕, 음욕이 많은 사람은 죽은 후 백골이 될 것을 생각하게 하여 욕심이 무상한 것임을 알게 합니다. 이것은 '백골관'입니다. 이렇게 사유란 다양한 방법으로 할 수 있지만 기본 뼈대는 생각을 집중하여 고요하게 가라앉히는 것입니다. 몸동작은 사유를 잘하게 하기 위한 방법일 뿐입니다. 그러니 하나의 생각에 집중하고 몰두하게 하는 화두와 같은 방법도 나왔습니다. 모든 번뇌를 하나로 모아 깨트리는 것이 화두입니다. 결국 화두도 하나의 번뇌이기 때문에 마지막에는 화두도 깨트려야 합니다. 이 산만한 번뇌들을 하나로 모으면 강력한 힘이 되어 업의 벽을 뚫고 깊은 곳까지 들어가는 것입니다.

이렇게 사유를 하면서, 경전을 보면서 제대로 수행을 하고 있는지 중간 중간에 체크를 할 필요도 있습니다. 잘못된 방향으로 갈 수도 있기 때문입니다. 모를 때는 다 똑같지만 공부가 어느 정도 익어 스스로 할 수 있게 되면 엉뚱한 생각들, 마장 등이 나타납니다.

생각을 배꼽 중앙(단전)에 두라는 것은 무거운 것을 위에 두면 안 되기 때문입니다. 무거운 것을 위에 두면 균형을 잡기 힘듭니다. 하지만 무거운 중심점이 아래에 있으면 흔들리지 않습니다. 그래서 생각의 중심점이 배꼽에 있어야 하는 것입니다. 어떤 유혹의 폭풍에도 흔들리지 않고 진전할 수 있습니다. 여기에 화두가 맺힌다면 세세생생 자리 잡게 됩니다. 생각이 단전에 맺힐 때까지가 힘듭니다. 하지만 단전에 생각이 맺히면 그 후로부터는 공부가 매우 수월해집니다.

온갖 선과 악도 도무지 생각지 않아 망념이 없어지면 곧 깨닫게 됩니다. 깨달으면 곧 없어지니 오래오래 망념을 없애면 자연히 밝아집니다. 이같은 마음을 얻으면 사대가 거뜬해지니 이른바 열반으로 드는 문입니다. 깨달으면 용이 물을 얻은 것과 같은 것이며, 아직 깨닫지 못한 이라도 계속 나아가야 합니다. 그러면 반드시 깨달음이 있게 됩니다. 집중해서 선정에 들면 망념이 없어져 저절로 지혜가 생깁니다. 부처가 되고 열반적정에 들기 위해 집중해서 선정에 드는 연습이 필요합니다. 선정 삼매에 들면 보이지 않던 세계가 보이기 시작합니다. 청정한 세계가 열립니다.

아홉 가지 심주는 내주(內住), 등주(等住), 안주(安住), 근주(近住), 조순(調順), 적정(寂靜), 최극적정(最極寂靜), 전주일취(專住一趣), 등지(等持)가 있습니다. 여기서 마지막 등지를 거치면 견성하게 됩니다. 공부하다 보면 이 아홉 가지 심주를 거칩니다.

내주(內住)란 밖에 있는 일체의 반연하는 경계로부터 마음을 거두어 단속하여 안에다 두고 밖으로 산란하지 않는 것입니다. '이뭣고?'가 순일하게 잘 들리게 됩니다. 공부는 내가 직접 경험하고 알 수 있는 것이 가장 좋습니다. 화두 가운데 '이뭣고'가 가장 쉽게 들어갈 수 있습니다. '이 몸 받기 전의 나는 누구였는가?'는 누구나 알고 싶어 하는 문제입니다. 일체의 반연하는 경계란 보이는 모든 것을 말합니다. 내주는 외부의 대상에 마음이 이끌리지 않는 상태를 말합니다. 화두에 들면 외부에 휘둘리지 않습니다. 그래서 내주의 상태가 되면 '이뭣고'가 순일하게 잘 들리는 것입니다.

등주(等住)는 최초에 계박된 마음은 그 심성이 거칠게 움직이는 마음이어서 아직 똑같이 두루 머물게 할 수 없기 때문에 다음에 이것이 반연하는 바 경계에 대하여 상속방편과 집중방편으로 꺾어 미세하게 하여 두루 거두어 들여서 머무르게 하는 것입니다. 좀 더 깊이 '이뭣고?'가 들리는 상태입니다. 처음으로 이뭣고에 얽매이게 될 때 마음의 상태는 거칩니다. 일반적으로 공부에 깊이 들지 않는 상태에서 경험하는 것은 거친 것입니다.(육추) 거친 것은 바다의 표면과 같습니다. 항상 파도가 칩니다. 여기서 좀 더 끊임없이 깊이 이뭣고가 일어나야 합니다. 좀 더 깊이 들어간 상태가 등주의 단계입니다. 표면에 무언가 일어나면 금방 없어지지만 좀 더 깊은 곳에서 생기면 물들어 잘 안 없어집니다.

안주(安住)는 마음이 또한 이처럼 내주, 등주하였으나 내주, 등주하는 마음을 놓쳐 밖으로 산란하기 때문에 또 다시 거두어 단속하여 내 마음안에 안치하는 것입니다. '이뭣고?'를 드는데 간혹 다른 곳으로 마음이 빠져나가면 이것을 다시 돌려놓는 것입니다. 공부가 깊지 않으면 '이뭣고?'가 지속적으로 안 들립니다. 그 생각 하나 뿐이어야 하는데 잡념이 계속 일어납니다. 이뭣고에 드는 마음을 놓쳐버리면 그렇게 됩니다. 그런 생각이 일어났을 때 이뭣고로 돌아올 수 있는 힘이 생기는 것이 안주의 단계입니다. 공부가 안되면 잡념이 일어났을 때 그 쪽으로 계속 끌려갑니다. 안주의 단계가 되어야 계속 갈 수 있지 이 단계가 되지 않으면 망상을 따라 다른 곳으로 가버립니다.

근주(近住)는 먼저 이와 같이 친근하게 머무를 것을 늘 생각하여, 자주 뜻을 일으켜 그 마음을 안으로 머무르게 하여 이 마음이 밖에 머무르지 않게 하는 것입니다. 항상 마음에 '이뭣고?'가 머물게 하는 것입니다. 바깥 경계에 이끌리지 않고 항상 화두에 머무는 단계가 근주입니다.

조순(調順)은 갖가지 상이 마음을 흐트러지게 하니 소위 색성향미촉의 오경과 탐진치의 삼독과 남녀등의 상이 있습니다. 이러한 상들은 근심거리가 되어 모든 상들에 대하여 그 마음을 꺾어버려서 흐트러지지 않게 해야 합니다. '이뭣고?' 외 다른 생각이 일어나지 않게 하는 것입니다. 조순이란 순리대로 조화롭게 따르는 단계입니다. 번뇌망상은 마음을 끝없이 흐트러지게 합니다. 색성향미촉 오경과 탐진치, 남녀문제 이런 것들이 마음을 흐트러지게 합니다. 부딪히는 모든 경계가 마음을 흐트러지게 합니다. 화두가 순일하게 들리기 전까지는 항상 이런 생각들 속에서 살아갑니다. 조순의 단계가 되면 이러한 것들에 마음이 흐트러지지 않고 오로지 공부에 매진할 수 있게 됩니다.

적정(寂靜)은 욕, 에, 해 등의 나쁜 심사와 탐욕개등의 수번뇌가 있어 마음을 요동케 하므로 여러 가지 법을 근심거리로 여겨 어떤 것들에도 마음이 흐트러지지 않는 단계입니다. 탐욕개는 오개에 속하는데 이 밖에 진에개, 수면개, 도회개, 의개가 있습니다. 여기서 개는 덮는다는 의미입니다. 마음을 산란하게 하는 오개를 덮어 적정을 이루는 것입니다. 적정은 오로지 '이뭣고?'에 머무르는 것입니다. 적정까지 오면 마음이 어느 정도 안정됩니다. 욕심내는 것, 화내는 것, 해롭게 하는 것 등의 나쁜 심사나 탐욕개 등의 수번뇌에도 마음이 흐트러지지 않는 것이 적정입니다. 좀 더 깊은 곳에서 일어나는 것이 욕에해나 탐욕개입니다. 이런 것들에게도 마음이 흐트러지지 않는 것입니다. 오개는 나쁜 마음들입니다. 탐욕은 욕심내고 탐하는 것이고 진에는 성내고 증오하는 것입니다. 수면은 마음을 잠들게 하는 치심(癡心)을 말하고 도회개는 들뜨고 후회하는 것이고 의개는 의심하는 것입니다. 공부하면서 가장 안 좋은 것이 의심입니다. 자기 생각에 막혀 다른 소리를 듣지 않는 것입니다. 전생에 공부를 했던 사람들은 진리를 들으면 믿음이 일어나는데 의심이 많은 사람들은 그런 마음이 일어나지 않습니다.

최극적정(最極寂靜)은 적정의 마음을 놓침으로 해서 나쁜 심사와 수번뇌가 잠시 현행할 때 곳에 따라 일어나지만, 받지 아니하고 곧바로 토하는 것입니다. 순간 다른 생각이 일어나더라도 마음을 흐트리지 않고 '이뭣고?'에 머무르는 것입니다. 적정이 최고 극에 달한 것이 최극적정입니다. 중생들은 공부가 되다가 안 되기도 합니다. 적정의 상태에 있지만 마음이 흔들려 적정이 깨지기도 합니다. 이럴 때 나쁜 심사와 수번뇌가 나타납니다. 하지만 최극적정의 상태에 있으면 이것들을 받지 않습니다. 최극적정의 상태에서는 번뇌가 들어오더라도 다시 튕겨져 나갑니다.

전주일취(專住一趣)는 가행이 있고 용공이 있어서 부족함이 없고 간격이 없어 삼매가 상속하여 머무르는 것을 말합니다. 항상 '이뭣고?'의 삼매에 들어있는 것입니다. 끝없이 정진하여 공덕이 생겨 부족함이 없고, 간격 없이 끝없이 삼매에 머무는 것이 전주일취입니다. 오로지 하나에 머무는 것입니다. 오로지 삼매에만 머물러 있는 것입니다.

등지(等持)는 자주 닦고 자주 익혀 많은 수습으로 인연을 삼기 때문에 가행도 없고 용공도 없게 되어 자연히 도에 들어가는 것입니다. 선정 삼매에 들어 '이뭣고?'를 통하여 본래 성품을 보게 되는 것입니다. 전주일취가 계속되면 어느 순간 삼매에 들어 견성하게 됩니다. 일심을 터득하기 위해서는 선정 삼매에 들어야 합니다.

선정에 들면 네 가지 지혜가 저절로 생깁니다. 네 가지 혜행은 내심의 사마타에 의지하기 때문에 모든 법중에 바르게 생각하여 판단하며, 가장 지극하게 생각하여 판단하며, 빠짐없이 두루 심사하며, 빠짐없이 두루 사찰하게 됩니다.

심주는 사마타를 하면서 생기는 아홉 가지 단계를 말한 것입니다. 사마타를 하면 내 마음이 어떻게 되는가를 상세하게 설명한 것입니다.

제32강

[진제77] 만약 지(止)를 닦는 사람은 고요한 곳에 머물러 단정히 앉아서 뜻을 바르게 하여 기식(氣息)에 의지하지 않으며, 형색(形色)에 의지하지 않으며, 공(空)에 의지하지 않으며, 지(地), 수(水), 화(火), 풍(風)에 의지하지 않으며, 내지 견문(見聞), 각지(覺知)에 의지하지 않아야 한다.

일체의 모든 상념을 생각마다 없애고 또한 없앤다는 생각마저도 없어야 한다.

일체법이 본래 모양이 없기 때문이다. 생각마다 생각이 일어나지 않으면 생각이 멸하지 않는다고 한다.

또한 마음 밖의 경계를 생각하지 않은 뒤에 마음으로 마음을 제멸(除滅)하는 것이다.

마음이 만약 흩어져 달아나면 곧 거두어 바른 마음(正念)에 머물게 해야 하며,

바른 마음이란 오직 마음뿐이요 바깥 경계가 없음을 알아야 한다.

또한 이 마음도 스스로의 모양(自相)이 없어서 생각마다 가히 얻을 수가 없다. 만일 앉은 곳에서 일어나 가고 오고 나아가더라도 그치며 베풀어 짓는 것이 있더라도 항상 방편을 생각하여 수순하고 관찰하여 오래도록 닦아서 순박하게 되면 그 마음이 편안함을 얻는다.

마음이 편안하여 점점 용맹하고 날카로워[猛利: 매우 예리함] 진여삼매에 수순하여 들어가게 되며 번뇌를 깊이 조복(調伏)하고 신심(信心)이 증장하여 속히 불퇴전(不退轉)의 경지를 이룬다.

若修止者 , 住於靜處端坐正意 , 不依氣息、不依形色、不依於空、不依地水火風 , 乃至不依見聞覺知。一切諸想隨念皆除 , 亦遣除想 , 以一切法本來無相 , 念念不生、念念不滅 , 亦不得隨心外念境界 , 後以心除心。心若馳散 , 即當攝來住於正念。是正念者 , 當知唯心 , 無外境界。即復此心亦無自相 , 念念不可得 , 若從坐起去來進止有所施作 , 於一切時常念方便隨順觀察 , 久習淳熟其心得住。以心住故漸漸猛利 , 隨順得入真如三昧 , 深伏煩惱信心增長 , 速成不退。

(4-3-5-2-1-12) 들어가지 못하는 사람

오직 의혹하고 불신하고 비방하고 중죄업장을 짓고 아만(我慢)과 게으른(懈怠) 사람은 제외하니, 이러한 사람들은 들어갈 수 없다.

唯除疑惑、不信、誹謗、重罪、業障、我慢、懈怠 , 如是等人所不能入。

(4-3-5-2-1-2) 사마타의 수행공덕을 밝히다

[진제78] 또한 이 삼매에 의지하기 때문에 곧 법계가 한 모양[一

相]인 것을 알아 모든 부처의 법신이 중생신(衆生身)과 더불어 평등하여 둘이 아님을 안다. 이것을 일행삼매(一行三昧)라고 말한다. 진여가 이 삼매의 근본임을 알아야 하며, 만일 어떤 사람이 수행하면 점점 한량없는 삼매에 들게 된다.

復次 , 依如是三昧故 , 則知法界一相。謂一切諸佛法身與眾生身平等無二 , 即名一行三昧。當知真如是三昧根本 , 若人修行 , 漸漸能生無量三昧。

(4-3-5-2-1-3) 마사를 밝히다

(4-3-5-2-1-31) 마소와 대치를 간략히 밝히다

(4-3-5-2-1-311) 마가 혹란하다

[진제79] 어떤 중생이 선근의 힘이 없으면 모든 마구니와 외도와 귀신에게 어지러움을 당하게 되니, 만약 앉아 있을 때[坐中] 모습을 나타내어 공포를 일으키게 하거나 단정한 남녀의 모습을 나타낼 경우,

或有眾生無善根力 , 則為諸魔外道鬼神之所惑亂 , 若於坐中現形恐怖 , 或現端正男女等相 ,

(4-3-5-2-1-312) 마를 대치하다

오직 마음뿐임을 생각하면 경계가 없어지고 마침내 뇌란(惱亂)스럽지 않게 된다.

當念唯心 , 境界則滅 , 終不為惱。

오늘은 대승기신론의 내용에 따라 지관을 자세히 살펴보도록 하겠습니다.

"지관을 자세히 밝히다. 지관의 별수를 설하다. 사마타를 닦다. 사마타를 닦는 방법을 밝히다. 사마타를 잘 닦는 사람." 사마타를 잘 닦는 사람이란 지(止)를 잘 닦는 사람입니다. 공부하는 목적 중에 지를 어떻게 하면 잘 닦을 것인가도 있습니다. 모든 공부가 지와 관으로 끝나기 때문입니다. 내가 살아온 삶을 생각해 봅시다. 일어났던 모든 일에 대해서 인과 관계를 잘 생각해 봅시다. '왜 그 일이 일어났는가?', '앞으로 그런 일이 일어나지 않도록 해야겠다.'는 생각이 듭니다. 지관을 잘하는 사람은 인과관계를 나름대로 충분히 삶 속에서 되돌아보는 것입니다. 지혜로운 삶이 됩니다. 지혜로운 사람은 인과관계를 잘 파악하기 때문에 아무래도 지혜롭지 않은 사람보다는 나은 삶을 삽니다. 나은 삶을 살아야 남에게 베풀 수도 있습니다.

우리는 집중을 잘 못합니다. 삶에서 얼마만큼 긴 시간동안 집중을 해보았는지 생각해봅시다. 오랜 시간동안 집중을 한 적이 없을 것입니다. 그렇기 때문에 삶은 변함 없이 그대로인 것입니다.

"지(止)를 닦는 사람은 고요한 곳에 머물러 단정히 앉아서 뜻을 바르게 하여 기식(氣息)에 의지하지 않으며, 형색(形色)에 의지하지 않으며, 공(空)에 의지하지 않으며, 지(地), 수(水), 화(

火), 풍(風)에 의지하지 않으며, 견문(見聞), 각지(覺知)에 의지하지 않아야 한다. 일체의 모든 상념을 없애고 또한 없앤다는 생각마저도 없어야 한다. 왜냐하면 일체법이 본래 모양이 없기 때문이다. 생각마다 생각이 일어나지 않으면 생각이 멸하지 않는다고 한다. 또한 마음 밖의 경계를 생각하지 않은 뒤에 마음으로 마음을 제멸(除滅)하는 것이다. 마음이 만약 흩어져 달아나면 곧 거두어 바른 마음[正念]에 머물게 해야 하며, 바른 마음이란 오직 마음뿐이요, 바깥 경계가 없음을 알아야 한다. 또한 이 마음도 스스로의 모양[自相]이 없어서 생각마다 가히 얻을 수가 없다. 만일 앉은 곳에서 일어나 가고 오고 나아가더라도 그치며 베풀어 짓는 것이 있더라도 항상 방편을 생각하여 수순하고 관찰하여 오래도록 닦아서 순박하게 되면 그 마음이 편안함을 얻는다. 마음이 편안하여 점점 용맹하고 날카로워[猛利: 매우 예리함] 진여삼매에 수순하여 들어가게 되며 번뇌를 깊이 조복(調伏)하고 신심(信心)이 증장하여 속히 불퇴전(不退轉)의 경지를 이룬다." 이 설명은 앞서 말했던 아홉 가지 심주에 대해 구체적인 설명입니다. 이런 설명을 보면 무슨 말인지 모를 사람이 많을 것입니다. 하지만 이것을 직접 겪어보면 무슨 말인지 알게 됩니다. 여기서 '고요한 곳에 머물러'란 말을 봅시다. 산림과 같은 고요한 곳에 머물러야 일단 고요해집니다. 그리고 지계를 깨끗이 해야 업장이 소멸하고 고요해집니다. 지계를 깨끗이 한다는 것은 오계를 지키며 규칙적인 생활을 하는 것입니다. 마음이 고요하려면 의식이 구족해야 합니다. 먹고 사는 것에 집착하다 보면 마음이 고요해질 수 없습니다. 수행자들은 왜 돈버는 행위

를 하지 않는가 하면 집착하지 않기 위해서입니다. 돈을 벌게
되면 집착을 하여 모으게 됩니다. 내가 어떻게 살아야 하는가에
대한 확고한 신념이 있으면 의식이 없어도 집착하지 않게 됩니
다. 그리고 고요한 곳에 머무르기 위해서는 선지식을 만나야 합
니다. 제대로 된 스승을 만나지 못하면 아무리 돌아다녀도 제대
로 된 공부를 할 수 없습니다. 내 마음이 고요한 곳에 머무르기
위해서는 모든 반연을 쉬어야 합니다. 오고가는 인연, 인과관계
를 쉬게 해야 합니다. 이런 과정이 되면 내 마음이 고요한 곳에
머무르게 됩니다.

　'단정히 앉아서'라는 말은 몸을 고르게 하는 것으로 올바른
좌선 자세를 말합니다. '뜻을 바르게 하여'라는 말은 마음을 고
르게 하는 것입니다. 탐진치나 욕망, 희노애락에 의해 산란한 마
음을 고르게 하는 것입니다. 세속의 명리에 뜻을 두지 않고 무상
도를 구하는 참선할 때의 마음가짐입니다. 중생들은 세속의 명
리를 완전히 끊기는 쉽지 않을 것입니다. 이것을 인생의 목적으
로 삼을 것이 아니라, 그것을 뛰어넘은 진리를 목적으로 하면서
명리 활동을 하는 것이 좋은 절충안이 될 것입니다. 세속의 명
리는 도구이지 목적이 아닙니다.

　'기식(氣息)에 의지하지 않으며, 형색(形色)에 의지하지 않으
며, 공(空)에 의지하지 않으며, 지(地), 수(水), 화(火), 풍(風)에 의
지하지 않으며, 내지 견문(見聞), 각지(覺知)에 의지하지 않아야
한다.'는 말을 살펴봅시다. '기식에 의지하지 않으며' 호흡을 통
한 수행 방법으로 수식관이 있습니다. 하지만 오랫동안 깊은 선
정에 들다보면 이런 호흡에도 의지하지 않게 됩니다. '형색에 의

지하지 않으며'란 말은 백골관과 연결할 수 있습니다. 죽은 뒤 백골만 앙상하게 남은 모습만 생각해도 얼굴이나 몸매에 의지하는 마음이 사라질 수 있습니다. '공에 의지하지 않으며 지수화풍에 의지하지 않으며' 형상과 형상을 떠난 것에 모두 의지하지 않는 것입니다. 세상의 형상을 이루는 것이 지수화풍이고 형상을 떠난 것이 공입니다. 형상에 의지한 색계에 드는 선정은 색정이고 형상에 의지하지 않은 무색계, 공에 의해 든 선정이 무색정입니다. 이러한 것에도 의지하지 않는 것입니다. 여기까지가 내주의 단계를 말한 것입니다.

내지 견문, 각지란 흩어진 마음에서 취하는 욕진입니다. 어디서 보고 들어서 아는 것을 말합니다. 진리에서 취해진 것이 아니라 흩어진 마음에서 취해진 것들입니다. 바른 것이 아닌 바르지 않은 것에서 취해진 것들입니다. 인터넷을 보면 좋은 정보들도 많지만 출처를 알 수 없거나 맞지 않는 정보, 유언비어들이 많습니다. 이런 것들이 견문, 각지입니다.

내 마음에 자비를 채우는 방법을 모를 때는 연습이라도 해야 합니다. 어릴 때부터 이런 연습을 한다면 이기와 탐욕에 덜 물든 상태에서 자비를 채워갈 수 있습니다. 어렸을 때 배운 것은 평생을 갑니다. 만약 자비와 보시의 마음을 어렸을 때 가르친다면 나중에 당연히 보시를 해야 한다고 생각할 것입니다. 하지만 태어나서 한번도 보시를 해본 적이 없는 아이들은 커서도 자기밖에 모르게 됩니다.

"일체의 모든 상념을 생각마다 없애고" 이것은 등주의 단계를 말한 것입니다. 참선하다 보면 온갖 잡생각이 일어 납니다. 가장 좋은 방법이 내 생각을 한 군데로 모으는 화두입니다.

"또한 없앤다는 생각마저도 없어야 한다." 어느 정도 화두에 머무는 단계로 안주의 단계를 말한 것입니다.

"일체법이 본래 모양이 없기 때문이다. 생각마다 생각이 일어나지 않으면 생각이 멸하지 않는다." 이것은 근주의 단계를 말한 것입니다. 금강경에 '여몽환포영(如夢幻泡影)'이란 말이 나옵니다. 꿈, 헛것, 물거품, 그림자와 같다는 것입니다. 일체법이란 그런 것입니다. 단지 인연에 의한 것을 모양이라고 생각하는 것뿐입니다. 하지만 인연이 다 하면 모양이 흩어집니다. 우리의 생각도 일어났다가 소멸합니다. 이 생각은 일어나지 않으면 멸할 것도 없습니다. 생각이 일어나지 않으면 근주라고 합니다. 호흡을 통해 마음이 안정되어 생각이 집중되고 그 생각 속에 머물고 그 생각마저 없어집니다.

"또한 마음 밖의 경계를 생각하지 않은 뒤에" 이것은 조순의 단계를 말한 것입니다.

"마음으로 마음을 제멸(除滅)하는 것이다." 이것은 적정을 말한 것입니다. 탐진치와 같은 번뇌망상들이 전부 소멸하여 모든 것이 고요해지는 단계에 들어갑니다. 불교를 배울 때 무상, 무아를 이야기합니다. 불교에서는 세상의 모든 것을 시간적으로 무상하다고 봅니다. 끊임없이 변하고 생멸을 끊임없이 반복한다고 합니다. 부처님께서는 이 무상의 상태를 고(苦)라고 말씀하셨고 이 무상에서 벗어나면 락(樂)이라고 하셨습니다. 불교에서 추구하는 목적은 극락입니다. 극락은 죽어서 가는 곳이 아니라 진리를 알면 갈 수 있습니다. 그리고 세상의 모든 것을 공간적으로

무아라고 봅니다. 나라고 하는 독립된 실체가 없는데 내가 있다
고 고집합니다. 이 육체가 생기는 순간 육체를 중심으로 나라는
것이 만들어져 버립니다. 육체 밖의 것은 '나'가 아닌 것입니다.
원래 나와 너 없이 일체가 하나입니다. 일심입니다. '나'라는 것
에서 벗어나면 뿌리에 모두 연결되어 있음을 압니다. 하나라는
것을 알게 됩니다. 그것을 모르면 아치, 아집, 아만, 아애 속에서
평생 자기만을 위해 살다가 갑니다. 일체가 하나라는 것을 아는
것에서 자비가 나옵니다. 그래서 부처가 하는 행동은 모두 자비
밖에 없습니다. 분리되어 있으면 죽다 깨어나도 자비가 안 생깁
니다. 그래서 깨닫지 않는 상태에서도 보시를 하여 내 속에 있
는 부처를 일깨워주어야 합니다. 무상, 무아, 고(삼법인-세상에
존재하는 진리, 변하지 않는 진리)를 알면 열반적정이 됩니다.

　마음이 만약 흩어져 달아나면 곧 거두어 바른 마음[正念]에
머물게 해야 하며, 바른 마음이란 오직 마음뿐이요, 바깥 경계
가 없음을 알아야 합니다. 또한 이 마음도 스스로의 모양[自相]
이 없어서 생각마다 가히 얻을 수가 없는 것입니다. 적정이 계
속 이루어지다 보면 최극적정에 이르게 됩니다. 화두 일념이 되
어 화두만 남아 있는 상태입니다.

　"만일 앉은 곳에서 일어나 가고 오고 나아가더라도 그치며 베
풀어 짓는 것이 있더라도 항상 방편을 생각하여 수순하고 관찰
하여 오래도록 닦아서 순박하게 되면 그 마음이 편안함을 얻는
다." 이것은 전주일취의 상태를 말한 것입니다. 하나만 순박하
게 닦아서 마음이 편안하게 된 상태입니다. 여기서는 그 하나
의 화두마저 사라집니다. 적정의 상태부터 마음은 끝없이 편안

해집니다.

　"마음이 편안하여 점점 용맹하고 날카로워[猛利: 매우 예리함] 진여삼매에 수순하여 들어가게 되며" 이것은 등지의 상태입니다. 이 단계에 들어가면 삼매에 들어 부처가 됩니다. 내 속에 깊이 숨어있는 제8아뢰야식을 볼 수 있는 상태가 됩니다. 평소에 생각할 때 쓰는 것은 제7식에서 나옵니다. 제7식의 통로를 통해 나를 표출하지만 제8식 아뢰야식을 보면 제8식 아뢰야식을 통해 모든 것이 일어나게 됩니다. 본래 내 성품을 보는 단계입니다.

　"번뇌를 깊이 조복(調伏)하고 신심(信心)이 증장하여 속히 불퇴전(不退轉)의 경지를 이룬다." 이것은 진여삼매 성취의 내용입니다. 불퇴전이란 어떤 상황도 절대로 물러나지 않는 경지를 말합니다. 조그마한 도랑은 낙엽이 쌓이거나 날씨가 가물면 없어져버립니다. 하지만 큰 강은 낙엽이 쌓여도 날씨가 가물어도 물이 마르지 않습니다. 내가 확실하게 견성하면 그 큰 강이 내게 생깁니다.

　"들어가지 못하는 사람. 오직 의혹하고 불신하고 비방하고 중죄업장을 지은 사람과 아만(我慢)이 강한 사람과 게으른[懈怠] 사람은 제외하니, 이러한 사람들은 들어갈 수 없다." 여기서는 진리에 들어가지 못하는 사람을 말하고 있습니다. 진리를 의심하고 믿지 못하는 사람, 누군가를 비방하고 부정하는 사람 그리고 중죄를 지은 사람, 아만이 강한 사람, 게으른 사람은 견성을 못한다는 말입니다. 의혹, 불신, 부정, 비방, 중죄, 아만, 게으름 등은 공부하고 수행하는데 방해되는 것들입니다. 아만이 강하면 자기가 최고고 다른 사람 말은 잘 듣지 않습니다. 내것은 맞고 상대방은 틀린다고 생각하기 때문에 다툼이 끊이질 않습니다. 자신은 무엇에 해당하는지 살펴보고 빨리 없애야 합니다.

"사마타의 수행공덕을 밝히다. 삼매에 의지하기 때문에 곧 법계가 한 모양[一相]인 것을 알아 모든 부처의 법신이 중생신(衆生身)과 더불어 평등하여 둘이 아님을 안다. 이것을 일행삼매(一行三昧)라고 말한다. 진여가 이 삼매의 근본임을 알아야 하며, 만일 어떤 사람이 수행하면 점점 한량 없는 삼매에 들게 된다." 우리는 나와 너가 분리되어 나만 위하는 생각 때문에 자비가 일어나지 않습니다. 하나라면 자비를 억지로 일으킬 필요가 없습니다. 나에게 하듯이 똑같은 마음으로 이 세상을 대하는 것이 하나입니다. 이것이 자비입니다.

문수반야경에서 법계는 일상인데 이 법계를 반연함을 일행삼매라 합니다. 일행삼매에 들어간 이는 항하사처럼 많은 제불의 모든 법계가 차별이 없음을 압니다. 진여가 이 삼매의 근본임을 알아야 합니다. 진여가 이러한 무량한 삼매를 내기 때문입니다. 하나임을 알면 모든 것이 평등해지고 같아집니다. 삼매에 들면 이런 평등한 진여의 세계에 들어갈 수 있습니다. 진여에서 무량한 삼매가 나오기도 합니다. 어떤 방법이든 나름 특색과 장점이 있으며 진여에 갈 수 있지만, 지관을 위해서는 화두를 들고 참선하는 것보다 더 좋은 방법이 없습니다. 경전을 보는 것은 관은 될지 몰라도 지를 하는 것이 쉽지 않고, 염불을 외우는 것은 지는 되지만 관하기가 어렵습니다. 이런 좋은 방법들을 믿고 과감히 실천하면 수행하기가 쉽습니다.

"마사를 밝히다. 어떤 중생이 선근의 힘이 없으면 모든 마구니와 외도와 귀신에게 어지러움을 당하게 된다. 이때 오직 마음 뿐임을 생각하면 경계가 없어지고 마침내 뇌란스럽지 않게 된다." 마음이 안정되고 편안해지고 당당해지면 번뇌 망상으로 일어나는 경계가 사라지게 됩니다. 마구니와 귀신도 경계가 사라지면 그냥 없어지게 됩니다.

제33강

(4-3-5-2-1-32) 마사와 대치를 자세히 밝히다
(4-3-5-2-1-321) 마사가 일어나는 차별을 밝히다

[진제80] 혹은 천상(天像)과 보살상을 나타내거나 여래의 모습을 지어서 상호(相好)가 구족하기도 한다.

혹은 다라니를 설하며 보시, 지계, 인욕, 정진, 선정, 지혜를 설하기도 한다.

혹은 평등하고 공(空)하며 모양이 없으며[無相] 원력도 없고[無願] 원수도 없고[無怨], 친한 이도 없고[無親] 인과도 없어서[無因無果] 마침내 공적(空寂)한 것이 참된 열반이라고 설한다.

혹은 사람들에게 과거의 일을 알게 하며 또한 미래의 일도 알게 하여 다른 사람의 마음을 아는 지혜(他心智)를 얻으며 변재(辯才)가 걸림이 없어서 중생으로 하여금 세간의 명예나 이익되는 일에 탐착하게 한다.

또 사람들로 하여금 자주 성내고 기뻐하게 하여 성품에 일정한 기준이 없게 하며, 혹은 많이 자애롭고 잠이 많고 병이 많아서 그 마음을 게으르게 하며, 혹은 갑자기 정진을 하다가 갑자기 그만두어 믿지 않는 마음을 내어 의심이 많고 근심이 많으며, 혹은 본래의 수승한 행위를 버리고 다시 잡된 업[雜業]을 닦으며 세속의 일에 집착하여 갖가지에 매이고 얽히게 한다.

또한 사람들에게 삼매를 얻게 하여 진여삼매에 든 것처럼 비슷하지만, 이는 다 외도가 얻은 것이지 참다운 삼매가 아닌 것이다. 또한 사람들에게 하루, 이틀, 사흘 내지 이레까지 선정[定] 속에 머물게 하여 자연히 향기롭고 맛난[香味] 음식을 얻어서 몸과 마음이 쾌적하고 기뻐서 배가 고프지도 않고 목이 마르지도 않게 하여 그것에 애착하게 한다.

혹은 사람들에게 먹는 양을 조절하지 못하게 하여 많이 먹었다 적게 먹었다 하여 안색이 변하여 달라진다.

或現天像、菩薩像，亦作如來像相好具足，若說陀羅尼，若說布施、持戒、忍辱、精進、禪定、智慧，或說平等、空、無相、無願、無怨無親、無因無果、畢竟空寂是真涅槃。或令人知宿命過去之事，亦知未來之事，得他心智辯才無礙，能令眾生貪著世間名利之事。又令使人數瞋數喜，性無常准。或多慈愛多睡多病，其心懈怠。或卒起精進後便休廢，生於不信多疑多慮。或捨本勝行更修雜業。若著世事種種牽纏，亦能使人得諸三昧少分相似，皆是外道所得，非真三昧。或復令人若一日若二日若三日，乃至七日住於定中，得自然香美飲食，身心適悅不飢不渴，使人愛著。或亦令人食無分齊，乍多乍少顏色變異。

(4-3-5-2-1-322) 마사를 지혜로 대치하다

이러하기 때문에 수행하는 사람은 항상 지혜로써 관찰하여 마음을 삿된 번뇌의 그물(邪網:삿된 그물)에 떨어지지 않게 하고 부지런히 바른 생각[正念]을 하여 취착하지 않으면 모든 업장을 멀리 여읠 것이다.

以是義故，行者常應智慧觀察，勿令此心墮於邪網。當勤正念不取不著，則能遠離是諸業障。

(4-3-5-2-1-323) 진여삼매와 외도삼매를 구별하다

외도(外道)가 가지는 삼매는 견(見)과 애(愛)와 아만(我慢)심을 여의지 못한 것임을 알아야 할 것이니, 그들의 삼매는 세간의 명리와 공경에 탐착하기 때문이다.

진여삼매(眞如三昧)란 보는 모양[相]에 머물지 않고 얻은 모양[相]에도 머물지 않으며 선정[定]에서 깨어나도 게으르고 교만함이 없어서 번뇌가 점점 엷어지게 된다.

만약 범부가 이 삼매법을 닦지 않고 여래의 종성(如來種姓)에 들어간다는 것은 있을 수 없다.

왜냐하면 세간의 선(禪)의 삼매를 닦으면 흔히 거기에 맛들여 아견(我見)에 의지하여 삼계(三界)에 얽매여 외도와 더불어 함께 하니 만약 선지식의 보호하는 바를 여의면 곧 외도의 견해(見)을 일으키게 된다.

應知外道所有三昧，皆不離見愛我慢之心，貪著世間名利恭敬故。真如三昧者，不住見相、不住得相，乃至出定亦無懈慢，所有煩惱漸漸微薄。若諸凡夫不習此三昧法，得入如來種性，無有是處。以修世間諸禪三昧多起味著，依於我見繫屬三界，與外道共。若離善知識所護，則起外道見故。

(4-3-5-2-1-4) 사마타 수행으로 얻은 이익을 밝히다

[진제81] 오로지 한 마음으로 부지런히 이 삼매를 배우는 사람은 현세에서 마땅히 열 가지 이익을 얻는다.

첫째 항상 시방의 모든 부처와 보살에게 호념(護念)하는 것이 된다.

둘째 모든 마구니와 악귀에 의하여 두려움을 받지 않는다.

셋째 구십오 종의 외도와 귀신에 의하여 혹란(惑亂)되지 않는다.

넷째 깊고 미묘한 불법을 비방함을 떠나 무거운 죄업장이 점점 엷어지게 된다.

다섯째 일체의 의심과 모든 못된 분별심이 없어진다.

여섯째 여래의 경계에 대한 믿음이 증장된다.

일곱째 근심과 후회를 여의어 생멸법 가운데 용맹하여 겁내지 않는다.

여덟째 그 마음이 부드럽고 온화하여 교만함을 버려 다른 사람들로부터 괴롭힘을 받지 않는다.

아홉째 비록 선정(定)를 얻지 못하였으나 때와 경계처(境界處)에 대하여 번뇌가 줄어들어 세속적인 일을 즐기지 않는다.

열째 삼매를 얻으면 바깥으로 반연하는[外緣] 모든 소리에 의하여 놀라지 않게 된다.

復次，精勤專心修學此三昧者，現世當得十種利益。云何為十？一者、常為十方諸佛菩薩之所護念。二者、不為諸魔惡鬼所能恐怖。三者、不為九十五種外道鬼神之所惑亂。四者、遠離誹謗甚深之法重罪，業障漸漸微薄。五者、滅一切疑諸惡覺觀。六者、於如來境界信得增長。七者、遠離憂悔，於生死中勇猛不怯。八者、其心柔和，捨於憍慢，不為他人所惱。九者、雖未得定，於一切時一切境界處，則能減損煩惱、不樂世間。十者、若得三昧，不為外緣一切音聲之所驚動。

(4-3-5-2-2) 위빠사나를 닦다

(4-3-5-2-2-1) 위빠사나 닦는 뜻을 밝히다

[진제82] 어떤 사람이 오직 사마타 지(止)만을 닦으면 곧 마음이 가라앉거나 혹은 게으름을 일으켜 여러 선행(善)을 즐기지 않고 대비심을 여의게 되니, 이러한 까닭으로 위빠사나 관(觀)를 닦는 것이다.

復次, 若人唯修於止, 則心沈沒或起懈怠, 不樂衆善、遠離大悲, 是故修觀。

(4-3-5-2-2-2) 위빠사나 닦는 방법을 밝히다
(4-3-5-2-2-21) 법상관을 밝히다

관(觀)를 닦아 익히는 이는 마땅히 세간의 유위(有爲)의 법이 오래 머무름이 없어 잠깐 동안에 변하여 없어지며[무상관],

마음의 작용이 생각마다 생멸하기 때문에 이것이 고(苦)인 줄 알아야 하며[고관],

과거에 생각한 모든 법이 어슴푸레하여 꿈과 같은 줄 알아야 하며, 현재 생각하는 모든 법이 번개와 같음을 알아야 하며, 미래에 생각할 모든 법이 마치 구름과 같아서 갑자기 일어나는 것임을 알아야 하며[무아관],

세간의 몸뚱이가 다 깨끗하지 못하고 가지가지로 더러워서 하나도 좋아할 만한 것이 없음을 알아야 한다[부정관].

修習觀者, 當觀一切世間有爲之法, 無得久停須臾變壞, 一切心行念念生滅, 以是故苦。應觀過去所念諸法恍惚如夢, 應觀現在所念諸法猶如電光, 應觀未來所念諸法猶如於雲忽爾而起, 應觀世間一切有身悉皆不淨, 種種穢汚無一可樂。

(4-3-5-2-2-22) 대비관을 밝히다

이와 같이 일체의 중생이 무시(無始)로부터 모두 무명의 훈습에 의하기 때문에 마음을 생멸케 하여 이미 모든 신심(身心)의 큰 고통을 받았으며, 현재에도 한량없는 핍박이 있으며, 미래에 받을 고통도 한량이 없어서 버리고 여의기가 어렵다. 이것을 알지 못하니 중생이 매우 불쌍하다고 생각한다.

如是當念：「一切眾生從無始世來，皆因無明所熏習故令心生滅，已受一切身心大苦。現在即有無量逼迫，未來所苦亦無分齊，難捨難離而不覺知。眾生如是，甚為可愍。」

(4-3-5-2-2-23) 서원관을 밝히다

이러한 생각을 하고 곧 용맹스럽게 큰 서원[大誓願]을 세워야 한다. 원컨대 내 마음으로 하여금 분별을 여의게 하여 시방에 두루한 일체의 모든 선한 공덕을 수행하며, 미래가 다하도록 한량없는 방편으로 일체의 고뇌하는 중생을 구제하여 그들에게 열반의 제일의의 낙[第一義樂]을 얻기를 바라는 것이다.

作此思惟，即應勇猛立大誓願：「願令我心離分別故，遍於十方修行一切諸善功德，盡其未來，以無量方便救拔一切苦惱眾生，令得涅槃第一義樂。」

(4-3-5-2-2-24) 정진관을 밝히다

이러한 원력(願)을 일으키기 때문에 때와 곳에 있는 여러 선행을 자기의 능력에 따라 닦고 배워서 마음에 게으름이 없다.

以起如是願故，於一切時、一切處，所有眾善，隨已堪能不捨修學，心無懈怠，

(4-3-5-2-2-3) 위빠사나 닦는 것을 총결하다

오직 좌선할 때 사마타 지(止)에 전념하는 것 외에는 나머지 일체에서 행해야 할 것과 행하지 말아야 할 것을 관찰해야 한다.

唯除坐時專念於止。若餘一切，悉當觀察應作不應作。

대승기신론 강설_33

"마사와 대치를 자세히 밝히다. 천상(天像)과 보살상을 나타 내거나 여래의 모습을 지어서 상호(相好)가 구족하기도 한다. 혹 은 다라니를 설하며 보시, 지계, 인욕, 정진, 선정, 지혜를 설하 기도 한다. 혹은 평등하고 공(空)하며 모양이 없으며[無相] 원력 도 없고[無願] 원수도 없고[無怨], 친한 이도 없고[無親] 인과도 없어서[無因無果] 마침내 공적(空寂)한 것이 참된 열반이라고 설 한다. 혹은 사람들에게 과거의 일을 알게 하며 또한 미래의 일도 알게 하여 다른 사람의 마음을 아는 지혜(他心智)를 얻으며 변재 (辯才)가 걸림이 없어서 중생으로 하여금 세간의 명예나 이익되 는 일에 탐착하게 한다.

또 사람들로 하여금 자주 성내고 기뻐하게 하여 성품에 일정 한 기준이 없게 하며, 많이 자애롭고 잠이 많고 병이 많아서 그 마음을 게으르게 하며, 정진을 하다가 갑자기 그만두어 믿지 않 는 마음을 내어 의심이 많고 근심이 많으며, 본래의 수승한 행 위를 버리고 잡된 업[雜業]을 닦으며 세속의 일에 집착하여 갖가 지에 매이고 얽히게 한다.

또한 사람들에게 삼매를 얻게 하여 진여삼매에 든 것처럼 하지만, 이는 외도가 얻은 것이지 참다운 삼매가 아닌 것이다. 또한 사람들에게 하루, 이틀, 사흘 내지 이레까지 선정[定] 속에 머물게 하여 자연히 향기롭고 맛난[香味] 음식을 얻어서 몸과 마음이 쾌적하고 기뻐서 배가 고프지도 않고 목이 마르지도 않게 하여 그것에 애착하게 한다." 화두를 들면서 마음을 집중하고 있으면 현상의 의식으로 느낄 수 없는 것을 느끼기도 하며 볼 수 없는 것을 보기도 합니다. 산란한 마음이 가라앉으니 천상의 세계가 나타나기도 하고 불보살님이 나타나기도 하는 것입니다. 인과가 없다거나 세상의 명리를 추구하거나 변덕을 부리거나 게으르거나 의심이 많고 근심이 많거나 잡된 일에 종사하거나 맛난 음식에 애착하게 하는 마구니나 외도에 끌리는 마음을 일어나는 순간 바로 알아 바르게 나아가도록 해야 합니다.

"마사를 지혜로 대치하다. 이러하기 때문에 수행하는 사람은 항상 지혜로써 관찰하여 마음을 삿된 번뇌의 그물(邪網:삿된 그물)에 떨어지지 않게 하고 부지런히 바른 생각[正念]을 하여 취착하지 않으면 모든 업장을 멀리 여읠 것이다." 마구니나 외도의 생각이 일어났을 때 삿된 번뇌의 그물에 떨어지지 않도록 바르게 잘 살펴야 하는 것입니다. 그래서 공부할 때는 지관, 집중과 관조를 함께해야 하는 것입니다. 공부를 지어갈 때 스승이나 선지식이 필요한 이유가 외도의 선정에 들어 외도의 길로 나아가고 있는지, 바르게 선정에 들어 부처의 길로 나아가고 있는지 판단하여 인도해줄 고수가 있어야 부처될 때까지 그 길을 갈 수 있는 것입니다.

"사마타 수행으로 얻은 이익을 밝히다. 첫째 항상 시방의 모든 부처와 보살에게 호념(護念)하는 것이 된다. 둘째 모든 마구니와 악귀에 의하여 두려움을 받지 않는다. 셋째 구십오 종의 외도와 귀신에 의하여 미혹하거나 혼란스럽게[惑亂]되지 않는다. 넷째 깊고 미묘한 불법을 비방함을 떠나 무거운 죄업장이 점점 엷어지게 된다. 다섯째 일체의 의심과 모든 잘못된 분별심이 없어진다." 사마타를 열심히 하고 있으면 어떤 마귀든 잡념이든 방해하지 못합니다. 사마타를 잘하고 있으면 누구도 침범할 수 없을 만큼 부처와 보살이 호념을 해줍니다. 이 생에서 사마타와 윗빠사나를 잘하면 전생의 과보에 의해 아무리 힘든 삶을 살더라도 그것을 비껴갈 수 있습니다.

우리가 느끼는 공포심은 전생부터 내려온 거짓말, 살생 과보로 만들어진 것입니다. 사마타와 위빠사나를 통해 내 속에 맑고 깨끗한 기운 밖에 없으면 공포심을 느끼지 않게 됩니다. 삶이 당당해집니다. 우리는 죽음에 임박했을 때 엄청난 공포심을 느낍니다. 공부하지 않은 일반 중생들은 마지막 순간에 굉장한 공포감을 느낍니다. 하지만 수행자들은 수행의 힘에 의해 죽을 때에도 공포를 극복할 수 있습니다. 인간은 상태가 변할 때 공포감을 느낍니다. 죽음의 순간도 마찬가지입니다. 살아있는 상태에서 죽은 상태로 변하기 때문입니다. 사마타를 열심히 한 사람은 이 두려움으로부터 자유롭습니다.

사마타를 하면 어떤 귀신들이 와서 혼란스럽게 해도 방해받지 않습니다. 사마타를 통해 내 마음이 안정되면 어떤 귀신들도 나를 혼란스럽게 할 수 없습니다. 황룡선사가 참선하고 있는데 머리없는 귀신이 방안으로 쑥 들어옵니다. 선사가 '야 너는 머리가 없으니 두통이 없어 좋겠구나.(如無頭하니 如無頭痛者)' 합니다. 그러니까 귀신이 물러갑니다. 가끔씩 귀신 꿈도 꿀 수 있습니다. 사마타를 하면 그런 꿈을 꾸지 않을뿐더러 설령 꾼다고 해도 방해받지 않습니다. 그런 꿈을 꾸는 자체가 내가 불안하다는 증거입니다. 공부하는 과정에서 온갖 것이 다 보입니다. 현재 의식에서 보이지 않던 것들이 깊은 내면으로 들어가면 보이기 시작합니다. 어떤 때는 부처님이 보이기도 하고 어떤 때는 방해하는 마귀가 보이기도 합니다.

사마타를 열심히 하다보면 세세생생 지었던 내 업장이 점점 옅어집니다. 참선이나 절도 일종의 사마타입니다. 참선과 절에 열중하다 보면 잡생각이 그치게 되고 내 업장도 점점 옅어집니다.

사마타를 열심히 하면 일체의 의심과 잘못된 분별심이 없어집니다. 중생이 판단하는 것은 잘못된 분별입니다. 내 업장을 거쳐 분별하고 판단하기 때문입니다. 그래서 우리는 이기적인 생각에 갇혀 살게 됩니다. 내 입장에서는 맞아도 상대방 입장에서는 맞지 않게 됩니다. 하지만 사마타를 하면 이런 잘못된 분별심이 없어집니다. 어렸을 때의 생각이 평생동안 거의 바뀌지 않습니다. 겉으로 드러내지 않을 뿐이지 안에 들어가면 똑같습니다. 이것을 다 끄집어내어 쓰면 다른 사람과 함께 살 수 없습니다. 이것을 변하게 하려면 사마타와 위빠사나를 해야합니다.

"사마타 수행으로 얻은 이익을 밝히다. 여섯째 여래의 경계에 대한 믿음이 증장된다. 일곱째 근심과 후회를 여의어 생멸법 가운데 용맹하여 겁내지 않는다. 여덟째 그 마음이 부드럽고 온화하여 교만함을 버려 다른 사람들로부터 괴롭힘을 받지 않는다. 아홉째 비록 선정[定]에 들지 못하였으나 때와 경계처(境界處)에 대하여 번뇌가 줄어들어 세속적인 일을 즐기지 않는다. 열 번째 삼매를 얻으면 바깥으로 반연하는[外緣] 모든 소리에 의하여 놀라지 않게 된다." 여래의 경계란 바로 부처, 도, 진리, 진여를 말합니다. 사마타를 하면 진리에 대한 믿음이 커집니다. 그 믿음이 커질수록 공부가 수월해집니다.

사마타를 하면 진리에 대한 믿음이 커지기 때문에 내가 걸어가는 삶에 대해 근심이나 후회를 하지 않습니다. 생멸법 생사 가운데 있어도 용맹하게 그 길을 걸어갈 뿐입니다. 내 삶에 대한 확신이 증장됩니다.

사마타를 하면 이기적인 자기 생각이 없어지기 때문에 다른 사람과 더불어 잘 어울려 지낼 수 있습니다. 자기 혼자 맞다고 생각하는 교만함이 있으면 다른 사람으로부터 시기, 질투를 받습니다. 사마타를 하면 모든 것을 받아들일만큼 여유가 있어집니다.

세속적인 일을 즐기지 않고 수행에 전념한다면 이것도 사마타 수행의 효과입니다. 세속적인 일이 얼마나 좋으냐 정도를 자신의 수행 척도로 봐도 될 것입니다.

바깥으로 반연한다는 말은 세상과 통한다는 것입니다. 바깥으로 반연하는 모든 소리에 의하여 놀라지 않는다는 말은 세속에서 일어나는 모든 소리에 놀라지 않게 된다는 것입니다. 이 세상에 한 생명이 태어났을 때 가장 먼저 받아들이는 것이 소리입니다. 그리고 죽을 때 가장 마지막에 느끼는 것도 소리입니다.

소리가 가장 먼저 들어와서 가장 늦게 나갑니다.

"무명과 지혜. 비구들이여, 참 나를 보지 못하는 어리석음인 무명이 먼저 있기 때문에 좋지 못한 생각이 생기며 이것으로 말미암아 부끄러워하지도 않으며, 겸손해 하지도 않는다. 비구들이여, 참 나를 볼 수 있는 밝은 지혜가 먼저 있기 때문에 좋은 생각이 생기며 이것으로 말미암아 부끄러워하며, 겸손해 하는 마음이 생긴다." 우리가 추구할 것은 지혜고 끝없이 방해하는 것은 무명입니다. 불교는 결국 무명과 지혜의 문제입니다. 무명을 깨뜨려 얻는 깨달음으로 지혜가 저절로 나오는 것입니다.

"무명과 지혜. 비구들이여, 밝음을 따르는 지혜 있는 사람에게는 존재하고 있는 모습들의 본질을 바로 볼 수 있는 정견이 생긴다. 정견이 있으면 바른 생각이 생기고, 바른 생각이 있으면 바른 말이 생기고, 바른 말이 있으면 바른 행위가 생기고, 바른 행위가 있으면 바른 생활이 생기고, 바른 생활이 있으면 바른 정진이 생기고, 바른 정진이 있으면 깨닫기 위하여 정신을 올바른 곳으로 향하게 하는 정념이 생기고, 정념이 있으면 모든 집착과 분별심을 여의고 마음이 안정되어 흔들리지 않는 정정이 생긴다." 정견이 가장 중요합니다. 세세생생 살아가면서 어떤 상황에서도 바르게만 볼 수 있으면 모든 것이 해결됩니다. 팔정도를 통해 결론적으로 나타나는 것이 정견입니다. 정정이 바로 사마타를 의미합니다.

"위빠사나를 닦다. 위빠사나를 닦는 뜻을 밝히다. 어떤 사람이 오직 사마타 지(止)만을 닦으면 곧 마음이 가라앉거나 혹은 게으름을 일으켜 여러 선행[善]을 즐기지 않고 대비심을 여의게 되니, 이러한 까닭으로 위빠사나 관(觀)을 닦는 것이다." 사마타만 공부하고 위빠사나를 하지 않으면 선행을 즐기지 않고 자비심을 잃어버리게 됩니다. 이 세상에는 에너지와 엔트로피가 있습니다. 에너지는 양이고 엔트로피는 방향성입니다. 에너지에 해당하는 것이 사마타라면 엔트로피는 부처쪽으로 방향키를 트는 것이 위빠사나입니다. 끝임 없이 관조하고 관찰하고 생각하는 것이 위빠사나입니다.

"위빠사나 닦는 방법을 밝히다. 법상관을 밝히다. 관(觀)을 닦아 익히는 이는 마땅히 세간의 유위(有爲)의 법이 오래 머무름이 없이 잠깐 동안에 변하여 없어지며[無常觀], 마음의 작용이 생각마다 생멸하기 때문에 이것이 고(苦)인 줄 알아야 하며[苦觀]," 법상관은 법을 살펴본다는 말입니다. 이 세상에 존재하는 모든 것은 변하지 않는 것이 없음을 관찰하는 것이 무상관입니다. 부모님을 봐도 알 수 있습니다. 우리가 어렸을 때는 정정하시다가 나이를 먹으면 돌아가십니다. 생한 것은 언젠가 멸합니다. 무상관을 통해 존재하는 모든 것에 대해 바른 관점을 가지게 됩니다.

부처님께서 고라고 말씀하신 것은 존재하는 모든 것이 생멸하기 때문입니다. 이런 것이 고임을 관찰하여 아는 것이 고관입니다. 이것이 락(樂)이 됩니다. 고가 고인 줄 모르면 고이지만 고가 고인 줄 알면 락이 됩니다.

"과거에 생각한 모든 법이 어슴푸레하여 꿈과 같은 줄 알아야 하며, 현재 생각하는 모든 법이 번개와 같음을 알아야 하며, 미래에 생각할 모든 법이 마치 구름과 같아서 갑자기 일어나는 것임을 알아야 하며[無我觀], 세간의 몸뚱이가 다 깨끗하지 못하고 가지가지로 더러워서 하나도 좋아할 만한 것이 없음을 알아야 한다.[不淨觀]" 나라고 주장할만한 독립적인 실체가 없다는 것을 관찰하여 아는 것이 무아관입니다.

몸속에 있을 때 더러운 줄 모르지만 나오면 다 더러워집니다. 지금은 이런 모습을 하고 있지만 죽으면 육체가 허물어지고 백골만 남아 더럽고 흉측한 모습이 됩니다. 그리고 무지, 무명에서 나오는 번뇌망상에 의해 생각도 더럽습니다. 이런 사실을 관찰하여 아는 것이 부정관입니다.

"대비관을 밝히다. 일체의 중생이 무시(無始)로부터 모두 무명의 훈습에 의하기 때문에 마음을 생멸케 하여 이미 모든 신심의 큰 고통을 받았으며 현재에도 한량없는 핍박이 있으며, 미래에 받을 고통도 한량이 없어서 버리고 여의기가 어렵다. 이것을 알지 못하니 중생이 매우 불쌍하다고 생각한다." 우리는 법성관을 통해 이 세상에 존재하는 모든 것에 대해 바른 인식을 가질 수 있습니다. 세상에 존재하는 모든 것이 하나임을 알아, 세상의 모든 중생을 불쌍하고 측은하게 바라보는 것이 대비관입니다. 불쌍하고 측은하게 여기는 마음에서 자비가 나옵니다.

"서원관을 밝히다. 이러한 생각을 하고 곧 용맹스럽게 큰 서원[大誓願]을 세워야 한다. 원컨대 내 마음으로 하여금 분별을 여의게 하여 시방에 두루한 일체의 모든 선한 공덕을 수행하며, 미래가 다하도록 한량없는 방편으로 일체의 고뇌하는 중생을 구제하여 그들에게 열반의 제일의의 낙[第一義樂]을 얻기를 바라는 것이다." 목표를 세우는 것이 중요합니다. 원이 바로 목표입니다. 목표가 없는 삶은 방향성과 발전이 없습니다. 목표가 있으면 매일매일 내 삶을 되돌아보고 갈고 닦을 수 있습니다. 불교에서는 고를 여의고 진리, 해탈의 세계에 들어가는 것을 목표로 하고 있습니다. 여기서 나만 열반에 들고 부처가 되는 것이 아니라 세상의 모든 것을 부처로 만드는 것이 진정한 목표입니다.

"정진관을 밝히다. 이러한 원력(願)을 일으키기 때문에 때와 곳에 있는 여러 선행을 자기의 능력에 따라 닦고 배워서 마음에 게으름이 없다." 이런 원력, 목표를 성취하기 위해 끝없는 노력이 필요하다는 점을 관찰하여 아는 것이 정진관입니다. 이 정진관을 통해 원을 성취할 수 있습니다. 진리를 향해 정진 이외의 왕도는 없습니다.

"위빠사나 닦는 것을 총결하다. 오직 좌선할 때 사마타 지(止)에 전념하는 것 외에는 나머지 일체에서 행해야 할 것과 행하지 말아야 할 것을 관찰해야 한다." 생각을 집중할 때 행해야 할 것과 행하지 말아야 할 것을 관찰해야 합니다. 집중하는 것 이외의 모든 것이 바로 위빠사나입니다. 육조단경에서는 지와 관이 하나라고 말했습니다. 부처님께서는 사마타와 위빠사나 중 어느것을 먼저 닦아도 좋다고 말씀하셨습니다. 하지만 동시에 하면 더욱 좋다고 하셨습니다. 그래서 두 바퀴가 굴러가듯이 위빠사나와 사마타를 같이 닦는 것이 좋습니다. 어떤 직종이든 잘하려면 사마타와 위빠사나를 벗어날 수 없습니다. 본질은 다 같습니다.

제34강

[진제83] (4-3-5-21) 지관의 쌍수를 설하다

행할 때와 머무를 때와 누울 때와 일어날 때에 모두 마땅히 지관을 함께 수행해야 한다.

비록 모든 법의 자성이 생기지 않음을 생각하지만, 또한 곧 인연으로 화합한 선악의 업과 고락의 과보가 빠뜨려지지도 않고 무너지지도 않음을 생각하며, 비록 인연의 선악의 업보를 생각하지만, 본성은 얻는 것이 아니다.

만약 지(止)를 닦으면 범부는 세간에 주착(住着)함을 대치하고 이승의 겁약(怯弱)한 견해를 버리게 된다. 만일 관(觀)를 닦으면 이승(二乘)이 대비심을 일으키지 않는 용렬한 마음(狹劣心)의 허물을 대치하고, 선근을 닦지 않음을 멀리 여읜다.

이러한 뜻에 의하므로 지관(止觀)의 이문(二門)은 서로 도움이 되고 서로 버리고 여의지 못하니, 만약 지관(止觀)이 갖추어지지 못하면 곧 보리에 들어갈 방도가 없다.

若行若住、若臥若起 , 皆應止觀俱行。所謂雖念諸法自性不生 , 而復即念因緣和合善惡之業 , 苦樂等報不失不壞。雖念因緣善惡業報 , 而亦即念性不可得。若修止者 , 對治凡夫住著世間 , 能捨二乘怯弱之見。若修觀者 , 對治二乘不起大悲狹劣心過 , 遠離凡夫不修善根。以此義故 , 是止觀二門 , 共相助成 , 不相捨離。若止觀不具 , 則無能入菩提之道。

(4-4) 불퇴전의 염불방편을 설하다

[진제84] 중생이 처음 이 법을 배워서 바른 믿음을 구하고자 하지만 그 마음이 겁약하여, 사바세계에 머무름에 항상 부처를 만나 친히 공양을 올리지 못할까 스스로 두려워한다.

그가 두려워하면서 말하기를,

'신심(信心)은 성취하기가 어렵다'라고 하니, 뜻이 퇴전하는 사람에게는 여래는 수승한 방편이 있어 신심을 북도우며 보호[攝護]함을 알아야 한다.

이는 오로지 부처를 생각한 인연으로 원력[願]에 따라 다른 불토[他方佛土]에 태어나게 되어 항상 부처님을 친히 보아서 영원히 악도(惡道)를 여의는 것을 말한다.

이는 경에서 '만일 어떤 사람이 오로지 서방 극락세계의 아미타불을 생각하여 그가 닦은 선근으로 회향하여 저 세계에 나기를 원[願求]하면 곧 왕생(往生)하게 되어 늘 부처를 친히 보기 때문에 끝내 퇴전함이 없다'라고 하였다.

만약 부처님의 진여법신을 관(觀)하여 항상 부지런히 수습하면 마침내 극락에 왕생하게 되어 정정취(正定)에 머물게 된다.

復次, 眾生初學是法欲求正信, 其心怯弱。以住於此娑婆世界, 自畏不能常值諸佛、親承供養。懼謂信心難可成就, 意欲退者, 當知如來有勝方便攝護信心。謂以專意念佛因緣, 隨願得生他方佛土, 常見於佛永離惡道。如修多羅說, 若人專念西方極樂世界阿彌陀佛, 所修善根, 迴向願求生彼世界, 即得往生, 常見佛故, 終無有退。若觀彼佛真如法身, 常勤修習畢竟得生, 住正定故。

(5) 권수이익분
(5-1) 앞의 말을 통틀어 맺다
[진제85] 이미 수행신심분(修行信心分)을 말하였으니, 다음에는 권수이익분(勸修利益分)을 말한다.

이와 같이 대승의 제불(諸佛)의 비밀장(祕藏)을 내가 이미 모두 설하였으니,

已說修行信心分。次說勸修利益分。如是摩訶衍諸佛祕藏，我已總說。

(5-2) 이익을 들어 닦기를 권하다
[진제86] 어떤 중생이 여래의 매우 깊은 경계에 대하여 바른 믿음을 내어 비방을 멀리 여의고 대승도에 들고자 한다면 마땅히 이 논을 깊이 생각하고[思量], 수습(修習)하면 마침내 무상도(無上道)에 이를 수 있을 것이다.

만약 어떤 사람이 이 법을 듣고 나서 겁약한 마음을 내지 않으면 마땅히 알 것이다. 이 사람은 틀림없이 부처의 종자를 이어서 반드시 부처에게 수기(授記)를 받을 것이다.

若有衆生，欲於如來甚深境界得生正信，遠離誹謗入大乘道，當持此論思量修習，究竟能至無上之道。若人聞是法已不生怯弱，當知此人定紹佛種，必為諸佛之所授記。

(5-3) 수지하는 복이 수승하다
[진제87] 어떤 사람이 삼천대천세계에 가득한 중생을 교화하여 십선(十善)을 행한다 하더라도, 어떤 사람이 잠깐 동안에 이 법을 생각하는 것보다 못하며, 공덕도 앞의 것보다 우월하여 그것과 비교할 수 없는 것이다.

어떤 사람이 이 <기신론>을 받아가져서 관찰하고 수행하기를 하루 낮 하룻 밤 동안 한다면 그 공덕이 한량없어서 이루 다 말할 수가 없다.

시방의 일체의 부처가 각기 무량무변한 아승기겁에 그 공덕을 찬탄하더라도 다할 수가 없다.

왜냐하면 이는 법성의 공덕이 다함이 없기 때문에 이 사람의 공덕도 또한 끝이 없는 것이다.

假使有人能化三千大千世界滿中衆生令行十善 , 不如有人於一食頃正思此法 , 過前功德不可爲喩。復次 , 若人受持此論觀察修行 , 若一日一夜 , 所有功德無量無邊不可得說。假令十方一切諸佛 , 各於無量無邊阿僧祇劫 , 歎其功德 , 亦不能盡。何以故 ? 謂法性功德無有盡故。此人功德亦復如是 , 無有邊際。

(5-4) 훼방하는 죄가 중하다

[진제88] 어떤 중생이 이 <기신론>에 대하여 훼방하고 믿지 않는다면 그가 받는 죄의 과보는 무량겁이 지나도록 큰 고통을 받을 것이다.

그러므로 중생은 우러러 믿고 비방해서는 안 되는 것이며, 깊이 스스로를 해치고 다른 사람까지 해쳐 일체의 삼보(三寶)의 종자를 끊어지게 하기 때문이다.

일체의 여래가 다 이 법에 의하여 열반을 얻기 때문이며, 일체의 보살이 이로 인하여 수행하여 부처의 지혜(佛智)에 들어가기 때문이다.

其有衆生 , 於此論中毀謗不信 , 所獲罪報 , 經無量劫受大苦惱。是故衆生但應仰信 , 不應誹謗 , 以深自害亦害他人 , 斷絕

一切三寶之種 , 以一切如來皆依此法得涅槃故 , 一切菩薩因之
修行入佛智故。

(5-5) 증거를 들어 보이다

[진제89] 과거의 보살도 이미 이 법에 의하여 청정한 믿음[淨信]
을 이루었고, 현재의 보살도 이제 이 법에 의하여 청정한 믿음[淨
信]을 이루며, 미래의 보살도 마땅히 이 법에 의하여 청정한 믿음
[淨信]을 이루게 될 것이니,

當知過去菩薩已依此法得成淨信 , 現在菩薩今依此法得成淨
信 , 未來菩薩當依此法得成淨信 ,

(5-6) 닦아 배우기를 권하다

[진제90] 이러므로 중생은 부지런히 배우고 닦아야 한다.

是故眾生應勤修學。

대승기신론 강설_34

부처님께서 말씀하시기를 지관을 함께 닦아라고 하십니다.
그렇게 할 수 없을 때는 관을 먼저 닦고 지를 닦아라 하셨으며,
경우에 따라 지를 먼저 닦고 관을 닦아라고 하셨습니다.

"지관의 쌍수를 설하다. 행할 때와 머무를 때와 누울 때와 일
어날 때에 모두 마땅히 지관을 함께 수행해야 한다. 비록 모든

법의 자성이 생기지 않음을 생각하지만, 또한 인연으로 화합한 선악의 업과 고락의 과보가 빠뜨려지지도 않고 무너지지도 않음을 생각하며, 비록 인연의 선악의 업보를 생각하지만, 본성은 얻는 것이 아니다." 능력이 되면 지관은 함께 수행하면 좋다는 말입니다. 지를 하며 관을 하고 관을 하고 지를 합니다. 다름 아니라 자기 삶을 되돌아보는 것입니다. 어려서는 일기를 썼지만 나이를 먹고서는 일기를 쓰지 않습니다. 나이를 먹고서도 일기를 쓰는 것처럼 자신을 되돌아볼 수 있다면 성공할 확률은 높아질 것입니다. 본성은 얻는 것이 아니라 원래 내게 있는데, 지관을 하다보면 그냥 드러납니다. 열심히 지관을 해서 얻어오는 것이 아니라 열심히 지관을 하다보면 드러나는 것입니다. 묻혀있던 보배가 드러나게 됩니다. 지관으로 드러납니다.

"지관의 쌍수를 설하다. 만약 지(止)를 닦으면 범부는 세간에 주착(住着)함을 대치하고 이승의 겁약(怯弱)한 견해를 버리게 된다. 만일 관(觀)을 닦으면 이승(二乘)이 대비심을 일으키지 않는 용렬한 마음[狹劣心]의 허물을 대치하고, 선근을 닦지 않음을 멀리 여읜다. 이러한 뜻에 의하므로 지관(止觀)의 이문(二門)은 서로 도움이 되고 서로 버리고 여의지 못하니, 만약 지관(止觀)이 갖추어지지 못하면 곧 보리에 들어갈 방도가 없다." 지를 하게 되면 열심히 하는 힘과 용기가 생깁니다. 관을 하게 되면 모든 것을 평등하게 받아들이는 마음이 일어나 대비심이 생기고 선근을 닦게 됩니다. 생각을 잘하는 것은 중요합니다. 하지만 생각을 잘하려면 아집에 부딪힙니다. 그것을 깨뜨려야 이 평등한 일심을 알게 됩니다. 이것을 위해 관조하고(관) 집중하는(지) 것이 필요합니다. 지관을 떠나서는 도를 이룰 방도가 없습니다. 지와 관을 하다보면 불교 이외의 모든 것도 잘하게 됩니다. 자기 하는 일을 잘하다 보면 부처되는 길이 열립니다.

"점차지관은 처음은 알지만 나중은 깊어서 그 사다리와 같다. 부정지관은 앞과 뒤가 서로 바뀌고 금강석이 햇빛 속에 있는 것과 같다. 원돈지관이란 처음과 나중이 두 가지가 아니며 신통력을 지닌 자가 하늘을 나는 것과 같다." 공부를 하자마자 부처가 되지는 않습니다. 처음부터 공부가 잘 되는 사람은 없습니다. 바탕이 있어야 공부가 쉽게 잘 됩니다. 땅이 비옥하면 잘 자랍니다. 하지만 자갈밭이나 황무에는 식물이 잘 자라지 못합니다. 비옥한 땅으로 만들어야 해결됩니다. 점차지관은 공부를 계속하다보면 쉽게 잘 된다는 것을 말합니다. 첫술에 배부르지 않습니다. 사다리도 처음에는 낮지만 점차 올라가다 보면 높은 곳에 갈 수 있습니다.

점차지관은 순차적으로 공부가 되어가는 것을 말한다면 부정지관은 앞과 뒤가 없이 되는 것을 말합니다. 좋을 때도 있고 나쁠 때도 있고 그런 것입니다. 공부를 체계적으로 하면 성적이 크게 떨어지지 않습니다. 하지만 체계가 없으면 잘하다가도 성적이 떨어집니다. 이런 것이 부정지관입니다. 금강석이 햇빛 속에 있으면 다양한 빛을 냅니다. 이렇듯이 다양한 모습을 보이는 것이 부정지관입니다.

궁극적으로 가야하는 지관은 원돈지관입니다. 처음과 끝이 하나입니다. 원만하게 모든 것이 이루어진 상태의 지관이 원돈지관입니다. 신통력을 지닌 자가 하늘을 나는 것과 같이 모든 것이 보이고 모든 것이 갖춰진 상태입니다. 지를 잘하면 신통력이 생기고 관을 잘하면 지혜가 생깁니다. 지를 열심히 하는 수행자들은 어떤 형태로든 신통이 생기게 되어 있습니다.

수행을 통하여 일행삼매와 상좌삼매에 들어가는 방법입니다. 몸을 개차하고 입은 설묵하고 마음은 지관하여 닦는 것입니다.

궁극적 목적은 부처가 되는 것입니다. 부처는 삼매 속에서 삽니다. 문수설반야경과 문수문반야경에서는 삼매에 드는 방법을 말하고 있습니다. 개차(開遮)란 열고 막음을 말합니다. 계를 지킬 때 계를 지켜서 지키는 경우도 있고 파계하여 계를 지키는 경우도 있습니다. 설묵(說默)은 말하기도 하고 침묵하기도 하는 것을 말합니다. 그래서 일행삼매에 도달하기 위해서는 몸은 개차해야 하고 입은 설묵해야 하고 마음은 지관을 해야 합니다.

"몸의 개차. 몸은 항상 앉는 것을 허용하지만 걸어가거나, 머물거나, 눕는 것은 금한다. 대중들과 처하는 것도 좋으나, 홀로 있으면 더욱 좋다. 조용한 곳에 있되, 여분의 다른 자리는 없도록 한다. 90일을 일 기간으로 하여 결가부좌로 정좌한다." 공부할 때 몸을 어떤 자세로 하는 것이 좋은지 말한 것입니다. 틱낫한 스님의 걸으면서 명상하는 것은 어떻게 봐야할까요? 이것은 사람들을 입문시키기 위한 임시방편이라 보면 될겁니다. 결가부좌는 사람들이 하기 어려워 하니까 반가부좌를 합니다. 90일을 한 기간으로 정해두는 것은 목표를 두기 위한 것입니다. 90일이란 이 시간은 우리가 습을 익히기 위한 1차적인 기간입니다. 우리의 몸 전체를 바꾸기 위해서는 6개월이란 시간이 걸립니다. 여기서 1차적인 기간이 90일입니다.

"입의 설묵. 좌선하다가 피로가 극하여 질병으로 괴로움을 받거나, 졸음의 뚜껑이 덮여져서 안팎으로 장애가 침범하여 정념의 마음을 빼앗겨, 그것을 버릴 수 없다면 오로지 부처님의 명호를 부르고 참괴하며, 참회하고 목숨을 걸고 스스로 돌아가야 한다. 이렇게 하면 풍이 칠저(머리, 잇몸, 이, 입술, 혀, 목구멍, 가슴)에 닿아서 신업을 이루고, 소리의 울림은 입술을 닿아서 구업을 이루어, 능히 마음을 도와 부처님의 내려오심을 느낀다." 수행을 하면서 입으로는 어떻게 해야 하는가를 말한 것입니다. 공부는 마음을 내는 것도 중요하지만 지속하는 것도 중요합니다. 공부를 하다가 보면 육체가 피로해져서 잠이 올 때가 있습니다. 그럴 때 입으로 부처님의 이름을 부르고 부끄러워하고 참회하여 다시 공부하는 마음으로 돌아가야 한다는 것입니다. 여기서 자기합리화를 하면 안 됩니다. 스스로의 유혹을 극복하면 내 안에서 자생하는 힘이 생깁니다. 이것이 부처의 씨앗이 되어 우리를 부처되게 해줍니다. 풍은 바람이고 칠처는 일곱 곳을 말합니다.

"마음의 지관. 단정히 앉아서 정념하는 것인데, 악각을 제거하고, 모든 산란한 상념을 버리고, 잡스런 사유를 하지 않으며, 사물의 모습을 집착하지 말고, 다만 오로지 연을 법계에만 걸고 한결같이 법계를 염한다. 일체법이 모두 다 불법임을 믿으면, 앞이 없고 뒤가 없으며(시간적으로), 끝과 가장자리가 없다(무한대의 진공)." 악각은 생각이 나쁜 쪽으로 흘러가는 것을 말합니다. 일심으로 법계를 염하면 정념에 들어가 삿된 모든 것들이 소멸합니다. 앞이 없고 뒤가 없으며 끝과 가장자리가 없다는 것은 시간적으로나 공간적으로나 한계가 없는 것을 말합니다. 삼매에 들면 이런 현상들이 내 앞에 펼쳐집니다. 지관의 종착역이 삼매입니다.

"불퇴전의 염불방편을 설하다. 중생이 처음 이 법을 배워서 바른 믿음을 구하고자 하지만 그 마음이 겁약하여, 사바세계에 머무름에 항상 부처를 만나 친히 공양을 올리지 못할까 스스로 두려워한다." 지관이 잘 안될 때 염불을 방편으로 쓸 수 있습니다. 우리는 유혹이 오거나 조금만 힘들어도 공부를 안 하거나 포기합니다. 이것은 마음이 겁약하기 때문에 그렇습니다. 염불로 극복해야 한다는 말입니다.

"염불. 입으로 부처님을 염하는 염불, 마음에 부처님을 새기는 염불, 마음이 자비로운 상태-염불." 염불은 시작할 때 입으로 하지만 결국 마음으로 갑니다. 진정한 염불이란 내 마음 속에 부처가 들어앉아 있는 것을 말합니다. 내 마음 속에 부처가 들어앉아 있으면 자비로 가득해집니다. 부처가 끝없는 자비심을 내기 때문입니다. 이것이 진정한 염불로 불퇴전의 염불을 의미합니다.

"부처의 수승한 방편. 그가 두려워하면서 말하기를 '신심(信心)은 성취하기가 어렵다'라고 하니, 뜻이 퇴전하는 사람에게 여래는 수승한 방편이 있어 신심을 북돋우며 보호[攝護]함을 알아야 한다. 이는 오로지 부처를 생각한 인연으로 원력[願]에 따라 다른 불토[他方佛土]에 태어나게 되어 항상 부처님을 친히 보아서 영원히 악도(惡道)를 여의는 것을 말한다." 뜻이 퇴전한다는 말은 포기하려는 생각을 말합니다. 이럴 때 염불이 지관의 세계로 다시 이끌어주는 묘약이 됩니다. 부처님의 수승한 방편은 다른 것이 아니라 신심(信心)이 미약해질 때 염불을 통해 신심을 다시 북돋아 진리의 세계로 나아가는 힘을 얻는 것입니다. 아니면 원력으로 다른 불토에 태어나 부처님을 친히 보고 악도를 없애는 것을 말합니다. 우리는 순간적으로 흔들리지만 부처님의 수승한 방편에 의해 끝까지 진리의 세계에 갈 수 있습니다. 결국 부처님을 믿고 따라가라는 것입니다.

"경에서 설함. 이는 경에서 '만일 어떤 사람이 오로지 서방 극락세계의 아미타불을 생각하여 그가 닦는 선근으로 회향하여 저 세계에 나기를 원[願求]하면 곧 왕생(往生)하게 되어 늘 부처를 친히 보기 때문에 끝내 퇴전함이 없다'라고 하였다." 내가 아미타불을 생각하며 서방 극락세계에 나기를 원하면 그곳에 태어나게 됩니다. 그런데 우리는 왜 서방 극락정토에 왕생을 못할까요? 바로 믿지 않기 때문입니다. 믿음을 통해 흔들리지 않는 부동의 마음이 내 속에 자리 잡아야 죽음이 와도 흔들리지 않습니다. 시험칠 때 마지막 순간에 불안해져서 맞는 답을 틀린 답으로 바꾸기도 합니다. 하지만 완전하게 아는 사람은 답을 바꾸지 않습니다. 정확하게 모르면 바꾸게 되어있습니다. 우리는 그러한 확고한 마음을 갖지 못합니다. 그래서 마음이 흔들려 근본적으로 갖고 있던 모든 것이 없어져버립니다. 진리에 대한 믿음이 확고하게 자리 잡으면 흔들리는 마음이 없어집니다.

살면서 스스로 극락을 이루지 못하면 이 세상 어디에도 극락이 없습니다. 내 마음이 극락이 되었을 때 이 세상 어디든 극락이 되는 것이고 극락을 이루지 못하면 이 세상 어디에도 극락이 없습니다. 불교에서는 이 세상이 무상하여 끝없이 생멸하기 때문에 고다고 합니다. 이 고가 해결되면 낙입니다. 이 세상이 무상하다는 것을 알고 내 자신이라 할만한 것이 없으면(무아) 나만을 위하는 이기심이 사라집니다. 이 세상 모든 생명과 내가 하나임을 알고 끝없는 자비심이 나옵니다. 거기서 고가 해결되고 락이 나옵니다. 이것을 모르면 삶은 끝없는 고일뿐입니다. 내 마음이 고면 세상 어디를 가도 지옥일 뿐입니다.

"경에서 설한 뜻을 풀이. 만약 부처님의 진여법신을 관(觀)하여 항상 부지런히 수습하면 마침내 극락에 왕생하게 되어 정정취(正定)에 머물게 된다." 정정취에 머물게 된다는 말은 지관에 머물게 된다는 말입니다. 내 마음이 극락의 상태면 49재를 안 지내줘도 극락에 갑니다. 하지만 내 마음이 극락의 상태가 아니면 아무리 잘 이끌어줘도 극락에 못 갑니다.

"극락왕생. 마침내 극락에 왕생하게 되어 ⇒ 신성취발심 '조금이라도 법신을 보게 되기 때문' ⇒ 능가경에서 용수보살을 찬탄하여 '환희지를 증득하고 안락국에 왕생하기 때문이다.'" 여기서 법신은 일심, 진리를 가리킵니다. 신성취발심의 단계에 이르러 조금이라도 진리를 보게 되면 극락에 왕생할 수 있게 됩니다. 환희지는 보살 10지 가운데 첫 번째입니다. 안락국은 바로 극락을 말합니다. 그래서 보살 10지의 첫 번째에만 들어도 극락에 왕생할 수 있게 된다는 말입니다.

"정정(正定). 정정에 머문다. 견도 이상을 정정이라 하니 무루도에 의거하여 정정을 삼기 때문이며(삼현, 사선근, 견도, 수도, 무학도) 십해 이상을 정정이라 하니 불퇴위에 머무르는 것을 정정으로 삼기 때문이며 구품 왕생을 정정이라 하니 수승한 연의 힘에 의하여 퇴전하지 않기 때문이다." 정정은 지관을 통해 마지막 삼매에 든 단계입니다. 정정이 되면 정견이 나옵니다. 부처님은 100% 순수 정견입니다. 중생은 정견이 있지만 순수한 정견은 아닙니다. 구사론에서 수행의 단계를 말할 때 삼현, 사선근, 견도, 수도, 무학도를 말했습니다. 여기서 견도가 나오는데 진리가 보이기 시작한 단계를 말합니다. 법신의 발자취 이상을 볼 수 있는 단계가 정정입니다. 유루란 다음 생의 업을 만들어내는 것입니다. 하지만 진리를 깨쳐 부처가 되면 무루가 됩니다. 행위는 하지만 업은 생기지 않습니다. 무루도는 무악도, 출세간도라고도 합니다. 공부해서 부처가 되면 무루도에 의거하게 됩니다. 십해 이상이 되면 정정에 머무를 수 있는 능력이 되어 수행해서 불퇴위까지 이를 수 있습니다. 구품 왕생은 묘법연화경에 나오는 말입니다. 이런 정정의 힘이 생기면 죽다 깨어나도 더 낮은 단계에 떨어지지 않습니다. 이것이 바로 퇴전하지 않는다는 뜻입니다. 시험에서 일정 이상 커트라인을 넘지 못하면 끊임없이 다시 도전해야 합니다. 삶도 같습니다. 일정 수준 이상의 삶에 도달하지 못하면 같은 삶이 반복됩니다. 한 생 받쳐 열심히 공부하면 세세생생 좋은 영향을 줄 수 있습니다. 정정이 내 속에 꽉 차 득력하게 되면 죽다 깨어나도 그 아래로 떨어지지 않습니다. 가만히 있어도 극락왕생하게 됩니다.

"권수이익분. 이익을 들어 닦기를 권하다. 어떤 중생이 여래의 매우 깊은 경계에 대하여 바른 믿음을 내어 비방을 멀리 여의고 대승도에 들고자 한다면 마땅히 이 논을 깊이 생각하고[思量], 수습(修習)하면 마침내 무상도(無上道)에 이를 수 있을 것이다." 지관을 통해 삼매에 들면 나오는 이득이 권수이익분입니다.

"만약 어떤 사람이 이 법을 듣고 나서 겁약한 마음을 내지 않으면 마땅히 알 것이다. 이 사람은 틀림없이 부처의 종자를 이어서 반드시 부처에게 수기(授記)를 받을 것이다." 수기를 받는 것이란 부처님께 다음 생에 부처가 될 것이라는 계시를 받는 것입니다. 그래서 수행자에게 있어서 수기를 받는 것보다 더 좋은 것은 없습니다. 수기에 관해 부처님과 한 여인의 일화가 있습니다. 이 일화는 빈자일등(貧者一燈)이라고도 불립니다. 부처님께서 사위국의 궁궐에서 설법하고 기원정사로 돌아갈 때 그 나라 국왕과 귀족들은 부처님 일행에게 성대한 공양을 하였습니다. 그 모습을 본 가난한 여인 난타는 부처님을 위해 공양을 하고 싶어졌습니다. 하지만 난타는 아무것도 가진 것이 없었기에 머리카락을 잘라 팔았고 구걸을 한 돈을 가지고 기름을 사 등을 하나 만들어 부처님께 공양을 바쳤습니다. 다음날 취침시간에 부처님의 제자들이 등 불을 끄는데 난타의 등불만은 아무리 꺼도 꺼지지 않았습니다. 그것을 본 부처님은 "너희들이 아무리 끄려해도, 바닷물을 가져다 오고 태풍이 오더라도 그 불은 끌 수 없다. 이 등불을 보시한 이는 자신의 재산과 마음을 다 바쳐 원을 세웠기 때문이다. 이 공덕으로 후에 반드시 성불하여 수미등광여래가 될 것이다."라고 말씀하시고 난타를 불러 그녀에게 수기를 주었습니다.

"수지하는 복이 수승하다. 어떤 사람이 삼천대천세계에 가득한 중생을 교화하여 십선(十善)을 행한다 하더라도, 어떤 사람이 잠깐 동안 이 법을 생각하는 것보다 못하며, 공덕도 앞의 것보다 우월하여 그것과 비교할 수 없는 것이다. 어떤 사람이 이 〈기신론〉을 받아지녀 관찰하고 수행하기를 하루 낮 하룻 밤 동안 한다면 그 공덕이 한량없어 이루 다 말할 수가 없다." '이 법을 생각하는 것보다 못하며'에서 말하는 이 법이란 대승기신론을 가리킵니다. 대승기신론을 읽고 생각하는 것만으로 공덕이 한량없다는 것을 말하고 있습니다.

"법성의 공덕. 시방의 일체의 부처가 각기 무량무변한 아승기겁에 그 공덕을 찬탄하더라도 다할 수가 없다. 왜냐하면 이는 법성의 공덕이 다함이 없기 때문에 이 사람의 공덕도 또한 끝이 없는 것이다." 이 우주법계에 가득한 법성의 공덕이 끝없기 때문에 대승기신론을 공부한 사람의 공덕도 끝이 없습니다.

"훼방하는 죄가 중하다. 어떤 중생이 이 〈기신론〉에 대하여 훼방하고 믿지 않는다면 그가 받는 죄의 과보는 무량겁이 지나도록 큰 고통을 받을 것이다. 그러므로 중생은 우러러 믿고 비방해서는 안 되는 것이며, 깊이 스스로를 해치고 다른 사람까지 해쳐 일체의 삼보(三寶)의 종자를 끊어지게 하기 때문이다. 일체의 여래가 다 이 법에 의하여 열반을 얻기 때문이며, 일체의 보살이 이로 인하여 수행하여 부처의 지혜(佛智)에 들어가기 때문이다." 진리를 믿는 것을 방해하는 죄보다 더 큰 죄는 없습니다. 〈기신론〉을 훼방하고 믿지 않으면 그 업으로 무간지옥에 떨어져 큰 고통을 받게 됩니다.

"닦아 배우기를 권하다. 그러므로 중생은 부지런히 배우고 닦아야 한다." 부처님께서 열반에 드시며 '부지런히 애쓰고 노력하라.'라고 말씀하셨습니다. 이것이 처음이자 끝입니다. 이것보다 더 소중한 진리, 방법은 없습니다. 논어 맨 처음 문장이 바로 "學而時習之 不亦說乎?"입니다. 이것은 부처님의 '부지런히 애쓰고 노력하라'라는 말과 같은 것입니다. 배우고 때때로 익힌다는 말은 부지런히 애쓰고 노력하는 것과 상통합니다. '부지런히 애쓰고 노력하는 것이 우리 삶의 기쁨이 아니겠는가?'라는 말이 될 수도 있는 것입니다. 성인들이 말하는 진리는 멀리 있는 것이 아닙니다. 부지런히 노력하는 것에 있습니다. 부처되려고 열심히 애쓰고 노력하는 자체가 중요합니다.

제35강

- 결론 -

(6) 회향게
(6-1) 회향게로 총결하다
[진제91] 부처님의 깊고 깊은 광대한 뜻
내 이제 분(分)에 모두 설하였으니
법성(法性)과 같은 이 공덕을 회향하여
널리 일체의 중생계를 이롭게 하여지이다.
諸佛甚深廣大義 , 我今隨分總持說 , 迴此功德如法性 , 普利一
切眾生界。

대승기신론 강설_35

회향게

부처님의 깊고 깊은 광대한 뜻
내 이제 내용에 따라 모두 설하였으니
법성(法性)과 같은 이 공덕을 회향하여
널리 일체의 중생계를 이롭게 하여지이다.

앞에서 이 우주에 가득 찬 법성의 공덕은 끝이 없다고 했습니다. 끝없는 공덕을 우주에 회향하니 일체의 모든 중생을 이롭게 할 수 있는 것입니다. 나만 잘살자는 것이 아니라 존재하는 모든 것 다 함께 잘 살자는 것입니다. 내가 대승기신론을 읽으면 나만 좋은 것이 아니라 주변의 모든 중생에게 그 공덕이 미친다는 것입니다. 나만 부처가 되는 것이 아니라 시간이 지나면 전부 다 부처가 됩니다. 끝없는 부처의 세계가 이 세계에 펼쳐지게 됩니다.

부록

대승기신론(大乘起信論) 내용 설명 사전

대승기신론 도표

대승기신론大乘起信論 내용 설명 사전

일심(一心 · One Mind)
이문(二門 · Two Aspects)
삼대(三大 · Three Greatnesses)
사신(四信 · Four Faiths)
오행(五行 · Five Practices)

1. 일심一心

　제법(모든 사물)은 맑음과 흐림(染淨)에 의해 가리지만 그 본성이 둘이 아니며

또 참됨(眞)과 거짓됨(妄)의 두 문을 세우지만 그것이 따로 별개의 것이 아니다.

그러므로 하나라고 한다. 둘이 아닌 이 자리에서 모든 사물은 알찬 것이 되며 그것은 조금도 헛되지 않아 그 스스로 모든 것을 환히 아는 까닭에 이를 불러 '마음'이라 하는 것이다.

그러나 이미 둘이 없는데, 어떻게 하나가 있으랴!
하나란 가짐이 없단 말이니, 어찌 '마음'을 누구의 것이라고 하랴!
이러한 '마음'의 도리는 언설과 사려를 절(絶)한 것이므로 무엇이라고 지목할 바를 몰라 구태여 '一心'이라고 부르는 것이다.

2. 진여문眞如門

일심을 나누니 두 개의 문이 있는데, 진여문과 생사문이다. 두 개의 문이 서로 다른 것이 아니라 원래 하나에서 나와서 하나로 돌아가는 것이며, 돌아가 같은 것이다.

수 십명의 도공이 기왓장을 만들었을 때 만들어진 기왓장은 다 다르지만(생멸문) 모두 흙(진여문)을 사용하여 만들었다는 점은 같은 것이다.

3. 생사문生死門

진여가 선, 불선의 근본 원인이 되어 여러 가지 부차적인 조건과 결합하여 제 현상을 빚어내는 것을 말한다.

4. 진여眞如

진여는 우주 만유의 실체로서 현실적이며 평등 무차별한 절대의 진리.

① 진여는 전체성·보편성·영원성을 지닌 대총상(大總相)이며, ② 진여는 참된 이해를 낳게 하는 원리원칙으로서의 법(法)이고, ③ 진여는 열반에 들어갈 수 있는 문이 되며, ④ 일심을 그 체(體)로 하고 있고, ⑤ 불생불멸(不生不滅)로서 시간성을 초월하고 있으며, ⑥ 망념(妄念)을 떠나 있기 때문에 말로써 설명될 수 있는 것도, 문자와 개념으로 알릴 수 있는 것도, 분석적 사변이 닿을 수 있는 것도 아니라고 하였다.

5. 각覺

연기를 인식하여 무명을 깨뜨리고 물들기 전의 본래 성품을 본 깨달은 상태.

6. 불각不覺

무명 속에 갇혀 있는 상태.

7. 시각始覺

깨달음을 성취해 가는 상태

8. 지말불각枝末不覺

깨닫지 못하게 하는 파생적인 요인들

9. 의언진여依言眞如

말에 의지하여 진여를 나타내는 것.

10. 공진여空眞如

본래 일체의 염법(染法)과 상응하지 않으며 일체법의 차별되는 모양을 떠났으며, 허망한 심념(心念)이 없다. 그러므로 진여의 자성은 모양이 있는 것도 아니며 모양이 없는 것도 아니며, 모양이 있지 않은 것도 아니며 모양이 없지 않은 것도 아니다.

11. 불공진여不空眞如

법체가 공(空)하여 허망함이 없음을 나타냈기 때문에 이는 진심(眞心)이며, 진심은 항상하여 변하지 않고 청정한 법이 만족했으므로 불공(不空)이라 한다.

또한 모양을 가히 취할 수 없으니 망념을 여읜 경계는 오직 증득함으로써 상응하는 것이다.

12. 불각不覺

무명에 갇혀 아집으로 세상을 보며 살아가는 상태. 진리로 나아가는 방법도 모른다.

13. 상사각相似覺

이승(二乘)의 관지(觀智)와 처음 마음을 낸 보살은 생각(念)의 다른 모양을 일으키는 바탕을 깨달아서 생각에 다른 모양이 없다는 것을 안다.

이는 거칠게 분별하는 집착의 바탕(麤分別執著相)을 버리는 까닭으로 상사각(相似覺)이라 한다.

14. 수분각隨分覺

법신보살(法身菩薩)은 생각의 머무는 바를 깨달아서 생각에 머무는 모양이 없음을 안다. 분별하는 거친 모양의 생각(分別麤念相)을 여읜 까닭으로 수분각이라 한다.

15. 구경각究境覺

보살지(菩薩地)가 다한 사람은 방편에 만족하여 한 생각이 상응하여 마음이 처음 일어나는 것을 깨달아서 마음에 처음 모양이 없음을 안다.

미세한 생각마저 멀리 여읜 까닭으로 마음의 성품을 볼 수 있게 되어 마음이 곧 항상 머무르기에 구경각(究竟覺)이라 말한다.

16. 본각本覺

진여의 본체에 까지 깨달음을 인식하는 상태.

17. 이언진여離言眞如

말을 떠나 진여를 나타내는 것.

18. 수염본각隨染本覺

본각이 오염된 분별을 따라서 두 가지의 모양을 내지만 본각과 더불어 서로 버리거나 여의지 않는다. 첫째는 지정상이고 둘째는 부사의업상이다.

19. 성정본각性淨本覺

각이 체상이라는 것은 네 가지 큰 뜻이 있으니 마치 허공과 같으며 마치 깨끗한 거울과 같다.

20. 지정상智淨相

법력의 훈습에 의지하여 여실히 수행하여 방편을 만족하는 까

닦으로 화합식의 모양을 깨뜨리고 상속상의 모양을 없애어 법신을 나타내어 지혜가 순정한 까닭이다.

21. 부사의업상不思議業相

지혜가 깨끗한 모양을 의지하여 능히 일체의 수승하고 미묘한 경계를 짓는 것이다. 한량없는 공덕의 모양이 항상 끊어짐이 없어서 중생의 근기에 따라 자연히 상응하여 갖가지로 나타나서 이익을 얻게하는 까닭이다.

22. 여실공경如實空鏡

여실히 공한 거울이니 일체 마음의 경계상을 멀리 여의어서 법을 가히 나타낼 것이 없기에 깨닫고 비추는 뜻이 아닌 까닭이다.

23. 인훈습경因熏習鏡

인을 훈습하는 거울이니 일체 세간의 경계가 모두 그 가운데 나타나되 나가지도 않으며 들어가지도 않으며 잃지도 않으며 무너지지도 않으며 항상 일심에 머무르니 일체법이 곧 진실성인 까닭이다.

24. 법출이경法出離鏡

법에서 출리하는 거울이니 공하지 않는 법이다. 번뇌애와 지애를 벗어나고 화합상을 여의어서 순박하고 깨끗하고 밝은 까닭이다.

25. 연훈습경緣熏習鏡

연을 훈습하는 거울이니 법출리에 의지하는 까닭으로 중생의 마음을 두루 비추어서 선근을 닦게하여 생각에 따라서 나타나게 하는 까닭이다.

20-1. 상대, 21-1. 용대, 22-1. 체대

법을 나타낼 때, 법의 성품인 체대와 법의 성품을 나타내는 모양인 상대와 법의 작용을 나타내는 용대로 나눌 수 있다.

26-0. 육추 六추

업 전 현의 불각의 세가지 기본적인 상에서 파생되는 거친 여섯가지 상. 업계고상, 기업상, 계명자상, 집취상, 상속상, 지상

26. 업계고상業繫苦相(색)

업으로 괴로움에 얽매이는 상이니 기업상에 의지하여 과보를 받아서 자재하지 못하는 까닭에 생기는 상.

27. 기업상起業相(행)

계명자상에 의지하여 이름을 찾고 취착하여 갖가지 업을 짓는 까닭에 생기는 상.

28. 계명자상 計名字相(상)

허망한 집착에 의지하여 가명과 언설의 모양을 분별하는 까닭에 생기는 상.

29. 집취상執取相(수)

상속상에 의지하여 경계를 반연하여 생각하고 고락에 머물러서 마음에 집착을 일으키는 까닭에 생기는 상.

30. 상속상相續相

지상에 의지하는 까닭으로 고락을 느끼는 마음을 내어서 생각을 일으켜 상응하여 끊어지지 않는 까닭에 생기는 상.

31. 지상智相

경계상에 의지하여 마음에 애와 불애의 분별을 일으키기 때문에 생기는 상.

32-0. 삼세 三細

불각의 세가지 기본적인 상에서 파생되는 미세한 세가지 상. 경계상, 능견상, 무명업상

32. 경계상境界相

능견상에 의지하는 까닭으로 경계가 허망하게 나타나는 것이니 능견을 여의면 경계가 없다.

33. 능견상能見相

움직임에 의지하는 까닭으로 능히 보니 움직이지 않으면 보는 것이 없다.

34. 무명업상無明業相

불각에 의지하는 까닭으로 무지의 마음이 움직이므로 업상이라 한다. 깨달으면 움직이지 않으며 움직이면 괴로움이 따르게 되니 과보가 원인을 여의지 않은 까닭이다.

35. 상속식相續識

생각이 상응하여 끊어지지 않는 까닭으로 과거 한량없는 세상 등의 선악의 업에 머물러서 그 내용을 잊지 않게 하는 까닭이다.

36. 지식智識

오염되고 깨끗함을 분별하는 까닭이다.

37. 현식顯識

이른 바 일체 경계를 나타내는 것이 마치 깨끗한 거울이 색상을 나타내는 것과 같아서 현식도 또한 그러하여 다섯 가지 경계를 따라서 대상에 이르면 나타난다.
앞 뒤가 없고 항상 제 멋대로 일어나서 항상 있는 까닭이다.

38. 전식轉識

움직인 마음에 의지하여 능히 보는 모양인 까닭이다.

39. 업식業識

무명의 힘으로 불각의 마음이 움직인 까닭에 생기는 식

40. 집상응염執相應染

심왕과 심소가 의지하여 분별하는 세계인 염정법의 차별을 의지하여 인식해 아는 심왕과 심소의 모습과 인식하여 알 대상의 세계인 소연경의 모습이 동일하기 때문에 상응한다고 한다.
집착으로 상응하는 오염으로 성문, 연각의 이승 해탈과 신상응지(믿음에 상응하는 경지, 초발심의 경지)에 의지해야만 멀리 여읠 수 있는 까닭이다.

41. 부단상응염不斷相應染

끊어짐이 없이 상응하는 오염으로 신상응지에 의지하여 방편(6바라밀)을 수학함으로 점차로 버릴 수 있으며 정심지를 얻어야만 완전히 여읠 수 있는 까닭이다.

42. 분별지상응염分別智相應染

경계에 따라 지혜가 일어나 세간과 출세간의 법을 분별하며, 이 지혜가 마음과 상응하여 성품을 물들이는 오염. 구계지에 의지하여야 점차로 여의며 이에 무상방편지에 이르러야만 완전히 여읠 수 있는 까닭이다.

43. 현색불상응염現色不相應染

진여일심에 상즉한 무명불각이므로 진여일심과 무명불각이 항상하여 심왕과 심소와 그 소연경이 따로 구별되거나 다름이 없다. 따라서 인식해 아는 모습인 심왕과 심소의 소연경인 차별적인 모습이 상대적이어서 동일하지 않기 때문에 불상응이라고 한다.
심왕과 심소가 상대적인 의존관계로 호응하지 않음. 색자재지에
의지하여야 능히 여읠 수 있는 까닭이다.

44. 능견불상응염能見不相應染
심자재지에 의지하여야 능히 여읠 수 있는 까닭이다.

45. 근본업불상응염根本業不相應染
보살지의 다함을 의지하여 득입하고 여래지에서만 능히 여읠
수 있는 까닭이다.

46. 근본불각根本不覺
근본 무지인 무명에 쌓여 깨닫지 못한 상태.

47. 무명無明
지혜가 없어 모르는 상태.

48. 무명훈습無明
깨닫지 못한 상태에서 무명에 의해 훈습되는 것.

49. 번뇌애煩惱礙
염심(染心)의 뜻이라는 것은 번뇌애(煩惱礙)라고 말하니 능히
진여의 근본지(根本智)를 장애하는 까닭이다.

50. 지애智礙

무명의 뜻이라는 것은 지애(智礙)라고 말하니 세간의 자연업지
(自然業智)를 장애하는 까닭이다.

대승기신론 도표

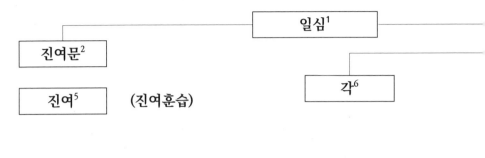

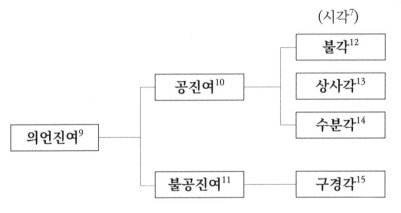

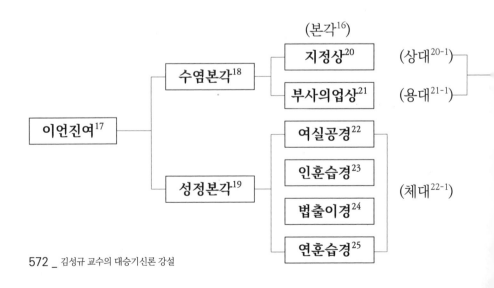

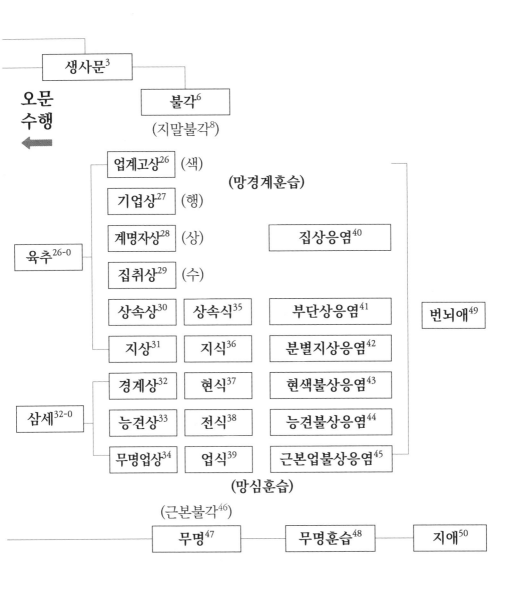

김성규(金成奎)

법명은 정명(淨名). 1955년 경주에서 태어나, 경주에서 청소년기를 보내면서 역사와 불교에 대하여 관심이 많았다. 영남대 이학박사학위를 받았으며(1987년 2월 박사학위취득), 영남대학교 의과대학 교수로 33년 재직하였고, 2020년 8월 정년퇴임하였다.

저서로는 고등학교시절부터 관심사였던 자연과학과 불교의 접목을 시도하여 불교의 연기론과 물리학의 상대론을 접목시킨 〈불교적 깨달음과 과학적 깨달음〉을 1990년에 처음 세상에 내 놓았으며, 불교우화 백유경을 현대적 감각으로 해설한 〈부처가되는 100가지 방법〉, 불교의 진수인 선불교에 대한 화두의행 〈화두〉, 불교에 대한 이해를 불교사적으로 살펴본 〈이것이 불교다〉, 불교경전중 최대의 관심을 모으고 있는 금강경에 대한 해설서 〈마음은 보석〉, 우리말로 알기 쉽게 번역한 〈묘법연화경〉, 〈우리말 유마경〉이 있으며, 과학과 불교의 접목 에세이 〈과학속의 불교, 불교속의 과학〉, 과학적이며 선적으로 알기 쉽게 해설한 〈반야심경 강의〉 등이 있다.
부처님이 깨친 연기에 대한 내용과 체계와 구조를 설명한 〈부처님이 깨친 연기를 이야기하다〉가 있으며, 2600년 불교사를 이해하기 쉽게 정리한 〈2600년 불교의 역사〉, 대승불교의 가장 중심경전인 금강경에 대한 성립과 바른 이해를 위한 해설서인 〈금강경 강의〉, 부처님의 일생과 사상을 다룬 〈부처님〉, 불교 의식의 꽃 〈천수경강의〉가 있다. 또한 2년 동안 대구불교방송에서 강의한 내용을 정리한 불교대특강(CD 108개 포함)이 있다. 2013년에는 관응스님의 유식강의를 3여년의 작업을 걸쳐 〈관응스님 유식 대특강〉을 세상에 내 놓았다. 2014년에는 〈우리말금강경독송집〉를 편찬하였으며, 2015년에는 최초로 독송용 우리말 묘법연화경을 편찬했으며, 2016년에는 우리말 육조단경을 세상에 내 놓았다. 또 2016년에 〈유식삼십송〉을 저술하였다. 2018년에 〈부처님이 깨친 연기를 이야기하다〉를 재정리하여 〈부처님이 깨친 연기〉를 출판하였다.

불교 활동으로는 여러 승가대학과 일반 불교대학에서 강의하였으며, 법륜불자교수회와 한국(영남)불교대학에서 오랫동안 활동하였으며, '이생 안 태어난 셈치고 참선하다 죽자'라는 "이뭣고" 백년결사운동의 지도법사로 활동하였다. 1985년 대구에서 관음사 수요법회를 통하여 불교활동을 시작하였으며, 수요법회는 새로운 청년불교운동을 모색하였다.
1988년 법륜불자교수회를 창립하였으며, 이어서 영남대학교의료원 불교신행회를 창립하였고, 영남대학교 의과대학 불교학생회를 창립하였다. 2010년부터는 21세기 불교의 패러다임을 구상하는데 주력하고 있다. 또한 지금은 한국교수불자연합회 회장직을 수행하고 있다.

http://www.tongsub.com에서 미래불교를 창출하는 인터넷 불교 교육원 통섭불교사이버대학을 운영하고 있으며, 2014년에 이 모든 불교운동을 아우르는 사단법인 통섭불교원을 설립하여 월간지 통섭불교(관세음에서 이름 바꿈), 불교경전강의 등을 통하여 불교전법활동을 펼치고 있다.

인터넷 신문 뉴스웨이(스포츠한국과 무궁화 중앙회 후원) 주최 2007년 제 5회 장한 한국인상에서 대상을 수상하였다.